제 6 판

법학개론

김 형 만
이 기 욱 공저

弘 文 社

제 6 판 머리말

이 책은 법에 대하여 관심과 흥미를 가지고 있는 입문자들에게 그 안내서로서 기획되어 지난 2006년에 그 초판을 출간하였다. 초판부터 가능한 한 빠른 시간 안에 법학이라고 불리는 많은 학과목들을 조감(鳥瞰)할 수 있도록 의도하였지만 그 결과는 여전히 의문이다. 그것은 한문 세대가 아닌 입문자들에게 법률용어로 쓰인 법학이라는 과목은 그것이 입문서일지라도 여전히 다른 과목에 비하여 난해하게 느껴지는 학문영역임에 틀림없기 때문이다. 더구나 산업화 및 정보화, 인공지능시대를 거치면서 법을 둘러싼 환경 · 제도는 시시각각 변하고 있어 이에 관한 규제방식도 기존의 법체계를 초월할 뿐만 아니라 세분화되어 법학이라는 학문을 더욱 어렵게 하고 있다.

개정판을 반복하면서 이러한 문제점들을 해결하기 위하여 다각도로 시도를 거듭하였지만 결국은 종래 이해하기 어렵게 기술되었던 부분을 좀 더 평이하게 기술하거나, 강의시간에 사용하였던 그림과 도표들을 정선하여 보충하는 방법 이외에 별다른 대책을 찾지 못한 것은 무지의 소치로 돌리고 싶다.

제 6 판을 앞두고 공직선거법 및 형사소송법개정안이 우여곡절 끝에 국회를 통과하여 이 안들도 반영하였지만, 입법과정에서 보인 국민의 편익보다는 기관과 정파적인 이익에 매몰된 태도와 국회의 모습이 법률 소비자인 국민의 입장에서 볼 때 참으로 안타까운 마음을 금할 수 없었다고 한다면 이것은 비단 저자만의 생각일까?

2020년 2월
저자 씀

제5판 머리말

2006년 초판을 발간한 것이 엊그제 같은데 벌써 10여 년의 세월이 흘렀다. 그동안 세상이 변화하는 속도 이상으로 법도 여전히 그 속도를 늦추지 않고 있다. 그러나 법이 인간적이라고 하여 인간이 만드는 현상을 다 포섭할 수 없다는 것은 너무도 자명할 것이다. 그럼에도 불구하고 마치 그것들을 모두 법으로 담아낼 수 있다고 생각하는지 아니면 그것이 가장 손쉬운 해결책이라서 그런지 온통 법에만 의존하고 있는 듯싶다. 법이란 인간이 만든 분쟁해결의 최후 수단은 될 수는 있어도 최선의 수단은 아닐 것이다.

개정판이 거듭될 때마다 법학을 처음 접하는 사람에게 사회생활 속에서 발생하는 인간의 현상을 이해하는 데 조금이라도 도움이 될 수 있는 그런 책을 만든다는 욕심으로 시작하지만 끝내고 나면 그 과제가 얼마나 실현되는지는 늘 아쉽다. 다행이 이번 제5판에서는 두 가지 점에서 의미가 있다고 자평해 보고 싶다. 하나는 문맥상 다소 어렵게 표현되어 있던 부분들을 가능한 쉽게 풀어서 서술한 점과 또 하나는 그 동안 강의를 하면서 사용하였던 그림과 도표들을 책 속에 많이 삽입하여 이해를 돕고자 한 점에서 조금은 마음이 홀가분하다.

2016년 7월
저자 씀

제 4 판 머리말

지난 2006년에 초판이 발간된 후, 개정판마다 부족했던 부분을 나름대로 보충했다고 생각되지만, 이것조차도 저자의 생각에 미치는 부분에 그치지 않았나 하는 생각이 든다. 사회가 변화함에 따라 법이 변화되어가는 것은 당연한 일이지만, 최근에는 생활의 근간이 되는 기본법들조차 앞다퉈 개정되고 있는 것을 보면 실로 그 변화를 법을 통해서도 체감할 수 있을 것 같다.

제4판에서는 민법(2013년 4월 개정)과 형법(2014년 5월 개정) 그리고 상법(2014년 5월 개정)의 개정을 반영하였음은 물론 형법의 각론 부분과 종래 소송법 부분을 민사소송법(2014년 5월 개정)과 형사소송법으로 구분하여 내용을 대폭 보강하여 비로소 법학개론의 전체계를 일신하였다. 다만 아쉬움이 남는다면 법학을 배우는 초심자들에게 좀더 쉽게 다가갈 수 있도록 도식화하는 작업에 더욱 박차를 가할 예정이며, 독자의 질책을 기다려 본다.

2014년 8월

저자 씀

전정판 머리말

동서양을 불문하고 사람은 자기 혼자서는 생활을 할 수 없기 때문에 자기 생활을 영위하기 위해서는 다른 사람과 교류하지 않을 수 없다. 이러한 사람들 사이의 교류관계에 의해서 형성된 집단적 생활관계가 사회이고, 우리들은 그 생활관계의 중심에 서 있다고 생각한다. 문명이 발달하면서 사람들은 다양한 영역으로 교류관계를 더 확장해 가고 있고, 그에 따라 사회는 복잡하게 변화하였다. 따라서 사회는 안정과 평회를 유지하기 위하여 보다 많은 노력을 기울이지 않을 수 없을 뿐만 아니라, 종래 특정인의 직접 노력에 의한 힘의 행사로 다른 사람을 통제하는 것도 한계에 이르렀다. 이러한 가운데 사람에 의한 통제를 대신할 통제방법이 법의 의한 통제였을 것이다. 법은 사회질서를 유지하고 사회의 안정과 평화를 실현하기 위한 것이다. 이처럼 법의 본래의 목적은 사회의 안정과 평화이지만 그 목적을 실현하기 위해서는 종종 투쟁이 수반된다.

루돌프 폰 예링(Rudolf von Jhering, 1818-1892)의 저서 「권리를 위한 투쟁」의 표현을 빌리면 "법의 목적은 평화이지만, 그것에 도달하는 수단은 투쟁이다". 즉 법을 지켜야 하는 것은 그 법을 위반하는 자와의 투쟁이지만, 그것은 사회의 안정과 평화를 위한 싸움이라고 한다. 따라서 이 책도 이러한 싸움에 도구가 되길 빌어본다.

전정판을 내면서 「법의 역사」 등을 보충하였지만 여전히 부족한 부분이 많으리라고 생각한다. 100여 년 전 근대화된 법을 강요에 의해서 수용한 이래 우리 법은 많은 발전적 변화가 있었지만 여전히 빌려 입은 옷처럼 불편한 곳이 많다고 느끼는 것은 아직도 그 속에 우리 것이 부족한 탓이라 생각한다.

2012년 3월
저자 씀

제 2 판 머리말

법을 처음 접하는 분들이 체계적으로 쉽게 법을 이해하게끔 책을 엮는 일이 얼마나 어려운 일인지 새삼 느끼게 된다. 淺學非才하면서도 욕심을 이기지 못하여 이 책의 초판을 낸 지 1년 반이 지났다. 미흡한 부분이 많아 마음의 짐으로 남아 있었는데, 과분하게도 개정판을 낼 기회가 생겼다. 개정판에서는 총론의 미진한 부분을 가필하였고, 각론 중 중요하다고 생각되는 몇 개 법역을 새로이 추가하였다. 하지만 아직도 부족한 부분이 남아 있어 독자의 이해를 구할 따름이다.

앞으로 전면적인 개정을 염두에 두고 더욱 정진할 것을 다짐하면서, 홍문사 편집부 여러분께 감사의 말씀을 전한다.

2007년 8월
저자 씀

초판 머리말

현대사회는 변화의 물결 속에 자리잡고 있다. 그 물결은 우리 인간의 사회생활을 더욱 복잡하게 만들고 있으며, 그로 인한 생활관계 또한 다양하기 이를 데 없다. 이러한 현대사회의 복잡성과 다양성을 유기적으로 결합하여 주는 끈이 있으니, 그것이 바로 법이다. 그리고 우리의 삶에서 발생하는 대부분의 생활관계는 바로 이

법에 의하여 규율된다. 그러므로 법률에 대한 지식 없이는 우리는 올바른 사회생활을 영위할 수 없다.

본성적으로 사회생활을 하지 않을 수 없는 존재가 사람인 까닭에, 우리가 사회생활의 규범으로서의 법에 대하여 어느 정도의 지식을 가져야 함은 당연한 일이다. 이러한 지식을 연마하기 위한 첫 번째 단계가 법학개론을 공부하는 것이다. 물론 법학개론을 공부하는 목적은 여러 가지가 있겠으나, 장차 더욱 깊이 있게 법학을 공부하기 위한 경우와 사회의 기본교양을 쌓기 위한 경우로 나눌 수 있을 것이다.

본서는 법학을 전공하거나 또는 인접학문분야로서 법학을 공부하는 경우에 법학 입문서로서의 역할을 충분히 해낼 수 있도록 구성되었다. 각종의 법에 대한 전문적 지식을 배우기 전에 법 전체에 대한 개괄적이고 초보적인 지식은 물론, 법적 사고방식을 체득하는 데 도움이 될 것으로 생각한다.

또한, 본서는 사회인으로서 반드시 알고 있어야 할 교양법학서로서의 구실도 충분히 해내리라 믿는다. 일상적으로 부딪치게 되는 법적 문제점을 대함에 있어서 필요한 최소한의 법지식과 주요한 법률의 대강을 경험할 수 있는 좋은 기회가 될 것이라 생각한다.

본서는 대학에서 위와 같은 목적으로 실시하고 있는 학과목의 교재로 사용할 목적으로 저술한 것이다. 본서는 두 부분으로 나누어서, 제1편은 총론, 제2편은 각론으로 하였다. 총론에서는 법학에 관한 기본적인 문제를 다루어 각 법역에 공통하는 보편적 개념 및 원리를 서술하였다. 그리고 각론에서는 헌법을 비롯하여 주요한 분야에 관하여 개별적으로 다루었다.

법 전체를 제한된 지면에 서술하기란 쉬운 일이 아닌데다, 저자의 무능과 게으름이 겹쳐 만족스럽지 못한 곳이 너무 많아 걱정이 앞선다. 이 점 차차 시정해 나갈 것을 약속하는 것으로 여러분의 양해를 바라며, 많은 질정을 부탁드리는 바이다.

마지막으로 이 책의 출간에 있어 어려운 출판계의 사정에도 불구하고 기꺼이 관심을 베풀어주신 홍문사의 유병철 부장님께 감사의 말씀을 전한다.

2006년 2월 25일

저자 씀

차 례

제1편 총 론

제 3 장 법의 역사

제 4 장 법 원

제 8 장 권리와 의무

제 2 편 각 론

제 1 장 헌 법

제 2 장 행 정 법

제 3 장 민　　법

제10장 국제사법

PART 1

총 론

제 1 장

법의 개념

지금 이 순간에도 우리는 수많은 전파 속에서 생활하고 있다. 다양한 전파가 각각의 용도에 따라 마치 그물처럼 우리나라는 물론 전 세계의 하늘을 덮고 있지만, 실상 이러한 전파는 용도에 따른 수신기가 없으면 인간의 감각기관으로는 보지도 듣지도 못하기 때문에 그 존재를 인식할 수 없는 것이다. 법도 어떤 의미에서는 이러한 전파와 같은 존재라고 말할 수 있다. 우리는 일상생활을 살아가면서 직접 피부로 느끼지는 못하지만 국내법에서 국제법에 이르기까지 각양각색의 법이라는 그물 속에서 생활하고 있는 것이다.

예컨대, 우리들이 지금 책을 읽고 있다고 가정할 때, 일반적으로 우리들은 서점과의 매매계약에 따라 그 책을 구입하였을 것이다(대다수의 경우 우리는 서점에서 매매계약이 체결된다는 사실을 알지 못하고 책을 구입하는 경우도 많을 것이다). 그 결과 우리들은 이 책에 대한 소유권을 취득하게 되고, 법령에 반하지 않는 한 이것을 사용 · 수익 · 처분할 수 있는 법적 지위를 얻게 되는 민법상의 법률관계 속에 들어가는 것이다.

또 다른 예로, 산책을 하기 위해서 외출하면 도로교통법에 따라야 한다. 즉 보행자는 보도를 따라 우측 또는 길 가장자리구역을 통행하여야 한다(도로교통법 제8조 제3항). 지하철이나 버스를 타면 각각 지하철공사나 도시철도공사 혹은 버스회사와 여객운송계약을 체결한 것이 되고 상법이나 민법 기타 각종 특별법상의 법률관계에 서게 된다.

집에 있다고 해도 그 집이 자기의 집이면 소유권 관계가, 빌린 집이면 집 주인과의 사이에 임대차의 계약관계가 존재한다. 그 집에 부모나 형제자매 기타 친족과 함께 생활을 하지 않아도 그들은 서로 친족상속법상의 법률관계라는 눈에 보이지 않는 끈으로 묶여 있다. 집에서 수돗물을 마시는 것은 수도법에 따른 수도공급계약이라는 법률관계가 존재하고 있기 때문이다. 그리고 전기를 이용하여 가전제품을 이용할 수 있는 것도 한국전력공사와의 전력공급계약이라는 법률관계가 성립하였기 때문이다.

이와 같이 우리의 일상생활 대부분은 법과 밀접하게 관련을 맺고 있다. 이를 사회인 · 직업인으로서 활동하는 장소까지 확대하여 국가나 각종 공공단체 · 기업 · 학교 · 노동조합 등에 우리 자신이 들어가는 경우를 생각해 보면, 우리들이 관계를 갖지 않으면 안 되는 여러 생활관계가 어떠한 형태로든 필연적으로 법과 복잡하게 관련되어 있다는 것을 알 수 있다.

우리는 개인적 존재임과 동시에 사회적 존재이기도 하다. 사적 존재이면서도 공적 존재이기도 하다. 그 결과 우리는 공법 · 사법, 사회법 그리고 국제법이라는 여러 가지 법체계가 서로 얽혀있는 복잡한 법률관계 속에 존재하고 있다. 따라서 법이라는 그물 속에 둘러싸여 있는 우리는 그 그물을 벗어나서는 생활 자체가 불가능하다. 즉 인간은 법만으로는 생존할 수 없을 뿐만 아니라 동시에 법 없이도 생활할 수 없다.

제1절 법의 정의

법이나 법률이라는 말은 일상생활에서 빈번하게 사용되는 말이다. 그리고 '법'이나 '법률'이라는 말은 사람들에게 친숙한 것처럼 의식되고 있다. 예컨대 부모가 아이에게 '다른 사람의 물건을 훔쳐서는 안 됩니다. 다른 사람의 물건을 훔치면 법률로 처벌 받습니다'라고 가르칠 때, 부모와 자식 간에 '법'이나 '법률'이라는 것에 관해서 묵시적으로 이해되고 있는 것처럼 보인다.

원래 '법(法)'이라는 말은 어원적으로 수면과 같이 공평함을 뜻하는 '수(水)', 시비곡직(是非曲直)을 가려 정의를 실현하는 전설적 동물인 해태를 뜻하는 '치(廌)', 악의 제거를 나타내는 '거(去)'의 세 글자가 합쳐진 것이라고 한다. 그리고 라틴어에서 jus(법)는 justum(정의)에서 유래하는 것으로 독일어의 Rechts, 불어의 Droit, 영어의 Justice도 모두 옳은 것, 즉 정의라는 의미를 가지고 있는 것이다.

그러면 구체적으로 도대체 "법이란 무엇인가"하고 질문을 받았을 때 자신 있게 일상생활에서 사용되는 '법'이라는 말의 본질을 한마디로 설명할 수 있을까? 아마도 대부분의 사람들은 곤혹스러워할 것이다. 법을 정의하려는 노력은 최근에 이루어진 것은 아니다. 예로부터 우리의 선인들도 "법이란 무엇인가"를 정의하기 위해 부단히 노력해 왔고, 현재도 계속되고 있다. 이에 대해 일본의 미네무라(峯村) 교수는 "법이 무엇인가" 하는 문제는, 법학이라는 학문의 최초의 문제임과 동시에 최후의 문제라고 주장하고 있다.

제2절 사회규범으로서의 법

Ⅰ. 규 범

1. 규범의 의의

일상생활에서 우리들의 행동은 여러 관점에서 보고, 평가할 수 있다. 예컨대 책 한 권을 서점에서 몰래 가지고 나온다고 가정하자. 이 행동에 대해서는 그것이 경제적으로 이익이 있는 행위인지 여부, 도덕적으로 정당한 행위인지 또는 법률상 법에 위반하는 행위인지 여부와 같이 다양한 입장에서 설명하고 평가할 수 있다. 이때 이것을 설명하고 평가할 때의 기준이 되는 것이 바로 '규범(規範)'이다. 규범이란, 일정한 가치의 실현을 위한 법칙, 즉 그 규범이 목적으로 하고 있는 일정한 가치의 실현을 위하여 "어떻게 해야 하는가" 또는 "어떻게 해서는 안 되는가"를 명령하는 당위(當爲)법칙이다.

2. 규범과 법칙의 구별

이른바 법을 의미하는 영어 'Law'에는 규범과 법칙이라는 의미가 있다. 예컨대 law of evidence는 증거법을 의미하지만, law of universal gravitation은 만유인력의 법칙이라고 한다. 여기서 법이란 법칙과 달리 사람에게 일정한 행위를 '… 해야 마땅하다', '… 해서는 안 된다'고 하는 명령을 정한 것으로서 그 행위를 평가하는 규범(Norm)을 말한다.

이에 대해 자연과학에서 추구하는 '법칙'은, 인간의 욕구나 노력의 유무와 관계없이 어떤 곳이나 누구에게나 적용되는 존재법칙을 말한다. 예컨대 만유인력의 법칙은 뉴턴(Newton)에 의해 발견될 때까지는 세상 사람들에게 알려지지 않았을지 모르지만 우주가 존재한 이래 어떤 장소에서도 타당하게 존재했고, 현재도 존재하고 미래에도 존재할 것이다. 물건은 높은 곳에서 낮은 곳으로 떨어진다는 법칙은 이것을 인간이 바꾸려고 해도 바꿀 수 있는 것이 아니고, 또한 인간이 낙하시키려고 했기 때문에 낙하하는 것도 아니다. 높은 곳에서 던져진 물체가 지상으로 낙하하는 현상은 우리들의 의사와는 상관없이 항상 어디에서나 존재하는 것이고, 사람에 의해서 낙하하거나 낙하하지 않는 경우란 결코 있을 수 없다. 즉 법칙(法則)이란, 자연현상을 인식하고 기술한 것(describe)으로 이러한 자연 또는 존재법칙에는 그에 반하는 사태가 발생한다는 것은 원리상 있을 수 없지만, 당위법칙인 규범에는 그것을 위반할 수 있다는 점에서 차이가 있다.

예컨대 「청소년보호법」이라는 규범에 의하면, 청소년의 흡연이나 음주 기타 비행을 방지하고 부모에게 그것을 제지할 의무를 부여하고 있으며, 청소년인 것을 알고 담배나 술을 판매한 업주에게는 벌금에 처한다고 규정하고 있다(청소년보호법 제3조, 제28조, 제29조 등). 그러나 모든 청소년이 이 규정을 준수하여 100% 흡연이나 음주를 하지 않는 것도 아니고, 그들이 전부 체포되어 처벌되는 것도 아니다. 또한 모든 청소년이 흡연이나 음주라는 규범을 위반하는 행위를 하더라도 청소년보호법이 법규범으로서의 타당성을 상실하는 것도 아니다. 법에 위반하는 행위가 행해진다는 것은 법이 '규범'인 이상 당연한 것이기 때문이다. 혹시 흡연이나 음주한 청소년이 한 사람도 남김없이 체포되어 모두 처벌받는다고 하면 그것은 자연과학적인(존재)법칙이라고는 할 수 있어도 규범인 당위법칙이라고 할 수 없다.

또한 규범으로서의 법은 인간의 의사를 초월하여 언제, 어느 곳에서도 변함없이 존재하는 것은 아니다. 예컨대 형법 제250조 제2항은 "자기 또는 배우자의 직계존속을 살해한 자는 사형, 무기 또는 7년 이상의 징역에 처한다"고 규정하여, 그 객체가 존속인 경우 보통살인(사형, 무기 또는 5년 이상 징역)보다 형을 가중하고 있다. 다만 본죄의 규정이 법 앞의 평등을 보장한 헌법에 위반하는지 여부에 관해 합헌론과 위헌론의 견해가 대립하고 있다.

이와 같이 동일한 'Law'라도 규범이 법칙과 다른 점은, 규범이란 사실의 세계에 속하는 법칙과는 달리 가치관련적이라는 점이다. 이에 대해 '가치(價値)'란, 물질적 또는 정신적 존재에 대한 인간적 욕구의 반영 내지 조명을 말한다. 인간적 욕구가 그 대상이 되는 물질적 또는 정신적 객체에 투사될 때 비로소 가치가 도출된다. 가치란 인간존재의 욕구에 따라 그 욕구를 충족하려는 의식적인 인간의 자각적 표상이다. 그러므로 가치란 인간이라는 욕구적 존재를 떠나서 존재할 수 없다. 그리고 인간의 욕구는 역사적·사회적으로 제약을 받고 있으므로, 가치를 본질로 하는 규범은 인간의 의사나 욕구에 의해서 어떤 때는 파괴되고, 어떤 때는 수정 · 변경되는 것이 당연한 것이다.

그림 1 사회규범으로서의 법

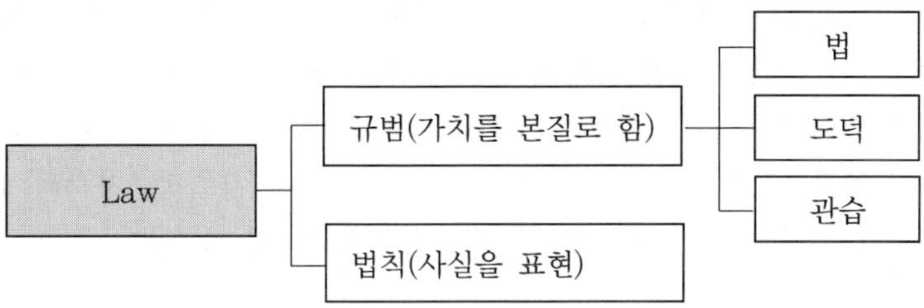

3. 개인규범과 사회규범

규범의 대부분은 추상적인 기준에 그치지 않고, 사람의 구체적인 가치의 실현을 위한 행동의 준칙으로서 의미를 갖는다. 사람의 행동준칙이 되는 규범을 행위규범이라 하며, 이는 통상 '… 하여야 한다(명령)'든가 '… 해서는 안 된다'(금지)든가 하는 표현을 가진 명제(命題)로서 나타난다. 행위규범에는 공부법이나 건강법과 같이 오로지 개인적인 가치의 실현을 위한 것과 사회구성원이 공유하는 사회적 가치의 실현을 위한 것이 존재한다. 전자가 개인규범, 후자가 사회규범이다.

Ⅱ. 사회규범의 형성과 분화

1. 사회적 존재로서의 인간

사회란 일정한 공통의 이익을 실현할 목적으로 개인이 모인 집단을 말한다. 인간은 본질적으로 사회적 존재이며, 사회에서 벗어나 존재하기란 불가능에 가깝다. 종적으로는 혈연관계, 횡적으로는 모든 생활조건의 유지 및 취득을 위하여, 인간의 생활은 다른 사람들과의 교제를 떠나서 성립할 수 없으며, 그런 까닭에 인간의 사상이나 행동도 모두 사회 속에서 일정한 제약을 받으며 전개된다.

한편, 인간은 본질적으로 자각적 존재이다. 벌이나 개미도 사회를 형성하는 생물이지만, 이들은 생물적 본능으로 사회생활을 하는 데 지나지 않는다. 이와는 달리 인간은 사회 속에서 무자각적으로 존재하는 것이 아니라, 자기의 존재를 자각하면서 생활하고 있다. 인간은 자기의 행동을 자신의 것으로서 의식할 뿐만 아니라, 그 사회적인 관련성과 의의까지 의식하고 있다. 이러한 자각성 때문에 인간은 스스로가 사회의 내부에 존재할 뿐만 아니라, 자기 자신의 내부에, 이른바 사회를 내포하고 있다고도 말할 수 있다.

이와 같이 인간은 본질적으로 '사회적 존재'임과 동시에 '자각적 존재'이다. 인간은 사회생활을 하다가 시름이나 회한, 환멸을 느끼면 이를 극복하고 새로운 이상이나 가치를 찾아내 이를 실현하려고 한다. 사회규범은 그러한 사회적 가치실현을 위한 행동의 준칙으로서 기능하는 것이며, 그런 까닭에 '사회적 · 자각적' 존재인 인간은 이를테면 숙명적으로 사회규범과 떨어져서는 존재할 수 없다.

2. 사회규범의 형성

사회생활을 영위하고 사회구성원이 공유하는 가치를 보다 효율적으로 실현하기 위해서는 그 사회에 일정한 '질서'가 있어야 한다. 과거의 역사를 되돌아보면, 인간은 몇 번이나 질서가 붕괴되는 현상을 체험하면서도, 항상 그 질서를 다시 회복하고 새로운 질서에 따라 새로운 생활을 전개하여 왔다. 현대의 민주적 사회에 상응하는 질서가 있는 것처럼, 예전의 봉건사회에도 그에 상응하는 질서가 있었으며, 자본주의이든 사회주의이든 경제체제가 어떠한 것이든 그 사회에 걸맞은 질서가 있다. 이와 같이 때와 장소에 따라서 내용은 다르지만 이러한 '질서성'이야말로 사회생활의 본질에 관한 내면적 요인이다. 그리고 사회생활의 이러한 질서성이 자각적 존재인 인간의 자각에 작용하고, 이것이 다양한 사회규범의 형성이라는 모습으로 나타나는 것이다.

3. 사회규범의 필요성

사회규범은 사회생활에서의 개인의 행동준칙이다. 사람들은 각자 사회의 일원으로서 다른 많은 사람들과의 관계 속에서 생활을 영위하고 있다. 자신이 구성원인 사회를 의미 있는 것으로 인식하고, 그 때문에 그 사회를 유지하려고 생각하는 경우라면 사회의 구성원인 개개인은 제멋대로 행동하지 않을 것이다. 평화롭고 안정된 사회생활을 영위할 수 있을 때에 비로소 사회를 형성하는 목적인 그 이익을 충분히 누릴 수 있다. 만약 구성원 각자가 멋대로 행동하는 경우에는 질서가 혼란해져서 사회목적의 효율적 달성은 곤란해진다. 따라서 사회구성원은 질서를 지키기 위한 '약조(約條)'에 따라 행동하게 되는데, 이러한 사회구성원의 행동을 일정한 틀로 맞추어 낸 것이 사회규범이다.

사회규범에는 그 기원이나 존재이유가 분명하지 않은 것이 있는가 하면, 의도적으로 또는 경우에 따라서는 강권적으로 정립된 것도 있다. 또 그 존재를 자각하고 따르는 것이 있는가 하면, 존재를 자각하지 못한 채 자연스럽게 받아들여지는 것도 있다. 이들이 바로 도덕이라는 종류의 규범과 관습이라는 종류의 규범인데, 법도 이들과 함께 중요한 사회규범의 일종이다.

4. 사회규범의 미분화

그런데 사회규범이 도덕규범이나 관습규범 또는 법규범과 같이 분화하여 구별이 가능하게 된 것은 인간사회의 문명화가 진행된 이후이다. 문명화가 진행되기 이전의 고대사회나 미개사회에서는 사회규범의 분화에 관한 명확한 흔적을 찾아보기 힘들다. 이들 사회에서의 생활규범은 자연현상에 대한 솔직한 두려움과 그와 결합된 샤머니즘이나 관습과 강력하게 결부되어 있었다. 또한 사회조직이 혈연이나 지연을 바탕으로 한 한정적인 것이어서 개인의 행동이나 사상은 그 대부분이 혈연과 지연에 의한 단체적 통제 아래에서 전개되고 있었다.

5. 관습규범

이처럼 사회구성원들이 두려움을 공유하고 단체의 통제력이 강했던 고대 또는 미개사회에서는 비합리적인 관습이라도 그대로 수용되었을 뿐만 아니라 위반자도 적었으므로, 실제로 존재하는 규범을 별도의 목적으로 개정하거나 폐지할 필요도 없었다. 그 결과, 고대사회 또는 미개사회에서는 규범의 분화가 진전되지 않았으며, 기존의 규범이 현실생활과 적당히 결부되어 있었다고 말할 수 있다. 이처럼 관습(慣習)이라는 형태로 무자각적인 상태에서 비교적 잘 지켜져 온 규범을 관습규범이라 한다. 고대 또는 미개사회에서는 원시적인 신앙심과 역사적 전통을 존중하는 사고가 불가분적으로 결부되어 있어, 이러한 단순하고 일체적인 규범에 무자각적 복종에 의한 질서화가 이루어졌다고 말할 수 있을 것이다.

6. 도덕규범

사회 문명화의 진전에 따라 자연현상에 관한 지식의 확대, 기술의 진보, 생산양식의 변화 등이 일어나고, 사회구성원의 의식과 욕망은 더욱 복잡해졌다. 더 이상 단순하고 일체적인 준칙에 의지하는 것만으로는 공동생활의 질서를 유지하기 어려워졌을 뿐만 아니라, 정복이나 평화적인 결합에 의한 부족 간의, 즉 관습을 달리하는 부족 상호간의 통합이 진행됨으로써 여러 부족을 포괄하는 보다 큰 규모의 사회조직이 형성되고 상호 다른 풍습 · 관습은 그 확대된 사회에서 타당성을 상실하게 되었다. 이 때문에 전통적이고 무자각적으로 받아들여졌던 규범은, 명확한 규범의식에 의하여 준수되고, 이를 자각한 다수의 구성원을 포괄하는 사회생활의 준칙이 필요하게 된다. 여기에서 무자각적 사회규범과 사회구성원 각자의 자각에 근거한 사회규범의 분화를 발견하게 된다. 이와 같이 사회구성원 각자가 자각적으로 규범의식을 지탱하는 사회규범을 도덕규범이라 한다.

7. 법 규 범

도덕규범은 사회구성원 각자의 자각적 규범의식에 의하여 사회의 질서화 기능을 수행한다. 그러나 사회구성원 모두가 그러한 자각적 규범의식을 갖는 것은 아니다. "타인의 물건을 훔쳐서는 안 된다"든가, "빌린 물건은 돌려주어야 한다"든가 하는 규범명제도 이를 자각하고, 나아가 지키려고 하지 않는 자에게는 의미가 없다. 위반자와의 관계에서도 이러한 규범명제를 실현하고 무너진 질서를 회복하려고 한다면, 피해자는 실력을 행사하여 도난당한 물건이나 빌려준 물건을 되찾는 수밖에 없다. 그러나 이와 같은 개인적인 실력행사, 즉 자력구제 또는 경우에 따라서는 복수에 의한 회복은 오히려 사회질서를 혼란하게 만든다. 여기에서 위반자에 대한 강제가 사회의 조직적인 힘에 의하여 통일적으로 행사되는 성질을 가진 사회규범의 필요성이 생기는 것이며, 이러한 사회규범이 바로 법규범이다.

8. 관습 · 도덕과 다른 사회규범으로서의 법

법이 도덕이나 관습과 명료하게 구별되기 시작한 것은 사회가 조직화되고 사회단체의 중심 권력이 거의 확립된 단계부터이다. 즉 사회규범의 위반자에 대한 사회단체의 조직된(현재로서는 국가) 권력이 일정한 제재나 강제를 가하거나, 그 권력이 개인의 경제생활 속에서 발생하는 분쟁을 해결하게 된 이후부터이다. 법은 관습은 물론 도덕과도 다른 사회규범의 하나이다. 그러나 우리 사회에 존재하는 사회규범의 명제들을 법, 도덕, 관습과 같이 각각 그 어느 하나로 명확하게 분류할 수 있는 것은 아니다. 하나의 규범명제에는 그 어떠한 성질도 다른 규범에도 내재되어 있는 성질을 가지고 있기 때문이다.

Ⅲ. 법과 도덕

법은 사회의 정의(正義)구현을 궁극적 목표로 하고 있는 강행규범이다. 따라서 사회성을 강조한다. 이에 비하여 도덕은 사회의 공동선(共同善)의 구현을 위하여 개인의 인격성을 중시하는 사회규범인 점에서 법과 구별된다는 것이 일반적인 설명이다. 이렇듯 양자는 그 가치기준이 서로 다른 까닭에 내용상의 차이에 관하여 많은 견해가 있다.

1. 법과 도덕의 구분에 관한 견해

(1) 법의 외면성 : 도덕의 내면성

법은 사람의 외면적 · 물리적 행위를 규율하고, 도덕은 사람의 내면적 · 정신적인 의사를 규율한다는 것이다. 즉 법의 외면성(Äusserlichkeit)과 도덕의 내면성(Innerlichkeit)에 의하여 양자를 구별하는 견해로서, 이 견해를 주장한 대표적인 학자는 슈탐러(Rudolf Stammler)이다. “사색에는 누구도 벌을 가할 수 없다”는 말처럼 법은 인간이 외부로 표출한 행동만을 구속한다는 것이다. 예컨대 사람을 살해할 의사가 내심에 있다고 하더라도 그것이 행위로 나타나지 않는다면 법에 위반되지 않는다는 것이다.

도덕의 차원에서 보면, 마음속의 범죄의사를 갖는 것조차도 금지하고 있지만, 법의 세계에서는 범죄의사가 행위의 외면에 나타났을 때, 즉 실행의 착수가 있을 때 비로소 범죄가 성립한다(형법 제25조). 이 구별의 기준은 사상과 의사의 자유를 보장할 수 있는 실제적 가치가 있는 견해이지만, 막스 베버(Max Weber)가 지적하였듯이 행위는, 그것이 주관적 의미(고의 또는 과실)와 결부되어야만 한 인간의 행태로서 성립하는 것이다. 따라서 외면적 행위는 내면적 의사와 분리할 수 없는 밀접한 관련이 있는 까닭에 법은 외면의 행위뿐만 아니라 내면의 의사까지도 규율한다. 예컨대 형법상 범죄를 실행할 의사, 즉 고의(故意)가 있는 경우만 원칙적으로 처벌의 대상으로 하기 때문에, 형사책임의 존재를 결정하는 경우에는 사람의 내면적 의사가 중요한 기준이 된다. 민법에 있어서도 과실책임주의를 원칙으로 하고 있어 무과실이라는 심리상태에 있었다면 일반적으로 책임을 지지 않는다. 이렇듯 인간의 외면적 행위는 그 내면적 심리과정과 분리시켜 논의할 수 없는 복합적인 것이기 때문에 법이 이것을 필연적으로 함께 규율의 대상으로 하는 한, 법과 도덕의 이와 같은 구별은 절대적인 것이 될 수 없다.

이 학설을 수정하여 칸트(Immanuel Kant)는 법의 합법성(Legalität)과 도덕성(Moralität)을 구별함으로써 법의 외면성과 도덕의 내면성이라는 대칭적 의미를 한층 더 명확히 하였다. 그에 의하면 법은 행위의 심리적 동기와는 관계없이 규범에 합치할 것만이 요구된다는 것이다. 즉 도덕은 규범에 일치하는 심정(die normgemässe Gesinnung)까지도 요구하나, 법은 규정에 적합한 행동(vorschriftsmässiges Verhalten)을 요구하는 데 그친다는 것이다.

그러나 법은 어떤 행위에 따른 결과의 발생에 대하여 그 외부적 효과뿐만 아니라 개인의 마음속의 의사, 즉 선의 또는 악의 등 여러 가지 심리적 요인을 중요시하여 이를 참작하고 있고, 도덕도 단순히 인간 정서와 같은 내면적인 양심뿐만 아니라 외면적으로 표출된 상황도 포함한 인간 행위의 전체의 면을 다루고 있다. 톨스토이(Lev Nikolayevich Tolstoy)는 "사람과 사람의 관계가 사랑 없이 법적으로 이루어질 수 있다고 믿는 것이 법률가의 죄악이다"라고 하여 법이 인간관계의 내면성을 등한시하고 외면성만을 강조하는 법의 문제점을 지적하였다.

또한 라드브루흐(Gustav Lambert Radbruch)는 법의 외면성과 도덕의 내면성 대립을 '관심의 방향'(Interessenrichtung)으로 파악하여, 법과 도덕의 구별에 동기를 배제하는 칸트의 주장에 수정을 가했다. 즉 법은 내면적인 것이 문제가 될 때도 그 관심의 방향은 주로 외면적인 것에 기우는 데 반하여, 도덕은 외면적인 행위가 문제가 될 때도 그 관심의 방향은 주로 내면적인 것에 집중된다는 것이다. 그렇다고 하여 법이 그 관심의 대상을 인간의 내면적 태도나 상황에 대해서 등한시하는 것도 아니고, 도덕 역시 외면적 행위에 대해서 관심을 갖지 않는 것도 아니다.

(2) 법의 타율성 : 도덕의 자율성

이것은 칸트가 "인간의 의사는 자유다"라는 개인주의적 도덕철학을 전제로 한 구별로서, 법은 타인에 의한 외부적 힘을 요인으로 하는 타율적인 규범, 즉 타율성(Heteronomie)을 그 본질로 하지만, 도덕은 자신의 양심에 기초를 둔 자율성(Autonomie)에 있다는 것이다. 그러나 법적 의무도 자신이 의욕을 가지고 실행하는 한 자율적일 수가 있는 것이며, 반면에 도덕도 자기 자신을 규제할 뿐만 아니라 타인도 규율한다는 점에서는 타율적이 된다. 예컨대 '남의 물건을 훔치지 말라'고 하는 도덕규범은 자신은 물론 타인에게도 요구되는 것이다. 실제로 법이나 도덕은 모두 외부로부터 일정한 강요에 의해서 성립되고, 그 실효성은 타율적인 것에 의하여 이루어지므로 이 구별은 타당하지 않다.

(3) 법의 현실성 : 도덕의 이상성

법과 도덕은 모두 현실적 상황을 개선하여 미래지향적 가치를 추구하는 사회적 규범이다. 법은 사회질서를 위한 현실성만을 안주하는 것이 아니라 도덕적으로 높은 가치의 이상을 실현하기 위한 문화적 규범이다. 법이 현실성만을 고집하는 것도 아니고, 도덕 역시 현실성을 외면하는 것이 아니라 양자가 함께 현실을 바탕으로 이상을 추구하는 것이기 때문에 법과 도덕을 이와 같이 구분하는 것은 타당하지 않다.

법은 현실을 바탕으로 전체 사회구성원에게 행하여지는 규범이므로 사회 일반의 평균인을 대상으로 하여 보통 사람이면 누구나 할 수 있는 행위를 요구한다. 이에 대하여 도덕은 사회평균인이 지키기 어려운 높은 이상을 지향한다는 것이다. 예컨대 '원수를 사랑하라'는 도덕규범은 보통 사람이 실천하기 어려운 규범이므로 법과 도덕의 대상을 평균적 사회인을 기준으로 하여 구별한다. 그러나 교육기본법 제2조에서 '홍익인간'의 이상을 규정하고 있듯이, 법도 현실사회의 도덕적 · 윤리적 발전을 위하여 높은 이상을 추구하는 경우도 있고, 도덕에도 공중도덕 · 교통도덕 등에서 볼 수 있는 것처럼 사회의 평균인으로서 행할 수 있는 현실적인 규범을 내용으로 하는 경우도 있다는 것을 이 견해는 간과한 것이라는 비판이 있을 수 있다.

(4) 법의 양면성 : 도덕의 편면성

권리에 대응하는 의무가 있는 것처럼, 법은 주고받는 대가관계의 양면성(Zweiseitigkeit)을 가지는 데 대하여, 도덕은 일방적으로 의무의식의 일면만을 갖는 편면성(Einseitigkeit)의 특성을 갖는다. 즉 법적 의무에는 반대급부인 권리(權利)가 있으나, 도덕적 의무(義務)에는 이에 상응하는 권리가 없고 자신의 양심에 기초를 둔 양심적 의무만이 일방적으로 요구될 뿐이다. 양심적 가치에 따른 행동은 반대급부를 요구하지 않고 의무자 자신이 목적이고 주체라는 것이다. 이와 같이 양자를 구분하는 근거는 각각의 목적과 주체가 법은 사회성을, 그리고 도덕은 사회와 관련이 없는 고립적인 개별성을 전제로 하여 나온 것이기 때문이다. 그러나 법에도 권리와 이에 따른 의무의 규정이 뚜렷하지 않아서 권리와 의무가 동시에 주어져 권리는 없고 일방적인 의무만이 있는 경우도 있다. 특히 공법에는 의무만을 규정하는 경우가 많다. 예컨대 헌법 제10조의 "… 국가는 개인이 가지는 불가침의 기본적 인권을 확인하고 이를 보장할 의무를 진다"라고 하여 의무만을 규정하고 있다. 또한 도덕도 사회에서 지켜야 할 규범으로서 사회 일반인을 그 대상으로 하여 준수하여야 할 의무성이 있기 때문에 존재하는 것이다.

(5) 법의 강제성 : 도덕의 비강제성

법의 효력은 국가의 강제력에 의하여 보장되는 데 반하여, 도덕은 그러한 강제력 없이 인간의 양심과 양식에 구속을 받는다는 것이다. 법에 있어서 강제력은 국가권력에 의해 강행되는 권력적·사회적·물리적인 유형력의 실력행사이나, 도덕은 각자의 양심에 따라 그 준수가 요구되는 비권력적·인격적·심리적 강제이므로 이에 위반하더라도 국가권력에 의하여 강제되지 않는다. 그러나 법에도 강제성을 수반하지 않는 프로그램(program)적 규정(각종의 사회·경제입법)과 강제성을 행사할 수 없는 경우(자연채무)도 있다.

(6) 여러 견해의 정리

위에서 서술한 법과 도덕의 구분에 관한 차이 이외에도 법은 사회적·경험적 사실에 기초한 경험적(a posteriori) 규범인 데 대하여, 도덕은 경험 이전의 선험적 이성에 타당성을 찾는 선험적(a priori) 규범이다. 또한 법은 사회 전체의 인간에게 적용되는 보편성을 갖지만, 도덕은 특정한 인간에게만 타당성을 지니는 개별적인 것이라는 점에서 양자가 구분된다.

그러나 위에서 살펴본 학설은 어느 것이나 법과 도덕의 차이를 설명하는 데 충분하지 않다. 다만 이들을 간추려 보면, 대체로 도덕은 자율을 목적으로 하여 내심의 의사인 양심을 중요시하고 심리적·인격적 강제성을 중시하는 데 대하여, 법은 타율적인 것을 내용으로 하여 외부적 행위에 중점을 두고 국가의 권력에 기반을 둔 강제규범이라는 것을 알 수 있다. 또한 법은 국가라는 조직적인 권력에 의하여 승인되고, 그 실현이 국가의 권력적 강제력에 의하여 보장되는 데 그 본질이 있다. 따라서 법과 도덕의 궁극적인 구별은 강제력의 강도에 있어서 차이는 물론 규범에 대한 국가의 강제력 유무가 그 기준이 될 수 있음을 부인할 수 없을 것이다.

2. 법과 도덕의 상관관계

(1) 법의 외면적 규범성

법은 외면적인 규범이다. 사람의 행위는 내면적인 양심에 반하는지의 유무에 관계없이, 외면적으로 법의 요구에 합치하면 법적 평가에 있어서 적법한 것으로 판단된다. 이에 대하여 양심적인 행위일지라도 그것이 외면적으로 법의 요구에 합치하지 않으면 위법한 것으로 판단된다. 예컨대, 병으로 고생하는 사람을 고통에서 해방시키기 위하여 그 생명을 끊었다(안락사)하더라도 형법상 살인죄가 성립한다.

이 경우에서처럼 법은 인간의 내면적인 양심을 항상 문제로 하지 않는 것은 아니다. 즉 사람의 양심은 그 발현으로서의 행위를 통해 외부적으로 나타났을 때 비로소 법적 평가의 대상이 될 수 있다는 점에서, 결국 법은 사람의 행태(行態)를 규율하게 된다.

(2) 도덕의 내면적 규범성

도덕규범에 있어서는 내면적 양심(자신에 내재하는 가치관에 근거하여 「~할 수 있다」·「~할 수 없다」 또는 「나쁘다」·「좋다」 등을 판단하는 마음 상태)이 그 규범적 권위(權威)이며, 이러한 양심이 도덕을 지지하고 장려한다. 이 의미에서 도덕은 내면적 양심을 규율하는 규범이라 말할 수 있다. 그러나 한편으로 양심만 올바르면 행위가 어떠해도 좋다는 것은 아니다. 도덕도 행위규범인 이상, 행위의 외적인 면을 중시하는 점은 법규범과 다르지 않다. 다만, 도덕적 평가의 경우에는 그 행위 또는 행동이 양심에 의하여 뒷받침되고 있는지 여부가 중요한 요소이고, 그러한 뒷받침이 없는 행위 또는 행동이라면 이는 위선이며 도덕적 비난에 직면한다.

(3) 법에 의한 강제와 도덕의 법화(法化)

법규범이나 도덕규범은 그 규범을 내용면에서 살펴보면, 대부분이 동일한 것이 많다. 예컨대 "타인의 물건을 훔쳐서는 안 된다"는 규범은, 그 실현이 각자의 양심과 의무관념에 의해 지지되고 있다는 점에서 도덕규범이지만, 한편으로 행위자의 양심과는 관계없이 외형상 규범내용을 실현시켜 사회질서유지라는 목적을 달성한다는 점에서 외부적 규범으로서 법규범의 특성도 가질 수 있다. 동일한 규범내용에 관하여 도덕규범인지 법규범인지를 판단하는 기준은 강제의 유무에서 찾을 수 있다. 도덕의 규범내용은 기본적으로 강제에 의하지 않고 각자의 양심에 따라서 실현되는 것이지만, 동일한 규범내용을 행위자가 그러한 양심을 가지고 있는지 여부에 관계없이 권력에 의하여 강제로 작용하여 실현하고자 한다면 그것은 법규범이 된다. "타인의 물건을 훔친 경우에는 징역형에 처한다"고 하는 것처럼, 규범위반에 대한 일정한 제재를 규정하는 등 그 실현을 강제하면 이것에 따라 법규범화가 되는 것이다. 이와 같이 강제는 형벌을 과함으로써 이루어질 뿐만 아니라(형사책임), 타인에게 손해를 입힌 경우 금전으로 배상시키는 방법으로도 이루어지는 경우가 있다(채무불이행책임, 불법행위책임).

(4) 법화에 친하지 않은 도덕

그렇다고 하여 도덕규범의 모두가 법규범화 될 수 있는 것은 아니다. "타인에게 친절해야 한다"라든가, "부부관계는 부부 상호의 애정과 신뢰에 의하여 형성되어야 한다"라든가 하는, 개인의 애정이나 신뢰에 기초를 둔 명제(命題)는 원래 강제에는 적합하지 않기 때문에 법규범화 할 수 없는 도덕규범이다.

(5) 최소한의 도덕으로서의 법 · 최대한의 도덕으로서의 법

위에서 설명한 바와 같은 법과 도덕의 상관관계를 포착하여 종종 '법이란 최소한의 도덕'이라든가, '법이란 최대한의 도덕'이라는 표현을 사용하는 경우가 있다.

"타인의 물건을 훔쳐서는 안 된다', "빌린 물건은 되돌려 주어야 한다", "타인에게 친절해야 한다"와 같은 행위규범은 사람의 양심으로 유지되는 보편적인 규범이라는 점에서 도덕규범이다. 그러나 양심이 없는 자는 이러한 규범적 요구에 따르지 않으며, 본래 양심이 있다고 하여도 어떠한 사유로 규범에 위반하는 자도 있다. 이와 같이 도덕규범을 준수하지 않거나 또는 그에 위반을 하게 되면 사회질서가 얼마간은 혼란을 겪게 되지만, 그 혼란의 모두가 사회의 근본적 가치실현을 저해할 정도로 중대한 것은 아니다. 사회의 근본적 가치실현을 위하여 불가결한 규범적 요구에 대해서는 그것을 준수하지 않거나 위반하면 그 가치실현이 크게 저해된다는 점에서, 이를 사회권력에 의하여 조직적으로 강제하고, 위반을 시정하여 예방하는 태도를 갖추어야 한다. 그러나 사회적 가치실현을 위하여 그 준수가 불가결하고 위반이 허용되지 않을 정도가 아닌 규범적 요구에 대해서는 사회에서의 사실상 압력(사회의 나쁜 평판이나 비난 등)에 의한 시정이나, 사회교육에 의한 예방만으로도 충분한 경우가 대부분이며, 또한 원래 외부적인 압력에 의하는 것이 적합하지 않은 경우도 적지 않다.

'법은 최소한의 도덕'이라는 표현은, 법규범과 도덕규범이 모두 자각적인 사회규범으로 내용상으로도 공통성을 가지고 있지만 그 범위가 일치하는 것이 아니고, 법규범화 하여 강제하려고 하는 도덕규범은, 도덕규범의 일부에 지나지 않는다는 것을 의미한다. 한편 '법은 최대한의 도덕'이라는 표현은, 도덕규범은 행위자의 양심에 맡겨져 있기 때문에 그 내용을 확실히 달성하기는 어렵다. 그러나 사회질서를 유지하기 위하여 불가결한 도덕규범의 내용에 대해서는 이를 법규범화 하여 강제함으로서 그 실현을 가능한 최대한도까지 높여야 한다는 의미로 사용한다. 이들 양자는 얼핏 보면 서로 모순되는 듯하지만, 법은 도덕 중에서 강제적으로라도 실현할 필요가 있는 것만을 그 규범 영역 속에 반영하고 있음을 보여주고 있다는 점에서 내용상으로는 동일한 의미를 나타내고 있는 것이다.

Ⅳ. 법과 관습

1. 관습규범

풍습이나 관행 등이 어떤 사회에서 장기간에 걸쳐 유지되고, 그 사회를 구성하는 사람들 대다수가 이것을 계속·반복하게 되어 발생한 행위규범을 관습규범이라 한다. 이러한 관습(慣習)규범도 해당 사회의 일정한 질서를 조성하는 규범으로써 그 사회를 구속하기 때문에 사회규범 중의 하나이다.

관습규범과 법규범은 행위의 외면적 규범으로서 이를 위반한 자에게 강제를 하는 규범이라는 점에서 같을 뿐만 아니라, 내면적인 양심의 태도와 관계없이 그 사회의 풍습이나 관행에 외면적으로 적합한 행위는 법규범은 물론 관습규범의 입장에서도 문제가 되지 않는다.

그러나 동일한 외면적 규범일지라도 법과 관습은 근본적으로 다르다. 법은 사회적으로 조직된 사회규범이지만, 관습은 원래 동족집단이라든가 지역집단과 같은 비조직적인 사회의 규범이다. 또한 법규범과 마찬가지로 강제를 수반하는 경우가 있는데, 법의 강제가 조직적 사회력에 의한 강제이고 또 그 내용이 명백한 데 반하여, 관습의 강제는 세간의 좋지 않은 평판이나 비난과 같은 막연한 비조직적 사회력에 의한 강제라는 점에서 차이가 있다. 이런 까닭에 일정한 신념에 따라 종래의 관습을 무시하는 자에 대해서는 그러한 강제는 유효하게 작동하지 않는다.

2. 법과 관습의 상관관계

이처럼 법과 관습은 서로 다르지만, 양자는 밀접한 상관관계를 가지고 있다. 법은 그 발달 과정에서 끊임없이 관습을 받아들여 관습을 조직적·사회적 힘으로 보장함으로써 법으로까지 전화(轉化)시켜 왔다. 오늘날 법으로 규정되어 있는 것 중에는 예전의 관습이 법으로 변화된 것도 적지 않다. 한편, 명문으로 규정되어 있지 않더라도 조직적 사회력에 의하여 보장되어 법으로서 기능하는 관습(관습법)도 존재한다. 예컨대 우리나라에는 약혼하는 때에 예물을 교환하는 관습이 있는데, 예물의 수수가 있은 후에 파혼에 이른 때는 원칙적으로 상대방에게 예물을 반환할 의무를 진다. 예물에 관한 법규정은 존재하지 않지만, 이러한 반환의무는 법화(法化)된 관습의 하나로 보아도 좋을 것이다.

이와 같이 관습이 법으로 전화하여 법으로 이행하는 국면을 포착하여 관습은 법의 내용적 모태라고 하거나 또는 관습은 법의 예비학교라고도 한다(라드브루흐).

그러나 한편으로는 법이 점차 관습화되어 간다는 점에도 주의하여야 한다. 법이 국민에 의하여 받아들여지고, 오랜 기간에 걸쳐 이행되는 때에는 국민생활 속에 그 법이 관습화되어 간다. 예컨대 민법 제812조 제1항에서는 "혼인은 「가족관계의 등록 등에 관한 법률」에 정한 바에 의하여 신고함으로써 그 효력이 생긴다"고 규정하고 있는데, 이 법률규정을 인식하지 않아도 혼인하는 때에는 혼인신고서를 관청에 제출하여야 한다는 사실은 국민 일반의 상식 내지 관습으로서 받아들여지고 있다고 해도 무방할 것이다.

Ⅴ. 사회의 평균적 인간의 규범으로서의 법

법은 인간적 욕구의 투영에 의해서 나타나는 가치(價値)를 본질로 하기 때문에 그 자체는 매우 인간적이며, 그렇기 때문에 법은 항상 인간과 같이 있다. 이것은 법이 욕구적 존재인 인간(국회의원)에 의해서 만들어지고, 그러한 욕구적 존재인 인간(법관)을 통해서 동일한 욕구적 존재인 인간(일반시민)에게 작용하는 규범이기 때문이다.

이와 같이 법의 세계에 나타나는 인간상은 성인군자도 아니고, 인생, 세계 그리고 사물의 근원을 찾으려고 고뇌하는 철학자도 아니며, 또한 모든 존재에서 아름다움을 찾고 이를 시나 그림, 음악으로 재현하는 예술적 창조력이 있는 시인이나 예술인도 아니다. 또 이성(理性)이나 오성(悟性)에 의하지 않고 단지 본능에만 의존하는 짐승적 존재도 아니다. 단지 희로애락 속에 사는 지극히 평범한 사람들로 어디서나 흔히 있을 수 있는 '평균적 인간'이다.

법을 제정하고 적용할 때, 법의 세계에 존재하는 인간이 이러한 사회의 평균적 인간이라는 것을 간과하면 그 법은 생명력을 잃는다. 그 전형적 사례가 1919년 미국의 수정헌법 제18조에 따라 합중국 내에서 "소비를 위한 주류의 제조, 판매, 운반, 수출, 수입을 금지"하였던 「금주법(禁酒法: Prohibition)」이라고 할 수 있다. 이 법은 청교도정신을 법률제도 속에 도입한 이상주의를 목적으로 하였다. 그러나 실제로 「금주법」이 시행되면서 법의 목적에 반해서 밀주, 밀수, 밀매에 따른 범죄로 인한 사회불안이나 위생상의 폐해가 들어났다. 그리고 '금주법의 시대'가 오히려 많은 사람들에게 있어서는 실제로 '음주의 시대'가 되었던 것이다. 그 결과 이 법률은 1931년 12월 폐지되었는데, 금주법의 실패원인은 입법자가 청교도적 정신에 따라 '법에 있어서의 인간'을 종교적 · 도덕적으로 신념이 강한 고결한 인간으로 파악함으로써 그 대상을 평범한 사회의 평균적 인간으로 하는 것을 무시 또는 간과했다는 점에 있다.

이와 유사한 사례로 고르바쵸프(Mikhail Gorbachev)정권 하의 구소련의 「절주법」도 마찬가지였다. 고르바쵸프정권은 1985년 6월에 엄격한 절주령을 발포했다. 그 내용은 ① 알코올음료의 판매를 오후 2시 이후로 제한, ② 공공장소나 직장에서 음주금지, ③ 위반자에게는 고액의 벌금 등이었다. 이와 더불어 알코올음료의 소매가격을 2배로 인상했다. 이 반알코올캠페인으로 몇 가지 긍정적인 변화도 나타났지만, 다른 한편으로 가정에서의 밀주가 밀조주의 제조 · 판매업자로 발전하여 전국적 규모로 급증하게 되었다. 결국 밀주단속의 실무자도 구소련 내에서 5년이나 10년 안에 알코올추방 문제는 해결할 수 없다는 점과, 알코올 없이도 인생을 즐길 수 있는 종합적 프로그램이 없는 한 반알코올캠페인은 성공하지 못한다는 점을 시인하였다. 이러한 소련의 경험도 희로애락 속에 살아가는 평균적 인간을 무시 또는 경시한 입법이 어떤 운명에 이르는가를 명백히 보여주고 있다.

제3절 강제를 수반하는 규범으로서의 법

Ⅰ. 강제력은 법의 본질적 특성

"강제를 수반하지 않는 법은 타지 않는 불과 같이 그 자체 모순을 가지는 것이다"라는 독일의 대표적 법학자였던 예링(Jhering)의 유명한 법언이 있다. 이것은 법의 본질적 특징이 강제에 있다는 점을 단적으로 표현한 것이다. 확실히 법은 사회 전체에 있어서 조직된 권력적 강제와 결합하고 있다. 즉 법규범은 동일한 사회규범에 속하는 도덕 · 관습 · 종교인 당위규범과 비교할 때, 법규범에 대한 위반행위에 대해 사회가 조직한 공권력에 의해서 일정한 해악을 강제하는 점에 그 특징이 있다고 해도 좋다.

Ⅱ. 강제의 방식

그렇다면 강제란 무엇인가? 여기서 강제란 당해 사회로부터 강제의 권능을 법적으로 인정받은 공권적인 주체가 법을 침해한 행위자에 대해서 일정한 정신적 · 물질적 강제작용을 가함으로써 침해된 법이 준수된 것과 같은 사실상태를 실현시키거나 법을 침해한 자에 대하여 일정한 해악, 즉 정신적 · 물질적 고통을 가하는 것을 말한다.

예컨대 가장 명료한 법적 강제의 방법은 형법상 형벌을 들 수 있다. 즉 사회질서를 유지하는 데 가장 중요한 형법은 사형 · 징역 · 금고 · 벌금 · 구류 · 과료 · 몰수 등 형벌에 의해서 법의 준수가 강제된다. 또 경찰관에 의한 경고 · 제지와 같이 범죄방지를 위해서 행해지는 일정한 심리적 · 물리적 강제도 법의 준수를 강요하는 것이다.

또 사법의 영역에서는 강제집행, 예컨대 돈을 빌리고 갚지 않는 경우 재판으로 빌린 돈을 반환시키는 판결이 내려졌을 때는 집행관이 채무자의 재산을 압류, 금전으로 환가(換價)하는 직접강제나 변제의무를 경매 등을 통해 대체집행의 방법으로 강제한다. 또한 의무를 이행하지 않는 자에게는 손해배상을 지급하게 하는 간접강제, 채무불이행이나 불법행위에 대한 손해배상이라든가 명예훼손에 대한 사죄광고라는 강제방법에 의해서도 법의 준수가 강제된다.

그 밖에 사법상의 강제로서 무효 또는 취소라는 법적 제재가 있다. 예컨대 혼인의 경우 "사람을 착각, 기타 사유에 의해서 당사자 간에 혼인을 할 의사가 없는 때"와 같이, 법이 정한 일정한 방식을 결여한 때는 혼인으로서의 법적 효과가 발생하지 않아 무효가 된다. 또 근친혼금지에 반하는 혼인은 부적법하므로 당사자 그 친족 또는 검찰이 그 취소를 법원에 청구할 수 있는 것처럼, 관계자나 기타 사람의 취소의 의사표시에 의해서 혼인이라는 법률행위의 법적 효과를 상실시켜 버리는 것이다. 이와 같이 무효나 취소는 행위자가 원하지 않는 법적 효과를 발생시키지 않는다는 의미에서, 위에서 서술한 여러 종류의 강제방식과 비교할 때 제재로서의 색채가 크므로 이 또한 일종의 강제라고 볼 수 있을 것이다.

이외에도 법률상 부여된 특권을 박탈(의사의 면허취소 · 영업정지)한다든가, 법이 부여하는 이익을 부여하지 않는 것도 일종의 강제라고 할 수 있다.

Ⅲ. 법규범의 강제력의 부정

이와 같이 법규범은 공권력에 의해서 부여된 각종의 강제력에 의해 그 실효성이 보장된다. 이러한 의미에서 강제는 법규범의 본질적 속성에 속하는 것이라고 이해되고 있다.

그러나 이에 대해 법규범은 공권력에 의한 물리적 강제력에 의해서만 존재하는 것은 아니라는 반대론이 있다. 즉 법은 물리적 강제가 아니라 이성에 의한 승인, 본능적인 준수, 조직적 저항의 결여의 결과로서 준수되는 것이라고 한다.

확실히 강제라는 실력적 행사만으로 법을 준수하게 하는 것은 불가능하다. 법에 내재하는 것 중에 사람들이 자발적으로 준수하려는 의식을 불러일으키게 하는 것이 있어야만 한다. 예컨대 앞에서 서술한 미국의 금주법은 사람들로 하여금 법을 준수하도록 강제하였지만, 사람들이 이를 의무로서 받아들이도록 하지 못하였다. 따라서 법 및 법의 운용은 그 사회에서 사람들이 법규범을 법으로서 승인한다는 법적 확신이라는 정신적 지지에 의해서만 법으로서의 생명과 법운용의 정당성이 유지될 수 있다.

제4절 정당성에 근거하는 규범으로서의 법

Ⅰ. 법규범의 실질적 기준으로서의 정당성

위에서 살펴본 것처럼 법규범은 다른 사회규범과 달리 사회의 조직적 공권력에 의해 강제된다는 것이 특징이다. 다만 법이 본질적 특징인 강제력을 가지고 있다고 하더라도 항상 강제가 가능한 것이 아니기 때문에 그 강제를 가능하게 하는 법의 속성과는 근본적으로 구분하지 않으면 안 된다. 예컨대 어느 법규범이 국가의 공권력에 의해 강제된다고 하여도 그 법규범으로부터의 일탈자가 바닷가의 모래알만큼이나 많을 뿐만 아니라, 이들이 공권력에 대해 당당하게 맞선다면 현실사회에서 이 법규범을 계속적으로 강행해야 할 것인가 하는 근본적인 문제가 발생한다. 즉 이와 같이 일탈자가 많은 법규범을 공권력으로 강제하는 것이 문제가 된다면, 이미 그 법규범은 강제력을 통한 사회질서의 유지라고 하는 법의 본래의 목적에 반하게 된다. 그렇다면 여기서 어떤 법규범에 대해 강제를 인정해도 좋은가? 즉 법에 규정된 강제력을 가능하게 하는 그 실질적 기준은 무엇인가를 고려하지 않으면 안 된다.

Ⅱ. 미국의 금주법

앞에서 본 미국의 「금주법」처럼, 만일 사람들이 어떤 강한 동기를 가지고 법규범을 무시해서 행동하는 경우 그 법규범은 사실상 강행하는 것이 불가능하게 될 것이다. 그럼에도 불구하고 미국은 금주법을 강행하여 오히려 술의 밀주 · 밀수 · 밀매 등을 초래하였고, 1920년대에는 이에 수반해서 갱(Gang)의 횡행과 범죄의 증가, 그리고 이와 더불어 사회불안이나 위생상의 폐해와 공직의 부패 등이 현저하게 되었다. 그 결과 금주법은 1933년 12월 드디어 폐지되었다.

이 사례에서 법규범의 강행이 불가능하게 된 것은 무엇 때문인가? 그 이유는 다음의 세 가지를 들 수 있다. 첫째로 법규범의 준수를 강요당한 사람들이 그 법규범에 대해 '합리적 권위=정당성'을 인정하지 않았던 점, 둘째로 법규범의 일탈자들이 스스로 법의 강행을 저지하기 위해서 다양한 압력을 행사한 점, 셋째로 법규범의 강행을 지속함에 있어 인적·물적 재원이 상승함에 따라 사람들이 이 법규범을 강행하기 위해 치른 노력과 비교할 때 그만한 가치를 가지는 것인가에 대한 회의를 가졌던 점이 그것이다.

Ⅲ. 법이 실효성을 갖는 근거로서의 정당성

법은 국가권력에 의해서 만들어지고, 국가의 공권력에 의한 강제를 바탕으로 그 준수가 강제된다. 그러나 법이 법으로서 실효성을 갖는 것은 많은 사람들이 그 법규범을 자신들이 준수하지 않으면 안 되는 것, 즉 법에 대한 정당성을 승인했기 때문이다.

그러나 법규범을 많은 사람들이 따라야 하는 것으로 승인하는 것의 실체는 무엇인가? 명확하지는 않지만 기존의 법규범에 대해서 말한다면 그것은 국민들에 의한 수동적인 작용이라고 할 수 있다. 그렇지만 세월이 흘러 사회가 변화함에 따라 현행법이 현실 사회의 다양한 요청을 따르지 못하게 되는 경우 사람들은 그 법규범에 대한 승인의 거부 및 개폐(改廢)를 하여 자신들의 이익에 합치하는 새로운 법규범을 만들려고 노력을 할 것이다. 이러한 사람들의 능동적인 의사는 수동적인 승인이 아니라 '여론(輿論)'인 것이다.

영국의 헌법학자 다이시(Dicey)는 특히 여론의 형성력을 중시하였다. 즉 여론은 단순히 법을 지지하는 힘에 그치는 것이 아니라 법을 창조하는 힘이라고 하였다. 그렇다면 법을 만들고 법을 움직이는 여론의 힘은 어디에서 나오는 것인가?

먼저 사회의 개개 구성원들의 요구나 희망은 다양한 사회집단이나 여러 기관을 통해서 특정한 견해들을 형성한다. 이것이 사회전체에 확산되는 과정에서 어떤 때는 충돌하고 어떤 때는 합치되어 점차 특수한 사회집단이나 기관의 범위를 뛰어 넘어 국민전체의 요구나 희망으로 변화함으로써 여론이 형성된다. 이와 같이 처음에는 특수사회집단의 요구나 희망에 불과했던 것이 국민전체의 여론으로 변화해 가는 것은, 이러한 요구나 희망이 그 시대나 사회의 다양한 요청을 가장 잘 충족시킬 수 있으며, 이것이 사람들로부터 법의 이념 내지 목적에 일치하는 정당한 것으로 확신하였기 때문일 것이다.

그러므로 여론의 힘은 그 내용이 시대와 사회의 여러 요청에 부응하는 이념에 충실하고, 국민 대다수가 이것을 정당한 것이라고 확신할 때 나타나게 된다. 이러한 의미에서 법규범이 규범으로서의 효력을 가지는 것도 공권력에 의해서 강제되기 때문만이 아니라, 국민들 사이에 그 법규범의 정당성(正當性)에 대한 법적 확신 내지는 승인이 되었기 때문이다. 따라서 강제는 법규범과 다른 사회규범을 구별하기 위한 형식적 기준이 될 수 있을 뿐, 실질적 기준은 아니다.

그림 2 법의 개념

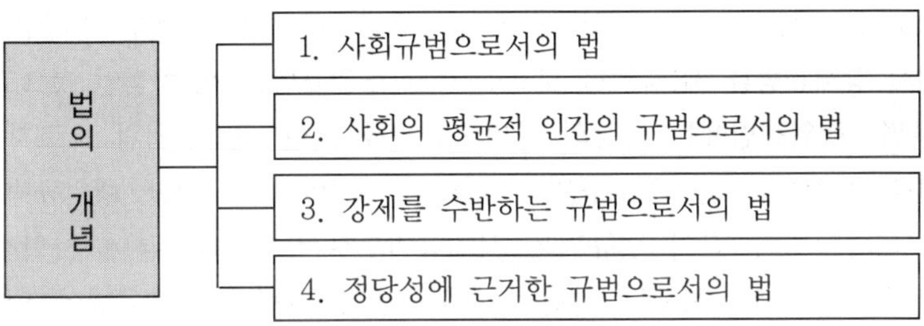

제 5 절 법의 구조

규범으로서의 법은 그 존재하는 형태가 각기 다르더라도 일반적으로 논리적 성격에 따라 세 종류의 법규범으로 구성되어 있다. 즉 행위규범 · 강제규범(또는 재판규범) · 조직규범이 그것이다. 법은 대체로 '… 하면, … 한다'라는 형태의 이른바 가언명제(假言命題 : hypothetischer Imperativ)의 형식을 취하고 있다. 이 점에서 '… 하지 말라'거나 또는 '… 하라'는 형태의 이른바 정언명제(定言命題 : kategorischer Imperativ)의 형식을 갖는 도덕규범과 구별된다. 모든 법규범이 이러한 범주에 속하는 것은 물론 아니다. 그런 까닭에 보는 관점에 따라 행위규범 또는 강제규범으로 규정할 수 있는 복합구조의 관계에 있는 경우도 있다. 그러나 법은 행위규범 · 강제규범(또는 재판규범) · 조직규범 등의 세 가지 형태로 이루어진 복합체로서 서로 관련을 맺으면서 국가의 조직과 작용을 규정하고 법질서를 유지하고 있다.

Ⅰ. 행위규범

행위규범(Handlungsnorm)은 사람은 '… 하여야 한다'고 요구를 하거나 또는 '… 하여서는 안 된다'고 금지를 명하는 규범이다. 즉 사람에게 규범이 제시한 일정한 사항을 준수할 것을 요구하는 당위적 법칙으로서의 사회규범이다. 행위규범은 정치 · 도덕 · 관습 등의 다른 사회규범과 같이 강제성이 포함되어 있지 않은 면에서 차이가 없다. 헌법 제23조 제2항의 "재산권의 행사는 공공복리에 적합하도록 하여야 한다", 민법 제2조 제2항의 "권리는 남용하지 못 한다" 등의 규정은 행위규범으로서 질서유지를 위한 제1차적인 기능을 갖고 있다. 따라서 개인의 행태를 규율하는 행위규범이 법의 제1차적인 규범이고, 강제규범은 제2차적인 것이라 할 수 있다. 그러나 법을 강행규범으로 본 켈젠(Kelsen)은 실정법은 강제규범, 즉 법의 본질인 강제성을 강조하는 의미에서 강제규범을 제1차적인 것으로 보고 행위규범을 제2차적인 것으로 보았다.

한편, 행위규범에는 건강의 관리 · 유지를 위한 건강법처럼 오로지 개인적 가치실현을 목적으로 한 행위규범과 사회적 목적달성을 위한 행위규범이 있는데, 이미 서술한 바와 같이 법규범은 사회규범으로서 그 대부분이 사회적 행위규범이다. 사회적 행위규범에는 불변적 행위규범과 가변적 행위규범이 있다. 불변적 행위규범이란 "남의 물건을 훔쳐서는 안 된다"라든가 "빌린 물건은 돌려주어야 한다" 등과 같은 규범처럼, 오래 전부터 인간의 공동생활의 준칙으로서 일반적으로 인정되어 온 것이며, 때와 장소를 가리지 않고 타당한 행위규범을 말한다. 이와는 달리 가변적 행위규범이란, 어떠한 특정 목적을 위하여 규정된 것으로, 시대에 따라 변화하거나 장소에 따라 달라질 수 있는 행위규범을 말한다. 예컨대 "차량은 도로의 우측으로 주행한다"든가 "5층 이상의 건물은 지을 수 없다"든가 하는 것으로서, 그 내용이 시대와 장소를 초월한 보편성을 갖지 않는다. 실제의 법률규정 가운데 가변적 행위규범은 그 내용이 직접적으로 명시되어 있는 것이 보통인데, 불변적 행위규범은 그렇지 않은 경우가 많다. 예컨대 형법 제329조는 "타인의 재물을 절취한 자는 6년 이하의 징역 또는 1천만원 이하의 벌금에 처한다"고 하여 가언명제의 형태로 규정하고 있는데, 이는 "타인의 재물을 절취해서는 안 된다"는 보편적인 행위규범이 존재하기 때문이다.

Ⅱ. 강제규범

강제규범(Zwangsnorm)은 일정한 행위규범을 전제로 하여 그 행위규범에 위반하는 행위에 대해 일정한 제재를 가함으로써 강제력으로 사회질서를 유지하려는 규범을 말한다. 예컨대 "사람을 살해한 자는 사형 · 무기 또는 5년 이상의 징역에 처한다"(형법 제250조 제1항)는 것은 '사람을 죽이지 말라'는 도덕적 행위규범을 전제로 하여, 이에 위반한 행위자에 대해 그 제재로서 형벌을 가하는 규범을 강제규범이라고 한다. 그런데 이 강제규범은 법원의 재판을 통해 실현되기 때문에, 이 때 재판의 기준이 되는 규범을 재판규범(Entscheidungsnorm)이라고 한다.

재판규범은 행위규범의 위반상태인 법적 요건(살인행위)이 충족되면, 그에 대한 일정한 법적 효과(사형, 무기 또는 5년 이상의 징역)를 부여할 것을 선언한 가언적 명제라는 점에 특색이 있다. 그런데 재판규범은 한편으로는 일정한 행위를 금지 또는 명령하면서, 다른 한편으로는 재판을 통해 이를 강제한다고 하는 행위규범과 강제규범의 복합체로 구성되어 있어 이를 법규범의 복합구조라고도 한다. 이와 같이 법이 이중적 구조를 갖는 이유는, 법의 실효성을 보장하기 위한 수단을 확보하는 동시에, 어떠한 행위를 하거나 또는 하지 않는 자에 대해 일정한 처벌을 받을 것이라는 사실을 미리 예고함으로써 일반인으로 하여금 법적 생활의 예측가능성과 안정성을 보장하여 주는 데 있다. 강제규범은 결국 법에 규정된 행위규범의 보장수단을 의미하기 때문에 행위규범을 제1차 규범이라 하고, 그 보장을 위한 강제규범을 제2차 규범이라 한다.

그림 3 법규범의 복합구조

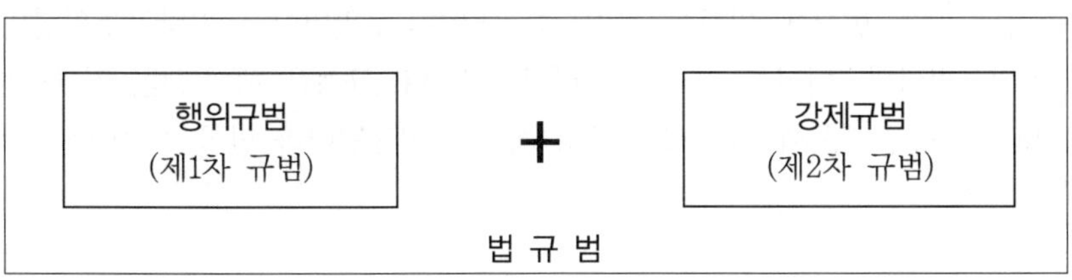

Ⅲ. 조직규범

조직규범은 국가 · 자치단체 등의 조직 또는 제도에 관한 사항을 규정하는 규범을 말한다. 조직규범에 의해서 법적으로 조직된 사회단체 가운데 특히 중요한 것은 국가이다. 국가는 내부적으로 법의 제정 · 적용 · 집행(국회, 법원 또는 행정관청 등) 등 다양한 기능을 갖는 사회단체이지만, 그 국가 자신도 법에 의해서 조직된 단체이기도 하다. 헌법, 국회법, 정부조직법, 법원조직법, 국가공무원법은 국가의 기본적 조직이나 그 각 기관의 조직을 규정하는 조직규범이다. 이러한 조직규범은 국가의 조직은 물론 그 조직을 구성하는 기관에 일정한 권한을 부여하는 근거가 되는 동시에 그 기관에 근무하는 사람(공무원)에게 각종의 의무를 부과하는 규범이기도 한다. 따라서 조직규범은 조직 개개의 법체계를 전체로서 통괄하여, 국가의 근본조직과 통합운영의 원칙을 규정함으로써, 법을 통한 통치질서를 유지하고 발휘할 수 있는 기능을 하고 있다.

조직규범은 국민 일반의 사회생활을 규율하는 것이 아니라는 점에서 행위규범과 다르며, 또한 위반행위에 대하여 직접 강제력을 발동하는 것이 아니므로 재판규범과도 구별된다. 그러나 조직규범도 그 자체만으로는 단순히 기관이나 단체의 성립을 규정하는 데 지나지 않지만, 행위규범이나 강제규범과 결부됨으로써 전체적으로 강제력 있는 법규범으로서 기능을 발휘한다. 예컨대 형법 제129조 제1항에서는 공무원 또는 중재인이 그 직무에 관하여 뇌물을 수수, 요구 또는 약속한 때에는 5년 이하의 징역 또는 10년 이하의 자격정지에 처하도록 규정하고 있는데, 이는 수뢰죄에 관하여 그 벌칙을 정한 것으로 재판규범이지만, 뇌물을 금지한다는 행위규범의 요소를 함께 가지고 있다. 그러나 이 행위규범의 수범자(受範者)는 일반인이 아니라 '공무원'으로 한정되어 있으며, 공무원이라는 지위는 국가공무원법이나 지방공무원법과 같은 법률에 의하여 규정된다. 국가공무원법이나 지방공무원법의 대부분은 조직규범이며, 이러한 의미에서 형법 제129조 규정은 행위규범, 강제규범(재판규범) 및 조직규범 등 세 개의 요소가 관계하는 법규범이라 말할 수 있다.

제 2 장
법의 목적과 사명

제 1 절 개별법의 목적과 법의 궁극적 목적

사회생활의 기준인 사회규범은 그 사회가 목적으로 하는 이익을 실현하기 위한 기준이다. 법규범도 사회규범의 하나인 이상, 이러한 사회적 이익을 실현하기 위한 목적과 분리될 수는 없다. 이런 의미에서 법규범은 필연적으로 목적적이다.

사회는 정치와 경제, 문화 등 여러 종류의 영역에서 사회구성원의 다양한 구체적 활동에 의하여 끊임없이 개혁되고, 창조되며, 역사의 움직임과 함께 발전하여 왔다. 사회가 발전하여 복잡해지고 다양화하면서 그만큼 새로운 사회생활의 기준이 필요하게 되고, 수많은 법규범이 정립된다. 근대 이후의 사회에서는 그러한 법규범 대부분이 국가의 입법 작업을 통하여 제정법으로서 형성되어 왔다. 제정법은 그 내용인 규범을 정립할 필요, 즉 법규범에 의하여 달성하려고 하는 목적(입법목적)으로부터 입법과정을 통해 생성된다. 예링(Jhering)이 "목적이 모든 법의 창조자이다"라고 한 것은 이러한 의미이며, 반대로 말하면 입법목적을 흠결한 제정법은 존재하지 않는다.

이처럼 개별법의 목적은 제정법마다 다르고 또한 다양하다. 그렇지만 이러한 개별법의 목적이 각각 고립되어 있는 것은 아니다. 개별법이 규율 대상으로 하는 생활영역은 사회 전체의 일부로서, 각기 독립하여 존재하는 것은 아니다. 각각의 생활영역에서의 이익을 실현하기 위한 활동은 결국 사회 전체의 이익을 실현하기 위한 활동이며, 그런 까닭에 개별법은 그 모두가 각각의 개별적 목적을 초월한 보편적인 사회목적의 실현이라는, 보다 궁극적인 목적과 관련되어 있다고 할 것이다.

궁극적으로 법이 그러한 목적과 결부되어 있다는 사실은 법규범의 측면에서 필연적이며, 사명이라 말할 수 있는 것이다.

제2절 법의 목적

위에서 설명한 바와 같이, 우리 사회에서는 사회생활의 다양한 영역마다 제정법이라는 형태로 많은 법규범이 정립되어 있다. 이러한 개별 제정법에서는 그 법이 규율하는 대상이 무엇이고, 어떠한 범위에서 효력을 갖는지를 명확하게 하기 위하여 앞부분에서 목적을 명시하는 경우가 많다. 「소비자기본법」이 제1조에서 "이 법은 소비자의 권익을 증진하기 위하여 소비자의 권리와 책무, 국가 · 지방자치단체 및 사업자의 책무, 소비자단체의 역할 및 자유시장경제에서 소비자와 사업자 사이의 관계를 규정함과 아울러 소비자정책의 종합적 추진을 위한 기본적인 사항을 규정함으로써 소비생활의 향상과 국민경제의 발전에 이바지함을 목적으로 한다"고 규정하고 있는 것이나, 「폭력행위 등 처벌에 관한 법률」 제1조에서 "이 법은 집단적 또는 상습적으로 폭력행위 등을 범하거나 흉기 또는 그 밖의 위험한 물건을 휴대하여 폭력행위 등을 범한 사람 등을 처벌함을 목적으로 한다"고 규정하고 있는 것이 그 예이다.

그러나 개별법이라도 예컨대 민법이나 형법과 같이 하나의 법이 광범위한 생활영역에 관한 규율을 내용으로 하고, 하나의 목적만으로 특화되어 있지 않은 법에서는 별도로 목적을 규정하고 있지 않다. 다양한 규율내용을 크게 하나로 정리한 제정법을 '법전(法典)'이라 한다. 법전에서는 커다란 목적 아래 모인 개개의 규정이 각각 목적을 갖는다. 예컨대 민법전은 법전 자체의 목적으로 말한다면 '시민생활의 일반법'이라는 커다란 틀로밖에 표현되지 않지만, 매매계약이라든가 임대차계약, 또는 혼인 등 각 규정마다 개별화되고 구체화된 목적을 가지고 있는 것이며, 반대로 각 규정의 각각의 목적은 법전이 갖는 더욱 넓은 목적에 의하여 통괄되고 있는 것이다.

제 3 절 법의 사명

Ⅰ. 법의 목적의 변화와 제약

개별법에는 목적이 존재하고 그 목적에 따라서 법이 운용되며 인간의 사회생활을 규율하지만, 이들 개별법의 기능은 그 법 고유의 목적을 실현하는 데 그치는 것이 아니다. 즉 개별법의 목적을 초월하여 사회 전체의 가치와 이익을 실현하는 바탕이 되는, 보다 상위의 목적 실현에 봉사하는 데에도 있다. 개별법은 사회생활의 일정한 측면에서 그 필요성을 충족시킬 목적으로 제정되지만, 그 필요성이 때와 장소에 따라 동일하다고 말할 수는 없으며, 역사와 장소에 따라서도 그 목적이 변할 수 있다. 그러나 개별법의 목적이 변화할 수 있음에도 불구하고 사회에서 법이 항시 존재하는 것은 때와 장소에 의하여 영향을 받지 않는 궁극적이고 보편적인 목적, 즉 법의 사명(使命)이라는 것이 있기 때문이다. 법에 내재하는 사명이라 함은, 사회 전체의 가치와 이익의 실현을 뒷받침하는 데 있으며, 이는 구체적으로 말한다면 사회질서의 유지, 자유의 확보 및 정의의 실현 등 세 가지를 일컫는 것이다.

Ⅱ. 사회질서의 유지

법의 첫째 사명은 사회질서의 유지이다. 법은 사회적 가치의 실현을 위한 규범이지만, 사회적 가치의 실현을 신속하고 원활하게 달성하기 위해서는 그 달성까지의 과정에 가능한 한 혼란과 대립이 없어야 한다. 법의 사명으로서의 질서유지란 사회적 가치실현의 장해가 될 수 있는 혼란과 분쟁을 회피하거나 또는 혼란이나 분쟁이 발생하여도 이를 적절하게 해결하여 배제하는 것이다.

사회생활 속에서 법질서는 인간 상호간 신뢰가능성 또는 기대가능성을 전제로 한다. 상대방이나 일반인에 대한 기대와 신뢰를 확보할 수 없다면 사회를 구성하는 사람들의 활동은 정체되고, 대립과 혼란이 생겨 질서를 지킬 수 없게 된다. 기대가능성이나 신뢰가능성의 파괴는 파괴자의 자의(恣意)에 의하여 이루어지는 것이며, 질서를 유지 또는 회복하기 위해서는 이러한 자의를 제한하거나 금지하여야 한다.

Ⅲ. 자유의 확보

법의 두 번째 사명은 사회구성원들의 자유를 확보하는 것에 있다. 법은 일상생활속의 자의를 공권력으로 제한하여 질서를 유지함으로써 인간활동의 자유를 보장한다. 사회생활 속에서 자의를 무제한으로 허용하는 것은 그 사람 이외의 사람들에게는 자신들의 활동영역에 대한 침해를 허용하는 결과가 된다. 따라서 무제한적으로 자의의 발동을 허용하는 사회에서는 각자가 자력으로 자기의 생활이익이나 영역을 보호하지 않으면 안 된다. 이러한 사회는 무질서할 뿐만 아니라 안심하고 자기의 이익을 향수할 수 있는 자유의 상태에 있다고도 볼 수 없다.

이처럼 자유가 인간의 사회생활에서 반드시 보장되어야 할 조건이라고 이해한다면, 자유에 반하는 자의는 법에 의해 제재를 받지 않으면 안 된다. 따라서 질서와 자유는 상반하는 것이 아니라, 질서가 있는 사회에서만이 자유를 보장받을 수 있다. 즉 질서의 파괴와 혼란이 있는 곳에서는 자유가 있을 수 없기 때문에 법은 자의를 제한하여 질서를 유지하고 사회구성원이 불안 없이 자유롭게 행동할 수 있도록 자유를 보장할 사명이 있다.

Ⅳ. 정의의 실현

이외에도 법의 목적 또는 사명이 무엇인가에 관하여는 종래 논의가 거듭되어 왔지만, 그 가운데 가장 전통적인 사상은 법의 궁극적인 목적을 정의의 실현에 있다고 보았다. 법에는 여러 가지 목적을 일괄하는 궁극적인 목적이 존재한다. 이른바 '인간평등의 복지'가 바로 그것이다. 인간의 행복은 물론 경제적으로 풍부한 생활을 하는 데 그치는 것은 아니지만, 어느 정도의 경제적인 생활수준을 확보한다는 것은 인간의 인간다운 생활을 위한 불가결의 조건이다. 경제적 기반 위에서 인간이 인간다운 생활을 보장받게 되면 의식이 충족되어 예절에 따른 도덕적 생활을 실천하게 될 것이다. 그리고 그 위에 고도의 문화에 접하고 교양을 함양하여 이것을 풍부한 마음의 양식으로 삼을 수 있는 사회를 건설하여야 할 것이다.

이와 같은 인간평등의 복지는 바로 '정의(正義)'를 의미한다. 정의를 사회생활에서 실현하여야 할 최고의 덕으로 인정하고, 적절한 분석을 꾀한 사람은 아리스토텔레스(Aristoteles)이다. 그는 정의를 평균적 정의(ausgleichende Gerechtigkeit)와 배분적 정의(verteilende Gerechtigkeit) 두 가지로 나누었다. 평균적 정의는 모든 사람에게 절대적으로 평등을 인정하며, 사람의 능력과 개성의 차이를 돌보지 않고, 이행과 반대이행, 범죄와 형벌을 균등하게 조화시키는 정의를 의미한다. 그러나 이것은 현실을 무시한 정의관이다. 모든 사람에게 균등한 평등을 인정한다는 원칙대로 사람들을 서로 경쟁하게 한다면 결국에는 실질적인 불평등을 낳게 된다. 따라서 이러한 모순과 결점을 없애고 진정한 정의를 확보하는 것은 오직 배분적 정의에 있다고 하였다. 이것은 모든 사람의 능력과 개성의 차이를 솔직하게 그대로 인정하는 데에서 출발하여 모든 사람의 능력과 가치에 적합하도록 명예와 재화를 공정하게 나누어 주는 것을 의미한다. 정의의 사명이 개인 또는 단체 전체의 정당한 생활이익을 보호하고, 모든 사람에게 진보와 발전의 기회를 평등하게 분배하는 데 있는 것이라면 정의야말로 법의 이념에 적합한 것이다. 그러나 정의의 내용은 결코 시대를 벗어나서 영구불변한 것은 아니다. 사회 · 경제의 변천에 따라서 정의의 내용도 변하게 되는 것이다.

그런데 법은 정의와 함께 이에 못지않게 또한 질서를 존중한다. 법은 사회공동생활에 있어서의 여러 목적이 질서를 통하여 실현될 것을 요청하며, 법을 초월한 외부적 실력에 의한 법의 자의적 변혁은 법의 이념에 맞지 않는 것이다. 그러므로 법이라는 것은 항상 질서 위에 기초를 둔 정의의 실현을 그 최고의 사명으로 하여야 하며, 질서를 무시한 정의의 실현은 그 자체가 이미 법의 최고이념이 될 수 없다고 할 것이다.

제 3 장
법의 역사

제 1 절 법의 역사에 있어서 변화와 연속성

법은 변화한다. 석기시대로부터 청동기시대로, 수렵시대로부터 농경사회로, 봉건사회로부터 자본주의사회로, 생산양식이나 사회체제가 변화함에 따라 법도 그 내용이 변화된다. 평시에서 전시로, 궁핍에서 풍요롭게 사회사정이 변화하고 또한 권위주위로부터 자유주의로, 전체주의로부터 개인주의로 사람들의 가치관이 변화하는 것처럼 법도 그것에 따라 변동한다.

그러나 그 반면에 법은 하나의 사회기술로서 다른 기술과 같이 발명되고 개량되어 또 승계된다. 예컨대 돈을 빌리는 경우에 그 변제를 확보하기 위한 수단으로 사람들은 계약서를 작성하거나 증인의 입회 및 담보 등의 다양한 법기술(法技術)을 이용한다. 돈을 차용한 사람이 그 돈을 변제할 수 없는 경우에 채권자들은 어떠한 비율로 그의 남은 재산을 분할해야 할까? 채무자의 재산은닉을 막거나 일부의 채권자에게만 유리한 해결이 되지 않도록 채무자의 각종 채권을 평가하여 공평하게 분배하여야 한다. 채권자에게 그 재산을 분배하는 '파산(破産)'이라는 법기술은 이탈리아 상인들 사이에 발달한 제도이고, 또한 이 채무자가 기업인 경우에는 채권자의 이익을 다소 희생하더라도 기업의 재건을 위한 '기업회생절차'라는 제도가 미국의 법제도 가운데에서 발달하였다. 이처럼 복잡한 이해관계를 빠짐없이 그것도 공정하게 처리하기 위한 제도를 고안하는 것은 매우 고도화된 기술로서, 법의 역사는 권력의 남용을 억제하기 위한 기술, 재판의 공정을 확보하기 위한 기술, 채권자나 상속인 사이의 이해를 조정하는 기술 등은 사회기술의 역사이기도 하다.

제 2 절 법의 계수(繼受)

다른 국민이나 민족이 발달시킨 법제도를 승계하여 자국의 법으로 사용하는 것을 법의 계수(Reception)라고 한다. 계수에는 어음제도나 위헌입법심사제도 등과 같이 개개의 제도를 계수하거나 법체계 전체를 계수하는 경우도 있다. 계수의 방법에는 i) 외국법을 그대로 수용하여 자국법으로 시행하는 경우(미국의 루이지애나주의 프랑스 민법전 계수), ii) 외국의 학자를 초빙하여 법을 기초시키는 경우(일본의 이른바 「보아소나드(Boissonade) 민법」), iii) 계수법의 입법자가 모국의 영향을 받은 경우(독일의 민사소송법과 일본의 민사소송법), iv) 입법에 의하지 않고 법관 등에 의해 서서히 계수되는 경우(근대 서구의 로마법 계수) 등이 있다. 계수에 의하여 모국법과 계수법 사이에는 법계(法系)가 생긴다.

법의 계수는 모국법의 법제도를 사회적 기반이나 법의식을 달리하는 국가에 이식(利殖)하는 것으로써 항상 원활하게 이루어진 것은 아니다. 특히 그 나라의 전통적 요소가 강한 친족법 등의 영역에서는 마치 나무에 대나무를 접목하는 것처럼 법계수가 반발을 불러 올 수도 있지만, 계수된 법전(法典) 하에서 전통이나 의식과 타협하여 판례와 실무가 발전해 가는 경우도 있다. 이에 대하여 어음수표법과 같이 국가의 전통에 그다지 영향을 받지 않는 분야에서의 법의 계수는 원활하게 행하여질 수 있다. 따라서 조약에 의해서 각국은 동일한 법을 가질 가능성도 있다.

제 3 절 국가 이전의 법질서와 국가법 질서

우리들은 무기를 휴대하지 않고 거리에 나가는 것을 당연하게 생각하거나, 어려서부터 힘을 기르지 않아도 한 인간으로 성장할 수 있다고 생각한다. 이것은 세상의 '일'이 힘에 의해서 결정되는 것이 아니며, 적법하게 행동하는 한 국가가 강제력을 가지고 우리들을 지켜주고 또 우리들의 권리를 실현해 주기 때문이다. 국가가 존재하지 않는다면, 우리가 어떤 침해를 당하여도 책임지고 그를 도와 줄 사람이 있다고 말할 수 없으며, 범인을 찾아 빼앗긴 물건을 되돌려 줄 사람도 없을 것이다. 자신의 정당한 요구도 강력한 힘을 가진 상대가 이를 인정하지 않으면 이를 실현할 방법이 없다. 따라서 스스로 무장하여 몸을 보호하고 자기 자신의 실력으로 자기의 주장을 실현하지 않으면 안 되었다(자력구제를 말함). 인류사의 전사(前史)는 이와 같은 자력구제(自力救濟)의 사회였다.

Ⅰ. 국가 이전의 법질서

(1) 이와 같은 사회에서는 통일적인 입법권이 존재하지 않았기 때문에 법의 대부분은 관습법이었으며, 다만 무엇이 관습법인가에 관해서는 많은 경우 장로나 제사장이 그 인정권을 가지고 있었다.

(2) 당사자를 초월한 사법권도 존재하지 않았기 때문에 분쟁의 해결은 '재판'보다는 오히려 '조정(調停)' 내지는 '중재(仲裁)'의 성격을 가졌다.

(3) 경찰력도 존재하지 않았기 때문에 피해자는 가해자를 찾아 손수 제재하지 않으면 안 되었다. 일반적으로 자신의 주장은 스스로의 실력에 의해서 실현할 수밖에 없었다(자력구제).

(4) 혈연집단이 결집하여 사회단위를 이루고 있는 곳에서 그 중 한 사람이 살해당하면 그 피해를 당한 집단은 대부분의 경우에 가해자 집단에게 복수를 한다. 이 경우 복수의 한도를 정하기 위하여 손해와 복수의 등가성(等價性)이 요구되는 경우가 많았다(눈에는 눈, 탈리오법칙(lex talionis)).

(5) 법의식은 정령숭배 등의 종교심에 의해서 지지되며, 관습법은 선조의 영(靈)에 대한 존경심 때문에 존중되고, 서약도 그것에 의해서 지켜진다고 믿었다. 유족의 복수의무도 사자의 영혼에 대한 공포에 의해서 지지되었다.

Ⅱ. 국가법 질서

이것에 대해 국가권력의 강력한 실력행사를 배경으로 하여 성립된 법질서는 다음과 같은 성질을 갖는다.

(1) 관습법에 비하여 성문법은 우월하기 때문에 국가의 관료기구나 상비군을 유지하기 위해서는 불문의 관습법으로는 불충분하고 명확한 규율을 갖는 성문법이 필요하다.

(2) 자력구제는 금지되며, 부모의 원수라도 살해하면 살인죄가 되고, 기간이 경과되어도 빌려준 돈을 빼앗으면 강도죄가 된다. 정당한 실력행사는(정당방위, 긴급피난, 자구행위를 제외하면) 국가가 독점하고 있다.

(3) 적법성 판단은 최종적으로 국가권력이 행사하기 때문에 이에 관한 해석이

대립된 채 복수를 계속하는 것은 허용되지 않는다.

미개한 법질서로부터 국가법 질서가 성립하기까지는 길고 복잡한 역사적 과정이 필요하였다. 다만 현재의 국제법 질서는, 국가를 초월한 권력은 물론 그 실력행사도 할 수 없기 때문에 미개한 법질서와 같은 상태에 있다고 할 수 있다. 각 국가의 자력구제가 금지되고, 세계가 하나의 공통된 권력 하에 사회(세계사회)가 성립되기까지는 역시 길고 복잡한 과정이 필요할 것이다.

제 4 절 고대 로마법

고대문명은 매우 우수한 법제도를 탄생시켰다. 이집트는 나일강에 대한 치수(治水)의 필요를 배경으로 강력한 왕권이 형성되어 독자적인 토지법이나 거래법이 발달하였고, 정비된 재판제도도 존재하였다. 많은 왕조의 지배하에 있던 메소포타미아 지역은, 특히 기원전 20세기 전후에 제정된 「함무라비법전」에 의하면 신분제도를 배경으로 한 복잡한 법제도를 성문화하였다(이 지역의 법은 점토판에 계형(楔形) 문자로 기술되어 「계형문자법」이라고도 한다). 인도의 「마누법전」(B.C. 2세기경)은 고대 종교서이며 최고의 법전으로서 후에 이에 따라 인도를 장기간 지배하였고, 왕조시대의 중국도 과거제도에 의해서 구성된 관료제를 배경으로 형사법을 중심으로 한 많은 법전이 탄생하였다(당률, 명률, 청률).

고대 유대인은 이집트나 계형문자법의 영향 하에서 랍비(rabbi)라고 불리는 사제(司祭)계급에 의해서 법의 발전이 촉진되었고, 그리스의 여러 도시들도 리쿠르고스(Lycourgos: 스파르타의 전설적 입법자)나 솔론(아테네의 입법자)의 입법에 의해서 법의 발전에 대한 기초를 다져갔다. 아테네에서는 민주정치의 발전과 함께 대심구조(對審構造)에 관한 소송구조가 발달하여 법정에서의 변론을 위한 직업적 변론가가 배출될 정도였다.

그러나 이러한 것에 비하여 근대법과 관련된 매우 중요한 것은 고대 로마법이다. 로마는 이탈리아반도 중부의 도시국가로 전설에 의하면 로물루스(Romulus), 레무스(Remus)라고 하는 쌍생아의 형제에 의해서 기원전 753년에 건국되었다. 초기의 로마는 주위의 여러 부족과 같이 농업적 · 군사적 도시국가였으나 그 후 군사적 성공에 의하여 기원전 3세기에는 거의 이탈리아반도의 전역을 정복하였음은 물론 지중해를 사이에 둔 해양국가인 카르타고와 전투에서 승리(포에니전쟁)하여, 기원전

2세기 이후부터 지중해 전역을 지배하는 '세계국가'로 성장하여 지중해 세계에 '로마의 평화(Pax Romana)'를 가져왔다. 이러한 로마제국의 영토확장으로 국제교류가 빈번해지자 속인주의적 로마 시민법의 한계를 벗어나 속지적인 만민법으로 발전함으로써 거래법이 체계화되었다. 즉 로마법은 도시국가의 시민법으로 출발하여 강대한 로마제국 통치의 법으로 그리고 보편적인 세계법으로 발전함으로써 문명사적 의미를 가지고 있다.

이것과 함께 전통적인 관습법을 기초로 한 「시민법(jus civile)」만으로는 시대변화에 대응할 수 없게 되어, 시민법의 엄격한 형식을 완화하여 형평(衡平 · aequitas)을 근거로 분쟁을 해결하는 「법무관법(jus praetorium)」을 발달시켜, 이것이 로마시민 이외의 로마제국 모든 사람에게 적용되어 「만민법(jus gentium)」이라고 불리게 되었다. 이 법의 발달에 의하여 훌륭한 법학자가 배출되고, 전통과 사회적 요청, 정의와 형평을 교묘하게 조화시키는 법기술이 탄생되었다. 이러한 학설이나 법령을 집대성한 것이 동로마제국의 황제 유스티니아누스(Justinianus)이고, 그 법전을 「시민대법전(Corpus Juris Civilis)」 또는 「유스티니아누스법전」이라고 부른다.

로마법에는 엄격한 형식주의나 강력한 가장권(家長權), 노예를 '물건'으로 취급하는 사상 등 근대법과 어울리지 않는 면도 있었지만, 법을 종교나 도덕으로부터 해방시키고, 정밀한 법기술을 발전시켰다. 그리고 거래에 대한 법적 규제에 있어서도 그 자유를 폭 넓게 인정하는 자유주의에 입각하는 등, 근대사회에 재생시킬 수 있는 다양한 장점을 가지고 있었다.

제 5 절 중세의 법과 사회

중세 유럽은 게르만민족의 대이동과 함께 시작된다. 게르만민족들은 북방에서 수렵, 목축 등으로 소박한 농경생활을 하였지만, 훙노족의 내습(來襲)과 로마제국의 쇠퇴에 편승하여 로마 영내로 침입하여 서로마제국을 멸망시켰다(476년). 그들은 혈연공동체인 지페(Sippe)를 기초로 하여 불문의 관습법 지배하에 중요한 사항들을 무장남자의 집합(ding)의 결정에 따라 활동하였다. 지페의 구성원을 살해하면 피해자의 지페에 의한 복수(Fihde)가 행해졌고, 부족 내의 범죄자들은 종종 '평화상실(Friedlosigkeit)'에 의하여 모든 법적 보호를 박탈당하였다(처는 과부가 되고, 소유물은 무주물이 된다).

민족이동 후, 정착한 부족 가운데 특히 유력한 왕조였던 프랑크족인 메로빙거와 카롤링가 양 왕조에 의해서 중세적 세계의 기초가 만들어졌다. 원시적 민주제는 신분제사회로 바뀌었고, 혈연사회는 지연사회로 이동하여 속인법주의는 속지법주의로 변화하여 갔다. 이리하여 9세기에 카롤링가왕조가 해체되고 10세기 신성로마제국이 성립할 당시부터 '봉건제'가 지배하였다. 봉건제는 주종관계에 의해 형성된 지배층이 농노(農奴)들이 경작하는 장원(莊園)을 지배하는 사회체제로서 계층적 신분제 질서와 지방분권이 그 특색이었다. 이 시대는 위로부터는 신성로마제국의 황제 및 로마교황 그리고 국왕 · 영주 · 기사를 거쳐, 아래로는 농노에 이르는 피라미드형 신분제도가 세습에 의해서 고착화되었고, 하위 신분에서 상위 신분으로의 이동은 원칙적으로 불가능한 반면, 상위 신분자들도 하위 신분의 세습적 특권을 침해하는 것이 매우 곤란하였다.

제 6 절 로마법의 부활

중세말기에 이와 같은 사회구조를 해체로 이끈 다양한 사건이 발생하였다. 우선 수차에 걸친 십자군원정이나 이것에 이은 전쟁(백년전쟁과 장미전쟁 등)이 기사계급에게는 커다란 경제적 부담을 강요하였고, 또한 이것과 함께 발달한 상업은 도시 상인계급의 성장을 촉발시켜 고리대금 등이 기사계급의 몰락을 더욱 가속화시켰다. 또한 14세기 중엽에 전유럽을 강타한 흑사병의 대유행은 장원영주의 경제적 기반에 커다란 타격을 주었고 그 반면에 농민의 발언권은 확대되었다. 또한 화기(火器)의 보급도 성채(城砦)와 기마에 의하여 유지되어 온 기사의 군사적 권위를 저하시켰다. 이와 같은 군주와 상인계급이 중간적 권위계급인 영주 · 기사계급을 협공하여 절대군주제의 길로 유도하였다. 이리하여 법의 측면에서 이 과정을 촉발시킨 것이 「로마법의 계수(Rezeption des römischen Rechts)」였다.

「유스티아누스법전」의 연구는, 12세기 이탈리아 '주석학파(Glossatoren)'라고 불리는 사람들의 손에 의하여 시작되었지만, 14세기경부터 '후기주석학파(Post-Glossatoren)' 내지는 '주해학파(Kommentatoren)'에 의해서 로마법을 당시 법실무에 적용하려고 하는 노력이 시작되었다. 이탈리아에서는 각 도시의 조례에 대한 보충법원으로서 로마법이 적용되었고, 바르톨러스(Bartolus) 및 발두스(Baldus) 등의 대표적 학자들에게는 로마법의 해석자로서 상당한 권위가 인정되었다. 유럽 각국에 있는 귀족의 제자 등 젊은 학생들은 그들의 문하생이 되기 위하여 유학하여 로마법을 연구하고 학위를 받아 모국에서 행정이나 사법의 요직에 진출하였다. 특히 독일에서는 1495년 신성로마대법원(Reichskammergericht)을 설치하여 로마법을 보충법원으로써 적용하게 되었다.

로마법 부활의 원인으로서 사상적으로는 "로마법은 로마제국의 법이고, 따라서 신성로마제국황제의 법이다"라고 하는 '로마이념' 내지는 '황제이념'에 의한 것이지만, 실제상의 이유는 각 영지, 각 도시에 따라 서로 상이한 당시의 법상태가 '확실하게 보편적인 법'을 찾고 있었다. 또한 개인주의적이고 법기술이 발달한 로마법은 당시 성장하고 있던 상인계급이 이를 요구하는 등, 새롭게 확립되어 가고 있던 절대군주제가 종래의 가산국가적 가신단(家産國家的家臣団)을 대신하여 합리적인 관료제를 찾고 있었던 것 등의 요인을 들 수 있다. 유스티아누스법전은 "군주는 법으로부터 해방된다"고 하는 격언이 상징하는 것처럼 동로마제국의 절대주의적 요소를 포함한 제후(諸侯)와 기사의 전통적 특권을 폐지하여 강력한 왕조에 근거한 통일국가를 형성하려고 하였던 절대군주에 있어서도 매우 유익한 것이었다.

제 7 절 절대군주제

이것에 이은 절대군주제시대는 일면에서는 세습적 귀족이 여전히 남아 있는 등 중세 유산을 많이 물려받았지만, 오히려 다음과 같은 의미에서 근대법질서의 성립에 결정적 의미를 가지고 있다고 할 수 있다.

I. 국제적 분권

중세에서는 신성로마제국의 황제와 로마교황이 유럽의 보편적 지배자로서, 각국의 국왕은 그 아래에서 권위도 황제나 교황으로부터 유래한다고 생각하고 있었다. 이것에 대해 절대군주제에 있어서는 국왕을 초월한 지상의 권위는 있을 수 없고 "왕은 그 왕국 내에서 황제이다"라고 주장하였다. 군주는 스스로 의사 이외에는 어느 것에 대해서도 복종하지 않으며, 이 지위는 보댕(Jean Bodin) 등에 의해서 주권(主權)이라고 불렸다. 국제사회는 이와 같은 주권자의 병립상태라고 할 수 있다.

Ⅱ. 통치와 소유의 분리

공적 통치와 사적 소유가 분리되지 않은 중세에서는, 영주가 영지를 딸의 결혼지참금으로 주거나 징수한 세금으로 연회를 여는 것을 당연한 것으로 여겼다. 말하자면 공사가 구분되지 않아 세금과 지대(地代), 공무와 사용, 공무원과 사적 사용인의 구별이 없었다. 그러나 절대군주제에서는 불완전하지만 공사의 구별을 추진하고, 로마법상 개념에 따라 권력활동을 지배하는 「공법」과 사적 거래를 규제하는 「사법」의 분리가 행해졌다. 이리하여 통치권 주체인 군주와 소유권 주체인 소유권자의 사이에 중간적 존재가 배제되어 중세 이후 혼란스러웠던 토지의 지배관계가 정리되었다.

Ⅲ. 성문법의 정비

이것과 함께 관습법을 주로 적용하던 중세의 법제도를 대신하여 군주의 칙령(勅令)이 주된 성문법 체계로서 정비되기 시작되었다. 법전편찬도 종종 발간되어 독일의 「카로리나 형사법전(Constitution Criminalis Carolina, 1532)」, 프랑스의 「상사조례(Ordonnance sur le commerce, 1637)」, 「해사조례(Ordonnance de la marine, 1681)」 등이 유명하다. 이것들에 의해 신분이나 직업, 지역 등에 따라 서로 다른 질서가 국가단위의 통일을 보았다.

제 8 절 시민혁명

처음에는 절대군주와 유대로 이익을 보던 상인계급도 자기 자신이 실력을 점차 쌓아가면서 절대군주의 간섭을 배척하는 것이 질곡과 같다고 느꼈을 것이다. 특히 18세기 후반이후 산업혁명은 일찍이 부르주아지(Bourgeoisie)의 중심을 지탱해 온 특권상인으로부터 산업자본으로 변경시켰지만, 그들은 더 이상 절대군주와 연결된 이익은 없었다. 이리하여 부르주아지는 절대군주의 간섭배제와 스스로의 실력에 걸맞은 정치참여를 요구하여, 마침내 프랑스혁명으로 대표되는 일련의 시민혁명을 통하여 그 주장이 실현되었다. 그리하여 프랑스혁명 이념의 결정체로서 「프랑스인권선언(1789)」과 「프랑스민법전(1804, 나폴레옹법전이라고도 함)」이 탄생하였다. 이와 같은 사상적 기초를 제공한 것이 다음과 같은 사상들이다.

Ⅰ. 자연법사상

계몽사조와 관련이 있는 자연법사상, 그 중에서 특히 로크(John Lock)의 사상은 미국의 독립선언(1776) 등을 통해 프랑스인권선언에 커다란 영향을 끼쳤다. 이것에 의하면 인간은, 자연상태에서는 완전한 자유이지만, 범죄나 외부적 침해를 방지하기 위한 계약과 관련되어 있고(사회계약설), 자연의 자유 일부를 신탁하여 국가를 건설하고(신탁적 국가관), 국방과 치안을 맡겼다(국가기능의 소극성). 그러나 사람들이 신탁한 것은 자연의 자유 일부로서, 그것은 양보할 수 없는 자연의 권리(기본적 인권)를 지키기 위한 것이다. 국가권력의 목적은 이 기본적 인권을 보호하는 것에 있고, 만약 국가가 그 신탁에 반하여 권력을 남용한다면, 국민은 그 권력을 폐지할 권리가 있다(저항권). 프랑스인권선언은 "모든 정치적 단결의 목적은, 자유·소유권·안전 및 압정에 대한 저항에 있다"고 선언하고 있다(제2조).

Ⅱ. 관용사상

종교전쟁의 결과로 생긴 관용(tolerance)사상이다. 중세말기 이후 가톨릭교회에 의해서 많은 사상가나 종교가가 박해를 받고 처형되었다. 신교도 구교 못지않게 편협하였기 때문에 종교개혁 이후 오랜 기간 동안 참혹한 종교전쟁이 계속되어 사람들은 인간의 내면적 신념을 강제하여 변화시킬 수 없다는 것을 깨닫기 시작하였다. 일련의 계몽사상가들 가운데서도 밀턴(John Milton), 로크, 볼테르(François Marie Arouet Voltaire), 루소(Jean Jacques Rousseau) 등은 관용을 역설한 대표적인 사상가이다.

Ⅲ. 권력분립사상

몽테스키외(Montesquieu)가 주장한 '권력분립론'도 미국 헌법(1789)이나 프랑스혁명에 커다란 영향을 주었다. 인권선언 제16조는 "권리보장이 확보되어 있지 않고, 권력분립이 규정되어 있지 않은 모든 사회는 헌법을 가진 것이 아니다"라고 선언하였다. 이 이론은 권력을 분립시켜 상호 견제와 균형에 의하여 권력의 남용을 방지하려는 취지이지만, 동시에 하원에 대해서 상원을 두고 군주를 의회로부터 독립시켜, '과잉 민주주의'를 방지한다고 하는 보수적 성격을 가진 것이다.

Ⅳ. 경제사상

프랑스혁명으로부터 직접 영향을 받은 것은 아니지만, 그 후 법사상에 커다란 영향을 준 것은 고전경제학, 특히 아담스미스(Adam Smith)의 경제사상이다. 그는 경제는 자유경쟁에 의하여 가장 잘 발전할 수 있고, 국가의 개입은 유해무익하다고 주장하여 정치의 임무는 자유경쟁의 '장(場)'을 보장하기 위하여 치안과 국방에 한정해야만 하고 "최소의 통치야말로 최선의 통지(The least is the best government)"라고 주장하였다(cheap government의 사상).

제 9 절 근대법 질서의 특질

19세기 서구 국가들의 법질서는 물론 각국의 역사를 보면 그 내용은 매우 복잡하지만, 다음과 같은 성질을 갖는 근대법 질서의 전형적인 형태를 실현하였다고 할 수 있다.

Ⅰ. 주권국가의 병립

모든 국가는 그 국가를 초월하는 권위를 인정하지 않는다. 국제관습법과 조약민이 국제법의 법원이 되며 각국은 각각 국제법을 해석하는 권한이 있으나, 그 해석이 대립되는 경우에는 이것을 공권적으로 결정하는 기관이 없었다. 전쟁은 한 당사국의 일방적 의사표시(선전포고나 최후통첩)에 의해서 개시되고 일단 전쟁상태가 되면, 본래 어느 것이 부정한 것인가를 묻지 않고, 국제법은 양 교전국에 대해서 중립을 지키며, 전승국에 의해 만들어진 새로운 질서가 국제법으로 승인된다.

Ⅱ. 민주주의

권력은 국민 또는 그 대표자에 의해서만 행사된다. 이와 같은 의회제도 · 대통령제도 등이 각국에서 성립하였다(그러나 보통선거제가 확립된 것은 금세기이다).

Ⅲ. 자유주의와 개인주의

민주적으로 조직된 통치권에 의한 구속을 제외하면, 개인의사의 구속은 스스로의 의사, 또는 스스로의 책임 하에서만 가능하다. 이리하여 헌법은 기본권의 자유와 권리를 보호하고, 민사법에 있어서는 소유권의 절대성, 계약자유의 원칙, 과실책임의 원칙 등이, 형사법에 있어서는 죄형법정주의 원칙 등이 확립되었다.

제10절 영미의 법제도

영국은 종종 입헌주의 모범국으로 불리지만, 반면 가장 고색창연한 법제도를 가지고 있는 국가이다. 대륙국가들이 로마법계수 · 시민혁명을 거쳐 몇 번인가 커다란 법의 변혁을 경험한 것에 비하면, 영국은 로마법을 계수하지 않고 시민혁명에 의한 법질서의 단절도 없이 게르만시대나 중세의 법제도를 그대로 적용해 왔다. 영국법제도의 특색 중 하나인 배심제도는 게르만법에 그 기원이 있다고 알려져 있고, 의회제도도 중세의 등족회의(等族會義)가 발전한 것이다. 1215년 반포된 마그나 · 카르타(Magna Carta)는 그 후에도 확인되고 계속되어 현재까지도 여전히 현행법이며, 중세 판례는 지금도 효력을 가지고 있다. 이와 같은 것이 가능한 것은 13세기 창설된 '법학원(Inns of Court)'이 법률가의 양성을 독점하고 법조계급을 강인하게 형성하고 있어 그 판례체계를 모든 사회변동으로부터 지켜왔기 때문이다.

영국법의 가장 중요한 특색은 대륙법의 '제정법주의'에 대한 '판례법주의'에 있다. 즉 모든 사건은 유사한 사건을 재판한 판례에 따라 재판하여야 하고, 제정법은 판례의 확립 또는 수정의 의미를 갖는 것에 불과하다. 이 판례를 축적하여 생긴 법체계를 보통법(Common Law)이라고 하고, 이 보통법의 엄격한 적용을 완화하고 형평에 따라 당사자를 구제하기 위하여 15세기 말에 설치된 것이 '형평법 법원(Court of Equity)'이며, 그 역할은 로마의 「법무관법」에 비교할 만한 것으로 여기에서 신탁이나 채권양도 등 새로운 법원칙들이 만들어졌다.

영국법의 원칙으로서 중요한 것은 '법의 지배(Rule of Law)'의 원칙이 있다. 여기서 법이라는 것은 보통법을 의미하며, 13세기 법학자 브랙턴(Henry de Bracton)은 이미 "국왕도 또한 신도 법의 아래에 있다"고 하여, 이 말은 코크(Edward Coke)에 의해서 스튜어트왕조의 전제정치에 대항할 때 원용되었다. 19세기 헌법학자 다이시

(Albert Venn Dicey)는 영국법의 자랑할 만한 특색의 하나로 '법의 지배원칙'을 들었다.

미국도 독립 이전에는 영국의 본국법 적용을 받았으며, 독립 후에도 기본적으로는 보통법계에 속하지만, 서서히 영국법으로부터 독립하였다. 특히 계몽기 자연법사상의 색채가 농후한 헌법전을 가지고 있어, 대통령제에서 볼 수 있는 엄격한 권력분립제, 연방제에 근거한 연방과 주의 관계에 관한 법적 규제 등 영국법에서는 볼 수 없는 특색을 가지고 있다. 더구나 연방최고법원의 판례에서 확립된 법원에 의한 위헌법률심사제도(違憲法律審査制度)는 미국법의 매우 큰 특색으로서 전후 일본에도 도입되었다.

제11절 근대 법질서의 변천

20세기 말 이후 세계정세의 변동이나 자본주의 구조변화에 따라 근대 법질서는 다양한 관점에서 수정 또는 변혁을 요구받았다.

Ⅰ. 국제법의 재집권화

국제법질서는 재차 집권화의 경향을 보이기 시작하였다. 교통 · 통신의 발달은 많은 국가와 교류를 가져왔고, 문화나 기술에 대한 국제조약 및 국제기관을 발달시켰다(저작권, 공업소유권, 도량형 등의 국제조약 · 기관). 금세기에는 전쟁이 총력전의 양상을 띠어 대량살상병기가 연달아 개발되는 상황 하에서, 평화유지 · 전쟁방지를 위한 국제기관이 연이어 설립되었다(국제연맹 · 국제사법재판소 · 국제연합 등). 그 반면 '민족주의'의 표어 아래서 '아시아 · 아프리카' 국가들이 서구열강의 지배로부터 독립해 가는 것도 두드러진 현상이었고, 현재에도 집권화와 분권화가 복잡하게 얽혀 진행되고 있다.

Ⅱ. 복지 및 문화국가

보통선거가 보급되어 군주제의 아성이었던 러시아 · 독일 · 오스트리아 왕조가 차례로 무너진 금세기에는 일면에 있어서 민주화의 세기였다. 그러나 반면 전쟁이나 공황은 국가권력의 확대와 복잡화를 불러와 '값싼 정부'의 사상이 현실에 맞지 않게 됨에 따라, 의회제의 조락(凋落) · 행정권의 우위 현상이 현저하게 되었다. 19세기적인 국가론은 '야경국가(Nactwächterstaat)'를 논하는 것이 비웃음거리가 되어 '복지국가' · '문화국가' 등의 슬로건이 이것을 대신하였다.

Ⅲ. 근대 법원리의 수정

근대 사법(私法)은 평등한 법적 주체 사이의 법적 관계를 규율하지만, 거대기업이 독점적 또는 과점적으로 시장을 지배하게 되면 이 현실의 불평등이 법제도에도 반영되어 법원칙의 수정을 요구하게 된다. 이것에는 예컨대, ⅰ) 판매자 측에서 모든 조건을 일방적으로 정하고 구매자 측에서는 이것에 응할지 여부에 대한 자유만이 있는 계약형식의 승인처럼, 사안에 따라서는 불평등한 관계를 법적으로 승인하는 경우(약관 등), ⅱ) 강자의 자유를 제한하여 약자를 보호하려는 경우(근로기준법, 독점금지법 등), ⅲ) 약자의 단결에 의해서 실질적인 평등의 회복을 유도하는 경우(노동조합법) 등이 있다. 이와 같이 근대법원리를 이루고 있는 원칙에 대해 수정이 가해져 소유권에 대한 제약(부동산관계법), 계약자유에 대한 제약(근로계약), 과실책임원칙의 수정(노동재해, 공해) 등이 진행되고 있다.

제 4 장
법 원

법관이 어느 사건에 대하여 재판을 하는 경우, 우선 그 사건에 적용할 법을 인식하지 않으면 안 된다. 이 때 재판의 근거가 되는 법의 존재형식을 법의 연원 또는 법원(Rechtsquellen)이라 부른다. 법원(法源)에는 성문법과 불문법이 있다.

19세기의 유럽대륙에서는 자국의 문화적 성숙도를 나타내는 척도의 하나로서 법전(法典)을 중시하는 경향이 있었다. 따라서 유럽대륙의 국가들은 법원 중심의 성문법국가가 되었다. 이에 대하여 영국과 미국에서는 불문법의 하나인 판례법을 중심적인 법원으로 하고 있다.

제1절 성 문 법

Ⅰ. 성문법의 의의

성문법(geschriebenes Recht)은 문서의 형식으로 표현되고 일정한 절차와 형식에 의하여 공포된 법이다. 국가기관에서 제정되었다는 의미에서 제정법(制定法)이라고도 부른다.

근대국가는 국민의 권리를 보장할 목적으로 법치주의를 채택하고 있으므로 성문법을 갖추고 있는 것이 보통이다. 성문법은 그 외부적 체제에 따라 법전과 단행법으로 나눌 수 있다. 법전(法典 : Gesetzbuch)은 특수한 사항에 관한 비교적 광범위한 법규범을 조직적 · 체계적으로 편별한 성문법을 의미하며, 편 · 장 · 절 · 관 등 일정한 체제로 구성되어 있다. 헌법전 · 민법전 · 형법전 등은 그 예이다. 단행법(單行法)은 대부분의 특별법(폭력행위 등 처벌에 관한 법률 등)처럼 특수한 사항에 관하여 편별 없이 제정한 성문법을 의미한다. 그러나 이러한 구별은 상대적일 뿐, 엄격한 표준이 있는 것은 아니다. 그리고 성문법은 문장으로 고정되어 있으므로 그 개정 · 폐지에 번거로운 절차를 필요로 하는 점에 특색이 있다.

성문법에는 성문헌법 · 법률 · 명령 · 자치법규 · 국제조약 및 국제법규 등이 있다.

Ⅱ. 성문헌법

헌법은 고유한 의미에 있어서는 국가의 조직과 통치작용에 관한 기본법이다. 따라서 헌법은 적어도 국가가 존재하는 곳에는 반드시 존재하는 모든 법규의 체계적 기초를 이루는 법으로서, 근본법 또는 기본법이라고도 한다. 그러나 근대적 의미의 헌법이라는 것은 특히 입헌 체제의 국가조직 및 통치작용에 관한 근본법을 의미한다. 그리고 문장의 형식으로 되어 있는 헌법을 성문헌법이라 하는데, 이것은 특히 형식적 의미의 헌법을 말한다. 18세기 이래 영국을 제외한 거의 모든 국가는 성문헌법의 형식을 채택하고 있다. 우리나라 헌법도 물론 이에 속한다. 헌법은 최상위의 법이므로 법률 · 명령 등 하위의 법은 헌법에 저촉되어서는 안 된다.

Ⅲ. 법 률

법률은 넓은 의미에서는 법과 같은 의미로 사용되지만, 여기에서 말하는 법률(Gesetz)은 국회의 의결을 거쳐서 제정되는 성문법이다(4. 국회의 권한(p.137) 참고). 법률은 다음 페이지의 [그림 4]처럼 법률안의 제출 · 의결 · 공포의 3단계를 거쳐 제정된다.

법률은 헌법의 하위에 있으므로 헌법에 위배되면 효력을 발생할 수 없다. 현대의 법치국가에 있어서는 국민의 기본권에 관한 사항은 반드시 법률로 정하게 되어 있다.

Ⅳ. 명 령

국회의 의결을 거치지 않고서 행정기관이 단독으로 규정하는 성문법을 의미한다. 명령은 ⅰ) 형식적으로는 제정권자를 기준으로 하여 대통령령 · 총리령 · 부령으로 나눈다. 그리고 명령을 ⅱ) 법률과의 관계에서 실질적으로는 긴급명령 · 위임명

그림 4 법률의 제정절차

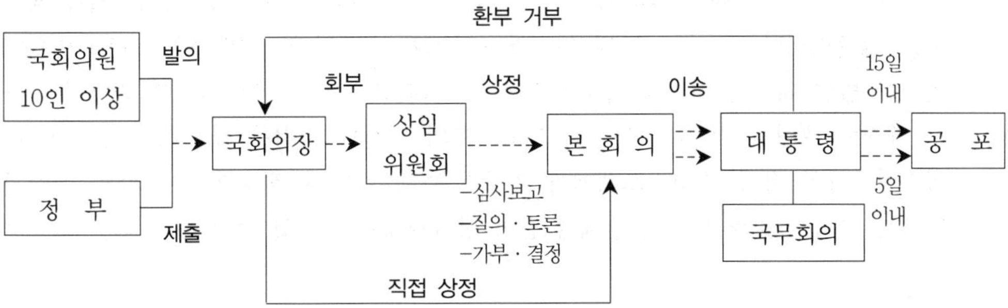

령 · 집행명령으로 나눈다.

헌법 제76조는 제1항은 "대통령은 내우 · 외환 · 천재 · 지변 또는 중대한 재정 · 경제상의 위기에 있어서 국가의 안전보장 또는 공공의 안녕질서를 유지하기 위하여 긴급한 조치가 필요하고 국회의 집회를 기다릴 여유가 없을 때에 한하여 최소한으로 필요한 재정 · 경제상의 처분을 하거나 이에 관하여 법률의 효력을 가지는 명령을 발할 수 있다." 제2항에 "대통령은 국가의 안위에 관계되는 중대한 교전상태에 있어서 국가를 보위하기 위하여 긴급한 조치가 필요하고 국회의 집회가 불가능한 때에 한하여 법률의 효력을 가지는 명령을 발할 수 있다"고 규정함으로써 긴급재정경제명령권과 긴급명령권을 규정하고 있는데, 이들 명령권에 의한 긴급명령(緊急命令)은 비상사태의 극복을 위한 입법수단으로서 법률의 효력을 갖는다. 긴급명령은 법률로써 규정하여야 할 사항을 명령으로써 규정하는 것이므로, 국회의 입법권을 침해하고 국민의 기본적 인권보장을 위협할 우려도 가지고 있다.

위임명령(委任命令)은 법률에 의하여 위임받은 사항에 관하여 그 내용을 정하는 명령이다. 그런 까닭에 법률의 보충명령이라고도 한다. 다만, 권력분립주의의 근본정신에 비추어, 행정기관에 대하여 일반적으로 권리 · 의무에 관한 사항을 규정할 수 있는 권한을 부여하는 것과 같은 일반적 위임은 인정되지 않는다. 그리고 집행명령(執行命令)은 법률을 집행하기 위하여 필요한 구체적이고 세부적인 내용을 규정하는 명령이다.

명령은 법률의 하위에 있으므로 명령으로 법률을 개정 · 폐지하지 못하며, 대통령령은 총리령이나 부령보다 상위에 존재한다.

V. 자치법규

자치법규는 법률에 의하여 인정된 자치권의 범위 내에서 지방자치단체가 제정하는 성문법이다. 이에는 조례(條例)와 규칙(規則)이 있다. 지방자치단체도 법률이 인정한 범위 내에서 자기의 사무에 관하여, 그리고 주민의 권리의무에 관하여 법규를 제정할 권한을 갖는다. 조례는 지방의회의 의결을 거쳐서 제정되고, 규칙은 지방자치단체의 장이 법령 · 조례에서 위임한 범위 내에서 제정한다. 조례와 규칙의 관계는 마치 법률과 명령의 관계와 같이 상하관계에 있다고 말할 수 있다.

Ⅵ. 국제조약과 국제법규

국제조약은 국제법상의 개념으로서 국제적 권리 · 의무관계의 발생을 목적으로 하는 국가 사이의 문서에 의한 합의이다. 특히 '조약(條約)'이라는 명칭을 갖는 것뿐만 아니라 협정 · 협약 · 의정서 · 헌장 등을 모두 포함하는 개념이다. 조약의 내용이 직접적으로 국민의 권리 · 의무에 관계되는 경우에 그 사항이 국내법으로서의 효력을 갖는지에 관하여는 학설의 대립이 있다. 그러나 우리나라 헌법 제6조 제1항은 "헌법에 의하여 체결 · 공포된 조약과 일반적으로 승인된 국제법규는 국내법과 같은 효력을 가진다"고 규정하고 있으므로 국제조약과 일반적으로 승인된 국제법규는 국내법과 동일한 효력을 갖게 된다. 여기에서 일반적으로 승인된 국제법규라 함은, 국제관습과 우리나라가 체결당사자가 아닌 조약으로서 국제사회에 의하여 그 규범성이 일반적으로 승인된 것을 말한다.

제2절 불 문 법

Ⅰ. 불문법의 의의

불문법(ungeschriebenes Recht)은 문서의 형식으로 표현되어 있지 않을 뿐만 아니라 일정한 제정절차를 거치지 않고 존재하는 법형식이다. 관습법 · 판례법 · 조리 등을 그 대표적인 예로 들 수 있다. 법의 역사는 불문법에서 성문법으로 발전하여 왔으며 특히 관습법은 성문법의 모체라 말할 수 있다. 근대국가가 대규모의 성문법을 편찬하기 이전에는 불문법이 오랜 기간 법적 생활관계를 지배하였다. 현대에도 보통법(common law: 판례가 축적되어 생긴 법체계)을 중심으로 판례법주의를 취하는 영미법국가에서는 판례법이 제1차적인 법원으로 인정받고 있다.

Ⅱ. 관 습 법

관습법(Gewohnheitsrecht)이라 함은 일정한 사회에서 발생한 관습이 그 구성원의 법적 확신(Rechtsüberzeugung)에 의해 지지를 받아 발생된 준칙으로 사회의 중심 세력이 이것을 법적 규범으로 승인하고 강행하는 것을 말한다. 다만 그 타당근거(Geltungsgrund)에 관하여는 다음과 같이 학설이 나뉜다.

1. 허 용 설(Geslattungstheorie)

중세 이래 주장된 허용설은 관습법이란 입법자가 그것을 명시적 또는 묵시적으로 동의하였기 때문에 적용된다고 설명한다. 따라서 이 설은 입법자가 관습법을 완전히 배제할 수도 있으나 예외적으로 성문법에 위반하지 않는 한도 내에서 적용된다고 설명한다. 그러나 이 설은 국가만이 법을 독점적으로 창설한다는 생각에 입각한 것이며 인간생활의 역사적 발전을 무시한 면이 강하다.

2. 의 사 설(Willenstheorie)

관습법을 다른 모든 법과 마찬가지로 공동체의 일정한 의사에 근거하고 있다고 설명하는 견해이다. 이 의사설에서의 의사는 보통 관행으로 표시되며 그 표시된 의사는 관습법의 성립요건인 동시에 인식근거라고 이해된다. 그러나 이 견해에 의하면 관습법의 성립에 있어서 요구되는 하나의 원칙으로서 법창설의사가 필요로 하지만, 이러한 의사는 실제로 존재하지 않는다는 것이 일반적인 견해이다.

3. 확 신 설(Überzeugungstheorie)

이 견해는 독일에서 널리 주장되고 우리나라에서도 통설적 지위를 차지하는 학설로서, 관습법은 공동의 법적 확신(Rechtsüberzeugung)에 타당근거를 두며, 관습법의 본질은 오로지 국민정신에 의한 확신에 있고, 그리하여 이러한 확신을 곧 법으로 생각하고 관행은 단지 이 확신의 표현이며 인식근거에 불과하다고 설명한다. 그러나 이 설은 확신이라는 단순한 생각이나 감정을 법이라고 함으로써 법의 개념을 잘못 파악한 것이라는 비판을 받는다.

4. 통 용 설

관습 가운데 법질서를 구성할 만큼의 통용력이 있고 가치가 있는 관습만이 법적 구속력을 갖는다고 설명한다. 그러나 법질서의 구성부분이라는 개념이 모호하다는 단점이 있다.

이상의 견해를 종합하면, 관습이 이른바 사회의 법적 확신 또는 법적 의식에 의하여 지지를 받는 정도에 이르면 사회의 중심 세력은 이것을 법적 규범으로 승인하고 강행하게 되는데, 이 정도에 달한 관습을 관습법이라고 이해하는 것이 무방할 것이다.

Ⅲ. 성문법과 관습법의 관계

관습법은 기존의 성문법을 개폐하는 효력(변경적 효력 또는 대등적 효력)을 갖는지, 아니면 단순히 성문법이 규정되지 않은 부분에 대하여 이를 보충하는 효력(보충적 효력)만을 갖는지에 관하여 문제가 발생할 수 있다.

법의 역사를 보면, 아직 문자가 없었던 원시시대에는 모든 법이 관습법이었으나, 그 후 문화가 발달함에 따라서 관습법의 내용이 점차 성문화되어 성문법이 제정되기에 이르렀다. 그러나 물론 초기에는 성문법이 관습법을 보충하는 역할밖에는 하지 못하였을 것이다. 그런데 근대국가 성립 후, 중앙집권을 확립하기 위하여 모든 입법을 권력자의 수중에 넣으려 하였을 뿐만 아니라, 이른바 자연법사상의 융성으로 관습법은 성문법에 의하여 압도됨으로써 그 세력이 크게 감소하게 된다. 그러나 19세기 유럽에서는 역사학파(Savigny 등)가 대두하면서 법은 민족의식의 발로로서 생성되는 것이지 창조되는 것이 아니라고 하여 관습법이 다시 전면에 나서게 되었다. 그 결과 관습법에 다시 성문법에 대한 보충적 지위가 인정되었다. 최근의 법사상은 관습법의 지위를 더욱 중요시하여 보충적 효력을 넘어서 성문법과 대등한 효력을 갖는 것으로 이해한다. 대등적 효력, 즉 변경적 효력을 인정한다는 것은 성문법과 관습법 사이에 우열의 차이를 두지 않는다는 것을 뜻한다.

영 · 미와 같은 불문법주의의 국가에서는 물론, 유럽대륙이나 일본 또는 우리나라와 같이 성문법이 완비되어 있다고 하는 성문법주의를 택하고 있는 국가들에서도 관습법의 생성을 막지는 못한다. 즉 성문법만을 가지고서는 부단히 유동적인 사회생활을 적절하게 규율할 수 없게 되므로 관습법에 성문법을 개폐하는 효력을 부여하려는 것이다. 그러나 우리나라 민법 제1조에서는 “민사에 관하여 법률에 규정이 없으면 관습법에 의하고 관습법이 없으면 조리에 의한다"고 규정함으로써 관습법에 보충적 효력만을 인정하고 있다. 이에 대해 민법 제185조에서는 "물권은 법률 또는 관습법에 의하는 외에는 임의로 창설하지 못한다"고 규정하고 있는바, 이는 물권(物權)에 관하여는 관습법에 대하여 성문법과 대등한 효력을 인정한 것이라 볼 수 있을 것이다.

Ⅳ. 판 례 법

판례법(Judikaturrecht)은 법원의 재판을 통해서 형성되는 법이다. 즉 유사한 사건에 대하여 법원이 동일한 취지의 판결을 반복하여 판례의 방향이 확정됨으로써 성립되는 불문법이다. 판례가 법원이 될 수 있는지 여부에 관한 문제는 법철학상 기본문제 중의 하나이다.

영미법은 그 대부분이 판례법의 집적(集積)으로 이루어져 있다. 영미에서는 상급법원의 판결은 동종의 사건에 대하여 하급법원을 법률상 구속하고 있다. 그런데 대륙법계의 국가에서는 상급법원의 판례가 하급법원을 법률상 구속한다는 원칙이 인정되어 있지 않으며, 법관은 오직 헌법과 법률에 의하여 재판할 의무가 있는 데 지나지 않는다(헌법 제103조). 따라서 대륙법계의 국가에서는 판례가 법원(法源)으로서 존재하여야 할 법리는 성립하지 않는 것이 원칙이다.

우리나라에서도 사정은 같다. 대법원의 법령에 관한 판단이 하급심을 구속하는 것은 오로지 '당해 사건'에 한하며, 일반적으로 하급심을 구속하는 효력은 인정되지 않는다. 그러나 판례의 법률적 구속력은 인정되지 않는다고 하더라도 상급법원, 특히 대법원의 판례가 사실상 구속력을 갖는다는 점은 부정할 수 없으며, 이 사실상의 힘을 통하여 대륙법계 국가에서도 많은 판례법이 생기는 것이다. 대법원은 판례의 일관성을 유지하고 안정적인 법을 이루기 위하여 자신의 판결에 구속되고, 종래의 판례를 변경하는 데 신중을 기하게 된다. 그리고 비록 하급심에서 상급법원의 판결과 다른 판결을 내리더라도 그것은 불필요하게 소송비용을 증대시킬 뿐이고, 결국은 상급법원에 가서 깨뜨려지게 된다. 따라서 어떠한 사건에 대한 법원의 판결이 반복됨으로써 추상적인 법칙이 발생하게 되고, 또 다른 유사한 사건에 대하여도 그 법칙을 적용할 수 있으므로, 여기에 판결에 의한 일반적인 법규범이 성립하게 된다고 볼 수 있다. 이와 같이 판례가 법원을 사실상 구속하게 되면 그것이 재판을 통하여 일반인도 구속하게 되는 셈이다.

V. 조 리

조리(Natur der Sache)란 사물의 본질적 법칙 또는 사물의 이치를 의미한다. 즉 사회인이 일반적으로 인정한다고 생각되는 객관적인 원리 또는 법칙을 의미한다. 경험칙 · 사회통념 · 신의성실 · 사회질서 · 형평 · 정의 · 이성 · 법의 일반원칙 등의 이름으로도 표현되고 있다.

조리는 결국 사회생활에서 어떻게 행동하는 것이 정당한 것인가를 인간의 이성으로써 판단하여 얻은 결론이다. 그런데 이와 같은 판단은 개인의 주관적인 판단이므로 이것을 획일적으로 행위규범의 기준으로 하는 것은 정당하지 않을 수도 있다. 그러나 사람들이 동일한 목적을 위하여 이성적으로 공평무사하게 내리는 판단은 반드시 공통성이 있는 것이므로 이와 같은 주관적 판단에도 보편성이 있는 것이다. 여기에서 조리의 객관적 법칙성이 인정될 수 있다.

한편 조리의 법원성 인정 여부에 관하여는 종래 많은 논의가 거듭되어 왔다. 다만 이것이 문제가 되는 것은 어떠한 사건에 관하여 그 재판의 기준이 될 제정법이나 관습법이 모두 존재하지 않는 공백상태가 있는 경우이다. 근대법치국가에서는 법이 없다는 이유로 법관이 재판을 거부할 수는 없다. 이러한 경우에 법관은 자신이 '조리'라고 믿는 바에 따라서 재판할 수밖에 없다. 법관은 법에 의하지 않고서는 재판할 수 없으므로 재판의 기준이 되는 조리도 결국 하나의 법원이라고 할 수 있게 된다.

조리는 성문법과 관습법이 존재하지 않는 경우에 비로소 적용되는 것으로서 그와 같은 법에 대하여 보충적 효력을 갖는 데 지나지 않는다. 민법 제1조도 이러한 사실을 의미한다.

그림 5 법원의 개념도

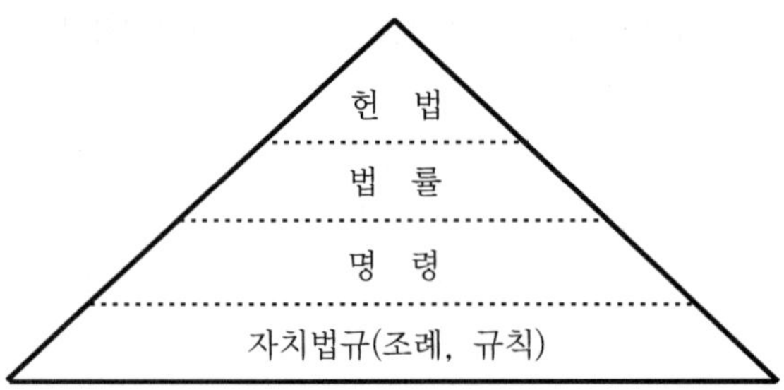

제 5 장
법의 분류

법이라는 용어는 개개의 법규 또는 법규범을 의미하는 경우와 복수의 법규가 하나로 통합되어 법체계의 전체를 형성하고 있는 법질서의 의미로 사용되는 경우가 있다. 그런데 동일한 법질서 아래에 성립하는 사회적 집단을 법적 공동체라 부르는 바, 하나의 법적 공동체의 존립을 가능하게 하는 여러 법규의 체계적 전체가 곧 법질서를 의미하는 것이 된다. 이러한 법질서는 각각 개별적 법적 공동체와 대응해서 존립하며 그 법적 공동체를 규율한다.

법적 공동체의 가장 대표적인 것이 국가인데, 국가가 정립한 법질서를 이른바 국가법이라고 한다. 이 국가법이라는 법질서 중에는 그 부분적인 법적 공동체의 다수가 결합하여 존재하고 있다. 예컨대 상인의 공동체를 규율하는 법질서는 상법이 되고, 근로자의 공동체인 경우에는 그것이 노동조합이면 노동법이 그 법질서가 된다. 또 이러한 국내법에 비해서 보다 고차원적인 법질서로서 국가를 구성원으로 하는 국제적인 법적 공동체를 규율하는 국제법이 존재한다. 더 나아가 오늘날에는 국제인권법과 같이 국가주권을 초월하는 보편적인 인류적 기반에 근거한 세계법이라고 할 수 있는 법질서가 이미 형성되어 있다.

법질서는 시간적 관점에서 고대로마법, 중세봉건법, 근대법과 같이 과거의 그 법의 생성시점에 착안하거나 혹은 장소적 관점에서 독일법, 프랑스법, 영국법, 미국법, 중국법, 일본법과 같이 구별할 수 있다.

또 법질서는 법규의 타당성 관점에서 헌법, 법률, 명령, 자치법규라고 하는 부분적 법질서로 구분할 수 있으며, 법규의 대상인 생활관계의 실질적 관점에서 헌법,

행정법, 형법, 민법, 상법, 노동법, 소송법 등의 부분적 법질서로도 분류된다.

그리고 다양한 법규 중에서 어느 것이 현실로 유효하게 통용되고 있는 실정법 규범인가를 인식하여 이른바 법원의 관점에서는 성문법, 관습법, 판례법, 조리과 같은 분류가 성립한다.

제1절 전통적인 법의 분류방법

오늘날 법 또는 법률이라고 불리는 것은 신법(神法)이나 자연법에서 시작해서 개개의 구체적인 실정법에 이르기까지 실로 다양하며, 대상을 실정법에 한정해서 보아도 그 종류는 다양하고 무수히 많이 존재한다. 따라서 법질서를 조정, 체계화하고 법규범에 관한 분석적 고찰을 시도하는 경우에는 개개의 법(법률)이 차지하는 지위와 그것들이 가지는 의미를 이해하여 법률 상호간의 관계를 명확히 하여야 한다.

Ⅰ. 자연법과 실정법

이것은 법의 성립과정(성립의 절차 · 형식)에 의한 분류이다. 자연법은 사람에 의해서 제정된 것이 아니라 자연의 질서나 인간의 이성(올바른 이성은 가장 정의로운 법이다) 등과 같이 시간과 장소를 초월하여 존재하는 보편적인 법으로서 그 형태는 당연히 불문법이다. 이러한 자연법에 대립하는 개념이 실정법이다. 실정법이란 국가기관에 의해서 정립 또는 인정되고 현실사회의 생활규범으로서 효력을 가지는 법이다. 실정법에는 제정법, 즉 성문법은 물론 관습법이나 판례법도 포함된다.

자연법은 모든 실정법의 기초에 존재하고(자연법은 추상적이며 불문의 형태로 되어 있어, 실정법을 제정하는 과정에서 구체화된다), 따라서 실정법은 자연법에 반하지 않는 한 그 효력을 가진다고 하여 법학의 임무는 이와 같은 자연법을 발견하는 것에 있다고 하는 입장을 '자연법론'이라 부른다. 이에 반하여 실정법 이외에 법은 없다고 주장하는 입장을 '법실증주의'라 하고 이 두 견해가 대립되어 있다. 인류의 법사상은 자연법론과 법실증주의를 두 축으로 하여 여러 가지 변화를 보이면서 어느 것은 자연법론에 가깝고 어느 것은 법실증주의에 근접하면서 오늘에 이르고 있다.

Ⅱ. 고유법과 계수법

이것은 법의 성립근거에 의한 분류이다. 고유법이란 국가의 고유한 사회적 · 문화적 기반에 근거하여 이루어진 사회규범으로서의 법을 말하고, 계수법이란 외국 등의 다른 사회에서 발달하고 성립한 법을 계수(繼受)해서 이것을 근거로 성립한 법을 말한다(제2절 법의 계수(p.33) 참고). 법의 계수가 이루어진 경우 그 모체가 되는 법을 '모법(母法)'이라고 하고 계수된 법을 '자법(子法)'이라고 한다.

우리나라에서는 신라시대 이후 중국의 법령을 계수하여 중국법의 영향을 강하게 받았고, 그 이후 고려시대와 조선시대에 들어서면서 우리나라에 고유한 법령이 정립되었다(조선시대의 경국대전).

Ⅲ. 국내법과 국제법

이 분류는 법의 내용에 근거하는 것으로, 그 성립과 적용범위에 따른 구별이다. 국내법이 하나의 국가 내부에서 성립하여, 그 영역 내에서만 적용되는 법임에 반하여, 국제법은 국제사회에서 성립하여 그 국제사회에 속하는 모든 국가에 적용되는 법이다.

국내법과 국제법이 중복되어 두 법이 충돌하는 경우, 어느 법을 우선해서 적용해야 하는가에 관해서는 국제법(조약)우위설과 국내법(헌법)우위설이 대립되어 있다. 국제법에 따르면 국제법우위설을 주장하고 있으나, 이것은 법학적으로 실증된 기초에 근거를 둔 이론이라기보다는 국제법규범 또는 국내법규범에 관한 윤리적 · 정책적 선택이라는 가치이데올로기에 근거하고 있다고 할 수 있다. 따라서 이 문제는 한 국가의 세계관이 세계주의인가 국가주의인가, 이상주의인가 현실주의인가에 따라 달리 할 뿐이다.

또한 여기서 말하는 국제법과 국제사법은 그 개념을 구별하여야 할 필요가 있다. 국제사법은 국적 · 혼인 · 매매 등 섭외적(涉外的) 법률관계에 관하여 자국법이나 외국법의 어느 쪽이 적용되어야 하는가를 정하는 것으로 그 성격상 국내법에 속한다. 예컨대 국적을 달리하는 남녀가 혼인하는 경우에 혼인성립의 요건에 관하여 어느 쪽 국가의 법률을 적용할 것인지 등을 정하는 법을 말하며, 우리나라에서는 '국제사법'이 이에 관한 규정을 두고 있다. 즉 국제사법 제36조 제2항에서 "혼인의 방식은 혼인거행지법 또는 당사자 일방의 본국법에 의한다. 다만 대한민국에서 혼인을 거행하는 경우에 당사자 일방이 대한민국국민인 때에는 대한민국법에 의한다"고 규정하고 있다.

Ⅳ. 속인법과 속지법

이것은 법률적용의 준거(準據)에 따른 분류이다. 즉 속인법(屬人法)이란 사람이 있는 장소가 어디인지를 불문하고 그 사람이 속한 종족 · 국적 · 주소 등에 따른 법을 준거법으로 삼아 적용되는 법을 말한다. 이에 대해서 속지법(屬地法)이란 그 사람이 속하는 종족 · 국적 · 주소 등이 어디인지를 불문하고 한 국가의 영토 내에 거주하는 모든 사람에게 적용되는 법을 말한다.

법의 역사를 살펴보면, 속인법주의로부터 점차 속지법주의로 변화되어 가는 모습을 보여 왔다. 고대 로마의 시민법(ius covile), 중세게르만의 프랑크법, 이탈리아의 도시법 등이 속인법주의를 채용하고 있었다.

한편 이미 중세유럽의 봉건시대 영주에게는 '영지(領地) 내에서 발생한 것은 영지법에 따른다'고 하는 원칙에 따라, 그 영지 내의 토지에 대한 소유권은 물론 공간에 대한 지배권까지 인정하는 속지법주의가 채택되었다. 그 후 근대국가의 형성과 함께 국가주권의 내용으로서 불가침의 영토주권이라는 법관념이 확립되면서, 자국민이든 외국인이든 불문하고 소재지 · 행위지 · 사실발생지 · 법정지 등의 장소적 요소에 착안하여 그 지역의 법률을 준거법으로서 적용하는 속지법주의가 보편화되었다.

우리 법률도 이러한 경향에 따라 형법 제2조와 같이 "본법은 대한민국영역 내에서 죄를 범한 내국인과 외국인에게 적용한다"는 속지법주의를 원칙으로 하고 있다. 다만 이 원칙을 보충하기 위하여 예외적으로 속인법주의(형법 제3조)도 택하고 있다. 이처럼 법률에 따라서는 그 성격상 속지주의에 대한 예외로서 속인법주의를 택하고 있는 경우도 있다. 예컨대 참정권, 병역의무와 같은 헌법상 권리와 의무는 자국에 거주하는 외국인에게 적용되지 않을 뿐만 아니라, 공직선거법상에서도 국회의원이나 지방자치단체의 장 및 의원의 선거에 있어서 주권자인 (한국)국민에 대해서만 선거권을 부여하고 있을 뿐 아니라(공직선거법 제15조), 피선거권도 (한국)국민으로 제한(공직선거법 제16조)하고 있다.

V. 실체법과 절차법

이것은 법이 규정하는 내용의 성질에 의한 분류이다. 실체법은 법률관계의 실체, 즉 권리의무의 발생 · 변경 · 소멸 · 효력 등을 규정하는 법이다. 이에 대해서 절차법은 이 실체법을 구체적으로 실현하는 수단 · 방법 · 절차를 규정한 법이다. 실체법에 속하는 법으로서는 헌법 · 민법 · 형법 · 상법 등이 있고, 절차법에 속하는 법으로서는 형사소송법 · 민사소송법 · 행정소송법 · 가사소송법 · 부동산등기법 · 가족관계의 등록 등에 관한 법률 등이 있다.

예전에 절차법은 실체법을 실현하기 위한 법이었기 때문에 실체법을 주법, 절차법을 보조법이라고 하여 주법이 우위에 선다는 견해가 있었다. 그러나 아무리 완비된 실체법이 존재한다고 하여도 그에 관한 절차법이 존재하지 않으면 그 실체법은 현실에서 법으로서의 힘을 실현할 수 없다. 그리고 절차법이 존재하지 않는 것을 이유로 재판을 거부하는 것도 허용되지 않는다. 다른 한편 법원은 실체법이 존재하지 않는다는 이유로 재판을 거부하는 것도 허용되지 않는다. 양자는 서로 보완적일 때 비로소 완전한 법으로서 기능을 하는 것이고, 두 법 사이에 우열의 차가 있다고 할 수 없다.

최근에는 사회의 복잡화와 가치관의 다양화에 따라 환경보호소송 · 의료과실소송 · 제조물책임소송 등 사회문제에 관한 다양한 소송이 발생함에 따라 실체법과 소송법의 교차가 인식되어 절차법의 비중이 커지고 있다. 예컨대 하자있는 상품이라든가 비밀카르텔에 의한 가격인상에 의해 다수의 소비자가 피해를 입은 경우나, 개개 피해자의 손해액이 비교적 경미한 경우, 다수의 소액피해자를 어떻게 해서 효과적으로 구제를 할 수 있는지가 중대한 문제가 되고 있다. 물론 피해자는 실체법인 민법에 의해서 불법행위에 따른 손해배상을 청구할 수 있다. 그러나 피해액이 소액이기 때문에 피해자 1인은 여간해서는 소송을 제기할 수 없거나 또는 제기하지 않으려 한다. 절차법인 민사소송법에 의해서 선정당사자(민사소송법 제53조 제1항)제도를 이용할 수 있지만, 이 경우 공동이익자에 의한 수권행위가 필요하게 된다. 기존의 실체법인 민법이나 절차법인 민사소송법의 범위 내에서는 이러한 다수의 소액피해자구제의 실현을 기대할 수 없다. 그래서 오늘날 소비자구제에 도움이 되는 집단소송제도가 구상되고 있다. 이것은 실체법과 절차법의 구별 그 자체보다도 두 법의 교차영역을 검토하는 중에서 각각의 법영역이 수행하는 역할을 정리할 필요가 있다는 점을 말해 주는 것이다.

Ⅵ. 공법과 사법 · 사회법

1. 공법과 사법

공법(公法)과 사법(私法)이라는 분류는 이미 로마법 시대에 시작된 법의 분류 가운데에서도 가장 전통적인 것이다. 공법과 사법을 구별하는 기준에 관하여 종래의 학설은 첫째, 법의 목적에 주목하여 공익과 사익에서 구별기준을 구하는 이익설, 둘째, 법의 규율을 받는 당사자의 성격에서 구별기준을 구하는 주체설, 셋째, 권력과 복종의 관계가 대등자간의 관계인가에서 구별기준을 구하는 법률관계설 등으로 나뉘어져 있지만, 오늘날 확정된 견해는 아직 없다. 이러한 여러 학설은 각각의 문제점을 내포하고 있어, 이들 견해를 종합적으로 고려할 때 파악할 수 있을 뿐이다. 그러나 그렇다 하더라도 전체를 완전무결하게 파악할 수 있는 견해를 제시하는 것은 불가능하고, 오히려 이들의 기준에 관한 논의를 종합해서 어떤 사항에 관한 공법적 성격 혹은 사법적 성격을 명확하게 하는 쪽이 합리적일 것이다.

원칙적으로 공법에 속하는 법에는 국가의 기본법인 헌법, 행정권의 조직 및 작용에 관한 행정법, 범죄 및 형벌에 관한 형법, 법원의 소송절차를 정한 소송법, 국가 사이의 법률관계를 규율하는 국제법 등이 있다. 이에 대해서 사법에 속하는 법에는 사인(私人)의 일상관계에 관한 법으로 주로 재산관계와 가족관계를 규율하는 민법 · 가족관계의 등록 등에 관한 법률 · 부동산등기법 · 주택임대차보호법 · 공탁법 등, 상인과 상행위에 관한 상법 · 어음법 · 수표법 등과 섭외적 사법관계에 적용되는 국제사법 등이 있다.

2. 사법의 공법화로서의 사회법

공법과 사법의 구별은 공과 사, 국가와 개인인 시민의 입장이 명확하게 구별되는 것을 전제로 한다. 그 의미에서 모든 개인을 자유 · 평등 · 독립한 시민으로서 인정함과 동시에 그 자유로운 사회활동을 최대한 인정하는 것을 원칙으로 하는 근대시민사회에서의 공법과 사법을 준별(峻別)하게 된 것은 당연한 것이었다. 이와 같이 개인의 자유로운 활동을 최대한 보장하고 있는 사회에서는 개인의 사회활동의 자유로운 전개를 용인하는 사법이 중요한 지위를 차지하고, 반대로 국가는 개인의 자유로운 활동을 보장하는 소극적 역할밖에 주어지지 않는다. 따라서 공법은 필연적으로 사법의 배후로 쫓겨나고, 부득이한 경우에만 사법에 간섭하는 것이 허용되는 소극적 지위밖에 인정되지 않았다.

확실히 개인에게 자유로운 법률관계의 형성을 허용하는 사적자치(私的自治)의 원칙은 자유주의적 자본주의경제체제의 요구에 적합한 것으로서, 그 발전에 대해서 위대한 공헌을 수행한 적극적인 역할을 행하였다. 그러나 자본주의와 자유주의경제의 발전 · 융성에 따라, 한편으로는 자본에 의한 기업의 집중 · 독점화를 초래했고, 다른 한편에서는 빈곤 · 열악한 노동조건 · 실업 · 질병으로 고생하는 무산노동자계급을 양산하게 되었다. 따라서 원래 자유 · 평등 · 독립을 누려야 할 사람들 사이에 지배와 종속의 관계가 생기고, 종속이 부득이한 무산노동자는 그 사회적 생존을 위협받게 되기에 이르렀다.

이와 같이 해서 원래 개인의 최대한 자유로운 활동을 보장하는 소극적 역할밖에 기대되지 않았던 국가는 경제적 강자의 자유로운 활동에 대해 간섭 내지 통제를 가하여 사회적 약자에 대하여 건강하고 문화적인 생활을 보장하여 그 실질적 평등의 확보를 지향한다는 적극적 역할을 담당하지 않을 수 없게 되었다. 그 결과 시민사회에 대해서 국가적 입법의 개입이 증대되면 필연적으로 사법에 공법적 색채가 가해지지 않을 수 없게 되었고, '사법의 공법화', '법의 사회화' 또는 '법의 윤리화'라고 불리는 현상이 생기게 되었다. 이 '사법의 공법화'에 따라 공법과 사법이라는 전통적 구별이 점차 완화되고, 급기야 공법과 사법의 어느 쪽에도 속하지 않는 독자적인 법영역이 탄생하게 되었다. 이 영역을 사회법이라 부른다.

3. 사 회 법

사회법은 공법 및 사법의 어느 쪽에도 속하지 않는 법영역을 형성하는 것이지만, 결코 사법을 부정하는 것은 아니다. 사회법은 사법의 원리 · 사법의 질서를 존중하면서 이것을 공공복리 · 국가 복지의 입장에서 사회정책적으로 통제 · 수정을 가하여 국민경제의 정상적인 운영과 사회적 약자의 보호 그리고 실질적 평등의 실현 · 확보를 목적으로 하는 법체계이다.

사회법에 속하는 법에는 사용자와 노동자의 관계를 중심으로 하는 노동관계를 규율하는 노동법, 기업의 경제활동에 대한 국가의 규제라든가 국가에 의한 소비자보호 등의 경제관계를 규율하는 경제법, 실업자 · 연소자 · 고령자 · 장애자 등에 대한 공적 부조 · 사회보험에 관한 사회보장법 등이 있다.

그림 6 법의 분류

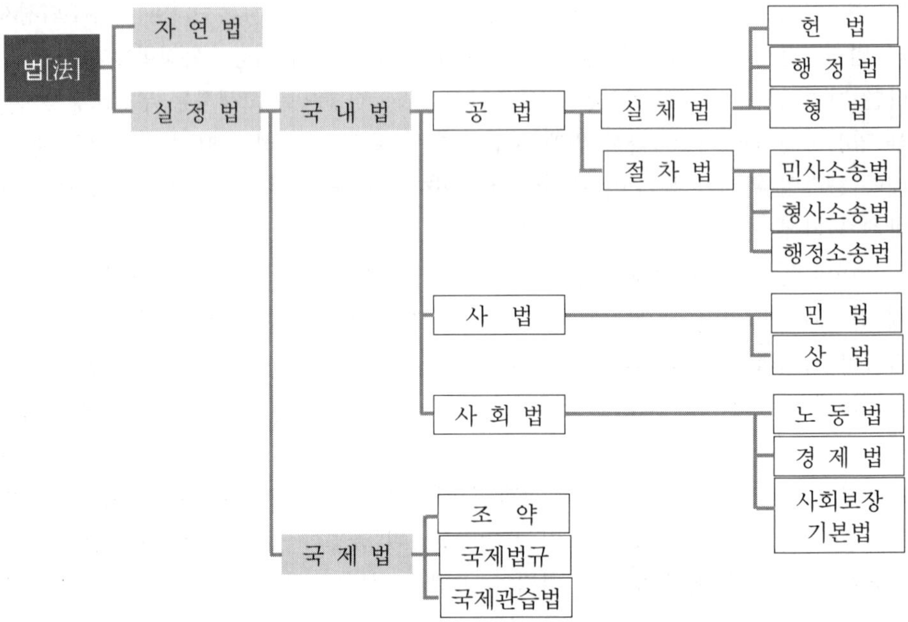

제 2 절 법의 내용에 의한 법의 분류

Ⅰ. 일반법과 특별법

이 분류는 법이 적용되는 사람 · 장소 · 사항에 관한 효력범위를 기준으로 한 구분이다. 일반법은 그 효력이 사람 · 장소 · 사항에 관해서 일반적이고 넓은 범위에 미치는 법을 말한다. 이에 대하여 특별법은 일반법보다 특수하고, 좁은 효력범위를 갖는 법을 말한다.

우선 인적 범위를 보면, 헌법 · 민법 · 형법 등과 같이 널리 일반 사람에 대하여 적용되는 법이 일반법에 속한다. 이에 대하여 국가공무원법 등과 같이 특정한 신분 또는 지위 등 한정된 사람에게만 적용되는 법이 특별법에 속한다.

다음으로 장소적 범위에서 전국적으로 시행되는 민법이나 상법 등이 일반법에 속한다. 이에 대하여 한정된 지역에만 적용될 것을 목적으로 하는, 예컨대 지방자치법이나 '국토의 계획 및 이용에 관한 법률' 등은 특별법에 속한다.

또한 법은 통상적으로 그 규제내용인 일정한 사항을 대상으로 규정하는 것이 보통이다. 이 경우 그 규정된 일정한 사항이 광범위에 적용되는 법을 일반법이라 하고, 특정한 사항에 한정되어 적용되는 법을 특별법이라고 한다. 따라서 이 구별은 절대적인 것은 아니고, 상대적인 것이다. 예컨대 일정한 거래관계에 관한 사항을 규정한 민법과 상법은, 그 법이 적용되는 사람과 사항을 기준으로 하면 전자가 일반법이고, 후자가 특별법에 해당한다. 그러나 상거래에 관한 일반적인 사항을 규정한 상법은, 은행법 · 신탁법 · 보험업법 등과의 관계에서는 오히려 일반법이 된다.

일반법과 특별법의 관계는 서로 다른 법령 사이의 관계에 한정되는 것은 아니고, 동일 법령 속의 조문 상호간에도 이러한 관계를 찾아낼 수 있다. 예컨대 채권의 소멸시효에 관해서 민법 제162조 제1항 "채권은 10년간 행사하지 아니하면 소멸시효가 완성한다." 또한 제2항은 "채권 및 소유권 이외의 재산권은 20년간 행사하지 아니하면 소멸시효가 완성한다"고 규정하고 있다. 이에 대해서 동법 제163조는 "다음 각호의 채권은 3년간 행사하지 아니하면 소멸시효가 완성한다"고 규정하고 있어 소멸시효에 관해서는 전자의 제162조가 일반법이고, 후자가 특별법의 관계에 서게 된다.

Ⅱ. 원칙법과 예외법

이 분류는 법에 규정된 특정 사항에 관한 원치과 예외를 기준으로 한 구분이다. 원칙법은 어떠한 사항에 관해서 원칙적으로 적용되는 법을 말한다. 이에 대하여 예외법은 그 원칙법으로부터 제외되는 경우를 정한 법을 말한다. 예컨대 민법 제3조의 "사람은 생존한 동안 권리와 의무의 주체가 된다"고 하는 규정에서 보면, 민법 제762조의 "태아는 손해배상의 청구권에 관하여는 이미 출생한 것으로 본다"고 하는 규정은 민법 제3조에 대한 예외법이다. 즉 민법 제3조가 원칙법이 되는 것이다.

또 법문 중의 단서규정은 대체로 예외법이다. 예컨대, 민법 제5조 제1항의 "미성년자가 법률행위를 함에는 법정대리인의 동의를 얻어야 한다"고 하는 규정에 대하여, 그 단서의 "그러나 권리만을 얻거나 의무만을 면하는 행위는 그러하지 아니하다"는 규정은 예외법이 되고, 본문의 규정이 원칙법이 된다.

Ⅲ. 강행법과 임의법

이 분류는 법에 규정된 내용과 효력이 절대적인가 또는 개인의 의사에 의하여 변경할 수 있는가에 따른 구분이다. 강행법이란 당사자의 의사와 관계없이 당연히 구속력이 인정되는 법을 말한다. 예컨대 헌법 · 행정법 · 형법 · 형사소송법 · 민사소송법 등 공법의 영역에 속하는 법은 강행법이 많다. 이에 대하여 당사자의 의사에 의해서 그 적용이 배제될 수 있는 법은 임의법이다. 따라서 사법에 속하는 법은 대체로 임의법이 많다.

공법에 강행법규가 많고, 사법에 임의법규가 많다는 것은 상대적인 것으로 이해하여야 한다. 예컨대 민사소송법은 공법에 속하지만, 민사소송법 제29조 제1항에 의하면, 제1심에 한해서 당사자의 합의에 의하여 관할법원을 정할 수 있도록 하고 있다. 이에 대해서 사법인 민법의 경우에도 공익상 이유로 당사자의 합의에 따라 법규정의 적용을 면제할 수 없도록 되어 있는 경우가 있다. 예컨대 친족관계 · 물권관계 · 무능력자제도 등이 이것이다.

법규가 강행법인가 임의법인가는 그 규정 자체에서 명확하게 밝혀지는 경우가 있다. 예컨대 법문 중에 민법 제42조 제1항에서처럼 "다른 규정이 있는 때에는 그 규정에 의한다"거나, 민법 제408조에서처럼 "특별한 의사표시가 없으면"이라고 규정되어 있는 경우에는 그 규정이 임의법이라는 점에 의문이 없다. 그러나 많은 경우 강행법인가 임의법인가는 법문 중에 표시되어 있지 않고, 따라서 규정 그 자체만으로 명확하게 구별할 수 있는 것은 아니다. 이 경우에는 규정의 목적이나 내용이라든가 입법이유 등을 감안하여 당사자의 의사에 관계없이 강행시켜야 할 성질을 가지는 것인가 아닌가에 따라서 결정할 수밖에 없다.

강행법과 임의법에 관해서 특히 주의해야만 하는 것은 반드시 강행법은 강제를 수반하는 법이고, 임의법은 강제를 수반하지 않는 법이 아니라는 점이다. 예컨대 보행자는 보도에서 우측통행을 원칙으로 한다고 규정한 도로교통법 제8조를 보면 좌측으로 통행하는가 우측으로 통행하는가는 '공적 질서'라든가 '공익'에 관한 문제이므로 이 규정은 강행법이고 임의법은 아니다. 그러나 이 규정에 위반해서 좌측으로 통행해도 이것에 제재를 가할 규정은 없다.

이에 대하여 임의법일지라도 한 번 적용되면 이에 위반하는 경우 재판에 의한 강제가 이루어질 수도 있다. 예컨대 당사자 사이에 물품의 인도장소와 다른 곳에서 대금지급을 약속하더라도 그것은 공적 질서에 반하는 것이 아니므로 임의법에 해당한다. 그럼에도 불구하고 당사자 사이에 대금의 지급장소를 물품의 인도장소가 아니라 매도인의 은행구좌로 결제할 것을 약속하면, 그것이 유효하고 이를 이행하지 않으면 재판으로 다투어지는 경우 법원은 그 약속위반에 대해 이행강제의 판결을 하게 된다.

제 3 절 새로운 분류방법

국가법 중에서도 강제의 유무, 그리고 물리적 강제의 강행 가능성은 법률에 따라서 다양한 모습을 보여준다. 법률은 위반에 대한 제재의 강약이나 그 정도에 따라 일반적으로 다음과 같이 구별된다. 즉 고도완전법규(高度完全法規), 완전법규(完全法規), 저도완전법규(低度完全法規), 불완전법규(不完全法規)의 구별이 그것이다.

Ⅰ. 고도완전법규

이는 예컨대 형법 제250조 제1항과 같이 살인이라는 범죄행위에 대해서 사형, 무기 또는 5년 이상의 징역이라는 형벌의 제재를 가한다든가, 민법 제750조의 불법행위와 같이 고의 또는 과실로 타인의 권리를 침해한 자에게는 그것으로 발생한 손해를 배상시키는 제재를 가하는 것을 말한다. 이 경우 강제는 법규의 본질적 속성이 되고 있다.

Ⅱ. 완전법규

이는 예컨대 민법 제809조 제1항의 "8촌 이내의 혈족 사이에서는 혼인을 하지 못한다"고 하는 것처럼, 본조 위반의 혼인행위는 혼인으로서의 법적 효과를 발생하지 않도록 규정하고 있다.

Ⅲ. 저도완전법규

이는 국가가 법에 규정된 사항에 대해 적극적으로 제재에 관여하지 않는 것을 말한다. 이른바 불법원인급여의 제도로서 민법 제746조에서 "불법원인에 의해서 급부를 한 자는 그 급부의 반환을 청구할 수 없다"고 하는 규정이 이 범주에 속한다.

예컨대 부녀자를 매춘시키기 위해서 본인 또는 그 부모에게 금전소비대차계약을 체결하고 금품의 급부가 이루어진 경우에 빌려준 금전은 매춘이라는 불법원인을 위해서 제공된 것이다. 따라서 금전지급이라는 엄연한 사실이 있어도 차주(借主)인 본인 또는 그 부모가 자진해서 반환하지 않으면 대주(貸主)는 법원에 반환청구소송을 제기할 수 없다.

Ⅳ. 불완전법규

이는 제재를 결여한 법규를 말한다. 예컨대 헌법 제34조 제2항에서 '국가는 사회보장, 사회복지의 증진에 노력할 의무를 진다'고 규정하고 있다. 그러나 국가가 그러한 노력을 게을리 해도 이에 대한 직접적인 제재 규정이 존재하지 않는다. 마찬가지로 민법의 "직계혈족 및 생계를 같이 하는 친족은 서로 부양해야만 한다"고 하는 규정(민법 제974조)의 경우에도 서로 부양하지 않아도 직접적인 법적 제재는 없다. 또 앞에서 서술한 도로교통법 제8조에서 보행자는 인도와 차도의 구별이 없는 도로에서는 도로의 우측을 따라 통행해야만 한다고 규정되어 있다. 그러나 만약 이에 위반해서 좌측으로 통행해도 이것을 제재하는 규정은 없다.

제 6 장
법의 효력

제 1 절 법의 타당성과 실효성

자연법(natural law)은 자연 또는 이성에 기초를 두고 시대와 장소를 초월하여 존재하는 법을 의미한다. 이에 대하여 실정법(positives Recht)은 제정법 · 관습법과 같이 경험적 사실을 기초로 하여 만들어지고, 또한 실제로 시행되고 있는 법을 총칭한다. 이 경우 실정법의 효력이라 함은 법이 그 내용대로 시행될 수 있는 상태를 의미한다.

법은 때때로 위반되는 경우가 있는데 이 때 사회의 목적달성을 위하여 규범으로서의 법이 현실적으로 시행되어야 한다는 강행성의 요구가 본질적으로 기능하게 된다. 이러한 요구를 법의 타당성(Geltung des Recht)이라고 한다. 그러나 법이 이러한 강행성의 요구를 가지고 있다는 것만으로는 실제로 효력이 있는 법이라고 할 수 없다. 실제로 효력이 있는 법이 되기 위해서는 법이 사실에 침투하여 그것을 움직이고, 법에 규정된 내용을 사회생활의 사실 중에 실현할 수 있는 힘이 있어야만 한다. 이렇게 법이 생활 속에서 현실적으로 실현될 수 있는 힘을 법의 실효성(Wirksamkeit des Recht)이라고 한다. 그러므로 법이 효력을 발생하기 위해서는 타당성과 실효성을 아울러 갖출 것이 필요하다.

이렇듯 법의 타당성과 실효성은 서로 불가분의 긴밀한 관계를 가지고 있음에도 불구하고, 현실에 있어서는 그 사이에 괴리가 발생하는 경우가 있다. 즉 법의 타당성이 위반행위에 의하여 무너지는 경우도 있고, 법에 규정되어 있는 요구가 실현되지 않는 경우도 있다. 이러한 경우에는 법에 규정된 효과도 실현의 기회를 잃게 된다. 그럼에도 불구하고 법은 규범으로서 실현되려고 하는 요구와 사회생활의 사실 속에서 실현될 수 있다고 하는 가능성을 항상 지니고 있다. 그리고 이 가능성이야 말로 법의 타당성과 실효성을 결부시키는 것이며, 법효력의 본질을 이루는 것이다. 법은 이 가능성을 가지고 있는 한, 법으로서의 자격을 잃지 않는다.

제2절 법의 효력

법은 강제력을 가진 규범으로 그 위반자에 대해 일정한 제재를 가한다. 이와 같이 법에 의한 강제가 미치는 힘, 즉 법의 규범력을 법의 효력이라고 한다. 다만, 법의 효력은 무한정의 효력을 갖는 것이 아니라, 언제 발생한 사실에 대하여(때에 관한 효력), 누구에게 적용되며(사람에 관한 효력), 그리고 어디에 적용할 것인가(장소에 관한 효력)를 검토하지 않으면 안 된다. 이것은 모든 법에 공통된 일반적 효력이다.

Ⅰ. 때에 관한 효력

1. 법의 시행기간

법의 때에 관한 효력을 법의 시간적 적용범위라고 한다. 법은 시행일부터 폐지일까지 효력을 갖는다. 시행일부터 폐지일까지의 기간을 시행기간(施行期間)이라 하며, 법은 그 기간 내에 발생한 사항에 대하여만 적용되고 그 전 또는 그 후에 발생한 사항에는 적용되지 않는 것이 원칙이다.

법의 시행은 법의 공포(公布)와 구별하여야 한다. 법은 시행에 앞서 공포하며, 그것은 관보(官報)로 하여야 한다. 공포는 법을 주지시키는 형식이다. 법은 공포에 의하여 법으로서의 효력을 비로소 갖게 되지만, 그 부여된 효력은 법의 시행에 의하여 실제로 발생한다. 법은 또한 특별한 규정에 의하여 공포와 동시에 시행되는 경우도 있지만, 일반적으로는 공포 후 일정한 기간이 경과하고 나서 시행된다. 그리고 시행기일이 특별히 규정되어 있지 않은 경우에는 공포일로부터 20일을 경과함으로써 효력이 발생한다(헌법 제53조 제7항).

법은 폐지에 의하여 법으로서의 효력을 상실한다. 법의 폐지에는 명시적 폐지와 묵시적 폐지가 있다. 명시적 폐지에는 다음과 같은 경우가 있다. 첫째, 법에 미리 시행기간을 정하여 그 시행기간의 만료로 폐지된다. 이것을 한시법(限時法 :

Zeitgrenzerecht)이라 부른다. 둘째, 신법의 명시규정에 의하여 구법의 일부 또는 전부가 폐지된다고 정한 때에는 신법의 시행에 의하여 구법은 당연히 폐지된다. 그리고 묵시적 폐지에는 다음과 같은 경우가 있다. 즉 신법과 구법이 충돌할 때에는 그 저촉되는 범위 안에서 구법은 당연히 효력을 상실한다. 여기에는 "신법은 구법을 개폐한다"는 신법우선의 원칙이 지배한다. 그러나 이것은 일반법인 신법과 일반법인 구법, 특별법인 신법과 특별법인 구법 사이의 관계에 있어서 신법이 구법을 개폐하는 것을 의미한다. 따라서 신법이라고 하더라도 일반법인 신법은 특별법인 구법을 개폐할 수 없다.

2. 법률불소급의 원칙

법은 위에서 서술한 바와 같이 시행일로부터 폐지일에 이르기까지 그 효력을 갖는 것이 원칙이므로, 법은 시행 후에 발생한 사항에 대하여 적용되고, 그 시행 이전에 발생한 사항에 대하여는 소급하여 적용되지 않는다는 원칙을 법률불소급의 원칙(Prinzip der Nichtrückwirkung)이라고 한다. 만약 소급효(遡及效)를 인정하여 그 시행 이전의 사항에 대해서까지도 신법을 적용한다면, 국민의 법적 생활이 불안정하게 되고 법질서가 혼란에 빠질 우려가 있기 때문에 이 원칙이 인정되는 것이다. 헌법 제13조 제1항에서는 "모든 국민은 행위시의 법률에 의하여 범죄를 구성하지 아니하는 행위로 소추되지 아니하며 …"라고 규정하고 있으며, 형법 제1조 제1항에서는 "범죄의 성립과 처벌은 행위시의 법률에 의한다"라고 규정하고 있다. 이러한 규정은 죄형법정주의를 선언한 것이지만, 법률불소급의 원칙에 그 기초를 두고 있는 것이다. 이 원칙은 형법뿐만 아니라 법의 일반적인 원칙이며, 명문의 규정이 없는 경우에도 법의 해석에 있어서 당연히 준수되어야 할 원칙이다. 그러나 이 원칙은 법의 해석 · 적용에 관한 원칙이고, 입법상의 원칙은 아니라는 점에 유의하여야 한다. 따라서 어떠한 사항에 관하여 그 발생 당시의 법보다도 신법을 적용하는 것이 합리적이며 사회의 실정 또는 정의의 관념에 더욱 합치되는 경우에는 특히 명문으로 법의 소급효를 인정할 수도 있다. 예컨대 민법 부칙 제2조에서는 "본법은 특별한 규정이 있는 경우 외에는 본법 시행일전의 사항에 대하여도 이를 적용한다. 그러나 이미 구법에 의하여 생긴 효력에 영향을 미치지 아니한다"라고 규정하여 신법의 소급효를 일반적으로 인정하고 있으며, 형법 제1조 제2항에서는 "범죄 후 법률의 변경에 의하여 그 행위가 범죄를 구성하지 아니하거나 형이 구법보다 경한 때에는 신법에 의한다"라고 규정함으로써 역시 신법의 소급효를 인정하고 있다.

법률불소급의 원칙이 인정되는 당연한 결과로서 생기는 또 하나의 원칙이 있는데, 이것이 바로 '기득권불가침(旣得權不可侵)의 원칙'이다. 폐지된 구법에 의하여 이미 발생한 권리, 즉 기득권은 신법의 시행으로 변경되거나 소멸할 수 없다는 원칙이다. 이 원칙도 법률불소급의 원칙과 같이 해석 · 적용상의 원칙이므로 절대적인 것은 아니고, 입법정책상 필요한 경우에는 기득권을 변경 · 소멸시킬 수도 있는 것이다. 이 원칙도 국민의 법적 안정을 목적으로 하는 것이므로 법적용에 있어서나 입법정책에 있어서 충분한 고려가 있어야 할 것이다.

3. 경 과 법

구법시대에 발생한 사항에 대하여 구법이 적용되고, 신법시대에 발생한 사항에 대하여 신법이 적용되는 것은 법률불소급의 원칙에 의하여 당연하다. 그러나 구법시대에 발생하여 신법시대에까지 계속하여 진행되고 있는 사항에 대하여는 신법에 의할 것인가 아니면 구법에 의할 것인가에 관하여 법의 적용기술상 문제가 발생할 수 있다. 이 문제의 해결을 위하여 중요한 법령을 개폐하는 때에는 명문으로써 이에 관한 사항을 규정하는 것이 일반적이다. 이러한 목적으로 제정된 규범을 경과법(經過法 : transitörisches Recht) 또는 경과규정이라 부른다. 이것은 부칙에서 규정하는 것이 보통이다. 민법 부칙 제3조에서 "이 법 시행 전에 제878조 또는 제904조에 따라 입양 또는 파양의 선고가 접수된 입양 또는 파양에 관하여는 종전의 규정에 따른다"고 규정하고 있는 것을 그 예로 들 수 있다.

Ⅱ. 사람에 관한 효력

1. 속인주의와 속지주의

사람에 관한 법의 효력은 현실에 있어서 법의 규율을 받는 인적 범위를 말한다. 법이 사람에게 적용되는 범위를 정하는 데에는 종래 두 가지 입법주의, 즉 속인주의와 속지주의가 인정되어 왔다. 속인주의(屬人主義)는 한 국가의 법은 그 국민이 국내에 있거나 국외에 있거나 이를 불문하고 그 국민 전체에 일률적으로 적용된다는 입법주의이다. 그리고 속지주의(屬地主義)는 한 국가의 법은 그 영역 내에서만, 그리고 그 영역 내에서라면 자국민이거나 또는 외국민이거나 가리지 아니하고 모든 사람에게 적용된다는 입법주의이다.

고대에 있어서는 종족 관념이 강하여 속인주의를 채택하는 경우가 대부분이었으나, 그 후 영토 관념의 발달과 함께 속지주의로 변천하였다. 따라서 근대 이후의 법체계는 대부분 속지주의를 원칙으로 하고, 속인주의를 예외적으로 인정하는 경향이 강하였다. 다만 어느 한 입법주의의 극단적인 적용은 각국의 법이 충돌하는 불편과 불합리한 결과의 발생을 초래할 수 있으므로, 많은 국가들은 이 두 가지 입법주의를 적절히 절충하는 입장을 보이고 있다.

2. 사람에 관한 효력 범위의 원칙과 예외

한 국가의 법은 원칙적으로 자국민이거나 외국민이거나를 가리지 않고 그 국가 내에 거주하는 모든 사람에 대하여 효력을 발생하는 것이 일반적이다(속지주의). 그러나 이와 같은 원칙에 대하여는 다음과 같은 예외가 인정된다.

(1) 속지주의의 원칙에 따라 국내에 거주하는 모든 사람에게 그 효력이 미치나, 특정한 신분을 가진 자에게는 효력이 미치지 않는 경우가 있다. 예컨대 "대통령은 내란 또는 외환의 죄를 범한 경우를 제외하고는 재직 중 형사상의 소추를 받지 아니한다"(헌법 제84조)는 규정과 "국회의원은 현행범인인 경우를 제외하고는 회기 중 국회의 동의 없이 체포 또는 구금되지 아니한다"(헌법 제44조 제1항)는 규정 등이 그 예이다.

(2) 참정권 · 청원권 · 병역의무와 같은 공법상의 권리 및 의무는 국민의 자격을 기초로 하는 것이므로 재류국법의 적용을 받지 않고 자국법의 적용을 받는다.

(3) 국제사법에 의하여 외국인이 재류국(在留國)의 법의 적용을 받지 않는 경우가 있다. 예컨대 행위능력 · 혼인 · 이혼 · 친자관계 · 유언 등 일반적으로 사람의 신분 · 능력에 관한 사항은 각국의 풍토 · 관습 · 문화가 서로 다르므로 특수한 법칙이 요구되는바, 이러한 사항들에 관하여는 그 본국법의 적용을 받는다.

(4) 국제법상 치외법권(Exterritorialität)을 가지고 있는 자는 본국법의 적용을 받아야 한다. 치외법권(治外法權)이라 함은 특별한 신분을 가지고 있기 때문에 국제예의상 또는 국제 관행상 재류국법의 적용을 받지 않는 것이 국제법상 인정되어 있는 특권을 말한다. 예컨대 국가의 원수 · 외교사절 및 그 가족과 수행원, 군함승무원 등이 그 특권을 갖는다.

(5) 사람에 관한 특별법(예컨대 국가공무원법 등)은 일정한 범위 내의 사람에게만 적용되는 것으로서, 그 지역 내에 있는 모든 사람에게 적용되는 것이 아님은 물론이다.

Ⅲ. 장소에 관한 효력

장소에 관한 효력은 법이 어떠한 지역적 범위에서 적용되는지에 관한 문제이다. 법은 그 국가의 전 영역, 즉 영토 · 영해 · 영공에 걸쳐 적용되며, 또한 그 영역 내에 있는 내국인 · 외국인을 불문하고 모든 사람에게 적용되는 것을 원칙으로 한다. 그러나 이 원칙에는 약간의 예외가 있다. 즉 앞에서 말한 바와 같이 치외법권을 갖는 자에게는 외국에 있는 경우에도 자국법이 적용되고, 외국에 있는 일반 자국민이라 하더라도 참정권 · 병역의무 등에는 자국법이 적용된다. 그리고 지방자치단체에서 제정한 조례나 규칙은 그 지방자치단체 내에서만 효력을 갖는다.

제 7 장
법의 적용과 해석

제 1 절 법의 적용

법은 원칙적으로 일반적·추상적인 규범이므로 이것을 실효성 있는 것으로 하기 위해서는 구체적 사실에 대응시켜 일정한 효과가 발생하도록 하는 것이 필요하다. 이것을 '법의 적용'이라고 한다. 법의 적용은 모든 법적 생활관계에서 항상 행해지는 것이고, 반드시 재판을 통해서만 행해지는 것은 아니다. 사회생활이 이른바 '법의 지배'에 의해서 영위되고 있는 이상, 개인의 일상적인 법적 생활이나 국가 또는 지방자치단체의 행정에는 항상 법의 적용이라는 법적 작용이 이루어지고 있다. 그러나 삼권분립의 원칙에 입각한 근대국가에서도 행정심판·해난심판·공정거래위원회의 심결 등 행정부에 의한 법의 적용이라는 예외가 있다. 다만 법의 적용을 주된 임무로 하는 기관은 어디까지나 법원이다. 국가생활에서 궁극적인 법의 적용은 재판에 의해서 실현된다고 할 수 있으므로 여기서는 사법(司法)에 있어서 법의 적용을 중심으로 살펴본다.

법의 적용을 위해서는 보통 두 단계의 작업이 선행될 것이 필요하다. 첫째는 법이 적용되어야 할 생활관계에서 생긴 구체적 사실을 확정(인정)하는 단계이고, 둘째로 그 확정된 사실에 적용시킬 수 있는 법을 발견하고, 발견된 법을 확정된 사실에 적용하기에 적합하도록 해석하는 단계이다. 이러한 작업이 완료된 후에 당해 확정된 사실에 대하여 발견·해석된 법을 적용함으로써 구체적 타당성을 가지는 법적 판단을 도출하는 일련의 과정이 마무리되는 것이다. 첫 번째 단계가 '사실의 인정'이고, 두 번째 단계가 '법의 해석'인 것이다.

예컨대 형법 제250조 제1항은 "사람을 살해한 자는 사형, 무기 또는 5년 이상의 징역에 처한다"고 규정하고 있다. 이 규정은 외형상으로 보면 상당히 간단·명료하다. 그러나 실제로 이 규정을 적용함에는 범인이 과연 살해의 의도를 가지고 있었는지 여부, 범인이 살해하려고 하였으나 사실은 피해자가 이미 부상을 당해서 그로 인해 사망에 이른 것은 아닌지 여부, 또는 피해자의 사망이 범인의 과실에 의한 것인지 여부 등을 검토하고, 이러한 경우에 해당하지 않을 때에 비로소 사실이 확정되고, 이렇게 확정된 사실에 적용되어야 할 법으로서 형법 제250조 제1항을 발견하게 된다.

그리고 이에 이어 형법 제250조의 해석이라는 작업이 시작된다. '사람을 살해한 자'라는 것은 사람이 사망했다는 결과가 범인의 고의(故意)에 기초한 행위에 의해서 이루어진 경우를 말하고, 과실에 의한 경우라든가 또는 상해치사 등의 경우는 여기에 해당하지 않는다.

그림 7 법적용의 삼단논법

1. 대전제 (법)	적용해야 할 법과 그 의미를 명확히 한다. 「A는 B이다」 (예, 사람을 살해한 자는 사형, 무기 또는 5년 이상의 징역에 처한다)

+

2. 소전제 (사실인정)	발생한 사실을 발견하고 확정한다. 「C는 A이다」 (예, C는 甲을 살해하였다)

⬇

3. 판결	인정된 사실에 법을 적용한다. 「따라서 C는 B이다」 (예, C는 사형, 무기 또는 5년 이상의 징역으로 처벌된다)

이렇게 해서 적용되어야 할 법이 해석되면 다음으로 사실에 대해 이 법을 적용한다. 즉 살인행위에 대해서 제250조 제1항이 적용되는데, 이것은 이른바 [그림 7]과 같은 삼단논법(三段論法)에 의해서 행해진다. 삼단논법은 적용해야 할 법을 대전제로 하고, 구체적 사실을 소전제로 하여 그 추론에 기초하여 법적인 판단을 도출하는 논리의 법칙이다. 즉 결론으로서의 판결은 대전제인 법과 소전제인 사실과의 조합으로 나타나는 것이다. 그러나 실제로 법의 적용이 모두 이와 같이 간단한 과정을 거쳐 이루어질 수 있는 것은 결코 아니라는 점을 기억해야만 한다.

제 2 절 사실의 인정

Ⅰ. 사실인정의 중요성

사실의 인정은 법의 적용에 있어 최초의 단계이다. 즉 과거에 존재했던 객관적 사실을 인적 증거와 물적 증거를 기초하여 재구성하는 작업이다. 과거의 사실을 어떻게 재구성하는가에 따라서 적용되어야 할 법이 같다고 해도 결론이 전혀 다를 수 있으며, 또 적용되어야 할 법의 원칙도 다를 수 있다. 이러한 사실의 인정 또는 확정하는 것이 현실적으로 얼마나 어려운가 하는 점은 다음과 같은 경우를 보면 더욱 쉽게 이해할 수 있다.

국도를 운전하던 甲이 비포장도로에서 국도로 나온 농부가 운전하는 경운기와 충돌했다. 다행히 농부는 다치지 않았지만 그의 경운기를 망가뜨렸다. 농부는 이 사건으로 법원에 소를 제기하고 법관은 적용될 다양한 법원리를 근거로 농부에게 100만원을 줄 것을 명했다. 그 일주일 후에 乙이 같은 국도 위에서 마찬가지로 비포장도로에서 나온 다른 농부의 경운기와 충돌했고, 여기서도 농부는 다치지 않았지만 그의 경운기가 망가졌다고 가정해 보자. 두 사건은 매우 유사하다고 할 수 있다. 그렇다면 이 두 사건이 동일한 사실상태에 있다고 할 수 있는가. 그렇다고 하면 두 사건에는 같은 법원리가 적용되어 두 번째 사례의 농부도 100만원을 받을 수 있는가?

이에 대해서는 “아직까지는 어떠한 법적 가치도 존재하지 않는다”고 말할 수 있다. 우선 이 두 사건은 그 내용 자체가 유사한 부분도 있지만, 서로 다른 부분도 있을 수 있다. 만약 두 사건이 다음과 같은 다른 사실상태 하에서 동일한 결과가 발생한 사건이라도 그 결과는 아주 다르게 나타날 수 있기 때문이다.

① 첫 번째 자동차는 시속 100㎞로 달렸고, 두 번째는 시속 60㎞로 달렸다. ② 양자 모두 시속 45㎞로 달렸지만, 첫 번째는 비가 내리고 있었고, 두 번째는 날씨가 쾌청했다. ③ 한 농부는 경적을 울렸지만, 다른 농부는 경적을 울리지 않았다. ④ 한 농부는 교차로에서 일단정지를 했지만, 다른 농부는 그렇지 않았다. ⑤ 한 농부는 젊지만 다른 농부는 노인으로 안경을 쓰고 있었다. ⑥ 양자 모두 안경을 쓰고 있었지만, 한 사람은 근시였고 다른 사람은 원시였다. ⑦ 한 사람은 보험을 들고 있었지만 다른 사람은 들지 않았다. ⑧ 한 사람은 이성이 동승하고 있었지만 다른 사람은 그렇지 않았다. ⑨ 양쪽 모두 이성이 동승했지만 한 사람은 이성과 이야기하고 있었고 다른 사람은 그렇지 않았다. ⑩ 가해차량 중 하나는 피해차량의 뒷부분 좌측을 들이받았지만, 다른 차량은 앞부분 좌측을 들이받았다. ⑪ 그 교차로에 있던 나무가 첫 번째 사건 후에 잘렸다거나, 서행의 표지가 최초의 사긴 이후 없어졌다는 등 구체적인 사정을 보면, 이 두 사건이 완전히 유사하다고는 할 수 없다.

이러한 경우 두 번째 사건에 관해서 소(訴)가 제기되었다고 하자. 두 번째 사고가 제소된 경우 법관은 국도상의 표지판이 일주일 전부터 없었다는 사실을 전혀 관련성 없는 것으로 판단할 수 있고, 또 충돌에 대한 법적 책임을 일반적으로 승인된 법의 원리에 따라서 가해차량이 아니라 반대로 농부나 양자에게 공평하게 부담시키거나 국도관리당국에게 부담시키기 위해서 이 사실에 접근할 수도 있다.

이와 같이 법관은 존재하는 다양한 사실 중 어느 사실을 법적 판단의 대상이 되는 사실로 인정하는가에 따라서 적용되어야 할 법이 전혀 다를 수 있고, 적용된 법이 동일하다고 하여도 결론이 전혀 다르게 나타나는 경우도 있다. 따라서 법관들은 "사실인정에 심혈을 기울인다"고 토로한다. 이것은 사실의 발견과 그 인정이야말로 진실을 향한 투쟁이 존재하는 곳이고, 이 투쟁에 비교하면 법규의 해석 · 논쟁은 호수의 잔잔한 물결에 지나지 않는다고 말할 만큼, 사실인정의 중요성은 아무리 강조해도 지나치지 않다.

Ⅱ. 사실인정과 증거 · 입증

1. 증　거

현행법에 의하면 재판에서 다투는 중요한 사실의 인정은 반드시 증거에 기초하여야 한다(민사소송법 제288조, 형사소송법 제307조). 이것은 사실인정이 법적 가치판단의 기초가 되어 결국 증거는 유 · 무죄의 판단을 좌우하는 중요한 요소가 되기 때문이다. 여기서 증거(證據)란 법관이 재판의 기초가 되는 사실관계를 인정하기 위한 자료를 말한다. 증거에는 사람에 의한 인적 증거와 물건을 중심으로 한 물적 증거가 있으며, 이 양자를 합하여 물증(物證)이라고 한다. 물증은 뚜렷한 증거가 없이 마음속의 증거로서 형성되는 내심적 확신인 심증(心證)과 구별된다.

증거재판주의의 원칙상 심증만으로는 처벌할 수 없기 때문에 심증을 증명하기 위해 물증이 필요하다. 특히 증명의 대상이 되는 사실의 증명에 직접 이용되는 증거를 직접증거라고 하며, 간접사실을 증명하는 증거를 간접증거 또는 정황증거라고 한다. 다만 민사소송과 형사소송은 모두 증거를 기초로 하여 사실을 인정하는 증거재판주의를 채택하고 있지만, 그 엄격성에 있어서는 상당한 차이가 나타난다. 즉 민사소송의 경우에는 원고 · 피고 모두 원칙적으로 증인 · 증서 기타 증거자료를 자유롭게 제출할 수 있다. 또한 상대방이 자백한 경우에 이것을 증거로 할 수 있음은 물론, 당사자 일방이 주장한 사실을 상대방이 명시적으로 다투지 않는 경우에도 이를 인용한 것으로 간주하며, 이를 '묵시적 승인'이라고 한다. 그리고 증거의 제출도 당사자의 자유여서 법원은 당사자가 제공한 증거만을 조사하면 충분하다. 이에 대해서 형사소송의 경우는 범죄사실에 대한 증거가 존재한다는 것만으로는 충분하지 않고, 실체적 진실주의의 입장에서 증거능력(증거의 형식적 자격)을 확인하는 절차를 거쳐야 한다. 그리고 증거능력 있는 증거의 채택에는 뒤에서 기술하는 것처럼 엄격한 제한이 있다. 또한 객관적이고 정확한 사실인정을 위해서는 그 기초로서의 증인의 증언이 신빙성 있는 것이어야만 한다. 그러면 증인의 증언은 어느 정도 정확성을 가지는 것인가에 관하여 다음의 예에서 살펴보자.

베를린의 유명한 범죄학자인 리스트(List) 교수는, 관찰과 기억의 정확성을 실험하기 위해서 자신의 세미나 수업에서 계획된 연극을 실현했다. 여기서는 어느 책에 대하여 이야기하던 중 두 학생 사이에 의견대립이 있었고 결국 한 학생이 권총을 사용하는 상황을 연출한 것이다. 리스트 교수는 일부 학생에게 즉시 일어난 모든 일을 정확하게 기술하도록 하였고, 나머지 중 일부 학생들에게는 다음날과 일주일 후에 그 상황에 관한 보고서를 쓰도록 했다. 그리고 나머지 학생들에게는 반대신문에서 그들이 본 것을 진술시켰다. 이 연기는 일부는 행동으로, 일부는 말로 언급된 14개 부분으로 나뉘어 있었다. 그 결과 잘못된 상황이 더해지거나 변경되는 오류가 나타났다. 그러한 오류는 적게는 26%에서 많게는 80%까지 나타났다. 뿐만 아니라 학생 중 한 명은 그 자리에서 일어나지 않았던 행위에 관한 진술을 하였다고 한다.

이러한 실험기록은 증인의 증언이 눈앞에서 발생한 사건에 관한 증언이라도 반드시 정확하지 않다는 것을 보여주고 있다. 증인의 증언은 과거에 일어난 사실에 대한 단순한 반복이 아니라 사실에 관한 개인의 판단 내지 추론을 보고하는 것이다. 따라서 증인에게 부당한 동기가 없더라도 사실에 관한 판단 내지 추론을 형성함에 있어서 객관적 사실을 부정확하거나 전혀 다르게 전달할 수 있다는 것을 충분히 인식해야만 한다.

이와 같이 증인의 증언에는 부정확 또는 허위의 증언이 있을 수 있다. 따라서 증인의 증언 중에서 모순을 찾아내어 증언의 허위성을 발견하고 객관적 진실에 기초한 재판을 가능케 하는 중요한 수단이 되는 것이 반대신문(反對訊問)이다. 통상 증인신문은 상호신문(相互訊問)의 방법을 취하지만, 그 중에서도 가장 중요한 역할을 하는 것이 반대신문이다. 반대신문은 주신문(主訊問)에서 이루어진 증언의 불명확한 점을 찾아서 그 증언의 신빙성을 떨어뜨리고, 더 나아가 감춰진 진실을 찾아냄으로써 주신문에 따른 증언의 신뢰도를 떨어뜨리는 것을 목적으로 한다. 따라서 반대신문의 모습에 따라 소송의 승패는 크게 좌우된다. 진실한 사실의 발견에 기초한 사실인정에 의해서 공정하고 진실에 합치하는 재판이 행해지는가는 반대신문에 의해서 좌우된다고 할 수 있다.

헌법 제12조 제7항은 "피고인의 자백이 고문 · 폭행 · 협박 · 구속의 부당한 장기화 또는 기망 기타의 방법에 의하여 자의로 진술된 것이 아니라고 인정될 때 또는 정식재판에 있어서 피고인의 자백이 그에게 불리한 유일한 증거일 때는 이를 유죄의 증거로 삼거나 이를 이유로 처벌할 수 없다"고 규정하고 있다. 이 헌법상 인권보장의 대원칙에 따라서 형사소송법은 제307조에서 "사실의 인정은 증거에 의한다"고 하여 증거재판주의(證據裁判主義)의 원칙을 규정하고 있다. 그리고 자백의 증거능력에 관해서 제309조는 "피고인의 자백이 고문, 폭행, 협박, 신체구속의 부당한 장기화 또는 기망 기타의 방법으로 임의로 진술한 것이 아니라고 의심할 만한 이유가 있는 때에는 이를 유죄의 증거로 하지 못한다"고 규정하고 있으며, 제310조는 "피고인은 자백이 그 피고인에게 불이익한 유일의 증거인 때에는 이를 유죄의 증거로 하지 못한다"고 규정하고 있다. 뿐만 아니라 동법 제310조의2에 "제311조 내지 제316조에 규정한 것 이외에는 공판준비 또는 공판기일에서의 진술에 대신하여 진술을 기재한 서류나 공판준비 또는 공판기일 외에서의 타인의 진술을 내용으로 하는 진술은 이를 증거로 할 수 없다"고 하여 전문증거(傳聞證據)를 금지하는 규정을 두고 있다.

이와 같이 현행 형사소송법은 임의성 없는 자백, 전문증거, 의견증거(감정 이외의 순수한 제3자의 의견), 위법한 절차에 의해서 수집된 증거 등은 원칙적으로 증거능력을 결여한 것으로 하고 있다. 뿐만 아니라 임의성 있는 자백이라도 보강증거가 없으면 범죄사실을 인정하는 자료로는 인정되지 않는다. 현행 헌법은 국민의 기본적 인권을 보장하기 위해 자백을 중심으로 하는 '규문주의(糾問主義)'적 형사체계를 대신하여, 피고인과 국가를 대표하는 검사와의 사이에 공격과 방어의 과정에서 증거에 기초한 객관적 진실을 발견하려고 하는 '탄핵주의(彈劾主義)'를 채택하고 있다.

2. 입 증

사실의 인정을 위하여 증거를 내세우는 것을 입증(立證)이라 한다. 즉 사실은 원칙적으로 증거에 의하여 확정되어야 하는바, 입증은 사실인정을 위한 중요한 또 하나의 요소라 말할 수 있다. 한편, 증거는 원칙적으로 그 사실을 주장하는 자가 내세워야 하는데, 이것을 입증책임 또는 거증책임(擧證責任)이라 한다.

다만 경우에 따라서는 증거가 존재하지 않거나 또는 존재하더라도 이를 발견할 수 없어서 입증에 의한 사실인정이 곤란한 때도 있다. 이러한 경우 입증에 의한 사실인정이 불가능함을 이유로 법의 적용을 무한정 미룰 수는 없기 때문에 입증 외에도 사실을 확정할 수 있는 방법이 인정되어야 하는바, 이것이 바로 추정과 간주이다.

Ⅲ. 추정과 간주

1. 추 정

당사자의 입증곤란을 피하기 위하여 사실의 존재 또는 부존재를 일단 추정하고, 일정한 법적 효과를 부여하는 경우가 있다. 민법 제262조 제2항에서 "공유자의 지분은 균등한 것으로 추정(推定)한다"고 규정한 것이나, 민법 제844조 제1항에서 "아내가 혼인 중에 임신한 자녀는 남편의 자녀로 추정한다"고 규정한 것이 그 예이다. 따라서 추정(Vermutung)이란, 일정한 사실이 증거의 부존재 등으로 입증이 곤란하여 명확하지 않은 경우에 일반적인 상태를 기준으로 하여 일단 사실을 가정하고 거기에 일정한 법적 효과를 인정하는 것이다. 한편 추정은 입증에 의하지 않고서 일정한 사실을 가정하는 것이므로 추정한 내용과 다른 사실을 주장하는 자는 반증(反證)을 들어 언제나 추정의 효과를 전복시킬 수 있다.

2. 간 주

공익 기타의 사유로 사실의 존재 또는 부존재를 법정책상 의제(擬制)하는 경우를 간주(看做)라고 한다. 간주란 일종의 법적 의제로서 그 사실이 진실인지 아닌지를 불문하고 권위적으로 '이러이러하다'라고 단정하여 버리고, 거기에 일정한 법적 효과를 부여하는 것을 의미한다. '간주한다' 또는 '본다'라고도 표현한다. 민법 제20조에서 "국내에 주소 없는 자에 대하여서는 국내에 있는 거소를 주소로 본다"고 규정한 것이나, 민법 제28조에서 "실종선고를 받은 자는 전조의 기간이 만료한 때에 사망한 것으로 본다"고 규정한 것은 그 예이다. 간주는 추정과는 달리 반증을 들어 그 효과를 전복할 수 없다. 위의 예에서 거소가 주소로서 확정된 이상, 반증을 들어도 이를 변경할 수 없는 것이다.

제3절 법의 해석

I. 법의 해석의 의의

구체적 사실이 확정되면 그 인정된 사실에 적용할 법을 찾아서 이것을 해석하는 작업이 이루어진다. 즉 인정된 사실에 적용하기에 알맞은 모습으로 실정법이 갖는 의미 · 내용을 명확히 하는 것이 필요한데, 이러한 일련의 과정을 법의 해석이라 부른다. 따라서 법의 해석은 법의 적용의 전제를 이루는 것이다. 원래 법규 그 자체는 구체적이고 변화무쌍한 생활관계를 모두 규율할 수 없기 때문에 반드시 합리적 · 과학적인 방법에 의한 법해석 과정을 통해서 비로소 그 내용이 명백해질 때 구체적 사건에 적용이 가능하게 된다.

여기에서 '실정법이 갖는 의미 · 내용을 명확히' 한다는 것은 도대체 무엇을 의미하는가? 일본에서 일어났던 유명한 전기절도사건을 예로 들어보자. 이 사건은 피고인이 전기회사의 전신주에 몰래 전기선을 연결하여 전력을 사용했다는 절도피의 사건이었는데, 가장 중요한 쟁점은 전기가 재물인지 여부였다. 왜냐하면 당시 일본의 구형법 제366조는 절도죄에 관해 "사람의 소유물을 절취한 자는 절도의 죄로 2월 이상 4년 이하의 금고에 처한다"고 규정하고 있어, 당해 전기가 '사람이 소유하는 재물'에 해당하는지 여부가 문제되었기 때문이다. 이와 관련해서 일본 민법 제85조는 "본법에 있어서 물건이란 유체물(有體物)을 말한다"고 하여 전기 · 열 · 빛 ·

전파 등과 같은 물리적으로 무형물은 민법에서 말하는 '물건'이 아니었다.

결론적으로 1903년 일본의 대심원(大審院 : 현재는 최고재판소로 명칭이 변경되었으며, 우리나라의 대법원에 해당)은 "전류는 유체물은 아니지만, 오관의 작용에 의해서 그 존재를 인식할 수 있고, 그것을 용기에 담아 독립적으로 존재할 수 있음은 물론 용기에 담아서 그것을 소지하고, 특정한 장소에서 다른 장소로 이전하는 등 인력으로써 임의로 지배할 수 있는 가동성과 관리가능성을 모두 가지는 이상, 절도죄의 성립에 필요한 절취의 요건을 충족할 수 있다"고 판시하였다. 이와 같이 일본 대심원은 전기의 절도라는 구체적 사실관계에 대하여 그에 대한 타당한 결론을 법문이 가지는 합리적 의의 속에서 정당화시켰던 것이다. 즉 일본의 구형법 제366조에서 말하는 '물건'의 범위를 '유체물'에 한정하여 이해하면 전기를 무단으로 또한 악의적으로 사용해도 처벌할 수 없게 되고, 따라서 공익을 해하는 사회적 악영향이 발생하게 된다. 그래서 공익의 관점에서 구체적으로 타당한 해결을 위해서 법률의 문언에 구속되지 않고 판결의 이유에 기술한 것처럼, '물건'이란 무체물이라도 '가동성(可動性)'과 '관리가능성(管理可能性)'의 두 가지 성질을 가지는 것이면 형법상 절도죄의 객체가 되는 '물건'에 포함시킬 수 있다고 해석하여 제366조의 절도죄로 처벌했던 것이다. 이러한 판결은 법관이 법문의 해석을 통해서 그 규정의 불비 · 흠결을 보완하여 전기와 같은 무체물이라도 절도죄가 성립할 수 있도록 한 것인바, 법관에 의한 법의 창조라고도 말할 수 있다. 이 판결에 대해서는 근대형법의 대원칙인 죄형법정주의의 원칙이 배제하는 유추해석을 허용했다는 비판이 제기되었다. 그러자 일본은 1907년에 형법개정을 통하여 제245조에 "이 장의 죄에 대해서는, 전기는 재물로 간주한다"고 하는 새로운 조문을 둠으로써 이를 입법적으로 해결하였다.

한편 사람들의 사회생활과 거기에서 일어나는 사건은 매우 복잡하고 다양하다. 따라서 그 모두를 예상하여 그 하나하나에 적용할 수 있는 법률을 조문의 형식으로 규정하는 것은 현실적으로 불가능하고, 가령 가능하다고 해도 그 양이 상상할 수 없을 만큼 방대해질 수밖에 없다. 뿐만 아니라 법의 적용 대상인 사회는 부단히 변화하고 발전되어 가기 때문에 법규가 예상하지 못한 사건이 언제든지 나타날 수 있으므로 그 해결이 곤란한 경우가 발생할 수 있다. 그래서 오히려 법문상으로는 일반적이고 추상적인 규정을 두고, 다만 개개의 구체적 사건이 생겼을 때 해석에 의해 법률의 조문 속에 표현되어 있는 규범적 의미내용을 구체화하여 이에 적용하는 방법이 더욱 현실적이고 타당한 방법이라고 말할 수 있다.

Ⅱ. 법해석에 관한 이론

한 국가의 법형식이 제정법을 중심으로 이루어진 경우에는 특히 법규의 해석이 필요하다. 이것은 19세기 서구에서 1804년의 나폴레옹민법전을 효시로 많은 법전편찬사업이 진전됨으로써 법해석학의 발달이 두드러졌던 점에서도 잘 나타나 있다.

법해석학은 현행 법규의 의미를 명확히 하는 것을 목적으로 한다. 이를 위한 법해석학은 그 해석의 방법론을 둘러싸고 크게 두 가지 입장으로 나눌 수 있다. 즉 오직 법규의 의의 · 개념에 따라 형식논리적으로 법을 해석 · 적용하는 입장과 사회생활의 현실을 중시하여 법규의 해석을 가능한 한 형식논리에 구속되지 않고 자유롭게 사실에 적합하도록 해석 · 적용하는 입장이다. 전자를 개념법학적 해석학(이론)이라 부르고, 후자를 자유법학적 내지 자유법론적 해석학(이론)이라 부른다.

1. 개념법학

개념법학은 18세기 말경부터 19세기에 걸쳐 유럽대륙의 법률학을 지배한 법사상이었다. 개념법학은 기본적으로 두 가지 사고방식에 입각하고 있다. 그 하나는 성문법의 만능사상인데, 성문법(제정법)의 법체계는 그 자체가 완전한 것으로서 어떠한 결함도 갖지 않는다는 것을 전제로 하면서 모든 쟁송은 성문법규에만 근거해서 판단해야 한다는 것이다. 다른 하나는 법의 적용을 전적으로 형식논리에 입각해서 행해야 한다는 것이다. 즉 법관은 재판을 함에 있어서 항상 법규를 대전제로 하고, 사건을 소전제로 하는 삼단논법에 의해서 판단해야만 한다는 것이다.

따라서 개념법학의 입장을 따르면, 법해석은 마치 수학에서 계산하는 것처럼 감정적 가치요소가 배제되고, 법관도 여기에 가치를 반영해서는 안 되는 것이다. 법해석은 확실히 '개념을 가지고 하는 계산'이어야만 한다. 법규범은 인식되는 것이지 결코 창조되는 것은 아니다. 따라서 법관은 항상 법문의 규정내용을 그대로 형식논리에 따라서 적용해야만 하는 것이다.

2. 자유법학

자유법학 또는 자유법론은 19세기 후반부터 20세기 초반에 걸쳐 프랑스와 독일 등에서 제창된 혁신적 법학운동이다. 자유법학론자들의 주장은 다양하지만 그 주장의 공통점은 성문법규의 결함을 인정하여 법전 만능주의를 배격하고, 법관이 법의 해석 · 적용을 행함에 있어서 반드시 법규의 조문 그 자체에만 구속당하지 않고 법규를 현실의 사회생활에 적합하도록 시대에 따른 해석을 해야 한다는 것이다.

자유법학론자들은 개념법학을 취하게 되면 법문의 해석이 기계적이므로 그 전제가 된 법문 그 자체가 완전히 정당할 때에만 정당한 결론을 도출해 낼 수 있다. 그러나 법규는 인위적으로 정한 것이므로 사회생활의 규범으로서 항상 절대성을 가지는 완전한 것이라고는 할 수 없다. 또 현실사회는 시간이 지나면서 변화해 가는데 반해, 법규는 개정되지 않는 한 바뀌지 않는다. 따라서 성문법규의 완전무결성을 전제로 하여 이것을 사회생활에 적용시켜 판단하고 결론을 내리는 것은 잘못이다. 만일 법해석을 성문법규에 기초해서 단지 형식논리적으로만 운용하면, 법이 생생한 사회생활의 요구를 만족시키는 것은 불가능하다. 특히 사회가 급변하는 경우에 개념법학은 충분히 그 효용성을 발휘할 수 없다고 비판한다. 그러므로 자유법학은 법해석을 개념과 형식논리의 구속으로부터 해방시키고, 법규를 중심으로 하면서도 개개의 사안에 대해 판결의 구체적 타당성을 확보하는 것이 중요하다고 본다. 따라서 사법작용에 실질적인 법정립적 · 입법적 효과를 인정해야 한다고 주장하고 있다.

Ⅲ. 법해석의 방법

1. 법해석의 기술

개념법학적 법해석론이든 자유법학적 법해석론이든, 법률의 해석을 통해서 법률이 가지는 진정한 의미를 객관적이고 현실적으로 확정하고자 하는 경우에 그 해석방법은 다양하게 존재할 수 있다. 일반적으로 법의 해석은 그 해석의 주체에 착안해서 우선 유권해석(有權解釋)과 학리해석(學理解釋)으로 나눌 수 있다. 학리해석은 다시 문리해석과 논리해석으로 구분된다. 그리고 논리해석에는 확장해석 · 축소해석 · 반대해석 · 유추해석 · 물론해석 등의 다양한 해석방법이 있다.

(1) 유권해석

유권해석은 법의 적용을 받는 사람은 물론이고, 그 법을 집행하는 행정부나, 소송이 제기된 경우의 법원도 그 해석에 구속된다는 점에서 '강제해석'이라고 한다. 또한 국가기관에 의한 공적 해석이라는 점에서 '공권해석'이라고도 한다. 이것은 국가에 의해서 이루어지는 해석으로 그 해석을 하는 주체인 국가기관에 따라 다시 입법해석 · 사법해석 · 행정해석의 세 가지로 나눌 수 있다.

1) 입법해석

입법해석은 입법의 형식으로 행하는 해석을 말한다. 즉 해석하는 사람에 따라서 그 해석이 다양하게 나타날 수 있어 법령의 의미를 명확하게 하기 위해서 법률 자체에 별도의 규정을 두는 것을 말한다. 민법 제98조가 “본법에서 물건이라 함은 유체물 및 전기 기타 관리할 수 있는 자연력을 말한다”고 규정함으로써 물건의 정의를 내리고 있는 것이 그 대표적인 예이다. 이것 이외에도 실정법에서는 이러한 입법해석을 두고 있는 경우가 많이 존재하는데, 이것들은 통상 ‘정의’ 또는 ‘용어의 정의’라고 표시되어 있다.

2) 사법해석

사법해석은 법원에 의해서 행해지는 해석으로서, 판결의 형식을 취하는 것이 일반적이다. 판결은 당해 사건에 한해서 최종적 구속력을 가지는 데 불과하고, 게다가 하급법원의 판결은 상급법원에 의해서 파기될 수 있으며, 또한 대법원의 판결(=선례)도 후에 다른 사건에 의해 파기될 수도 있다. 이러한 의미에서 사법해석은 입법해석과 달리 절대적으로 불변하는 것은 아니다.

3) 행정해석

행정해석은 행정청에 의해서 행해지는 해석을 말한다. 행정청이 스스로 법을 집행함에 있어서 행하는 해석 또는 하급행정청으로부터의 조회에 대한 회답이나 훈령·통첩의 형식으로 행하는 해석이 그것이다. 행정해석에 관하여 국회나 법원은 이에 구속되지 않고, 그 법률의 적용을 받는 국민도 법률적으로 그 해석에 구속되는 것이 아니기 때문에 이것에 이의가 있는 사람은 법원에 소송을 제기해서 그 해석을 다툴 수 있다.

(2) 학리해석

학리해석이란 학문상 이론에 따라서 법령의 의미를 명확하게 하는 해석을 말한다. 학리해석은 유권해석과 달리 강제력을 갖지 않고, 반대의 해석도 가능하므로 유권해석과 비교해서 ‘무권해석(無權解釋)’이라고도 한다. 학리해석은 강제력이나 구속력을 갖지는 않지만, 이것이 사법해석이나 행정해석 더 나아가 입법해석으로 수용되는 경우도 있으므로 매우 중요한 역할을 수행한다. 학리해석은 다시 문리해석과 논리해석의 두 가지로 나뉜다.

1) 문리해석

문리해석(文理解釋)이란 법규에 규정된 문자가 가지는 의미에 중점을 두고 행하는 해석을 말한다. ‘문자해석(文字解釋)’ 또는 ‘문언해석(文言解釋)’이라고도 한다.

문리해석을 함에는 다음의 세 가지 사항에 주의하여야 한다.

첫째, 법규의 용어는, 가능한 한 일반인이 이해하는 것과 동일한 의미에서 해석하도록 노력하여야 한다.

둘째, 일상용어와 명확히 구별되어 사용되고 있는 법률용어의 경우 그 용어의 해석에는 일정한 법기술상의 관례가 있으므로 그 관례에 따라서 해석하여야 한다. 예컨대 '이상'과 '초과', '이하'와 '미만', '이전(후)'과 '전(후)', '추정'과 '간주', '폐지한다'와 '폐지하는 것으로 한다' 등의 용어는 일상용어의 의미와는 달리 법령상 엄격히 구별되는 의미로 사용되고 있으므로 이것이 의미하는 바에 따라서 해석해야만 한다. 또 법규에 정의된 특별한 용어의 경우에는 해석상 그 정의된 의미에 따라야만 한다.

셋째, 문리해석은 법규의 문구를 중심으로 해석하는 것이지만 융통성 없이 행하는 것은 주의해야 한다. 예컨대 "마차의 통행을 금지한다"는 경고문이 있는 경우 문구에만 충실하여 "소나 코끼리의 통행은 허용된다"고 해석하는 것은 법규의 취지를 무시하는 결과를 초래할 수도 있다.

그렇다면 법규의 문자 · 문언을 해석함에 있어서 그 법규를 제정할 당시의 입법자의 의사에 따라 해석해야만 하는 것인가 아니면, 사회의 발전을 감안하여 해석함으로써 현재의 실정과 일치하도록 해석해야 하는가가 문제된다. 전자의 입장을 '연혁적 해석'이라고 하고, 후자의 입장을 '진화적 해석'이라고 한다. 진화적 해석에 의하는 것이 일반적이다. 그러나 어느 입장을 취할 것인가는 일률적으로 정하기 곤란하다. 법영역에 따라서는 진화적 해석이 적합한 경우도 있고 연혁적 해석을 취할 필요가 있는 경우도 있기 때문이다.

2) 논리해석

논리해석이란 법규의 문구만으로 의미를 파악하는 것이 아니라 논리법칙에 따라서 행하는 해석을 말한다. 논리해석은 일반적으로 두 가지 범주로 분류된다.

하나는 법규가 규정하는 용어를 그것이 사용되고 있는 의미보다도 확대하거나 축소해서 해석하는 방법이다. 이 해석방법은 논리해석에 중점을 두면서도 문리해석과 논리해석의 조화를 목적으로 한 해석방법이라고도 할 수 있다. 여기에는 확장해석 · 축소해석이 있다.

다른 하나는 특정 법규의 규정을 근거로 하여 그 법규에 직접 규정되어 있지 않은 다른 사항을 행간을 읽으면서 해석하는 방법이다. 여기에는 반대해석 · 유추해석 · 물론해석 · 보정해석 · 연혁해석 등이 있다.

확장해석(擴張解釋) 또는 확대해석(擴大解釋)은 법규의 자의(字意) · 문의(文意)를 법의 목적에 비추어 보통 사용되는 것보다 확장시켜서 해석하는 것을 말한다. 따라서 확장해석은 법규의 문언을 형식적으로 이해하는 것이 아니라 그 제도의 입법취지나 목적을 고려하면서 합리적인 범위로 확장시키는 해석방법을 말한다.

축소해석(縮小解釋)은 확장해석과는 반대로 법규의 자의 · 문의를 법의 목적에 비추어 보통 사용되는 것보다 좁게 해석하는 것을 말한다. 예컨대 형법 제250조 제2항의 '배우자의 직계존속'에는 생존 중의 직계존속만이 해당하고 사망한 배우자의 직계존속을 포함되지 않는다고 해석하거나, 형법제329조의 '타인의 재물'에 부동산이 포함되지 않는다고 한정적으로 해석하는 경우가 여기에 속한다.

반대해석(反對解釋)이란 법규가 규정하는 요건과 반대의 요건이 존재하는 경우, 법규에 규정된 것과 반대의 효과가 있는 것으로 해석하는 방법을 말한다. 예컨대 민법 제808조 제1항은 "미성년자가 혼인을 하는 경우에 부모의 동의를 받아야 하며 …"라고 규정하고 있지만 '성년자'에 관해서는 별도의 규정을 두고 있지 않다. 이 경우 동조의 법문에 비추어 '성년자'가 혼인을 함에는 부모의 동의를 필요로 하지 않는다고 해석하는 것이 그것이다.

유추해석(類推解釋)이란 특정 사항에 관한 명문의 규정은 없지만 이와 유사한 사항을 규율하는 다른 규정이 있는 경우에 그 다른 규정을 명문의 규정이 없는 경우에 적용시켜서 해석하는 방법을 말한다. 예컨대 민법 제393조 제1항은 "채무불이행으로 인한 손해배상은 통상의 손해를 그 한도로 한다"고 규정하여 채무불이행으로 인한 손해배상의 범위를 정하고 있다. 이에 대해 불법행위(민법 제750조)에 의한 손해에 관하여는 여기에 상당하는 규정이 없다. 그러나 채무불이행에 의한 손해배상이나 불법행위에 의한 손해배상이나 성질상 유사한 것이므로 민법 제393조 제1항의 규정을 불법행위에 의한 손해배상의 경우에도 적용하도록 해석하는 것이다. 유추해석은 특히 형법상 문제된다. 죄형법정주의의 대원칙에 입각하는 형법에서 유추해석은 법이 정한 가치를 상실시키는 것으로 허용되지 않는다고 이해하는 것이 일반적이다. 그러나 최근에는 행위자에게 불이익한 유추해석은 허용되어서는 안 된다고 이해하면서도 다른 한편 타당한 범위 내의 논리필연적이고 합목적적인 해석이면 형법상으로도 인정하고 있다.

'유추'와 구별하여야 할 것으로 '준용(準用)'이 있는데, 이는 입법기술상 규정의 중복과 번잡을 피하기 위하여 법규 자체가 다른 법규의 원용(援用)을 명문으로 규정한 것을 말한다. 예컨대 민법 제9조 제2항에 "가정법원은 성년후견개시의 심판을 할 때 본인의 의사를 고려하여야 한다"고 규정하고, 동법 제12조의 한정후견개시의 심판의 경우도 동법 "제9조 제2항을 준용한다"고 규정하고 있는 것이 그것이다.

물론해석(勿論解釋)이란 특정 사항에 관해서 명문의 규정은 없지만 입법의 취지나 목적에 비추어 명문이 있는 경우와 같은 법이 존재하는 것으로 추정해서 해석하는 방법을 말한다. 물론해석은 유추해석의 한 종류라고 이해할 수 있다. 예컨대 민법 제150조는 조건의 성취·불성취에 대한 반신의행위(反信義行爲)가 있는 경우 상대방은 그 조건이 성취, 불성취한 것으로 주장할 수 있도록 규정하고 있는데, 이와는 달리 기한의 성취·불성취에 대한 반신의행위에 관한 규정은 존재하지 않는다. 그러나 본조는 기한에도 적용되는 것으로 해석하는 것이 당연하다고 보는 경우가 물론해석이다.

보정해석이란 법규의 문구가 틀렸거나 또는 부정확하다고 생각되는 경우에 이를 보정 또는 변경하여 해석하는 것을 말한다. 예컨대 민법 제7조에서 "법정대리인은 미성년자가 아직 법률행위를 하기 전에는 전2조의 동의와 허락을 취소할 수 있다"고 규정하고 있으나, 여기의 '취소'는 '철회'라고 보정하여 해석하는 것이 합당할 것이다. 왜냐하면 '취소'는 일정한 원인에 기하여 의사표시의 효과를 소급적으로 소멸시키는데, 여기에서는 법정대리인이 미성년자에게 준 '동의'나 '허락'을 장래에 대해서만 그 효력이 발생하지 않도록 막는 데 불과하기 때문이다.

연혁해석이란 법이 성립된 연혁에 의하여 법의 의미를 밝히는 해석방법이다. 예컨대 법안의 이유서, 제안자의 의견, 의사록, 입법정책상의 이유, 외국법의 모법적 관계 등을 특히 참작하여 법을 이해하려는 방법이다.

Ⅳ. 법해석에 있어서 실질적 고려

1. 이익의 형량

위에서 살펴본 것처럼 법해석의 방법은 다양하지만 이러한 것들은 모두 법규의 문리 또는 논리에 기초해서 해석하는 경우에 일정한 결론이 도출된다고 하는 것일 뿐, 어느 해석방법이 올바른 해석인가 하는 점은 이와는 달리 실질적인 고려를 바탕으로 하지 않으면 안 된다.

실질적 고려로서 우선 생각할 수 있는 것은 '이익의 형량(衡量)'이라는 것이 있다. 재판이든, 법적 통제이든 그 목적은 법적 분쟁을 합리적으로 처리함으로써 서로 대립되는 이해관계를 합리적으로 조정하는 데 있다. 그 경우 여기서 고려되어야 할 이해는 법적 분쟁의 직접 당사자인 쌍방의 이익만이 아니라 제3자나 사회일반의 이익, 더 나아가 판결이 확정되어 그것이 선례로서 장래 동일한 종류의 사안에 관하여 적용되는 결과 나타날 수 있는 이익·불이익과 같은 다양한 이해관계도 포함하는 것이다.

그러나 비교형량 되어야 할 이익이 너무 다양해서 서로 다른 이익 사이에서는 말할 것도 없고, 같은 종류의 이익 사이에서도 그 형량은 쉽지 않다. 예컨대 공익과 사익 사이의 이익형량을 하는 경우에도 공익 중에도 국가적 이익과 사회적 이익이 있고, 이익 그 자체도 재산적 이익과 정신적 이익이 있다. 그리고 이러한 것을 통해서 나타나는 유형적 이익과 무형적 이익, 현존하는 이익과 장래의 이익 등과 같이 다양한 이익이 복합적으로 나타난다. 뿐만 아니라 이러한 이익을 비교형량 하는 경우에 그 기준을 어디에서 찾을 것인가 하는 문제도 발생한다. 즉 '공익'이라고 해도 사회복지와 경제적 생산성, 사회복지와 고도의 국가적 정치성과 같이 그 판단기준을 어느 쪽에 중점을 두고 이익형량을 하는가에 따라서 결론은 전혀 달라질 수 있다.

일반적으로는 '공공의 이익'과 관련하여 기본적 인권이 공공복지를 위해서 제한될 필요가 있다고 인정될 때 이들 이익 사이의 비교형량이 행해진다. 즉 인권을 제한하지 않음으로써 얻어지는 이익과 인권을 제한함으로써 얻어지는 이익을 서로 비교형량해서 후자 쪽이 전자보다 크다고 인정되는 경우에만 인권을 법률로써 제한할 수 있다. 그러나 이 경우에도 어떤 이익에 중점을 둘 것인지 문제된다. 그리고 인권을 제한할 필요성이 있다고 해도 그 제한의 정도나 방법 등이 문제된다. 이와 같은 경우 다음과 같은 일반적 기준이 고려되고 있다.

첫째, 공공의 복지에 반한다는 이유에서 인권을 제한하는 경우, 공공의 복지에 대한 장애와 인권의 제한 사이에 엄밀한 비례관계가 있어야만 하고, 그 제한은 장애를 제거함에 필요최소한도의 것이어야만 한다.

둘째, 인권의 제한에는 어떤 반론도 허용하지 않을 정도의 명확하고 합리적인 이유가 존재해야만 한다.

셋째, 기본적 인권에 관한 헌법소송의 경우 인권의 제한을 필요로 한다는 입증책임은 국가에 있고, 국민에게는 자기가 주장하는 인권이 공공의 복지에 반하지 않음을 논증할 입증책임은 없다고 하는 것이다.

2. 목적론적 해석론

일반적으로 법률은 그 제정한 목적을 실현하고자 일정한 행위를 강제한다. 따라서 각 법률의 해석과 적용은 그 법률이 가지는 구체적 목적의 실현을 기대할 수 있는 것이어야 한다. 이러한 과정에서 이익형량의 기준들이 어느 정도 확정될 수 있다. 다만 이를 위해서 학리해석의 힘을 빌려야만 한다는 것은 말할 필요도 없지만, 그밖에도 법의 성립과정, 법률의 초안 · 이유서, 입법자의 의도 등의 연구나 비교법적 연구 및 이론적 연구를 바탕으로 그 법률의 목적도 규명할 필요가 있는 것이다. 이와 같이 각각의 법률의 목적을 고려하여 그 목적에 부합하도록 해석하는 것을 '목적론적 해석'(teleologische Auslegung)이라고 한다.

이러한 목적론적 해석에 의할 때 법률을 해석하는 사람의 주관에 따라 이익형량의 기준이 좌우되는 것을 방지할 수 있게 되어 법해석의 객관성이 보장된다. 그렇지만 이 목적론적 해석만으로 모든 문제가 해결될 수는 없다. 물론 헌법의 기본원리나 당해 법률의 목적규정을 통해 이익형량의 기준이 어느 정도까지는 확정될 수 있을지도 모른다. 그러나 구체적 사안에 직면하여 그 해결을 위하여 헌법상 개개의 기본원리를 어떻게 적용시키고, 법률의 목적규정을 어떻게 이해하며 그 목적을 어떻게 특정화할 것인가 하는 문제는 여전히 남게 된다. 이와 같이 이익형량의 기준으로서 결정적인 가치를 가진 하나의 형식적 기준을 채택하는 것은 현실적으로 곤란한 문제이다. 많은 경우 이 문제는 결국 해석하는 사람의 법학적 세계관이 어떤 가치관에 입각하고 있는가 하는 점과 불가분의 관계에 있는 문제인 것이다.

현실에 있어서 법률을 입안하고 만드는 입법자는 구체적 · 개인적 · 심리적 의사를 가진 인격자이다. 그러나 법률로 나타나는 입법자는 '추상적이고 이상적이며 언제나 변함없는 인격자'여야만 한다. 일반적으로 법률이 권위를 갖는 것은 그것이 입법자에 의해서 만들어져서 일정한 법적 효력을 갖는 법률상의 조문 그 자체이다. 그러나 법조문이 갖는 법적 가치의 실현은 그 법조문에 포함된 '합리적 의의', 그 법조문으로 이해되어야 할 '사물의 객관적 도리=조리(條理)', 즉, 법조문의 이면에 숨겨져 있는 '법 그 자체'의 발견과 인식을 통해서 가능하게 된다.

이러한 의미에서 인간이 만든 법규 그 자체에 결함이 있을 수밖에 없다는 점은 불가피한 사실이지만, 그 법규의 이면에 내재되어 있는 법 그 자체는 신과 같은 완성체이다. 독일의 법학자 콜러(Josef Kohler)는 '법률의 진정한 의미를 찾아내는 것은 법률의 이면에 있는 신성(神性)을 인식하는 것이다'라고 하였다. 그것은 마치 우리들이 불상이나 십자가를 통해서 그것의 내면에 있는 영원하고 절대적인 석가모니나 하느님 그 자체를 숭배하는 것과 같이 법해석도 법조문에 의존하면서 '법 그 자체', 즉 '법의 신성'을 찾고 있는 것이다. 법해석이 이와 같이 법규상 조문의 합리적 의의, 법조문의 이면에 숨어 있는 객관적 도리, 법의 신성을 발견하고 이것을 인식하는 것이라고 해도, 이것을 발견하는 것이 법해석의 직접적인 기준이 된다고 생각해서는 안 된다. 인간에 의해서 만들어진 법규는 불완전한 것이다. 법의 해석은 그 법이 적용되어야 할 사회와의 상대적 관계 속에서 과거의 입법자가 예상하지 못했던 것을 극복하여 그것을 인식함으로써 법의 합리적 의의를 발견하고 창조해 가는 것이다. 이러한 의미에서 법해석은 과거에 만들어진 법률 속에서 오늘날 법률의 합리적 의의를 발견하고 과거의 법률에 생명을 부여하는 창조적 활동인 것이다.

법해석은 과거의 법률에 오늘날의 의의를 부여하고 생명을 불어 넣는 창조적 활동이다. 그렇다고 해서 해석하는 사람의 개인적 주관성을 허용하는 것은 아니다. 그러나 법해석은 궁극적으로는 해석자의 세계관적 입장에서 완전히 자유로울 수 없기 때문에 그 한도에서 법해석은 주관성을 피하기 어렵다고 할 수 있다. 그러나 법해석이 각각의 해석자의 세계관적 가치판단에 의해서 그 사회적 기능을 영위하는 것으로 보면, 해석자는 자기의 해석에 대해 학문적 · 윤리적 · 사회적 · 정치적 책임을 부담해야만 한다. 예컨대 법관이 법해석을 하는 경우, 법관은 법관의 법학적 세계관에 의거하는 한편 당해 사건이 사회에서 가지는 개인적 · 사회적 의미 및 이에 관한 판단에 있어서 정치적 · 경제적 · 역사적 · 문화적 면에서의 다양한 사회적 · 국가적 · 국제적 영향을 종합적으로 고려하여야 한다. 즉 법관은 법률가로서의 법지식과 법기술을 이용한 법의 이념이나 목적에 비추어 다양한 이익을 형량하고 법의 합리적 의미를 탐구하여야 한다. 이와 같이 법해석은 법해석자에게 학문적 · 윤리적 · 사회적 · 정치적 책임을 부과하는 것이고 그 의미에서 법해석의 주관성은 법해석의 주체성이라고 이해하는 것이 정확할 것이다.

법해석에서는 해석자의 주관성보다도 오히려 해석자의 주체성이 강조되어야 한다. 법해석은 해석자의 객관성과 주체성이라는 서로 모순되는 것으로 보이는 이 두 가지가 동시에 요구되고 있다. 법해석에서는 해석자의 주체성에 근거하여 이루어진 해석이 사법과정이나 그 밖의 법적 통제의 과정에 직접적 · 간접적으로 반영되며, 그것이 그대로의 모습 또는 수정된 모습으로 채용되면, 그 해석은 일정한 사회적 기반에 기초를 둔 객관성을 갖게 되는 것이다. 이와 같이 해서 법해석은 해석자의 주체성을 통해서 사회적으로 객관성을 부여받게 되는 것이다.

그림 8 법의 적용단계

1. 사실의 인정(확정)
구체적 사실관계 확정

⬇

2. 법의 발견
확정된 사실관계에 적용할 수 있는 법규범이 있는지 탐색

⬇

3. 법의 해석
발견된 법규범을 확정된 사실에 응용할 수 있게 그 내용을 분석 · 판단

⬇

4. 판결
해석된 법(규범)을 확정된 사실에 적용하여 법적 결론 도출

제 8 장
권리와 의무

제 1 절 법률관계

인류의 사회생활관계 중에는 단순히 도덕 · 종교 · 관습 등의 사회규범에 의하여 규율되는 것도 있고, 법규범에 의하여 규율되는 것도 있다. 그 가운데 법에 의하여 규율되는 생활관계를 법률관계(Rechtsverhältnis)라 부른다. 법률관계는 그 생활관계가 법의 힘에 의하여 보장되고 실현된다는 점에서 단순히 도덕 또는 종교 등의 힘으로만 보장되는 생활관계와 구별된다. 원시사회에서는 법의 규율을 받는 생활관계는 적었으나, 사회가 발전하고 법률제도가 완비되어 감에 따라 법이 규율하는 생활관계는 점차적으로 확대되어 왔다. 오늘날 인류의 생활관계 대부분은 법률관계라고 말할 수 있다. 원래 법은 사회규범으로서 사람과 사람과의 사회생활을 규율하는 것이므로 법률관계는 사람과 사람과의 관계로 나타난다. 즉 공법상의 관계는 국가 · 공공단체와 국민 사이의 관계이며, 사법상의 관계는 개인과 개인 사이의 재산 및 신분법 관계이다.

이러한 법률관계는 법이 명령하는 바를 행하지 않거나, 법이 금지하는 바를 행하여 구속되는 자와 법이 보호하는 법익을 향수하도록 법에 의하여 옹호되는 자와의 관계로서 나타난다. 전자의 지위를 의무(義務)라고 하고, 후자의 지위를 권리(權利)라고 한다면, 결국 법률관계는 권리 · 의무의 관계로서 나타난다. 그러므로 법과 권리 · 의무와는 불가분의 긴밀한 관계에 있다.

법과 권리와의 관계는 우선 그 용어에 나타나고 있다. 라틴어의 'jus', 독일어의 'Recht', 프랑스어의 'droit', 이탈리아어의 'dritto' 등은 모두 권리와 법의 두 가지 의미를 지니고 있다. 다만 법은 객관적 · 일반적 · 추상적인 데 비하여, 권리는 주관적 · 특수적 · 구체적이라는 점에 차이가 있을 뿐이다. 따라서 독일어나 프랑스어의 'Recht' 또는 'droit'에 '객관적'이라는 형용사를 붙이면 법이 되고, '주관적'이라는 형용사를 붙이면 권리가 된다. 즉 'objektives Recht', 'droit objectif'는 법을 의미하고, 'subjektives Recht', 'droit subjectif'는 권리를 의미한다.

그리고 권리와 의무는 뒤에서 서술하는 바와 마찬가지로 표리(表裏)의 관계에 있으므로, 동일한 법률관계를 권리의 면에서 규정할 수도 있고, 또는 의무의 면에서 규정할 수도 있다. 다만 법의 발전 과정을 역사적으로 보면 '의무본위(義務本位)'에서 '권리본위(權利本位)'로 발전하였다고 말할 수 있다.

법은 당위를 내용으로 하는 규범이므로 본래는 명령 · 금지의 형식을 취하였다. 즉 '… 하여야 한다' 또는 '… 하지 말라'는 식으로 규정되어 있었다. 그런데 근대에 들어와 모든 사람의 인격과 의사가 존중되기에 이르자 의무보다는 권리의 관념이 강하게 되었고, 그 결과 법은 허용규범의 형태를 취하게 되었다. 즉 '… 할 수 있다'는 식으로 규정하게 된 것이다. 이것은 법률관계가 권리본위로 규율되어 있다는 것을 의미한다. 그런데 20세기에 들어와서는 자유주의와 개인주의에 대한 반성이 제기되었고, 이에 따라서 권리본위의 제도는 또 다시 새로운 전환을 겪게 되어 사회본위(社會本位), 이른바 권리 · 의무융합본위제도라는 새로운 경향이 출현하였다. 예컨대 헌법 제32조 제1항에서 "모든 국민은 근로의 권리를 가진다 …"고 규정하고, 제2항에서 "모든 국민은 근로의 의무를 진다 …"고 규정하여 근로의 권리는 권리인 동시에 의무이기도 하다는 것을 명시하고 있다. 또한 민법 제3조에서도 "사람은 생존한 동안 권리와 의무의 주체가 된다"고 규정하고 있는데, 이 또한 권리의 주체는 동시에 의무의 주체가 된다는 것을 의미한다.

제 2 절 권리와 의무의 개념

I. 권리의 개념

1. 권리의 본질

권리의 본질이 무엇인가에 관하여는 오래 전부터 학자들의 논의의 대상이었으며, 특히 법철학에서는 가장 근본적인 문제로 다루어져 왔다. 이에 관한 주요한 학설은 다음과 같다.

(1) 의 사 설

의사설(Willenstheorie)에서는 권리를 법에 의하여 주어진 의사의 힘 또는 의사의 지배라고 이해한다. 의사설은 주로 역사법학파에 속하는 헤겔(Hegel), 빈트샤이트(Windscheid) 등에 의하여 주장되었다. 이 설은 의사능력이 없는 자, 예컨대 유아 · 정신병자들이 권리를 갖는 이유를 설명할 수 없다는 결점을 가지고 있다.

(2) 이 익 설

이익설(Interessentheorie)은 권리를 법에 의하여 보호되는 이익이라고 설명한다. 예링(Jhering), 데른부르크(Dernburg) 등에 의하여 주장되었다. 이 설에 의하면 권리의 주체와 의사의 주체가 반드시 동일한 것이 아니므로 유아나 정신병자도 권리의 주체가 될 수 있다는 점에서 의사설이 갖는 결점을 보완할 수 있다. 그러나 이익이란 권리의 내용일 뿐, 이익 그 자체는 권리가 아니라는 비판을 받는다. 뿐만 아니라 권리를 행사하여도 아무런 이익을 얻지 못하는 경우도 있고, 권리는 없어도 법규의 반사적 효과로서 이익을 얻는 경우가 있다는 점을 명확하게 설명할 수 없다.

(3) 절 충 설

절충설은 앞의 두 가지 학설을 절충하여 권리를 이익보호를 위하여 인정된 힘 또는 의사에 의하여 보호되는 이익이라고 보는 설이다. 옐리네크(Jellinek), 베커(Bekker) 등이 주장하였다. 절충설은 의사설과 이익설에 대하여 제기되었던 비판이 그대로 적용된다는 문제점이 있다.

(4) 법 력 설

법력설(rechtliche Machttheorie)은 권리를 일정한 이익을 향수하기 위하여 법이 인정하는 힘이라고 보는 학설로서, 에넥케루스(Enneccerus)가 주장하였다. 이 학설에 의하면 의사능력이 없는 자나 권리의 존재를 알지 못하는 자도 권리의 주체가 될 수 있다. 한편 생활이익 그 자체는 권리가 아니며, 생활이익을 보호 또는 향수하기 수단으로서 법에 의하여 부여된 힘, 즉 법률상의 힘을 권리라고 설명함으로써 이익설이 갖는 결점을 보완하고 있다. 그러므로 이 학설은 위에서 서술한 다른 학설들이 갖는 결점을 고려한 것으로서, 대체로 권리의 본질을 어느 정도 파악한 것이라 할 수 있으며, 오늘날의 통설적 지위를 차지하고 있다.

법력설에 의하면, 권리는 특정한 생활이익을 향수하기 위하여 특정인에게 부여된 법적인 힘이다. 이를 자세히 설명하면 다음과 같다.

① 권리의 내용은 법의 보호를 받는 특정한 생활이익, 즉 법익(法益)이다. 따라

서 법익은 재산적인 이익뿐만 아니라 생명 · 신체 · 명예와 같은 비재산적인 이익도 포함한다. 그리고 생활이익은 어디까지나 법의 내용이며, 권리 그 자체는 아니다. 또한 생활이익은 그 범위가 특정되어 있는 구체적인 생활이익에 한정된다.

② 권리는 특정인에게 부여되는 것이다. 이 특정인을 권리의 주체라고 부른다.

③ 권리는 법적인 힘이다. 법적인 힘이라 함은 법에 의하여 부여된 세력범위, 즉 생활이익을 향수하기 위하여 필요한 행위를 하거나 또는 주장할 수 있는 '가능성'을 의미하며, 사람의 자연적인 실력을 뜻하는 것은 아니다. 사실상의 힘을 가지고 있어도 권리가 없는 경우가 있고, 권리는 가지고 있으나 사실상의 힘을 가지고 있지 않는 경우도 있다. 그리고 권리는 법을 떠나서는 존재할 수 없기 때문에 법이 먼저 존재하여야 하고, 이 법에 의하여 부여된 법적인 힘을 권리라고 한다.

2. 권리와 구별하여야 할 개념

(1) 권 한

권한(權限 : Kompetenz)은 공법상 또는 사법상의 법인이나 단체기관 등이 법령 · 정관 등에 의하여 일정한 행위를 할 수 있는 범위를 말한다. 공무원의 권한 · 법인대표이사의 권한 등이 그 예이다.

(2) 권 능

권능(權能 : Befugnis)은 권리의 내용을 이루는 개개의 법률상의 힘을 말한다. 예컨대 소유권은 권리이지만, 그 내용인 사용권 · 수익권 · 처분권 등은 권능이다. 따라서 권리의 내용이 하나의 권능으로 성립하는 경우에는 권리와 권능은 동일한 것이 된다.

(3) 반사이익

반사이익(反射利益 : objektives Reflexrecht)은 법규가 사회일반인을 대상으로 하고 있는 반사적 효과로서 받는 이익이다. 예컨대 도로교통법의 시행으로 우측통행을 하게 되어 사회일반인들이 얻는 보행상의 이익이 그것이다. 그러나 이러한 반사이익을 특정인 얻었다고 하여, 법이 그 특정인을 권리자로 인정하는 것은 아니다.

(4) 권 력

권력(權力 : Macht)은 타인을 강제하는 힘을 말한다. 이것은 일정한 공익을 달성하기 위하여 개인 또는 집단이 다른 개인이나 집단을 강제 또는 지배하는 법률상의 힘이다.

Ⅱ. 의무의 개념

1. 의무의 의의

의무(Pflicht)는 법률상의 구속력, 즉 자기 의사와는 관계없이 반드시 일정한 행위를 하여야 할 또는 하여서는 안 될 법률상의 구속력을 말한다. 채무자는 채권자에 대하여 일정한 행위를 하여야 할 법률상 구속을 받으며, 일반인은 소유자가 소유물을 사용·수익·처분하는 것을 방해하여서는 안 된다는 구속을 받는 경우가 그 예이다.

2. 권리와 의무

의무는 권리의 반면이며, 권리와 의무는 서로 대응하는 것이 보통이다. 이것은 사법관계, 특히 채권관계에서 명백히 나타난다. 예컨대 민법상 채권자의 권리인 채권에 대응하여 채무자에게는 급부의 의무인 채무가 생긴다. 그러나 권리에 대하여는 의무, 의무에 대하여는 권리가 언제나 반드시 따르는 것은 아니다. 즉 상인의 상업장부작성의무(상법 제29조) 등과 같이 의무만 있고 권리가 없는 경우도 있고, 취소권·해제권 등의 형성권과 같이 권리에 대응하는 의무가 없는 경우도 있다. 그리고 사법관계와는 달리 공법상의 의무는 권리를 수반하지 않는 것이 많다. 뿐만 아니라 친권과 같이 동일한 사항이 권리이자 동시에 의무인 경우도 있다.

3. 의무와 책임

의무와 구별해야 개념으로 책임이 있다. 책임에는 일반적로 다음과 같은 두 가지 의미가 있다.

① 의무의 위반·불법행위 또는 범죄 등에 대하여 행위자에게 가해지는 제재를 말하는 경우가 있다. 예컨대 강제집행, 손해배상, 형벌, 징계처분 등이 이에 속한다. 의무위반에 대한 제재라는 의미에서 책임(Verantwortlichkeit)은 의무와 관련된다.

② 일정한 재산이 채무의 담보가 되는 것을 책임(Haftung)이라 말하는 경우도 있다.

제 3 절 권리 · 의무의 분류

Ⅰ. 권리의 분류

법을 공법 · 사법 · 사회법으로 분류하는 데 대응하여 권리도 공권 · 사권 · 사회권으로 분류할 수 있다.

1. 공 권

공권(公權 : öffentliches Recht)은 공법관계에 있어서 존재하는 권리이다. 공권은 국내법상의 공권과 국제법상의 공권으로 대별할 수 있다.

(1) 국내법상의 공권

1) 국가공권

국가공권은 국가나 공공단체가 공법인으로서 그 자체의 존립을 위하여 갖는 권리와 국민에 대하여 갖는 권리를 포함한다. 국가공권은 그 작용에 따라 입법권 · 사법권 · 행정권으로 나누고, 또 그 목적에 따라서 조직권 · 경찰권 · 군정권 · 형벌권 · 재정권 등으로도 나눈다.

2) 국민공권

국민공권은 국민이 국가나 공공단체에 대하여 갖는 권리이다. 이 권리에는 자유권 · 수익권 · 참성권이 포함된다.

(2) 국제법상의 공권

국가는 대내적으로 최고의 지배권을 갖는 통치단체인 동시에, 대외적으로는 독립한 인격자로서 국제법상의 권리 · 의무의 주체가 된다. 국제관습법과 국제조약에 의하여 일반적으로 인정되고 있는 국가의 국제법상 공권 가운데 주요한 것은 독립권 · 자위권 · 평등권 · 명예권 · 관할권 등이다.

2. 사 권

사권(私權 : privates Recht)은 사법관계에 있어서 존재하는 권리이다. 사권은 그 기준에 따라서 여러 가지로 분류할 수 있다.

(1) 권리의 내용에 의한 분류

1) 재 산 권

재산권은 경제적 가치를 갖는 이익의 향수를 목적으로 하는 권리로서, 물권·채권 및 무체재산권이 이에 속한다. 물권은 소유권·지상권과 같이 권리자가 직접 물건을 지배하여 이익을 얻는 권리이다. 그리고 채권은 특정인인 채권자가 다른 특정인인 채무자에 대하여 일정한 행위를 요구하는 권리이다. 한편 무체재산권은 특허권·저작권과 같이 발명·저작 등의 정신적·지능적 창조물을 독점적으로 이용하는 것을 내용으로 하는 권리이다.

2) 인 격 권

인격권은 권리자의 인격과 분리할 수 없는 인격적 이익의 향수를 내용으로 하는 권리이다. 생명·신체·자유·명예 등의 보호를 목적으로 하는 권리가 이에 속한다.

3) 신 분 권(가족권)

신분권(身分權)은 권리자의 일정한 신분에 따르는 권리로서 친족권과 상속권이 이에 속한다. 친족권은 친족·배우자가 갖는 권리와 같이 친족관계에서의 일정한 지위에 따르는 이익을 향수할 것을 내용으로 하는 권리이다. 상속권은 상속 개시 후 상속인이 갖는 권리이다.

4) 사 원 권

사원권(社員權)은 단체의 구성원이 그 구성원이라는 지위에 근거하여 단체에 대하여 갖는 권리를 말한다. 사단법인의 사원의 권리·회사의 사원(주식회사의 주주 등)의 권리 등이 그 예이다.

(2) 권리의 작용에 의한 분류

1) 지 배 권

지배권(支配權)은 타인의 행위를 개재시키지 않고 일정한 객체에 대하여 직접 지배력을 발휘할 수 있는 권리이다. 물권은 가장 전형적인 지배권이며, 무체재산권·인격권·친권·후견권 등도 이에 속한다.

2) 청 구 권

청구권(請求權)은 특정인이 다른 특정인에 대하여 일정한 행위를 요구하는 권리이다. 채권에서는 청구권이 그 본질적 내용을 이루고 있다. 또한 물권적 청구권·부부간의 동거청구권 등도 이에 속한다.

3) 형 성 권

형성권(形成權)은 권리자의 일방적인 의사표시에 의하여 법률관계의 변동을 발생시키는 권리이다. 취소권(取消權)·추인권(追認權)·해제권(解除權) 등이 이에 속한다.

4) 항 변 권

항변권(抗辯權)은 청구권의 행사에 대하여 그 작용을 저지할 수 있는 효력을 갖는 권리이다. 보증인의 최고(催告)·검색(檢索)의 항변권(민법 제437조) 등이 이에 속한다. 항변권은 상대방의 청구권 존재에 대해서는 부정하지 않으나 상대방의 청구를 거절하는 권리이다. 항변권의 성질은 형성권에 유사하나, 항상 상대방의 공격에 대한 방어를 목적으로 하여 수동적인 입장에서 기능을 발휘한다는 점이 특징이다.

(3) 권리의 효력 범위에 의한 분류

1) 절 대 권

절대권(絶對權)은 특정한 상대방의 존재를 전제로 한 권리가 아니라, 일반인 모두를 상대방으로 하여 주장할 수 있는 권리로서, 대세권(對世權)이라고도 부른다. 물권·무체재산권·친권·인격권 등의 지배권이 그 예이다.

2) 상 대 권

상대권(相對權)은 특정인을 상대방으로 하여 그 자에 대해서만 주장할 수 있는 권리이다. 대인권(對人權)이라고도 부른다. 채권을 전형적인 예로 들 수 있다.

(4) 권리의 이전성에 의한 분류

1) 일신전속권

일신전속권(一身專屬權)은 권리자로부터 분리할 수 없는 권리로서, 인격권·신분권 등이 이에 속한다. 이 권리는 상속 또는 양도를 할 수 없는 것이 원칙이다.

2) 비일신전속권

비일신전속권(非一身專屬權)은 권리자로부터 분리할 수 있는 권리로서, 재산권 등이 이에 속한다. 이 권리는 양도나 상속이 가능한 권리이다.

(5) 권리의 독립성에 의한 분류

1) 주된 권리

주된 권리는 다른 권리에 대하여 종속관계에 있지 않는 완전히 독립된 권리이다. 피담보채권·주채무자에 대한 채권·원본채권 등이 이에 속한다.

2) 종된 권리

종된 권리는 다른 권리에 대하여 종속관계에 있는 권리이다. 채권에 대한 담보물권 · 보증인에 대한 채권 · 이자채권 등은 이에 속한다.

3. 사 회 권

사회권은 국가의 기능이 확대되어 국민생활의 보장이 국가의 책임으로 인정된 결과 나타난 권리, 즉 국민이 인간다운 생활을 영위해 나가는 데 필요한 조건의 형성을 국가에 대하여 적극적으로 요구하는 권리이다. 이것은 사권과 같이 개별적인 사적 이익의 보호를 내용으로 하는 것이 아니라, 사회적으로 생존하는 인간으로서의 보편적 이익의 보호를 받을 것을 그 내용으로 하는 권리이다. 교육을 받을 권리(헌법 제31조 제1항), 근로의 권리(헌법 제32조 제1항), 근로자의 단결권 · 단체교섭권 · 단체행동권(헌법 제33조 제1항), 인간다운 생활을 할 권리(헌법 제34조 제1항), 보건에 관하여 국가의 보호를 받을 권리(헌법 제36조 제3항) 등은 그 예이다.

Ⅱ. 의무의 분류

의무는 그 관점에 따라서 공의무와 사의무, 적극적 의무와 소극적 의무로 나눌 수 있다.

1. 공의무와 사의무

(1) 공 의 무

공의무(公義務)는 공공관계에서 존재하는 의무이다. 즉 공법상의 의무이다.

1) 국제법상의 공의무

이는 국가가 국제법의 주체로서 부담하는 의무, 즉 국가가 다른 국가에 대하여 부담하는 의무이다.

2) 국내법상의 공의무

국내법상의 공의무는 다시 국가나 공공단체가 국민에 대하여 부담하는 의무와 국민이 국가나 공공단체에 대하여 부담하는 의무로 나눌 수 있다. 후자의 의무로서 헌법에 규정되어 있는 것으로는 납세의 의무(헌법 제38조) · 국방의 의무(헌법 제39조 제1항) · 교육의 의무(헌법 제31조 제2항) · 근로의 의무(헌법 제32조 제2항) 등을 들 수 있다.

(2) 사 의 무

사의무(私義務)는 사법관계에서 존재하는 의무이다. 즉 사법상의 의무이다. 채무 등의 재산법상의 의무 · 부부간의 정조의무 등의 신분법상의 의무가 이에 속한다.

2. 적극적 의무와 소극적 의무

(1) 적극적 의무

적극적 의무는 의무자의 작위(作爲)를 내용으로 하는 의무로서 이를 작위의무라고도 부른다. 이 의무는 의무의 이행에 있어서 의무자의 적극적 행위를 필요로 하는 의무이다. 금전채무, 매도인의 목적물인도의무 등이 이에 속한다.

(2) 소극적 의무

소극적 의무는 의무자의 부작위(不作爲)를 내용으로 하는 의무로서 부작위의무라고도 부른다. 이 의무는 의무자가 어떠한 행위를 하지 않을 것을 필요로 하는 의무이다. 그리고 소극적 의무의 내용인 부작위에는 단순한 부작위와 수인(受忍), 즉 타인이 일정한 행위를 참고 받아들여야 할 의무가 있다.

PART 2 각 론

제 1 장
헌　　법

제 1 절　국가와 헌법

I. 국　　가

국가는 복잡한 조직을 갖는 조직체이다. 그 본질에 대해서 많은 설명이 가능하지만 일반적으로 국가는 일정한 지역(영토)을 기초로 하여, 고유의 지배권(주권) 하에 일정한 범위의 인간에 의해서 조직되어 있는 통치단체라고 정의할 수 있다. 따라서 영토, 주권, 국민을 국가의 3요소라고 한다.

근대에 있어서는 이 3요소 가운데 주권이 가장 중요한 것으로 생각되어, 이 주권을 누가 갖는가에 의하여 국가를 구별하는 방식이 널리 행하여져 왔다. 이 구별에 의하면 전제정체와 민주정체 및 군주정체와 공화정체로 분류할 수 있다. 이 처럼 국가는 여러 가지의 형태가 있지만 어느 국가에서도 개인이 행사하는 권력의 근거가 되는 것은 눈에 보이지 않는 법인(法人)인 국가이고, 그 국가의 권력은 법에 의해서 기초된다. 즉 국가의 구조와 작용이란 것은 그 모두가 법에 의해서 질서가 유지되기 때문에 바꾸어 말하면 국가라는 것은 법적으로 통일된 질서라고 말할 수 있다. 이 통일된 법질서 체계의 기본적 부분이 실질적 의미의 헌법이다. 이 의미에서의 헌법은 국가의 근본 질서를 규정한 것이기 때문에 어떠한 국가도 그것을 가지고 있다. 절대군주정체의 국가는 군주의 의사가 그대로 법에 반영된 체제를 가지고 있기 때문에 단순한 국가구조로서의 헌법이라고 해도 좋을 것이다.

Ⅱ. 헌 법

1. 근대 헌법

근대사회의 수립을 목적으로 유럽의 여러 국가에서 발발한 시민혁명은 절대주의체제를 붕괴시켜 군주의 권력에 법적 제재를 가하는 한편 정치적 자유주의원리를 도입한 헌법을 탄생시켰다. 이와 같이 국가권력이 헌법의 제약 하에서 그 법이 정하는 범위 내에서 행사하는 원칙을 입헌주의(立憲主義)라고 부르고, 이와 같은 내용을 갖는 헌법을 근대적 의미의 헌법이라고 한다. 그리고 근대에 있어서 입헌주의를 도입하지 않는 헌법은 진정한 헌법이 아니라고 하는 사고가 강하였다. 이 근대적 의미의 헌법은 그 내용과 형식에 있어서 몇 개의 특징을 가지고 있다. 내용적인 측면에서 그 3개의 특징은 적든 많든 제도화되어 있고 이러한 것을 총괄하여 근대 헌법의 원칙이라고 말할 수 있다.

(1) 국민의 정치참여

국민이 단순히 국정의 객체에 그치는 것이 아니라, 직접 또는 간접적으로 국정에 참여하고, 국민의 의사를 반영하여 정치를 행사할 수 있는 것이 근대 헌법 제1의 요구이다. 본래 국가의 기능은 매우 복잡하기 때문에 직접참여가 곤란하고, 특수한 경우를 제외하고는 국민은 대표자를 선정하여 간접으로 국정에 참여한다. 즉 대표민주제가 채용되는 것이 일반적이다. 따라서 일정한 구조와 권한을 가진 의회를 통하여 정치라는 형식으로 행사된다.

(2) 권력의 분립

권력이 집중되면 법에 의하여 제약하는 것이 곤란하기 때문에 권력을 분산시켜 상호 억제시켜 권력의 남용이나 자의적(恣意的) 행사를 방지하도록 한다. 권력분립의 구체적인 현상에는 차이가 있지만, 입법, 사법, 행정이라는 권력의 종별에 따라서 구성을 달리하는 독립기관에 의하여 균형을 유지시키는 방법은 근대 헌법의 특수한 것이다.

(3) 기본권의 보장

개인존중이라는 입장으로부터 그 기본권에 대한 국가권력의 개입을 금지하는 것은 근대 헌법의 불가결한 부분이다. 입헌주의는 기본권, 특히 국가로부터 자유를 보장하고 국가의 권력작용에 일정한 한계를 두는 것에 그 커다란 특징을 두고 있다.

이상의 3개의 원칙은 모두 권력을 제약하는 소극적 기능을 가지고 있다. 헌법이 권력에 대해 정당성을 부여하는 기능을 가지고 있다고 하는 것은 말할 것도 없지만, 근대 헌법은 오히려 권력을 제한하는 원리에서 그 핵심을 찾는다. 단지 현대에 있어서 국정(國政)은 국민 자신에 의해 정치를 하는 이상, 권력과 자유는 동화(同化)되거나 또는 권력을 오히려 민주적인 구조를 갖춘 기관에 집중할 필요성이 요구된다. 반면 국민의 실질적인 자유와 평등을 실현하기 위해서 국가권력의 적극적인 관여가 필요하다고 하는 사고가 주장되었다. 이것은 근대 헌법의 원칙을 극복하려고 하는 움직임일 뿐만 아니라, 이 원칙을 수정 내지는 부정하여 현대 헌법을 탄생시키는 배경이 되기도 하였다.

2. 성문헌법

실질적 의미의 헌법이 성문화되고, 특히 법전의 형식을 취할 때 이것을 형식적 의미의 헌법이라고 한다. 물론 실질적 의미의 헌법에 속하지 않는 규정이 성문헌법전에 포함되거나, 또는 실질적 의미의 헌법이 헌법전 이외의 법형식에 포함될 수도 있지만, 이 양자는 합치하는 범위가 넓어 헌법의 법원으로서 성문헌법전은 매우 중요한 것이 된다.

근대 헌법의 형식상 특색은 그것이 형식적 의미의 헌법으로서 성문화되어 있다는 것이다. 이 점에서 가장 빨리 근대 헌법을 수립한 영국이 실질적 의미의 헌법을 단편적인 법률, 판례법, 헌법적 관습(conventions of the constitution)에 의해서 규정하였다고 하는 이른바 불문헌법의 형식을 취하고 있었다고 하는 것은 의외이다. 그 이외의 근대 헌법은 버지니아를 비롯한 미국 각주의 헌법에서 점차 성문화되었다. 이것은 근대혁명을 완수한 사람들이 그들이 획득한 성과인 기본법을 장래에도 권력기구에 의해 준수될 수 있도록 명확히 성문화하여 확보하려고 하였기 때문이다. 19세기 이후에 있어서 헌법이라고 하면 성문의 헌법을 의미하는 것이 일반적이다.

성문헌법의 개정은 극히 일부를 제외하고는 통상의 입법절차보다도 엄격한 절차를 요구하고 있다. 이것을 경성(硬性)헌법이라고 한다. 이러한 가장 큰 이유는 권력행사를 규제하는 근본규범인 헌법의 개정을 곤란하게 하여, 특히 국민이나 그 대표자의 반대를 무릅쓰고 쉽게 변경되지 않도록 하는 것에 있고, 근대 헌법이 성문화된 것과 같은 근거에 기초하고 있다. 또한 개정절차를 어느 정도 엄격하게 하는지는 각각의 헌법에 따라 차이가 있지만, 실제로는 개정이 곤란한지의 여부는 절차의 난이도(難易度)만의 문제는 아니다.

제2절 우리 헌법의 기본질서

Ⅰ. 헌법제정의 경위와 개정경과

1. 우리 헌법의 제정

우리나라는 제2차 세계대전이 끝난 후 주권을 회복하고 근대적 의미의 헌법을 제정하였다. 즉 국제연합총회에서 결의된 남북한 총선거에 의한 독립안이 소련의 반대로 좌절되어 1948년 5월 10일 남한에서만 최초의 총선거가 실시되어 198명의 제헌국회의원의 선출과 함께 정기국회가 개회되었다. 국회는 개회 당일 헌법제정에 착수하여 이른바 유진오 교수안이 국회본회에서 통과되어 동년 7월 17일 국회의장이 서명 · 공포하였다. 이 제헌헌법은 전문 및 본문 제103조로 구성되어 있고 그 주요골자로는 국회단원제, 대통령중심제, 기본권보장, 국제평화주의 등이다.

2. 개정경과

(1) 제1차 '발췌(拔萃)' 개헌

한국 헌법사상 최초의 개헌을 의미하는 제1차 개헌은 1952년 7월 4일 발췌(拔萃)개헌의 형태로 이루어졌다. 즉 내각책임제를 골자로 한 국회안과 정부통령 직접선거와 양원제를 중심으로 한 정부안이 절충되었다. 즉 발췌개헌의 골자는 정부측이 제안한 대통령과 부통령의 직선제, 양원제국회와 국회측이 제안한 국회의 국무원불신임제, 국무위원임명에 있어서 국무총리의 제청권 등이 그것이다.

(2) 제2차 '사사오입' 개헌

1954년 5월 선거에서 자유당이 원내 절대 다수를 차지하자, 이승만정권의 3선을 가능하게 하기 위한 개헌안이 제출되어 재적 203명 중 가결 135표로 헌법개정에 필요한 3분의 2에 1표가 부족하여 부결이 선포되었다. 그러나 수학상 원리인 사사오입을 도입하여 이틀 후 가결로 번복 결의하였다. 이것이 그 유명한 사사오입(四捨五入)개헌이다.

사사오입 개헌의 골자는 초대 대통령에 대하여 삼선제한을 철폐하고, 주권제약이나 영토변경 등 중요사항에 대한 국민투표제의 채택과 국무총리제 및 국무위원 연대책임의 폐지와 국무위원의 개별적 불신임제의 채택 등이다.

(3) 제3차 '의원내각제' 개헌(제2공화국헌법)

1960년 3월 15일 실시된 정 · 부통령선거 결과 이승만의 독재정권은 붕괴되고, 동년 5월에 허정(許政)을 내각수반으로 하는 과도정부가 수립되어 본문 55개 조항과 부칙 15개 항목에 걸친 전면개정을 하게 되었다. 그 주요내용으로는 내각책임제의 채택, 국민의 기본권강화, 헌법재판소의 설치, 경찰의 중립, 지방자치단체장의 선거제 등이 그것이다.

(4) 제4차 '부정선거관련자처벌' 개헌

자유당치하에서 억압되었던 국민들은 새로운 헌법이 보장하고 있는 언론 · 출판 · 집회 · 결사의 자유를 마음껏 누려 각종 시위와 데모가 끊이지 않을 뿐만 아니라, 특히 3 · 15부정선거의 원흉들에 대한 처벌이 너무 가볍다고 하여 학생들에게 의사당이 점거되자 국회는 반민주행위자처벌을 위한 소급입법의 근거를 마련하여 제4차 헌법 개정안을 통과시켰다.

(5) 제5차 '군정의 대통령제' 개헌(제3공화국헌법)

제5차 개헌은 5 · 16군사쿠데타로 집권한 군사정부가 민정(民政)으로 들어서면서 1962년 12월 17일 국민투표에 의해 확정되고 그 내용면에 있어서는 전면적 개헌으로 사실상 신헌법의 제정이라고 할 수 있다. 그 주요내용은 대통령책임제, 국회구성의 단원제, 헌법재판소를 폐지하고 위헌법률심사권을 법원에 부여, 헌법개정에 있어서 국민투표제를 필수적인 것으로 하고 있다.

(6) 제6차 '공화당 3선' 개헌

제7대 국회에서 여당인 민주공화당은 개헌선을 유지하여, 대통령의 계속 집권을 가능하게 하는 3선 금지규정을 완화(4선금지)하는 개헌안을 통과시켰다. 따라서 제6차개헌에 의하여 박정희대통령은 12년 계속연임이 가능하였으며, 대통령에 대한 탄핵소추의 의결정족수를 가중시켰으며, 국회의원 정수의 상한을 250명으로 늘렸다.

(7) 제7차 '유신' 개헌(제4공화국헌법)

1972년 10월 대통령은 남북대화의 적극적인 전개와 급변하는 주변정세에 능동적으로 대처하기 위하여 헌법 일부조항의 효력을 정지시키는 비상조치를 선포하였다. 이로 인하여 국회가 해산되고 국회의 권한은 비상국무회의가 수행하였다. 이 비상국무회의는 평화통일의 지향과 한국적 민주주의 토착화라는 헌법개정안을 의결하여 국민투표로 확정하게 되는데 이것이 바로 유신헌법(維新憲法)이다.

(8) **제8차 '국보위' 개헌(제5공화국헌법)**

1979년 10월 26일 18년간 장기 집권한 박정희대통령의 시해사건으로 국무총리가 대통령의 권한을 대행하는 과도정부가 출현하였다. 그 이후 전두환 국가보위비상대책위원회(國家保衛非常對策委員會)의 상임위원장이 통일주체국민회의에서 대통령으로 선출되고, 정부의 개헌심의위원회는 개헌작업에 박차를 가하여 1980년 10월에 국민투표로 확정하였다. 즉 제8차 개헌의 주요한 내용은 우선 기본권에 관한 사항으로 행복추구권, 연좌제의 폐지와 형사피고인의 무죄추정권, 구속적부심사제의 제한적 부활 그리고 권력구조에 관해서는 통일주체국민회의의 폐지, 임기 7년의 대통령 단임제, 국회의 국정조사권의 신설 등이 있다.

(9) **제9차 '대통령제직선제' 개헌**

제9차 개헌은 제12대 국회의원선거를 계기로 표면화된 국민의 민주화 요구, 즉 대통령직선제를 통한 국민의 자유로운 정부선택과 기본권보장의 확대 · 강화 등을 민정당 노태우대표위원이 '6 · 29민주화선언'의 형태로 수용함으로서 실현된 것이다. 제9차 개헌의 주요골자는 헌법 전문에 대한민국임시정부의 법통을 계승함을 명시하고, 저항권을 간접적으로 인정한 것을 비롯하여, 국민의 기본권과 관련하여서는 구속적부심사제의 완전한 부활, 구속이유고지제도의 신설, 형사피의자에 대한 형사보상제의 확대적용, 통치구조에 관해서는 대통령제를 중심으로 한 대통령의 직선제와 단임제의 채택, 대통령의 비상조치권 · 국회해산권을 폐지하였다.

Ⅱ. 우리 헌법의 기본이념

1. 헌법 전문의 정신

헌법 전문에는 헌법의 제정과 개정과정에 관한 역사적 사실 이외에 대한민국의 국가적 이념과 국가적 질서를 지배하는 지도이념이 규정되어 있는 것이 일반적인 원칙이다. 따라서 우리 헌법 전문에도 헌법 본문의 다른 조항과 같이 헌법전의 일부를 구성하고 있으며, 헌법의 성립유래, 헌법 제정권력자, 제정목적 그리고 헌법의 기본원칙에 관해서 명시하고 있다.

2. 헌법의 기본원칙

(1) **국민주권주의**

민주주의는 정치적 측면에서 국민이 국민 자신을 위하여 스스로 통치하는 것을 의미하기 때문에 국가의 의사를 최종적으로 결정하는 권한, 즉 주권이 국민에게 있다고 하는 것을 요청하고 있다. 따라서 우리 헌법 제1조 제2항에서 "대한민국의 주권은 국민에게 있고, 모든 권력은 국민으로부터 나온다"고 규정하고 있어 국민주권주의(國民主權主義)를 명확히 하고 있다. 이 원칙이 헌법상 제도로서 구체화되기 위하여 국민대표제인 의회제도를 보장하고 있으며, 주권자인 국민은 선거권과 공무담임권을 가지며 이와 함께 국민투표권도 가진다. 따라서 국민주권은 헌법의 기초를 이루는 근본규범으로서 이 원칙을 부정하는 것은 헌법개정 절차에 의해서도 허용되지 않는다.

(2) 자유민주주의

자유민주주의는 자유주의와 민주주의가 결합된 정치원리로서, 우리 헌법 전문에서 "자유민주적 기본질서를 더욱 확고히 하여", 또한 제4조에서는 "대한민국은 … 자유민주적 기본질서에 입각한 평화적 통일정책을 수립하고 이를 추진한다"라고 규정하여 자유민주주의(自由民主主義)가 현행헌법에 있어서 기본원리의 하나임을 천명하고 있다. 즉 자유민주주의는 모든 폭력적 지배와 자의적 지배를 배제하고, 그때그때의 다수의 의사와 자유 및 평등에 의거한 국민의 자기결정을 토대로 하는 법치국가적 통치질서를 의미한다.

(3) 기본권존중주의

기본권 보장은 근대입헌국가의 이념이며, 그 내용적 기본요소인데 우리 헌법은 기본권보장주의(基本權報障主義)를 그 전문에서 선언하고 있고 헌법 제2장에서 개별적으로 규정하고 있다. 특히 헌법 제10조의 인간의 존엄과 가치 및 행복추구권의 대원칙 아래 평등권 · 자유권 · 생존권 · 참정권 · 청구권 등으로 세분되어 있으며, 제37조 제2항에서 이 권리에 대한 제한방법과 한계를 규정함으로써 기본권 보장의 일반원칙을 선언하고 있다.

(4) 복지국가주의

복지국가는 기본적으로 자유주의에 입각한 경제적 자유경쟁의 모순을 국가가 적극적으로 해소하여 모든 국민이 인간다운 생활을 목적으로 하는 국가를 말한다. 우리 헌법은 전문에서 '국민생활의 균등한 향상'을 선언하고 있을 뿐만 아니라, 모든 국민은 인간다운 생활을 보장함과 아울러 건강하고 쾌적한 환경에서 생활할 권리를 보장하고, 나아가 사회보장, 사회복지의 증진에 노력할 의무를 진다고 규정하고 있어 복지국가주의(福祉國家主義)를 지향하고 있다.

(5) **문화국가주의**

문화국가는 국가로부터 문화의 자유가 보장되고 국가에 의하여 문화가 공급되는 국가를 말하는데, 우리 헌법 전문에 "유구한 역사와 전통에 빛나는 우리 대한민국"을 강조하여 새로운 역사창조에 대한 의지를 표현하고 있을 뿐만 아니라, 헌법 제9조에 국가는 전통문화의 계승 · 발전에 관한 조항을 두고 있어 국가의 문화에 대한 책임을 강조하여 문화국가(文化國家)를 지향하고 있다.

(6) **국제평화주의**

우리 헌법전문은 "밖으로는 항구적인 세계평화와 인류공영에 이바지함으로써" 라고 하여 국제평화주의(國際平和主義)를 선언하고 있다. 또한 그 구체적인 표현으로서 헌법 제5조에서 "대한민국은 국제평화의 유지에 노력하고 침략적 전쟁을 부인" 하여 평화의 공존, 국제분쟁의 평화적 해결, 각 민족국가의 자결권존중 등을 핵심 내용으로 하는 국제평화주의를 국가목적으로 지향하고 있다.

제 3 절 국민의 권리와 의무

Ⅰ. 기본권의 일반이론

1. 기본권의 의의와 법적 성격

(1) **기본권의 의의**

기본권(基本權)은 헌법이 보장하는 국민의 기본적 권리를 말하는 것으로서, 인간이 인간이기 때문에 당연히 갖는 생래적이며 기본적 권리인 인권(또는 인간의 권리)과 구별된다. 즉 인권(人權)이 인간의 본성에서 유래되는 생래적 자연권을 의미하는 데 비하여, 기본권 중에는 생래적인 권리도 있지만 국가내적인 생존권적 기본권, 청구권적 기본권, 참정권 등이 있기 때문에 인권과 기본권은 그 내용에 있어서 반드시 일치하는 것은 아니다. 그러나 각국의 헌법에서 보장하고 있는 기본권은 인권사상을 바탕에 두고 인간의 권리를 실현하려고 하는 것이므로 일반적으로 기본권은 인권을 의미한다고 할 수 있다.

(2) **기본권의 법적 성격**

기본권은 헌법이 보장하는 국민의 기본적 권리를 의미하기 때문에 우리 헌법은 그 가장 핵심적인 규정으로서 헌법 제10조의 '인간의 존엄과 가치 · 행복추구권'

과 제37조의 '국민의 자유와 권리의 존중' 규정을 두고 있다. 즉 기본권은 개개인을 위한 현실적 · 주관적 공권(主觀的公權)으로서의 성격을 갖고, 국가에 대하여 직접적으로 효력을 청구하는 권리를 규정한 것이다. 따라서 국가는 개인이 가지는 불가침의 기본적 인권을 확인하고 이를 보장할 의무를 부담한다고 선언함으로써 기본권의 천부인권성 · 전국가적 자연권성을 강조하고 있다.

2. 기본권의 주체와 제한

(1) 기본권의 주체

기본권의 주체는 헌법상 보장된 기본적 인권의 향유자를 말하는데 원칙상 모든 국민에게 기본권이 보장되는 주체가 되며, 외국인과 법인에 대해서는 그 성질에 따라 제한할 수가 있다. 또한 공무원, 군인, 학생, 수형자 등 특별권력관계에 있는 자도 기본권의 주체이지만 일정한 합리적인 근거 하에서 제한할 수 있다.

(2) 기본권의 제한

국가는 인간의 존엄과 가치 그리고 행복추구권을 존중하고 보장할 뿐 아니라 개인이 가지는 불가침의 기본적 권리를 확인하고 이를 보장할 의무가 있다. 그러나 국민의 기본권이 천부인권성 · 자연권성을 가지는 권리라 하더라도 절대적인 것이 아니기 때문에 헌법 제37조 제2항은 "국민의 모든 자유와 권리는 국가안전보장 · 질서유지 또는 공공복리를 위하여 필요한 경우에 한하여 법률로써 제한할 수 있으며, 제한하는 경우에도 자유와 권리의 본질적인 내용을 침해할 수 없다"고 규정하여 기본권제한의 일반원칙을 규정하고 있다. 또한 기본권은 이러한 명문의 규정이 없는 경우에도 무제한적인 것이 아니고 불문율에 따라 제약되는 것으로 보고 있다. 이것은 기본권 자체에 내재하는 암묵적 제약성을 뜻하는 기본권의 내재적 한계성 때문이다.

3. 기본권의 침해와 구제

기본권의 실질적 보장을 위해서는 기본권의 침해에 대한 사전적인 예방조치와 현실적인 침해의 경우에 그 구제절차가 충분히 보장되어 있지 않으면 안 된다. 그러나 만약 기본권이 침해된 경우에 그 권리를 누가 어떠한 방법으로 침해하였는가에 따라 다양한 형태의 기본권침해가 있을 수 있으며, 그 구제수단도 다양할 수밖에 없다.

첫째, 입법기관에 의한 침해에 대해서는 헌법소송에 의한 위헌심사를 하는 방법과 청원권행사에 의한 방법, 선거권행사에 의한 방법 등이 있다. 둘째, 행정기관에 의한 침해는 주로 법의 적용과정에 의해서 발생하게 되는데 그 구제수단으로는 행정기관에 의한 구제, 청원권행사, 행정심판 · 소송 있으며 그 외에도 헌법재판소에 의한 구제방법이 있다. 셋째, 사법기관에 의한 침해는 법률적용의 잘못으로 생기는데 그 구제방법으로는 항소, 상고, 재심, 비상상고, 형사보상 등이 있다. 넷째, 헌법 제30조에 "타인의 범죄행위로 인하여 생명 · 신체에 대한 피해를 받은 국민은 법률이 정하는 바에 의하여 국가로부터 구조를 받을 수 있다"고 규정하여, 범죄피해자구조법이 제정 · 시행되었다. 그리고 다른 구제방법으로는 검찰이나 경찰에 고소 또는 고발하거나, 사법상 손해배상청구 등의 권리보호청구 및 자구행위에 의한 구제와 저항권행사를 들 수 있다.

Ⅱ. 개별 기본권

1. 인간의 존엄과 가치 · 행복추구권

(1) 의 의

우리 헌법 제10조는 "모든 국민은 인간으로서의 존엄과 가치를 가지며, 행복을 추구할 권리를 가진다. 국가는 개인이 가지는 불가침의 기본적 인권을 확립하고, 이를 보장할 의무를 진다"고 규정하고 있다. 여기서 인간의 존엄이란 인격의 내용을 이루는 것으로 보아 인격 그 자체이며 인간의 가치란 인간의 독자적 평가이다. 따라서 존엄과 가치는 인간의 인격과 평가라고 보는 것이 타당하다. 또한 인간은 존엄과 가치뿐만 아니라 행복을 추구할 권리도 가지고 있다. 이 경우 행복추구권(幸福追求權)이란 고통 없는 상태 내지는 만족감을 느낄 수 있는 상태를 의미하며, 이를 실현할 수 있는 권리를 말한다.

(2) 내 용

인간의 존엄과 가치 · 행복추구권은 우리 헌법의 기본권 보장체계에 있어서 궁극적인 연원이 되는 것이므로 모든 기본권의 이념적 전제가 되며 그 보장의 목적이 되는 헌법적 원리이다. 따라서 평등권, 자유권, 참정권 및 기본권보장을 위한 청구권적 기본권 등이 여기서 파생되어 나오는 점을 부인할 수 없다. 또한 좁은 의미에 있어서 인간의 존엄권은 인격권을 말한다. 이 인격권(人格權)은 성명권, 명예권, 초상권 등을 포함하며 인격의 형성 · 유지, 표현의 전제가 되는 알권리, 인간다운 생활을 할 권리 등을 포함한다. 이와 같이 모든 국민은 인간으로서 존엄과 가치를 존중받게 되어 있으므로 사생활의 자유를 침해할 수 없다. 이것을 프라이버시(privacy)의 권리라고 한다.

(3) 제　한

우리 헌법 제37조 제2항에서 "국민의 모든 자유와 권리는 국가안전보장 · 질서유지 또는 공공복리를 위하여 필요한 경우에 한하여 법률로써 제한할 수 있다"고 규정하고 있지만, 인간으로서의 존엄과 가치는 모든 기본권의 핵심적 지침으로서 자유와 권리의 본질적인 내용의 중심부분에 해당되어 법률로써도 제한할 수 없는 모든 기본권의 근간이 되는 헌법적 원리이다.

2. 평 등 권

(1) 의　의

우리 헌법 제11조는 "모든 국민은 법 앞에 평등하다. 누구든지 성별 · 종교 또는 사회적 신분에 의하여 정치적 · 경제적 · 사회적 · 문화적 생활의 모든 영역에 있어서 차별을 받지 아니한다"고 규정하여, 입헌주의의 주요사상의 하나인 평등권을 선언하였다. 이러한 평등의 원칙은 근대국가의 보편적 원칙으로서 중세의 신 앞의 평등사상에서 유래하지만, 현대의 평등사상은 배분적 정의에 입각한 실질적 평등을 지향하고 있다. 즉 평등의 원칙이란 법적용의 대상이 되는 모든 인간을 원칙적으로 평등하게 다루어야 한다는 법원칙을 말하며 그 중심내용은 기회균등과 자의(恣意)금지를 말한다.

(2) 내　용

모든 국민이 법 앞에 평등이라고 하는 것은 법의 정립, 집행 및 적용에 있어서 불평등하여서는 안 된다는 것을 의미한다. 따라서 이것은 행정 · 사법기관뿐만 아니라 입법기관까지도 구속한다. 여기서 모든 개인을 모든 측면에서 평등하게 취급하는 절대적 평등을 의미하는 것이 아니라, "동일한 것은 평등하게 상이한 것은 불평등하게" 다루는 상대적 평등을 의미한다. 따라서 부녀자에 대한 근로시간을 단축하거나, 업무상 특별한 주의가 요청되는 자의 범죄행위에 대하여 중벌을 가하거나, 누범자를 중벌하는 것은 합리적인 차별대우이므로 평등주의에 반하지 않을 뿐만 아니라 정의에도 반하지 않는다.

(3) 제　한

평등권은 민주국가에 있어서 총칙적인 기본권리이기는 하지만 절대적인 것은 아니다. 따라서 우리 헌법은 특수신분관계를 원인으로 한 평등권제한에 관한 규정을 두고 있다. 즉 일반국민과는 달리 군인 및 군무원 등에 대해서는 공적 기능을 유지하기 위하여 정치활동과 노동3권을 제한하고 있다. 또한 군인, 군무원, 경찰공무원 등에 대해서 공무원의 불법행위로 인하여 손해가 발생한 경우 법에 따라 정해진 보상이 이루어지면 국가배상청구권을 제한하고 있는 개별적 제한규정을 두고 있다.

3. 자유권적 기본권

(1) 의 의

자유권적 기본권은 역사적 상황과 그 사상에 따라 개념규정이 상이하지만, 일반적으로 개인이 그 자유로운 영역에 관하여 국가권력의 간섭이나 침해를 받지 아니할 소극적·방어적 공권을 의미한다. 따라서 자유권은 국가의 부작위를 요청할 수 있는 권리일 뿐, 적극적으로 국가의 작위를 요청할 수 있는 권리가 아니기 때문에 자유권이 침해되었을 때, 그 침해의 배제를 요청할 수 있다는 점에서 침해배제청구권이라고도 할 수 있다.

(2) 구 조

우리 헌법은 주자유권인 일반적 행동자유권에 관한 명문의 규정을 두고 있지 않지만, 헌법 제10조의 인간의 존엄과 가치·행복추구권에서 이 행동자유권이 인정되어 있다고 할 것이다. 이러한 일반적 행동자유권은 여러 가지의 파생적인 자유권으로 분류될 수 있다. 즉 자유권적 기본권은 우리 헌법의 내용으로 보아 첫째, 신체의 자유 또는 사법작용에 대한 자유, 둘째, 사회적·경제적 자유, 셋째, 정신적 자유, 넷째, 정치적 자유로 나눌 수 있을 것이다.

(3) 내 용

1) 신체의 자유

신체의 자유는 근대 헌법이 보장하는 가장 기본적인 자유로서 모든 사회적·경제적·정신적 자유의 근간이 되는 것으로서 인간의 존엄과 가치를 구현하기 위한 기본적인 자유권을 말한다. 우리 헌법 제12조는 "모든 국민은 신체의 자유를 가진다"고 규정하여, 적법절차에 의하지 아니하고는 신체자유의 제한과 박탈이 금지되는 신체활동의 자유를 보장하고 있다.

신체자유의 내용은 ① 법률에 의한 체포·구속과 죄형법정주의 및 적정절차의 보장, ② 고문금지와 불리한 진술거부권, ③ 영장제도, ④ 변호인의 조력을 받을 권리와 국선변호인제도, ⑤ 구속이유 등 고지제도, ⑥ 구속적부심사제, ⑦ 자백의 증거능력제한, ⑧ 형벌불소급의 원칙과 일사부재리의 원칙, ⑨ 연좌제의 금지, ⑩ 신속한 공개재판청구권, ⑪ 형사피고인의 무죄추정 원칙, ⑫ 형사보상청구권 등이다.

2) 주거 · 이전의 자유

우리 헌법 제14조는 "모든 국민은 거주 · 이전의 자유를 가진다"라고 하여 주거 · 이전의 자유를 보장하고 있다. 여기서 주거 · 거주 이전의 자유란 국가권력의 간섭을 받지 않고 자신 원하는 국내는 물론 국외에 주거 또는 거소를 정하거나 그곳으로부터 자유로이 이전하는 자유를 말한다. 즉 주거 · 이전의 자유는 국내 주거 · 이전의 자유, 국외 주거 · 이전의 자유, 국적이탈의 자유를 포함하는 개념이다.

3) 직업선택의 자유

직업선택의 자유는 인간이 그 생활을 영위하기 위하여 자신이 원하는 직업을 자유로이 선택하고 이에 종사하는 등 직업에 관한 종합적이고 포괄적인 자유를 말한다. 우리 헌법 제15조에 "모든 국민은 직업선택의 자유를 가진다"라고 하여 헌법상 권리로서 규정하고 있으며, 직업선택의 자유는 직업에 관한 포괄적인 권리로서 직업결정, 직업수행, 직업이탈의 자유를 그 내용으로 한다.

4) 주거의 자유

주거의 자유는 자신의 주거를 공권력이나 제3자로부터 침해당하지 아니할 권리를 말한다. 이와 같이 주거의 평온과 주거의 불가침은 고대 로마의 주거에 대한 신성사상(神聖思想) 이래, 인격의 존엄과 결부되어 개인의 자유권으로서 요청되었다. 따라서 우리 헌법 제16조도 "모든 국민은 주거의 자유를 침해받지 아니한다"라고 규정하고 있으며, 그 침해에 대해서는 영장주의(令狀主義)에 의한 보호를 받고 있다.

5) 사생활의 자유와 비밀

우리 헌법 제17조는 "모든 국민은 사생활의 비밀과 자유를 침해받지 아니한다"고 규정하여 사생활의 비밀과 자유의 불가침을 보장하고 있다. 과거에는 사생활의 자유가 당연히 인정되었기 때문에 이에 대한 보호요구가 상대적으로 적었으나, 현대와 같은 정보화사회에 있어서는 개인의 사생활이 공개되는 경향이 많아지고 있어 사생활의 비밀보장 요구가 증대하고 있다. 여기서 말하는 사생활의 비밀과 자유의 불가침이란 사생활의 내용을 공개당하지 아니할 권리, 사생활의 자유로운 형성과 공개를 방해받지 아니할 권리, 그리고 자신에 관한 공개를 스스로 관리 · 통제할 수 있는 권리 등을 내용으로 한다.

6) 통신의 자유

통신은 자유는 개인이 그 의사나 정보를 우편물이나 전기통신 등의 수단에 의하여 전달 또는 교환하는 경우에 그 내용 등이 본인의 의사에 반하여 공개되지 아니할 자유를 말한다. 따라서 통신의 자유는 개인사생활의 비밀을 보장하며 개인의 인격을 보호하기 위한 것으로 우리 헌법 제18조에 "모든 국민은 통신의 비밀을 침해받지 아니한다"고 규정하여 통신의 불가침을 규정하고 있다.

7) 재산권의 보장

재산권은 경제적 가치가 있는 모든 공법상 및 사법상의 권리를 의미하는 것으로서, 사유재산에 대한 임의적 처분권과 그 침해에 대한 방어권이라는 주관적 공권으로서의 권리를 의미한다. 이러한 재산권에 대하여 근대 시민사회는 절대적인 권리로서 인정되어 왔고, 계약자유와 함께 그 사회의 법적 지주로서 자본주의 발달을 촉진시켜왔다. 그러나 이로 인한 빈부의 대립은 사회적 불안의 원인이 되어 이를 수정하지 않을 수 없게 되었다. 즉 자본주의사회에서 재산권의 상대화를 최초로 선언한 바이마르(Weimar)헌법 이래 재산권행사에 사회적 제약성을 규정하여 재산권에 대한 자유권적 성격에 커다란 변화를 가져왔다. 우리 헌법 제23조도 "공공필요에 의한 재산권의 수용·사용 또는 제한 및 그에 대한 보상은 법률로 제한할 수 있으며, 정당한 보상을 지급하여야 한다"고 하여 재산권 행사에 대한 공공복리 적합성을 요구하고 있다.

8) 양심의 자유

우리 헌법 제19조는 "모든 국민은 양심의 자유를 가진다"라고 규정하여 양심결정의 자유와 침묵의 자유를 보장하고 있다. 즉 양심의 자유란 인간의 존엄과 가치의 내면적 기초가 되는 각자의 윤리의식과 사상을 외부에 표명하도록 강제당하지 아니할 자유와 그 윤리의식 또는 사상에 반하는 행위를 강요당하지 아니할 자유를 말한다. 이러한 양심의 자유는 내심의 자유로서 절대적인 것이기 때문에 법률에 의해서도 제한할 수 없다.

9) 종교의 자유

우리 헌법 제20조는 제1항은 "모든 국민은 종교의 자유를 가진다"라고 규정하여 종교의 자유를 보장하는 한편, 제2항에서 "국교는 인정되지 아니하며, 종교와 정치는 분리된다"고 하여 국교부인(國敎否認)과 정교분리(政敎分離)의 원칙을 규정하고 있다. 종교의 자유는 자신이 선호하는 종교를 자신이 원하는 방법으로 신봉하는 자유로서 종교적 행사, 종교적 집회·결사, 선교활동 등 적극적인 자유뿐만 아니라,

무신앙의 자유, 종교적 행사, 종교적 집회 · 결사 또는 선교활동 등을 강제 받지 아니할 소극적 자유까지를 그 내용으로 한다.

10) 학문과 예술의 자유

학문의 자유는 대학의 자유에서 유래된 권리로서 대학의 기본권일 뿐만 아니라 모든 국민의 기본권으로 발전하였다. 이러한 학문의 자유는 연구와 강학(講學)의 자유는 물론 연구결과발표의 자유, 연구 · 발표를 하기 위한 집회 · 결사의 자유 등도 포함한다. 특히 헌법 제22조의 "모든 국민은 학문과 예술의 자유를 가진다"라고 규정하여, 여기서 학문의 자유는 앞에서 서술한 자유 외에 대학의 자유까지도 포함한다고 하는 것이 다수설의 입장이다. 또한 예술의 자유는 예술창작의 자유, 예술표현의 자유 및 예술결사의 자유를 포함하는 자유로서 인간존엄성의 보장을 위한 필수적인 요소이다.

11) 언론 · 출판 및 집회 · 결사의 자유

우리 헌법 제21조는 "모든 국민은 언론 · 출판의 자유와 집회 · 결사의 자유를 가진다"고 규정하고 있다. 여기서 언론 · 출판의 자유는 구두 · 인쇄물에 의한 표현의 자유와 함께 알권리, 보도의 자유, 신문의 자유, 액세스권(access) 등이 포함되어 있고, 집회 · 결사의 자유는 일정한 목적을 가진 다수인의 집합 또는 단체의 자유를 말한다. 따라서 이러한 자유는 현대 대중민주정치에 있어서 필수불가결의 자유로서 민주정치의 존립에 가장 중요한 자유의 하나이다. 즉 언론 · 출판 · 집회 · 결사의 자유는 민주국가에 있어서 정치적 의사와 정치적 행동의 전제조건인 동시에 그 보장의 정도는 민주국가의 척도가 된다.

12) 재산권의 보장

우리 헌법 제23조는 "모든 국민의 재산권은 보장된다"라고 규정하여 사유재산권을 제도로서 보장하고 있다. 즉 재산권이란 경제적 가치가 있는 모든 공법상 및 사법상의 권리를 말하고 그 재산가액의 다과는 묻지 아니한다. 법률이 정한 재산권으로서는 물권, 채권뿐만 아니라 각종의 지적소유권, 광업권, 어업권, 특허권, 저작권 등의 특별법상 재산권이 있으며 수리권, 하천점유권 등 공법적인 재산권도 있다. 이러한 재산권을 자유권의 하나로 취급하는 것은 권리자가 자유로이 목적재산을 사용 · 수익 처분할 수 있으며, 법률에 근거 없이 박탈 또는 제한할 수 없기 때문이다.

(4) 자유권의 제한

자유권의 제한은 헌법 제37조 제2항의 일반적 유보조항에 의하거나 일부 개별적 법률유보조항에 의하여 공공복리 · 질서유지 · 국가안정보장 등을 위하여 필요한 경우에는 법률로서 제한할 수 있다. 그러나 내심의 자유, 특히 양심의 자유, 신앙의 자유, 학문연구와 예술창작의 자유 등은 절대적인 자유로 보아 법률로도 제한할 수 없다. 특히 내심의 자유는 그것이 본질적인 내용만으로 구성되므로 어떠한 경우에도 제한할 수 없다.

4. 생존권적 기본권

(1) 의 의

생존권적 기본권은 생활에 필요한 모든 조건을 국가권력이 적극적으로 관여하여 확보해 줄 것을 요청할 수 있는 권리를 말한다. 이 생존권적 기본권은 바이마르 헌법이 경제생활의 질서는 개인으로 하여금 인간다운 생활을 보장하는 것을 목적으로 하는 정의의 원칙에 합치하여야 한다고 최초로 규정한 이래 세계 대부분의 국가에서 이를 규정하게 되었다.

특히 이 권리는 종래의 자유권만으로는 경제적 실질면에서 생활에 위협을 받는 사람들에게 인간다운 생활을 보장할 수 없기 때문에 등장하게 된 새로운 권리라고 말할 수 있다. 따라서 종래의 기본권이 국가로부터의 자유인 자유권적 기본권에 중점을 두는 데 대하여 오늘에 이르러서는 생존권적 기본권을 중요시하고 있다.

(2) 구 조

생존권적 기본권은 주생존권인 헌법 제34조의 '인간다운 생활을 할 권리'와 그 파생권리로서 성립되어 있다. 따라서 헌법상 규정되어 있는 교육의 권리, 근로의 권리, 근로자의 권리, 사회보장의 권리, 환경권, 보건의 권리 등은 이 인간다운 생활을 할 권리의 파생적 권리로서, 인간다운 생활의 목적 실현을 위한 수단으로 되어 있다고 할 것이다.

(3) 내 용

1) 인간다운 생활을 할 권리

인간다운 생활을 할 권리는 생존권적 기본권 중에서도 가장 핵심적인 권리로서 바이마르 헌법과 세계인권선언에서 규정하고 있는 건강하고 문화적인 최저한도의 생활을 할 권리를 말한다. 우리 헌법도 제34조에서 "모든 국민은 인간다운 생활을 할 권리를 가진다"라고 규정하는 한편 이를 위하여 국가는 사회보장 · 사회복지 등의 사회보장제도를 확립하고 있다. 따라서 생활능력이 없는 국민은 법률이 정하는 바에 의하여 국가의 보호를 받을 권리를 가진다. 이를 위하여 국가는 생활보호법을 제정하여 이들 생활무능력자에게 생활보호를 해주도록 규정하는 외에 노인복지법, 장애인복지법 등을 통한 사회복지증진을 꾀하고 있다.

2) 교육을 받을 권리

교육을 받을 권리는 교육을 받을 수 있도록 국가의 적극적인 배려를 요구할 수 있는 권리를 말하며, 이것은 현대적 문화국가에서 인간다운 생활의 필수조건이 되며, 국민의 능력개발과 발전을 위하여 요구된다. 따라서 우리 헌법 제31조는 "모든 국민은 능력에 따라 균등하게 교육을 받을 권리를 가진다"고 규정하여 교육을 받을 권리와 초등교육 그리고 법률이 정하는 의무교육의 무상을 규정하고 있다. 이러한 권리는 1848년 프랑스헌법이 규정한 이래 우리 헌법에도 규정하기에 이르렀다.

또한 우리 헌법은 외부로부터 독립성을 보장하기 위하여 교육의 전문성을 보장하고 정규적인 학교교육 외에 사회교육, 직업교육 등 평생교육을 위한 국가의 문화책임을 부과하고 있다. 이러한 교육을 받을 권리는 동시에 교육을 받게 할 의무이기도 하다.

3) 근로의 권리

19세기 후반부터 사회주의 사상의 대두와 생존권적 기본권의 요구로 1919년 바이마르 헌법에서 최초로 규정된 근로의 권리는 좁은 의미로 해석하면 취업권(就業權)만을 의미하지만 넓은 의미로 해석하면 근로에 관한 모든 권리를 의미한다. 우리 헌법 제32조 제1항에서 "모든 국민은 근로의 권리를 가진다. 국가는 사회적, 경제적 방법으로 근로자의 고용의 증진과 적정임금의 보장에 노력할 것"이라고 규정하고 있다. 즉 근로의 권리는 경제적으로 인간다운 생활을 확보하기 위한 생존권적 기본권의 하나로서 국가는 완전고용에 대한 의무를 지며, 이를 위하여 사회적, 경제적 시책을 강구하여야 하고, 실업보험제도, 연금제도, 직업훈련제도 등 사회보장제도의 완비와 경제성장에 적극적인 노력을 할 책무를 지게 된다.

4) 근로자의 노동3권

우리 헌법 제33조는 경제적 약자인 근로자를 보호하기 위하여 노동3권에 관한 규정을 두고 있다. 즉 근로자는 사용주에 대하여 근로의 의사와 능력을 가지고 피용자로서 임금·급료에 의하여 생활하는 자이기 때문에 이들의 근로조건의 향상을 위하여 자주적인 단결권, 단체교섭권 및 단체행동권이라는 노동3권 또는 노동기본권을 인정하고 있다. 이러한 노동3권을 보장하기 위하여 노동조합법, 노동쟁의조정법 등이 있다. 다만 공무원에 대해서는 국법상 특별한 지위에 있는 자이므로 법률로 인정된 자에 한하여 노동3권이 인정된다.

5) 환 경 권

오늘날 급속한 산업화 · 도시화로 인하여 환경오염이 갈수록 심각하여지고, 자연의 생태가 파괴되어 국민보건과 인간생활에 중대한 위협을 가하고 있다. 따라서 우리 헌법 제35조는 "모든 국민은 건강하고 쾌적한 환경에서 생활할 권리를 가지며, 국가와 국민은 환경보전을 위하여 노력하여야 한다"고 하여 이른바 환경권(環境權)을 규정하고 있다. 이 규정에 의하여 국민은 국가에 대하여 환경을 침해하지 않을 것과 환경을 개선 · 보호하여 줄 것을 청구할 수 있다. 또한 국가와 국민은 환경보전을 위하여 노력하여야 하며, 국가는 주택개발정책 등을 통하여 모든 국민이 쾌적한 주거생활을 할 수 있도록 노력하여야 한다.

6) 혼인 · 가족 · 보건에 관한 권리

우리 헌법 제36조는 "혼인과 가족생활은 개인의 존엄과 양성의 평등을 기초로 성립되고 유지되어야 하며, 국가는 이를 보장한다"라고 규정하여, 모든 국민의 혼인 · 가족 · 보건에 관한 권리를 보장하고 있다. 따라서 국가는 일부일처제(一夫一妻制)를 보장하여야 하며, 건강보험제도, 무료진료, 재택개선 등을 실시하여야 하고, 또한 이를 위하여 보호입법 · 사회입법의 제정의무를 진다. 현행 헌법은 특히 국가의 모성보호(母性保護)조항을 신설하였으며 이에 관한 법률로 모자보건법, 한부모가족지원법 등이 있다.

(4) 제　　한

생존권적 기본권은 법률이 정하는 바에 의하여 보장되기 때문에 그 실현에 대한 책임은 입법자에게 있다. 따라서 생존권적 기본권의 제한도 헌법이나 법률로써 가능한데, 그 중에서 가장 중요한 것은 국가의 재정도나 예산의 부족에 따른 제한이라 할 것이다. 또한 일반적으로 확보된 생존권적 기본권도 긴급명령, 긴급재정 · 경제명령 등에 의하여 정지 또는 제약될 수 있다. 특히 근로자의 노동3권에 대하여는 헌법과 법률에 의하여 많은 제한이 가해지고 있다.

5. 청구권적 기본권

(1) 의　　의

청구권적 기본권은 국민이 적극적으로 국가에 대하여 특정한 행위를 요구하거나 또는 국가의 보호를 요청하는 주관적 공권을 의미한다. 이 경우 그 청구의 대상이 되는 국가적 행위는 입법 · 집행 · 사법 등 국가작용일 수도 있고, 경제적 급부일 수도 있다. 또한 자연권적 기본권과 생존권적 기본권은 그 자체가 권리의 목적이지만, 청구권적 기본권은 이러한 기본권을 현실적으로 확보하기 위한 성격을 가진 권리를 말하기 때문에 기본권을 실현하기 위한 인권(人權)이라고도 불린다.

(2) 구　조

청구권적 기본권은 국가의 기본권 보장의무가 강조되면서부터 그 종류가 늘어나게 되었다. 우리 헌법은 권리에 관하여 청원권을 비롯하여, 재판청구권, 국가배상청구권, 국가배상청구권, 범죄피해자구조청구권 등을 규정하고 있다.

(3) 내　용

1) 청 원 권

청원은 국민이 국가기관에 대하여 의견이나 희망을 진술할 권리로서 우리 헌법 제26조 제1항은 "모든 국민은 법률이 정하는 바에 의하여 국가기관에 문서로 청원할 권리를 가진다"라고 규정하고 있다. 또한 청원에 관한 일반법으로는 청원법이 있고, 그 외에 국회법이나 지방자치법 등에 특별규정을 두고 있다. 청원은 반드시 문서로 하여야 하고 국가는 청원에 대하여 심사하여야 할 의무를 지며, 국가기관은 청원에 대하여 공정하게 처리하고 그 결과를 청원인에게 통지하여야 한다. 단지 청원은 행정심판이나 소송과 달리 권리 또는 이익이 반드시 침해될 것을 요건으로 하지 않기 때문에 제3자나 공공의 이익을 위해서 할 수 있다는 점과 국가기관은 그 결과에 기속(羈束)되지 않는 점에서 구별된다.

2) 사법절차에 있어서의 기본권

① **재판청구권**　　우리 헌법 제27조 제1항은 "모든 국민은 헌법과 법률이 정한 법관에 의하여 법률에 의한 재판을 받을 권리를 가진다"라고 규정하고 있다. 여기서 말하는 재판을 받을 권리는 정당한 재판을 받을 권리와 신속한 재판을 받을 권리를 의미한다. 또한 재판청구권은 일반국민이 원칙적으로 군법회의의 재판을 받지 아니할 권리를 내포하며, 형사피고인은 상당한 이유가 없는 한 지체 없이 공개재판을 받을 권리를 갖는다는 것을 의미한다. 그리고 형사피고인은 유죄의 판결이 확정될 때까지는 무죄로 추정된다.

② **형사보상청구권**　　우리 헌법 제28조는 "형사피의자 또는 형사피고인으로서 구금되었던 자가 법률이 정하는 불기소처분을 받거나 무죄판결을 받은 때에는 법률이 정하는 바에 의하여 국가에 정당한 보상을 청구할 수 있다"고 하여 형사보상청구권을 규정하고 있다. 이것은 신체의 자유에 대한 자유권적 기본권을 보장하기 위

한 기본권으로 국가의 무과실손실보상책임을 인정한 것이다. 즉 재판청구권이 사전적으로 사법절차에 대한 신체의 자유를 보장하기 위한 규정인 데 대하여, 형사보상청구권은 사후적으로 사법절차에 대한 신체의 자유침해를 구제하기 위한 것이다.

③ **국가배상청구권** 우리 헌법 제29조는 공무원의 직무상 불법행위로 인하여 손해를 받은 국민은 국가 또는 공공단체에 대하여 정당한 손해배상을 청구할 권리를 규정하고 있으며, 이를 국가배상청구권이라고 한다. 즉 국가배상은 국가가 사용자로서 불법행위를 한 공무원에 대신하여 손해를 배상하는 제도이다. 따라서 불법행위를 한 공무원 자신은 책임이 면제되지 않기 때문에 국가는 불법행위를 한 공무원에 대하여 구상권(求償權)을 행사할 수 있다. 또한 군인 · 군무원 · 경찰공무원 또는 향토예비군대원이 전투 · 훈련 등 직무집행과 관련하여 받은 손해에 대하여는 법률이 정하는 보상 외에 국가 또는 공공단체에 공무원의 직무상 불법행위로 인한 손해를 배상청구할 수 없도록 한 이중배상(二重賠償)금지의 규정을 두고 있다(국가배상법 제2조 제1항).

④ **범죄피해자구조청구권** 우리 헌법 제30조는 "타인의 범죄행위로 인하여 생명 · 신체에 대한 피해를 받은 국민은 법률이 정하는 바에 의하여 국가로부터 구조를 받을 수 있다"고 하여 범죄피해자의 국가구조청구권을 규정하고 있다. 종래 범죄피해자는 민사법이나 국가배상법 또는 소송촉진에 관한 특례법상의 형사배상명령제도 등에 의하여 가해자 등에게 손해배상을 청구할 수 있었으나, 충분한 배상능력이 없거나 범인이 도주한 경우에는 실효가 없기 때문에 헌법에 새롭게 신설한 제도이다.

(4) 제 한

청구권적 기본권은 국가 내적인 권리이기 때문에 헌법과 법률에 의하여 제한할 수 있다. 따라서 헌법은 제27조에서 일반 국민은 군법회의의 재판을 받지 아니할 권리를 제한하고 있으며, 제29조에서 군인 · 군무원 등에 대해서는 이중배상을 청구할 수 없도록 제한하고 있다. 또한 청구권적 기본권에서는 법률유보조항에 따라 헌법 제37조 제2항의 일반적 법률유보에 의하여 국가안전보장, 질서유지와 공공복리를 위하여 필요한 경우에는 법률로써 제한할 수 있으며, 대통령의 긴급명령이나 긴급재정경제처분 및 그 명령에 의하여도 정지될 수 있다.

6. 참 정 권

(1) 의 의

참정권은 국민이 국가의 의사형성이나 정책결정에 직접 · 간접으로 참여하거나 공무원으로 선임될 수 있는 실정법상의 권리를 말한다. 이는 국민이 국가의사의 형성과정에 참여하거나 국가기관을 구성하며 국가권력행사를 통제 내지는 견제할 수 있는 등 국민주권의 실현을 위한 필수적인 제도적 장치이다. 따라서 국민 개개인의 불가양(不可讓) · 불가침의 권리로서 대리행사시킬 수 없는 극히 개별적인 권리이다.

(2) 구 조

참정권에는 국민표결권과 선거권 및 공무담임권 등이 있다. 이 중에서 국민표결권은 국민이 국가의사형성에 직접 참여할 수 있는 권리로서 직접참정권이라 하며, 국민이 대표자를 선출함으로써 간접적으로 국가기관의 구성에 참여할 수 있는 권리인 선거권과, 그 자신이 국가기관의 구성원으로 선임될 수 있는 권리인 공무담임권을 간접참정권이라 한다.

(3) 내 용

1) 국민표결권

국민표결권은 국민이 중요한 법안이나 정책을 국민투표로써 결정하는 권리로서 헌법상 제도화되어 있는 레퍼렌덤(Referendum, 협의의 국민표결)과 통치권자의 특정한 사안에 대하여 국민의사를 묻는 플레비지트(Plebiszit, 국민결정)가 있다. 우리 헌법 제72조에서 외교 · 국방 · 통일 기타 국가안위에 관한 중요정책과 제130조의 헌법 개정에 대한 국민표결권을 규정하고 있다.

2) 선 거 권

헌법 제24조는 "모든 국민은 법률이 정하는 바에 의하여 선거권을 가진다"고 규정하고 있다. 건국헌법 이래 1980년 헌법까지는 선거권자의 연령을 만 20세로 헌법에 규정하여 왔으나, 현행 헌법은 이를 입법사항으로 하고 있다. 즉 공직선거법은 만 18세에 달하지 못한 국민에게는 선거권을 제한하고 있다(공직선거법 제15조, 2019년 12월 개정). 헌법상 국민이 직접선거할 수 있는 것은 대통령 · 국회의원 · 지방의회의원 · 지방자치단체의 장 등이 있다.

3) 공무담임권

헌법 제25조는 "모든 국민은 법률이 정하는 바에 의하여 공무담임권을 가진다" 고 규정하고 있다. 공무담임권은 행정부뿐만 아니라 입법부, 사법부, 지방자치단체와 기타 모든 공공단체의 직무를 담임하는 권리를 말한다. 공무담임권은 능력에 따라 균등하게 공무원이 될 수 있는 권리를 말하며, 피선거권에 불합리한 제한을 받지 않는다는 것을 말한다.

(4) 제 한

참정권은 헌법 제37조 제2항에 따라 제한될 수 있다. 그러나 국가안전보장·질서유지 또는 공공복리를 위하여 참정권을 제한하는 경우에도 그 본질적인 내용을 제한할 수 없고, 과잉금지의 원칙이 존중되어야 한다. 또한 선거권과 참정권은 외국인에게는 인정되지 아니한다.

Ⅲ. 국민의 기본의무

1. 의 의

국민의 기본의무는 국민이 국가구성원으로서 부담하는 의무 중에서 특히 헌법에서 규정하고 있는 의무를 말한다. 이러한 기본의무의 구체적 내용은 각국 헌법의 이념과 역사적 발전단계에 따라 다르다. 우리 헌법은 납세의 의무, 국방의 의무, 교육의 의무, 근로의 의무 외에 재산권행사의 공공복리적합의무, 환경보전의무 등을 규정하고 있다. 이와 같이 국민의 기본적인 의무가 입법사항이 된 것은 영국의 국왕이 자의적인 조세징수나 강제적인 징병을 억제하기 위하여 의회의 승인을 요구하도록 하는 원칙으로부터 확립되었다.

2. 국민의 기본적 의무의 내용

(1) 납세의 의무

납세의 의무는 국방의 의무와 함께 고전적 의무로서 근대 헌법 이래 국민의 2대 의무로 간주되고 있다. 즉 납세란 통치활동에 필요한 경비를 충당하기 위하여 국민이 조세를 납부하는 것을 의미하며, 우리 헌법 제38조에 "모든 국민은 법률이 정하는 바에 의하여 납세의 의무를 진다"고 규정하고 있다. 또한 납세의 의무는 조세평등주의(租稅平等主義)와 조세법률주의(租稅法律主義)에 따라 모든 국민에게 능력에 상응한 공정하고 평등한 과세이어야 하며, 법률에 의해서만 과세를 부과할 수 있다.

(2) 국방의 의무

국방의 의무는 외국의 침략적 행위로부터 국가의 독립을 유지하고 영토를 보전하기 위한 의무를 말하며, 우리 헌법 제39조는 "모든 국민은 법률이 정하는 바에 의하여 국방의무를 진다"라고 하여 국민의 국방의 의무를 규정하고 있다. 여기서 국방의 의무란 종래 단순한 병역제공의무만을 의미하였으나, 고도로 복잡화된 현대전에 있어서는 병력의 제공만으로 국토방위를 충분히 완수할 수 없으므로, 이에 필수적으로 동반하는 방첩 · 방공 · 전시근로 등도 포함된다고 해석된다. 또한 국방의 의무에 관한 법률로는 병역법이 있다.

(3) **교육의 의무**

헌법 제31조 제2항은 "모든 국민은 그 보호하는 자녀에게 적어도 초등교육과 법률이 정하는 교육을 받게 할 의무를 진다"라고 하여 교육을 받게 할 의무를 규정하고 있다. 교육을 받게 할 의무는 학령아동을 가진 친권자 또는 후견인이 그 초등교육과 법률이 정하는 교육과정에 취학시킬 것을 그 내용으로 하며, 이를 위하여 헌법 제31조 제3항은 의무교육의 무상제(無償制)를 규정하고 있다. 따라서 이 의무를 이행하지 않은 경우에는 법적 제재를 받게 된다.

(4) **근로의 의무**

헌법 제32조 제2항은 "모든 국민은 근로의 의무를 진다. 국가는 근로의 의무의 내용과 조건을 민주주의 원칙에 따라 법률로 정한다"라고 하여 근로의 의무를 규정하고 있다. 근로의 의무는 생존권보장의 법률상 전제로서 의의가 있으며, 사회주의 국가에서는 특히 이를 강조하고 있다. 즉 사회주의국가에서는 근로의 의무를 이행하지 아니할 때에는 인간다운 생활의 보장이 거부된다. 그러나 자본주의국가에서의 근로의 의무는 다만 윤리적 · 도덕적 의미의 소극적 성격을 가질 뿐이다. 따라서 근로의 의무란 근로능력이 있음에도 불구하고 근로하지 아니하는 자에 대한 복종할 의무가 아니라 윤리적 · 도덕적으로 비난을 가할 수 있는 것으로 이해할 수 있다.

(5) **재산권행사의 공공복리적합의 의무**

헌법 제23조 제2항은 "재산권 행사는 공공복리에 적합하도록 하여야 한다"라고 규정하고 있다. 이것은 바이마르헌법 이후 재산권의 사회적 구속성을 규정한 것으로 사회전체의 이익을 고려하여 단체주의적 내지는 사회적 법치국가 사상을 헌법에 도입한 것이다. 또한 헌법 제119조 제2항의 독과점규제, 제121조의 농지소작제도의 원칙적 금지. 제122조의 국토의 효율적 이용을 위한 의무 등도 이를 구체화한 규정이다.

(6) **환경보전의 의무**

헌법 제35조 제1항은 "국가와 국민은 환경보전을 위하여 노력하여야 한다"라고 규정하여 국민에게도 일정한 환경보전의무, 즉 환경을 오염시키지 않을 의무, 공해방지시설을 할 의무를 부과하고 있다. 이에 따라 모든 국민은 환경파괴행위나 공해유발행위를 자제하여야 하며, 환경파괴행위를 한 경우에 국민은 그 원인행위의 배제를 청구할 수 있고, 국가는 그에 대한 제재를 할 수 있다.

제4절 통치구조

Ⅰ. 국가권력의 조직원리

1. 권력분립주의

권력분립은 근대 법치국가에 있어서 통치구조의 조직원리로서 가장 중요한 근대시민적 민주정치의 기본원리이다. 즉 권력분립원리는 국가작용을 입법 · 행정 · 사법의 3종으로 나누어 이들 권력을 각각 분리 · 독립된 별개의 국가기관에게 담당하게 함으로써 기관 상호간의 견제와 균형(principle of checks and balances)을 유지하도록 하여 국가권력의 집중과 남용을 방지하고, 국민의 자유와 권리를 보호하려는 통치구조의 구성원리를 말한다. 이 제도는 존 로크(John Locke)와 몽테스키외(Montesquieu)에 의하여 이론적 완성을 본 제도로서 근대의 시민적 자유주의 및 국민 참정의 요청에 부응하여 각국의 정치조직에 널리 채용되었다.

이러한 권력분립원리의 특성은 첫째, 국가분립의 원리는 국가권력의 단순한 배분이라는 조직기술론에 그치는 것이 아니라, 개인의 자유와 권리를 확보하기 위한 제도적 장치로서 자유주의적 통치구조의 구성원리를 의미한다. 이것은 그 권력을 행사하는 인간에 대한 회의적이고 비관적인 인간관에 근거하고 있다. 둘째, 권력분립의 원리는 본래 적극적으로 능률을 증진시키기 위한 원리가 아니라 권력의 남용이나 권력의 자의적 행사를 방지하기 위한 소극적 원리를 의미한다. 셋째, 권력분립의 원리는 자유주의적 요청에 따라 국가권력의 절대성을 부정하는 것일 뿐 아니라 권력 그 자체를 순화하고 중화시키는 중립적 원리를 의미한다. 넷째, 권력분립의 원리는 정치집단 사이에 세력균형을 유지하기 위한 권력균형의 원리를 의미한다.

2. 정부형태

통치구조의 형태는 현실적으로 정부형태 또는 정부제도로 나타난다. 즉 정부형태는 권력분립의 원리가 권력구조에 구조화된 국가권력의 분배형태를 말한다. 이 경우 정부형태는 전통적인 분류방법에 의하면 입법부와 행정부의 상호관계를 중심으로 하여 그 관계가 상호 공화(共和)관계에 있는지 또는 독립적인 관계에 있는지에 따라 의원내각제 · 대통령제 그리고 제3의 유형으로 분류된다. 그러나 오늘날은 주로 권력통제의 여부에 따라 전제주의적(專制主義的) 정부형태와 입헌주의적(立憲主義的) 정부형태로 분류된다.

(1) 대통령제

대통령제는 권력의 엄격한 분립이 행해지고 권력기관 상호간 독립이 보장되며 대통령이 독립하여 행정권을 행사하는 정부형태로서, 이 제도는 1787년 미국 필라델피아의 헌법의회에서 유래된 이래 미국뿐만 아니라 모든 국가에서 가장 성공적으로 운용되고 있는 정부형태이다. 대통령제의 본질은 첫째, 대통령이 국민에 의하여 선출되고 임기 동안 재직할 뿐만 아니라 정치적 책임을 지지 않는다. 둘째, 대통령제에 있어서는 행정부가 일원화되어 있으며, 대통령은 국가원수와 행정부수반의 지위를 겸하여 행정권이 대통령 1인에게 집중되어 있다. 셋째, 대통령제에서는 행정부와 입법부가 상호 독립되어 있어, 대통령은 임기 동안 의회에 대하여 정치적 책임을 지지 아니하며 의회를 해산할 권한도 가지지 않는다. 넷째, 대통령제에 있어서는 입법부와 행정부가 상호 견제함으로써 권력적 균형을 유지할 수 있다는 점 등이다.

대통령제의 장점은 대통령이 그 임기 동안 행정부가 안정되어 강력한 행정과 지속적인 국정처리를 할 수 있다는 점이다. 반면에 단점으로는 의회에 대하여 책임을 지지 않으므로 자칫하면 대통령의 독재화 및 입법부와 행정부가 충돌할 경우에 그 해소방법을 찾기가 쉽지 않다는 것 등이다.

(2) 의원내각제

의원내각제는 18세기 영국에서 확립된 정부형태로서 집행부가 대통령과 내각으로 이원적으로 구성되어 입법부와 공존하는 제도를 말한다. 이 제도는 권력분립의 요청에 의하여 입법부와 행정부를 서로 독립시킴과 동시에 민주주의의 요청에 따라 행정부를 민주적으로 통제할 수 있도록 구성된 제도이다. 의원내각제의 본질은 첫째, 집행부가 대통령과 내각으로 이원적으로 구성되지만, 대통령은 국가의 대표자로서 예의적 · 형식적 권한을 가지며 행정권의 실질적인 권한은 의회의 다수당에 의하여 구성되는 내각에 귀속된다. 둘째, 의원내각제에 있어서는 의회의 내각에 대한 불신임권(不信任權)과 내각의 의회해산권을 통하여 입법부와 행정부 사이에 평등과 균형을 이루고 있음을 그 특색으로 한다. 셋째, 의원내각제에 있어서는 내각의 수반이 의회에 의하여 선출되고 내각이 의회에 대하여 연대하여 정치적 책임을 지기 때문에 내각의 성립과 존속이 의회에 의존한다.

의원내각제의 장점은 입법부와 행정부의 협력에 의한 신속한 국정처리를 할 수 있으며, 두 기관이 일체적이기 때문에 마찰을 피하고 능률적인 국정수행을 할 수 있다. 그러나 입법부와 행정부를 한 정당이 독점할 경우 정당정치에 치우치거나 다수정당이 난립될 경우에는 정국의 불안정을 가져오는 등의 단점이 있다.

(3) 이원정부제

이원정부제는 의원내각제와 대통령제의 요소를 결합한 정부형태로서 평시에는 내각수상이 행정권을 행사하고 국회에 대하여 책임을 지지만, 위기에 있어서는 대통령이 행정권을 행사하는 제도를 말한다. 이 제도는 1919년 바이마르헌법과 1958년 드골헌법의 정부형태가 여기에 해당하며, 1980년 초 우리나라 개헌논의과정에서 논의된 이른바 김철수교수 등이 작성한 '6인 연구회안'이 여기에 해당한다.

이원정부제의 본질은 첫째, 대통령은 국민에게 직접 선출되며 행정권을 행사함에 있어서 의회에 대하여 책임을 지지 않는다. 둘째, 내각은 의회에 대하여 책임을 지며, 의회는 내각에 대하여 불신임권을 가지고 있다. 셋째, 국가긴급 시에 대통령은 수상과 국무위원의 부서 없이도 행정권을 행사할 수 있다. 이 점에서 대통령의 권한이 확대되고 수상의 권한이 약화된다. 이 제도는 평시에는 의원내각제로 운영되어 국회와 행정부의 마찰을 피할 수 있고, 국회가 위기에 처한 때에는 대통령의 강력한 통치로 신속하고도 안정된 국정처리를 할 수 있는 장점이 있지만, 내각과 국회의 대통령에 대한 견제권이 약화되기 때문에 독재화의 우려가 있다는 단점이 있다.

(4) 의회정부제

의회정부제는 입법부인 의회가 국가권력구조의 정점에 위치하여 모든 국가기관에 대하여 절대적으로 우월한 지위를 점한다. 즉 의회를 중심으로 모든 권력체계가 일원화되어 있어 복잡한 권력장치가 없는 것이 특징이다. 따라서 의회는 언제나 집행부를 불신임할 수 있지만, 집행부는 의회를 해산할 수 없기 때문에 집행부는 전적으로 의회에 종속된 정부형태를 말한다. 스위스헌법, 1936년 스탈린헌법 이래 1990년 이전의 소련헌법 등이 여기에 속한다.

3. 우리나라의 정부형태

우리나라의 정부형태는 대통령제 · 의원내각제 · 이원집정부제의 절충형태로서 국정이 대통령을 중심으로 행해지고 행정부의 수반과 국가원수가 동일인격인 대통령인 점에 비추어 현실적으로 대통령제라고 할 수 있을 것이다. 즉 국가의 중요권력을 국가원수인 대통령에게 집중시키는 권력집중의 원리와 견제와 균형의 원리에 입각한 입법 · 행정 · 사법의 삼권분립의 원리를 동시에 채택하여 절충하고 있다.

현행 헌법상 통치구조는 제5공화국 헌법에 규정되었던 대통령의 비상대권들을 삭제하는 대신 국회의 권한을 확대하고 사법권의 독립을 강화하는 등 권력구조의 합리화를 도모하고 있다. 즉 헌법재판소를 새로 설치하는 등 권력의 분산과 권력상호간의 억제 및 균형장치를 재조정하였다. 또한 대통령의 임기를 5년 단임으로 하여 장기집권의 폐해를 사전에 방지하는 한편, 대통령이 국회구성 자체에 관여하지 못하도록 하였으며 특히 국회해산권제도도 폐지시켰다.

Ⅱ. 대 통 령

1. 대통령의 헌법상 지위

대통령의 지위는 앞에서 서술한 것처럼 정부형태에 따라 상이하지만, 우리 헌법 제66조 제1항에서 "대통령은 국가의 원수이며 외국에 대하여 국가를 대표한다"고 하여 대통령중심제 하의 국가원수로서의 지위와 행정권의 수반으로서의 지위를 명백히 하고 있다. 여기서 국가의 원수란 대외적으로 국가를 대표하고, 대내적으로는 국민의 통일성과 전체성을 대표할 자격을 가진 국가기관을 말하기 때문에 그 지위는 입법부와 사법부에 대하여 우월한 지위로서 20세기 대통령제의 성격을 보여주고 있다고 할 수 있다.

(1) 국가원수로서의 지위

대통령은 국가의 원수로서 대외적으로 조약체결, 비준권, 선전포고권, 외교사절의 신임접수권 등에 의하여 국가를 대표한다. 또한 대통령은 국가의 독립, 영토의 보전, 국가의 계속성과 헌법을 수호할 책무를 수행한다. 그 밖의 권한으로 국민투표회부권, 긴급재정경제처분 및 명령권, 긴급명령권 등을 들 수가 있다.

(2) 행정수반으로서의 지위

대통령은 행정권의 수반으로서 국가의 최고집행기관의 지위를 가진다. 따라서 대통령은 정부조직권자이며 행정에 관한 모든 권한을 관장한다. 즉 대통령에게는 국군통수권, 행정정책결정권, 국무총리 · 국무위원을 비롯한 행정공무원임면권, 행정정책집행권 그리고 행정입법권 등이 있다.

(3) 국헌수호자로서의 지위

대통령은 국가와 헌법의 수호자로서의 지위를 가진다. 헌법 제66조 제2항은 "대통령은 국가의 독립 · 영토의 보전 · 국가의 계속성과 헌법을 수호할 책무를 진다"고 규정하고, 또한 제69조가 "헌법을 준수하고 국가를 보위하며"라고 하는 것은 대통령이 국가와 헌법의 수호자임을 명백히 하고 있다.

2. 대통령의 신분상 지위

(1) 대통령의 선임과 임기

대통령은 국민의 직접선거에 의하여 선출된다. 선거에 있어서 최고득표자가 2인 이상인 때에는 국회의 재적의원 과반수가 출석한 공개회의에서 다수표를 얻은 자를 당선자로 한다. 대통령후보자가 1인인 때에는 그 득표자가 선거권자 총수의 3분의 1이상이 아니면 대통령이 당선될 수 없다. 대통령으로 선출될 수 있는 자는 국회의원의 피선거권이 있고, 대통령선거일 현재 40세에 달하여야 한다(헌법 제67조). 대통령의 임기는 5년이며 중임할 수 없다(헌법 제70조). 대통령의 임기를 단임제로 한 것은 평화적 정권교체를 제도적으로 보장하기 위한 것이다.

(2) 대통령의 의무와 특권

대통령은 취임선서에서 "나는 헌법을 준수하고 국가를 보위하며 조국의 평화적 통일과 국민의 자유와 복리의 증진 및 민족문화의 창달에 노력하여 대통령으로서의 직책을 성실히 수행할 것을 국민 앞에 엄숙히 선서"하도록 하고 있어, 이것을 대통령의 국가에 대한 충성의무라고 할 수 있다. 또한 대통령은 국무총리, 국무위원, 행정각부의 장 기타 법률이 정하는 공사의 직을 겸할 수 없도록 겸직금지의무 규정도 두고 있다. 나아가 헌법 제84조는 "내란 또는 외환의 죄를 범한 경우를 제외하고는 재직 중 형사상 소추를 받지 아니한다"고 하여 대통령의 형사상 특권을 규정하고 있다.

(3) 대통령의 권한 대행

대통령이 궐위되거나 사고로 인하여 직무를 수행할 수 없는 때에는 1차적으로 국무총리가 그 권한을 대행하고 2차적으로 법률이 정한 국무위원의 순서에 따라 그 권한을 대행한다(헌법 제71조). 이것은 현행 헌법이 대통령제 정부형태를 채택하고 있음에도 불구하고 부통령을 두고 있지 아니한 데서 오는 불가피한 결과이다.

(4) 전직대통령에 대한 예우

우리 헌법 제85조는 "전직대통령의 신분과 예우에 관하여는 법률로 정한다"라고 하여 전직대통령에 대해서도 그에 상응하는 신분보장과 예우를 하도록 하고 있으며 이에 관한 규정이 「전직대통령의 예우에 관한 법률」이다. 특히 직전대통령은 국가원로자문회의 의장이 되고 그 밖의 전직대통령은 그 위원이 된다.

3. 대통령의 권한

(1) 헌법 개정과 국민투표에 관한 권한

대통령은 헌법 개정에 관한 제안권(헌법 제128조 제1항) 및 공고권(헌법 제129조)을 가지며, 확정된 헌법개정안에 대한 공포권(헌법 제130조 제3항)을 가진다. 또한 대통령은 필요하다고 인정할 때에는 외교 · 국방 · 통일 기타 국가안위에 관한 중요한 정책을 국민투표에 회부할 수 있다(헌법 제72조).

(2) 헌법기관구성에 관한 권한

대통령은 헌법기관구성권자로서 헌법재판소장과 재판관 및 대법원장과 대법원 판사, 그리고 중앙선거관리위원회위원(3인)을 임명하는 권한을 가진다. 또한 대통령은 행정권의 수반으로서 행정부의 구성권을 가진다. 즉 국무총리 · 국무위원, 감사원장, 행정각부의 장 및 주요 공직자임명권을 가진다.

(3) 국회와 입법에 관한 권한

대통령은 국회에 대하여 임시회의의 소집을 요구할 수 있는 권한(헌법 제47조 제3항)과 국회에 출석하여 발언하거나 서한으로 의견을 표시할 수 있다(헌법 제81조). 또한 대통령의 입법에 관한 권한으로는 헌법개정에 관한 권한과 국회의 법률제정에 관한 권한으로 법률안제출권, 법률안거부권, 법률공포권과 행정입법권 등이 포함된다.

(4) 사법에 관한 권한

대통령은 법률이 정하는 바에 의하여 사면 · 감형 또는 복권을 명할 수 있으며, 이에 관한 법률을 사면법이라고 한다. 사면에는 일반사면과 특별사면이 있는데 그 가운데 일반사면을 할 경우에는 국무회의의 심의를 거쳐 국회의 동의를 얻어야 하며(헌법 제79조 제2항), 이것은 대통령의 사면권의 남용을 방지하기 위한 것이다.

(5) 행정에 관한 권한

대통령은 행정의 최고결정권과 법령집행권을 가지고 있다. 따라서 대통령은 법률을 공포하고 이를 집행하며, 그 집행을 위하여 위임명령과 집행명령을 발할 권한을 가진다(헌법 제75조). 또한 그 집행에 관하여 모든 중앙행정기관의 장을 지휘·감독한다. 그 외에 행정에 관한 권한으로서 국군통수권, 공무원임명권, 정당해산소추권, 외교에 관한 권한, 재정에 관한 권한, 영전수여권 등이 있다.

(6) 국가긴급권에 관한 권한

대통령은 국가를 보위하고 헌법을 수호하기 위하여 국가긴급권을 발할 권한을 가진다. 즉 국가긴급 시에 긴급재정경제처분·명령권, 긴급명령권과 계엄선포권을 갖는다(헌법 제76조).

4. 대통령의 권한행사방법

대통령제 정부형태에 있어서는 대통령이 집행에 관한 모든 사항을 그의 권한과 책임 하에 처리하는 것을 원칙으로 한다. 그러나 그 권한행사는 헌법과 법률에 규정된 절차와 방법에 따라야 하고, 다른 국가기관에 의한 통제를 받아야 한다. 즉 대통령은 독자적으로 그 권한을 행사할 수 있는 것과 다른 기관의 자문(국가원로자문회의, 민주평화통일자문회의) 내지 국무회의의 심의, 국회의 동의 또는 승인을 거쳐 그 권한을 행사할 수 있다. 이것은 대통령의 권한행사를 보좌하고 신중을 기하려는 것이다. 또한 대통령의 국법상 행위는 문서로 하여야 하며, 이 문서에는 국무총리와 관계 국무위원의 부서가 있어야 한다(헌법 제82조).

Ⅲ. 행 정 부

1. 행정부의 조직과 권한

(1) 행정부의 구성

정부는 대통령을 정점으로 하여 국무총리·국무위원·행정각부 및 감사위원으로 구성되고, 집행에 관한 주요정책을 심의하는 기구로 국무회의를 설치하고 있으며, 대통령의 자문에 응하기 위한 각종 자문회의를 두고 있다.

(2) 국무회의

국무회의는 헌법상 필수기관이며 집행부의 최고정책심의기관으로서 독립된 합의제기관이다. 그 구성은 대통령 · 국무총리와 15인 이상 30인 이하의 국무위원으로 대통령이 의장이 되고, 국무총리는 대통령을 보좌하여 국무회의의 부의장이 된다(헌법 제88조). 또한 국무회의는 헌법 제89조에 규정된 사항을 심의하는데 이러한 심의는 필수적이기는 하지만 대통령은 이 심의에 구속되지 않는다.

(3) 국무총리와 국무위원

1) 국무총리의 지위와 권한

국무총리는 대통령을 보좌하고 국무회의 부의장이 되며, 행정에 관하여 대통령의 명을 받아 행정각부를 통할하는 중앙행정기관의 장으로서의 지위에 있다(헌법 제86조). 이와 같은 지위에 따라 국무총리는 국무위원과 행정각부의 장의 임명제청권과 국무위원 해임건의권을 가지며, 대통령 유고시 그 권한을 대행할 수 있다. 또한 대통령의 국법상 행위에 대해서 부서할 권한, 국무회의에서의 심의권, 총리령을 발하는 권한, 국회에의 출석 · 발언권 등의 권한을 가진다.

2) 국무위원의 지위와 권한

국무위원은 국무회의의 구성원으로 국정에 관하여 대통령을 보좌할 권한과 책임을 진다. 국무위원은 국무총리의 제청에 의하여 대통령이 임명하며, 국무회의의 소집을 요구하고 의장을 통하여 의안을 제출하며 심의 · 의결에 참여할 권리와 의무가 있다. 또한 국무위원은 합의제기관이기 때문에 대통령이나 국무총리와 동등한 지위를 가지며 그 직무에도 한계가 없다.

3) 행정 각부

행정각부는 대통령을 수반으로 하는 행정부의 구성단위로서 대통령 또는 국무총리의 지휘 · 통할 하에 법률이 정하는 소관 사무를 담당하는 중앙행정기관이며, 그 조직과 직무범위는 법률로 정한다. 따라서 행정각부의 장은 동시에 국무위원으로써 이중적 지위에 있다. 또한 행정각부의 장은 법률이 정하는 바에 따라서 소관사무를 결정 · 집행할 수 있는 권한을 가지며, 법령의 제정 · 공포하는 권한도 가지고 있다.

4) 감 사 원

감사원은 원장을 포함한 5인 이상 11인 이하의 감사위원으로 구성되며, 그 원장은 대통령이 국회의 동의를 얻어 임명하고, 위원은 원장의 제청에 의하여 대통령이 임명하는 합의제기관이다(헌법 제98조). 감사원은 국가의 세입 · 세출의 결산, 국가 및 법률이 정한 단체의 회계검사와 행정기관 및 직무에 관한 감찰을 하기 위하여 대통령의 소속 하에 설치된 기관이다. 감사원의 조직, 직무범위, 감사위원의 자격, 감사대상 공무원의 범위 기타 필요한 사항은 감사원법에 규정되어 있다.

Ⅳ. 입 법 부

1. 국회의 헌법상 지위

(1) 국민대표기관으로서의 지위

국민이 주권을 가지고 있는 국민주권주의 하에서 헌법제정자인 국민이 헌법 제정 시에 국민대표기관을 지정하고 그 기관에게 입법권을 위임하고 있다. 법률은 국민 총의의 표현이기에 입법권을 가진 국회는 그 대표기관으로서 헌법에 의하여 지정된다. 우리 헌법도 제1조 제2항에서 "모든 권력은 국민으로부터 나온다"라고 규정하고 있으므로 이 국민에게 유래하는 입법권을 가진 국회를 국민의 헌법적 대표기관이라고 할 수 있다.

(2) 입법기관으로서의 지위

우리 헌법 제40조는 "입법권은 국회에 속한다"라고 하여 국회를 보통 입법부라고 한다. 즉 국회의 가장 본질적이고 역사적인 권한은 입법에 관한 권한이다. 그러나 국회가 입법부라고 하여 국회만이 모든 입법에 관한 권한을 독점하고 있는 것은 아니다. 정부도 법률안제출권을 가지고 있으며, 대통령은 법률안에 대한 거부권과 법률을 공포하는 권한이 있다. 더구나 국가의 사회적·경제적 기능의 확대에 따른 국가행정의 고도의 기술화로 인하여 실질적인 입법권은 국회로부터 행정부로 옮아가고 있어 이른바 통법부화(국회의 심의절차의 형식화 현상)되고 있다고 볼 수 있다.

(3) 국정감시·비판기관으로서의 지위

정당정치의 발전에 따라 국회의 지위는 정당의 대표기관으로 전락하여 국회의 국민대표기관성, 입법기관성이 약화되면서 국회의 국정감시·비판기능이 실제 정치운용상 국회의 중대한 기능으로 나타나고 있다. 우리나라는 대통령중심제를 채택하고 있기 때문에 의원내각제처럼 행정부에 대한 강력한 견제권은 없으나, 국무총리나 국무위원에 대한 국회출석요구권·질문권, 해임건의권, 국정감사권 및 조사권·국무총리인준권 및 대통령과 국무총리·국무위원에 대한 탄핵소추권의 행사 등에 의하여 행정부를 견제할 수 있다.

2. 국회의 구성과 운영

(1) 단원제와 선거

국회의 형태에는 단원제(單院制)와 양원제(兩院制)의 두 가지가 있다. 단원제는 국회가 일원만으로 구성되는 형태이고, 양원제는 이원으로 구성되는 형태이다. 우리나라는 최초에 국정처리의 신속을 위하여 단원제를 채택하였다가 제1차 헌법 개정에 의하여 양원제로 하였지만, 제3공화국 이래 다시 단원제로 환원하였다. 국회는 국민의 보통·평등·직접·비밀선거에 의하여 선출된 의원으로 구성하며 그 임기는 4년으로 한다. 국회의원의 수는 법률로써 정하며 200인 이상으로 하고, 국회의원의 선거구와 비례대표제, 기타 선거에 관한 사항은 법률로 정한다(헌법 제41조 제2항, 제3항).

(2) 국회의 내부조직

국회는 의장 1인과 부의장 2인을 선출한다(헌법 제48조). 의장이 사고 있을 때는 의장이 지정하는 부의장이 그 직무를 대신한다. 의장은 국회대표권·의사정리권·질서유지권·사무감독권 등의 권한이 있다. 또한 현대국가는 그 과제와 기능이 확대됨에 따라 입법에도 고도의 전문성과 기술성이 요구되고 있을 뿐만 아니라, 의안심의의 능률을 향상시키기 위하여 국회의원으로 구성되는 위원회제도와 교섭단체를 두고 있다. 즉 위원회란 전문적 지식을 가진 소수의원들로 하여금 의안을 예비적으로 심사·검토하게 하는 제도로서 여기에는 상임위원회와 특별위원회가 있다. 그리고 교섭단체는 의사(議事)를 능률적이고 원활하게 운영하기 위하여 정당을 같이 하는 20인 이상의 소속의원으로 구성하는 원내정당으로서 원내발언의 순서나 상임위원회 위원배정 등의 권한을 가진다.

(3) 국회의 의사에 관한 원칙

우리 헌법은 국회의 상설화를 방지하기 위하여 일정한 기간 동안만을 활동하도록 규정하고 있는데 이를 회기(會期)한다. 회기에는 정기회와 임시회가 있으며, 국회법에 의하면 정기회는 매년 9월 1일에 집회하고(국회법 제4조), 정기회의 회기는 100일을 초과할 수 없다. 또한 임시회는 필요에 따라 대통령 또는 국회의 재적의원 4분의 1이상의 요구로 집회하고 그 회기는 30일을 초과할 수 없다(헌법 제47조 제2항).

의사원칙(議事原則)에는 첫째, 회의공개의 원칙이 있다(헌법 제50조 제1항). 즉 국회의 회의는 공개를 원칙으로 하지만 출석의원 과반수의 찬성이 있거나 의장이 국가의 안전보장을 위하여 필요하다고 인정할 때에는 공개하지 아니할 수 있다는 것을 말하며, 둘째, 회기계속의 원칙은 국회에 제출된 법률안이나 기타 의안이 회기 중에 의결되지 못한 이유로 폐안되지 아니한다는 것을 말하며, 마지막으로 일사부재의(一事不再議)원칙이란 의회에서 일단 부결된 의안은 동일회기 중에 다시 발의하거나 심의하지 못한다는 것을 말한다. 이 원칙은 소수파의 의사방해를 방지하는데 효과가 있다.

한편 의사정족수는 국회를 개회하기 위한 정족수로서 국회법에 의하여 본회의는 재적의원 5분의 1이상의 출석으로 개의하며(국회법 제73조 제1항), 의결정족수는 헌법 제49조에 일반정족수에 관하여 "국회는 헌법 또는 법률에 특별한 규정이 없는 한 재적의원 과반수의 출석과 출석의원 과반수의 찬성으로 의결한다"고 규정하고 있다. 그러나 헌법개정안의 의결 · 의원의 제명 · 대통령에 대한 탄핵소추의결, 국무총리 등에 대한 해임건의발의 등에 대해서는 특별정족수가 규정되어 있다.

3. 국회의원의 지위와 특권

(1) 국회의원의 헌법상 지위

우리 헌법은 국회의원의 헌법상 지위에 관하여 명문의 규정을 두고 있지 않다. 그러나 국회의원은 국회의 구성원인 동시에 넓은 의미에 있어서 공무원이며, 또한 국민의 의사를 대표하기 위하여 국민에 의하여 선출된 자라는 점에서 국민의 대표자라고 할 수 있다. 따라서 헌법 제7조 제1항에서 규정하고 있는 것처럼 국회의원은 "국민전체에 대한 봉사자이며, 국민에 대하여 책임을 진다"라고 할 수 있다.

(2) 국회의원의 특권

국회의원은 국민전체의 대표자로서 그리고 그 직책을 효과적으로 수행하기 위하여 불체포특권(不逮捕特權)과 면책특권(免責特權)을 갖는다. 불체포특권은 현행범인인 경우를 제외하고는 회기 중 국회의 동의 없이 체포 또는 구금되지 아니하는 권리를 말하며, 단지 국회의원이 회기 전에 체포 또는 구금된 때에는 현행범인이 아닌 한 국회의 요구가 있으면 회기 중 석방하여야 한다(헌법 제44조). 또한 국회의원은 국회에서 직무상 행한 발언과 표결에 관하여 국회에서 책임을 지지 아니하며, 이것을 의원의 발의 · 표결의 면책특권이라고 한다(헌법 제45조). 이외에도 국회의원은 국회법상 상당한 보수와 여비를 받으며 국유철도 · 선박 및 항공기를 무료로 이용할 수 있는데 다만 폐회 중에는 공무의 경우에 한한다.

4. 국회의 권한

(1) 입법에 관한 권한

1) 법률제정권

우리 헌법 제40조는 "입법권은 국회에 속한다"라고 하여 국회의 입법권을 명시하고 있다. 입법권은 형식적 의미의 법률제정권으로서 의회제도 하에서 국회가 가지는 가장 본질적이고 전통적인 권한이다. 그러나 국회만이 입법에 관한 모든 행위를 배타적으로 할 수 있는 것이 아니고, 행정부의 관여를 인정하지 않을 수 없다. 즉 법률안제출권은 국회의원과 정부가 제안할 수 있으며, 국회의원이 법률안을 제안하는 경우에는 의원 10인 이상의 찬성을 얻어서 제안할 수 있고(국회법 제79조 제1항), 정부가 법률안을 제출하는 경우에는 국무회의심의를 거쳐야 한다(헌법 제52조, 헌법89조 제3호).

국회는 법률안이 제출되면 의장은 이를 본회의에 보고하고 소관 상임위원회에 회부한다. 상임위원회의 심사가 끝난 법률안은 본회의에 회부되어 심의 · 결의한다. 이렇게 의결된 법률안은 정부로 이송되어 15일 이내에 대통령이 서명 · 공포하여야 하며, 만약 이의가 있는 때에는 대통령은 이의서를 첨부하여 국회로 환부하고 그 재의를 요구할 수 있다. 법률은 특별한 규정이 없는 한 공포한 후 20일을 경과함으로써 그 효력을 발생한다(헌법 제53조, 제1항, 제7항).

2) 법률제정 이외의 입법에 관한 권한

국회는 헌법 개정에 관하여 제안권과 의결권을 가지며, 대통령의 조약준비에 앞서 헌법에 정한 중요 조약에 대해서 동의권도 가진다.

(2) 재정에 관한 권한

국회는 재정입법권을 가지며 조세법률주의(租稅法律主義)를 채택하고 있다. 즉 조세의 종목과 세율은 법률로 정하도록 하고 있을 뿐만 아니라, 조세에 대하여 매년 의결을 요하는 일년세주의(一年稅主義)가 아닌, 영구세주의(永久稅主義)를 채택하는 등 재정의 민주화를 위하여 국회의결주의를 재정에 관한 기본적인 헌법원칙으로 선언하고 있다. 그리고 국회는 정부가 제출한 예산안에 대하여 회계연도개시일 30일 전까지 의결로 확정하는 예산안심의확정권(헌법 제54조 제2항)이 있지만, 예산안의 증액수정이나 새로운 조항의 설치는 정부의 동의 없이 할 수 없다. 한편 국회는 정부재정행위에 대한 동의권과 승인권 이외에 기채동의권, 계속비의결권, 국가부담이 될 계약체결에 대한 동의권을 가진다.

(3) **일반국정에 관한 권한**

국민의 대표기관인 국회는 행정부와 사법부의 권력남용을 방지하고 그 권력의 합리적인 행사를 보장하기 위하여 이들 기관에 대한 감시 · 비판 · 견제가 필요한데 이를 국정통제권(國政統制權)이라고 한다. 여기에 해당하는 국회의 권한으로는 국무총리임명에 대한 동의권, 국무총리와 국무위원에 대한 해임건의권, 국정감사 및 국정조사권, 조약체결 · 비준에 대한 동의권, 선전포고 및 국군의 해외파견 · 외국군 주둔에 대한 동의권, 일반사면에 대한 동의권, 계엄해제요구권, 긴급재정경제처분 · 명령 및 긴급명령에 대한 승인권 등이 있다.

(4) **국회의 자율적 권한**

국회는 헌법과 법률에 위배되지 않는 범위 내에서 의사와 내부규율에 관한 규칙을 제정할 수 있다. 또한 의사진행에 관한 자율권을 가지고 있으며 내부 경찰권과 내부조직권 등을 가지고 국회의원의 신분에 관한 사항을 심의할 권한을 가지고 있다. 국회에 이러한 권한을 인정하는 것은 국회가 국민의 대표기관성과 집행 및 사법에 대한 입법의 논리적 우위에 있기 때문이다.

V. 사 법 부

1. 법원의 헌법상 지위

(1) **사법기관으로서 지위**

우리 헌법 제101조 제1항은 "사법권은 법관으로 구성된 법원에 속한다"라고 하여 법원사법(法院司法)의 원칙을 규정하고 있다. 즉 법원은 법관으로 구성되고 소송절차에 따라 사법권의 행사를 본래 직무로 하는 기관임을 명백히 하고 있다.

(2) **중립적 권력으로서의 지위**

일반적으로 정당국가에서는 입법부와 행정부가 정당에 의하여 사실상 통합되고 그 지배하에 놓여 있기 때문에, 이러한 정치적 권력으로부터 국민의 자유와 권리를 보장하기 위하여 오늘날 사법권의 독립이 강력하게 요구된다. 즉 입법부와 행정부가 정치적 권력을 행사하는 국가기관이라고 하면, 사법부는 이들로부터 분리 · 독립된 중립적 기관으로서 이를 제3의 권력행사를 위한 국가기관이라고 한다.

(3) **헌법의 수호자로서의 지위**

법원은 법치국가의 요청에 따라 헌법재판소를 통하여 의회다수파의 횡포와 그 자의적인 입법으로부터 헌법을 수호할 뿐만 아니라, 행정재판을 통하여 집행부의 자의적인 권력발동을 견제함으로써 헌법수호자의 역할을 담당하고 있다.

(4) 기본권보장자로서의 지위

사법부는 국민의 기본권이 국가권력에 의해 침해될 경우에 그 사법적 보장을 위한 기관이다. 특히 행정부에 의하여 국민의 기본권이 침해되는 경우에는 법원이 명령 · 규칙 · 처분의 위헌 · 위헌심사를 통하여 국민의 권익을 보호하는 역할을 수행한다.

2. 사법권의 독립

사법권의 독립을 위해서는 사법권을 담당하는 기관인 법원의 독립과 재판을 담당하는 법관의 독립이 제도적으로 보장되어야 한다. 이를 위하여 우리 헌법 제101조 제1항은 “사법권은 법관으로 구성된 법원에 속한다”라고 규정하여 입법부와 행정부로부터 법원의 독립을 규정하고 있을 뿐만 아니라, 제103조에 “법관은 헌법과 법률에 의하여 그 양심에 따라 독립하여 심판한다”고 하여 법관의 직무상 독립을 보장하고 있다. 나아가 제106조 제1항은 법관의 신분보장을 규정하여 법관의 신분상 독립을 보장하고 있다. 따라서 사법권의 독립은 궁극적으로 재판독립의 원칙 내지는 판결의 자유를 목표로 한다고 볼 수 있다.

3. 법원의 조직

(1) 대 법 원

대법원은 대법원장과 대법관으로 구성되지만, 법률이 정하는 바에 의하여 대법관이 아닌 법관을 둘 수 있다. 대법원의 법관구성을 이원화한 것은 최고법관의 운영의 합리화와 재판의 신속을 기하기 위한 것이다. 대법원장은 국회의 동의를 얻어 대통령이 임명하고, 또한 대법관은 대법원장의 제청에 의하여 대통령이 임명한다(헌법 제104조). 대법관의 수는 대법원장을 포함하여 14인으로 한다. 대법원의 심판은 대법관 전원의 3분의 2이상의 합의체에서 행하며, 일부의 사건을 제외하고는 대법관 3인 이상으로 구성된 부에서 먼저 사건을 심리하여 의견이 일치한 때 한하여 재판할 수 있다. 대법원의 심판사건은 상고사건, 고등법원의 결정 · 명령 및 지방법원 본원합의부와 가정법원 본원합의부의 제2심 결정 · 명령에 대한 항고사건, 법률에 의하여 대법원의 권한에 속하는 사건(선거소송) 등이 있다.

(2) **고등법원**

고등법원은 고등법원장과 대법원규칙으로 정한 인원수의 판사로 구성한다. 고등법원장은 그 법원의 사법행정사무를 관장하며 소속공무원을 지휘 · 감독한다. 고등법원에는 고등법원장과 부를 둔다. 고등법원의 심판사건은 지방법원합의부 · 가정법원합의부 또는 행정법원의 제1심판결에 대한 항소사건, 지방법원합의부 · 가정법원합의부 또는 행정법원의 제1심 심판 · 결정 · 명령에 대한 항고사건, 다른 법률에 의하여 고등법원의 권한에 속하는 사건 등이며, 이들 사건은 판사 3인으로 구성된 합의부에서 행한다.

(3) **특허법원**

특허법원은 특허법원장과 판사를 두며 그 판사의 수는 대법원규칙으로 정한다. 특허법원장은 그 법원의 사법행정사무를 관장하며 소속공무원을 지휘 · 감독한다. 특허법원의 심판사건은 특허법 · 실용신안법 · 디자인보호법 · 상표법이 정하는 제1심 사건과 다른 법률에 의하여 특허법원의 권한에 속하는 사건 등이다.

(4) **지방법원**

지방법원의 심판은 단독판사가 행하며, 합의재판을 요하는 사건은 판사 3인으로 구성된 합의부에서 행한다. 지방법원 및 지방법원지원 합의부에서는 합의부가 심판할 것으로 스스로 결정한 사건, 대법원 규칙으로 정한 민사사건, 사형 · 무기 또는 단기 1년 이상의 징역 또는 금고에 해당하는 사건, 지방법원 판사에 대한 제척 · 기피사건, 다른 법률에 의하여 지방법원합의부의 권한에 속하는 사건 등이다.

(5) **행정법원**

행정법원은 행정소송사건을 담당하기 위하여 설치된 법원으로서 판사를 두며 그 판사의 수는 대법원규칙으로 정한다. 그 심판은 판사 3인으로 구성된 합의부에서 행하며, 행정법원은 행정소송법에서 정한 행정사건과 다른 법률에 의하여 행정법원의 권한에 속하는 사건을 제1심으로 심판한다.

(6) **군사법원**

군사법원은 헌법상 특별히 인정하는 유일한 특별법원이다. 군사법원의 조직 · 권한 및 재판관의 자격은 법률로 정하며, 대법원의 하급법원으로서의 지위를 가진다. 따라서 군사법원의 상고심은 대법원이며, 군사재판은 비상계엄 하의 단심제(單審制)를 제외하고는 대법원에 상고가 가능하다.

4. 사법절차와 운영

(1) 재판의 심급제도

헌법은 법원을 최고법원인 대법원과 각급법원으로 조직하게 함으로써 간접적으로 상하의 심급제(審級制)를 규정하고 있고, 법원조직법은 법원의 심판권과 관련하여 3심제를 규정하고 있다. 이처럼 3심제를 규정하고 있는 것은 소송절차를 신중하게 함으로써 공정한 재판을 보장하려고 하는 데 그 목적이 있다. 그러나 특허소송과 행정소송은 2심제를 채택하고 있으며, 선거소송과 비상계엄하의 군사재판은 단심제를 채택하고 있다.

(2) 재판의 공개제도

우리 헌법 제109조는 "재판의 심리와 판결에 관하여 공개하여야 한다"고 하여 공개주의(公開主義)를 원칙으로 하고 있다. 재판의 공개주의는 소송의 심리와 판결을 공개함으로써 여론의 감시 하에 재판의 공정성을 확보하고, 재판에 대한 국민의 신뢰를 확보하려는 데 그 의의가 있다. 그러나 그 심리가 국가의 안정보장 또는 안녕질서를 해하거나 선량한 풍속을 해할 염려가 있는 때에는 법원은 결정으로 공개를 하지 아니할 수도 있지만, 다만 판결의 선고는 공개하여야 한다.

Ⅵ. 헌법재판소

1. 헌법재판소의 헌법상 지위

헌법재판소는 헌법문제에 관한 분쟁을 사법적 절차에 따라 처리하는 최고의 헌법보장기관으로서, 위헌법률심사, 정당해산심판, 탄핵심판, 권한쟁의심판, 헌법소원, 선거소송심판 등을 하는 국가기관을 말한다.

2. 헌법재판소의 구성

헌법재판소는 헌법재판소장을 포함한 법관의 자격을 가진 9인의 재판관으로 구성하며 재판관은 대통령이 임명한다(헌법 제111조 제4항 참조). 재판관 중 3인은 국회에서 선출하는 자를, 3인은 대법원장이 지명하는 자를 임명하며, 재판관의 임기는 6년으로 하며 법률이 정하는 바에 의하여 연임할 수 있다(헌법 제105조 제3항). 헌법재판소의 조직과 운영 기타 필요한 사항은 헌법재판소법에 규정되어 있다.

3. 헌법재판소의 권한

(1) 위헌법률심판권

헌법재판소는 국회가 만든 법률이 헌법에 위반되는지 여부를 심사하여 헌법에 위반되는 경우 그 법률의 효력을 잃게 하거나 적용하지 못하게 하여 입법권에 대한 통제를 하는 기능을 한다. 위헌법률신청은 당해 사건을 담당하는 법원의 직권 또는 당사자의 신청에 의해서 할 수 있으며, 위헌결정을 받은 법률 또는 조항은 그 결정이 있은 날로부터 효력을 상실한다(헌법재판소법 제47조 제2항).

(2) 탄핵심판권

헌법재판소는 국회의 의결에 의하여 소추된 탄핵을 심판한다. 즉 형벌 또는 보통의 징계절차로 처벌하기 곤란한 고위공무원이나 특수 직위에 있는 자에 대한 국회의 탄핵소추에 의해 헌법재판관 9인 중 6인의 찬성으로 탄핵을 결정하는 심판을 탄핵심판권이라고 한다. 탄핵결정의 효력은 공직으로부터의 파면에 그치지만, 민사상·형사상의 책임을 면하는 것은 아니다. 탄핵결정을 받은 자는 그 선고를 받은 날로부터 5년이 경과하지 아니하면 공무원이 될 수 없다(헌법재판소법 제54조).

(3) 정당해산심판권

헌법재판소는 정당의 목적이나 활동이 민주적 기본질서에 위배될 때 정부의 제소에 의하여 정당을 해산시키는 정당해산심판권을 가진다. 헌법재판소의 재판관 6인의 찬성에 의하여 정당의 해산을 명하는 결정을 선고하면 이에 따라 그 정당은 해산되며 중앙선거관리위원회는 그 정당의 등록을 말소하고 이를 공고하는 등 구체적인 집행을 하여야 한다(헌법재판소법 제60조).

(4) 기관별 권한쟁의심판권

국가기관 상호간, 국가기관과 지방자치단체간 및 지방자치단체 상호간에 권한쟁의가 있는 경우에는 헌법재판소에 제소하여 심판을 받을 수 있다.

(5) 헌법소원심판권

헌법소원은 공권력에 의하여 국민의 기본권이 침해된 경우에 헌법재판소에 제기하는 기본권 구제수단이다. 그러나 헌법소원은 공권력에 의한 기본권침해가 다른 방법에 의하여 구제받을 수 있는 경우에는 그 청구를 할 수 없으며, 청구할 수 있는 기간은 기본권의 침해사유를 안 날로부터 90일 이내 또는 그 사유가 있은 날로부터 1년 이내에만 청구를 할 수 있도록 제한하고 있다(헌법재판소법 제69조).

제 2 장

행 정 법

제 1 절 행정과 행정법

Ⅰ. 행정의 의의

행정법을 간단히 정의하면 행정에 관한 법체계라고 한다. 따라서 행정이 무엇인가를 명확히 할 필요가 있다. 행정의 개념을 국가작용의 성질상 구분하면 다음과 같다. 즉 입법은 국민의 권리 · 의무에 관한 일반적이고 추상적으로 규정한 조직과 작용에 관한 것이고, 행정과 사법은 이것을 구체적인 경우에 적용하고 집행하는 작용에 관한 것을 말한다. 또한 이 가운데 사법이 국민의 권리 · 의무에 관한 분쟁해결을 목적으로 작용하는 데 반하여, 행정은 이것 이외의 법의 집행작용에 관한 것이라고 할 수 있다.

이와 같은 작용의 구분은 권력분립의 결과 성립된 것이기 때문에 국가작용 가운데 우선 입법작용은 국민대표기관인 의회에서 행해지며, 사법작용은 분쟁해결에 적합한 절차에 따라서 독립된 법원에 의해서 행해지고, 그리고 남겨진 행정작용은 정부가 담당하게 된다. 이러한 역사적 사실에 비춰보면, 행정은 법의 적용 내지는 집행의 작용 가운데 사법을 제외한 부분이라고 정의하는 것이 일반적이다. 이와 같은 정의방식을 소극설 또는 공제설(控除說)이라 부르지만, 이것에 대해서 행정을 적극적으로 정의하려고 하는 시도가 행해지고 있지만 아직도 성공했다고 볼 수 없다. 이러한 의미의 행정 가운데도 매우 다종다양한 작용이 포함되어 있지만, 최근의 학설에 따라서 다음과 같은 3개의 종류로 구분하여 설명하는 것이 타당하다고 할 수 있다.

1. 침해행정

공공의 목적을 위하여 공권력을 가지고 국민의 자유나 재산 박탈을 내용으로 하는 작용으로서 조세부과 · 징수 및 토지의 수용 등이 그 전형적인 예이다.

2. 규제행정

사회경제생활에 있어서 이해의 조정을 목적으로 국민의 자유나 재산에 제한을 가하는 것을 내용으로 하는 작용이다. 전통적인 경찰행정의 작용, 즉 사회공공의 질서와 안전유지를 목적으로 하는 작용이 그 중심이 되지만 그것에 그치지 않고, 경제통제나 독점금지 나아가 공해규제의 작용 등도 포함된다.

3. 급부행정

국민에게 정신적 · 물질적 이익을 공여하는 것을 내용으로 하는 작용이다. 이 가운데에는 국가 스스로 사업을 영위하여 국민에게 편익을 제공하는 경우(국유철도, 박물관 등), 경제정책적 관점으로부터 민간사업의 조성을 위하여 보조금 등을 교부하는 경우, 복지국가적 관점으로부터 국민에게 물질적 이익을 공여하는 경우(교과서의 무상교부, 학교급식, 실업수당, 생활보호 등) 등이 있다.

그런데 근대행정의 특색은 법률에 근거하여 행해지지 않으면 안 된다고 하는 점에 있다. 이것을 법치주의 또는 법률에 의한 행정의 원리라고 한다. 근대이전의 국가에 있어서는 국왕이 법률에 근거 없이 자의적으로 국민의 자유와 재산권 행사에 개입하는 경우가 많았다. 이것에 대하여 입법권을 국민대표기관인 의회에 그 권한으로 부여하고 의회가 제정한 법률에 따라 국가권력의 행사를 규율하여 국민의 자유와 재산을 보호하며 국민생활의 법적 안정성과 예측가능성을 갖기 위한 것에 권력분립의 목적이 있었던 것이다. 우리 헌법이 채용하고 있는 권력분립 가운데도 이러한 원리가 당연히 포함되어 있다. 이 원리의 지배하에 국민은 물론 국가도 법률에 의해서 구속되기 때문에 행정권 행사에 있어서 국가와 국민의 관계는 단순한 권력관계가 아닌 법률관계에 있다고 할 수 있다.

Ⅱ. 행 정 법

1. 행정법의 의의

행정법은 일반적으로 행정에 관한 국내 공법을 말한다. 그러나 행정에 관한 모든 법이 행정법이 아니라 행정에 적용되는 법규 중에서 다른 법의 분야로부터 독립되고 그 자체로서 행정권의 조직 · 작용 · 구제에 관한 고유한 법의 한 체계를 이루는 행정에 관한 특유한 국내 공법을 의미한다.

(1) 행정법은 행정에 관한 법이다.

행정법은 국가 · 공공단체 등의 행정주체의 조직과 행정주체와 국민과의 관계 및 행정주체 상호간의 관계를 규율하는 법으로서 행정을 중심관념으로 한다. 여기서 행정은 실질적 의미의 행정을 의미하는데, 이 의미에서 행정법은 헌법 · 입법법 · 사법법 · 형법 · 소송법과 구별되고 관련성이 있다.

(2) 행정법은 행정에 관한 고유한 공법이다.

행정법은 행정권의 조직과 작용 및 구제에 관한 국내법의 전부를 의미하는 것이 아니라 행정관계에 특수하고 고유한 법만을 말한다. 따라서 행정법이 공법이라고 하는 것은 행정에 관한 법 중, 공법적 성질을 가지는 법만을 의미하기 때문에 행정주체의 사법적 작용, 즉 행정주체의 국고작용과 같이 사인(私人)과 같은 지위에서 사적 행위를 행하는 경우에는 사법(私法)의 적용을 받게 된다.

(3) 행정법은 행정에 관한 국내법이다.

행정법은 행정에 관한 국내법으로서 국제법과 구별된다. 그러나 우리 헌법 제6조 제1항은 "헌법에 의하여 체결 · 공포된 조약과 일반적으로 승인된 국제법규는 국내법과 같은 효력을 가진다"라고 규정하고 있어, 이러한 요건을 충족하는 국제조약 · 국제법규로서 행정에 관한 것은 행정법의 일부를 구성하게 된다.

2. 행정법의 특성

행정법은 행정이라는 공익을 실현하기 위한 작용이라는 점에서 그 공익목적을 달성하기 위하여 행정주체에게 실정법상 일정한 특권 또는 우월적 지위를 인정할 뿐만 아니라, 행정권은 사적 관계에 비하여 엄격한 법적 기속(羈束)을 받기 때문에 여러 가지 특성을 갖고 있다.

(1) 공 정 력

공법관계에 있어서 행정주체의 행위는 당연 무효인 경우를 제외하고 만약 하자(瑕疵)가 있는 경우라 하더라도 일단은 효력이 발생하며 취소권 있는 기관이 취소할 때까지는 아무도 그 효력을 부정할 수 없다. 이러한 공정력(公定力)은 행정법이 행정주체에 대하여 우월한 법적 지위를 인정하는 것에서 기인한다고 할 수 있다.

(2) 확 정 력

행정행위는 중대한 하자가 아닌 한 일정기간이 도과하거나 또는 그 성질로 인하여 취소할 수 없는 경우에는 법률관계의 안정성을 확보하기 위하여 그 확정력(確定力)을 인정하여야 한다. 행정행위의 확정력은 형식적으로 불가쟁력(不可爭力)과 실질적으로 불가변력(不可變力)으로 구분할 수 있다. 즉 불가쟁력이란 하자 있는 행정행위는 그에 대한 불복기간이 경과되거나 쟁송절차가 모두 경료된 경우에는 더 이상 그 효력을 다툴 수 없게 되는 것을 의미한다. 이에 대해 불가변력이란, 일정한 경우에 행정청 자신도 직권으로 자유로이 당해 행정행위를 취소 · 변경 · 철회할 수 없는 효력을 말한다.

(3) 강 행 성

행정법은 다수의 일반국민에 대하여 평등실현 및 행정주체의사의 실효성을 확보하기 위하여 획일적이고 강행적으로 처리함이 원칙이다. 따라서 행정주체의 의사에 위배되는 행위에 대하여는 법원을 거치지 않고, 행정청이 일정한 제재를 과하거나 당해 행정청에 의한 강제집행이 허용된다. 이러한 행정청에 의한 제재는 행정상 의무의 위배에 대한 행정형벌 또는 질서벌이 있다. 또한 의무불이행에 대한 강제집행으로는 대집행이나 강제징수 등의 방법이 있다.

(4) 권리 · 의무의 특수성

사법관계에 있어서의 권리 · 의무는 당사자의 상반되는 이해관계를 내용으로 하는 데 반하여, 공법관계에 있어서 권리 · 의무관계는 그 행사가 공익실현과 밀접한 관계를 가지기 때문에 권리가 동시에 의무라는 상대적 성질을 가지는 경우가 적지 않다. 따라서 그 이전 · 포기가 제한되고 그에 대한 특별한 보호와 강제가 과하여지는 등의 법적 특수성을 가지게 된다.

(5) 권리구제절차의 특수성

1) 절차적 구제

행정소송에서의 제1심 관할법원은 지방법원에 해당하는 행정법원이다. 다만 행정사건의 특수성을 고려하여 행정심판을 할 수 있도록 규정하여 행정심판의 전치(前置)를 임의적 절차로 하고 있는 이외에도 단기제소기간, 행정법원의 관할 등 민사소송과 다른 특수한 효력이 인정되고 있다.

2) 실체적 구제

행정주체의 적법한 공권력작용으로 인하여 개인에게 특별한 희생이 발생한 경우에는 행정상 적정한 손실보전을 청구할 수 있다. 또한 공무원의 직무상 불법행위 또는 공공시설의 설치 · 관리상의 하자로 말미암아 타인에게 손해를 발생하게 한 경우에는 국가배상법에 따라 행정상 손해배상을 청구하여 구제받을 수 있지만 그 본질에 있어서 많은 특수성이 인정된다.

3. 행정법의 기본원리

(1) 법치행정의 원리

법치행정은 법치주의의 행정적 측면으로서 행정은 의회가 제정한 법률에 구속되어야 하고, 이를 위반해서 국민의 자유와 권리를 침해하면 재판을 통하여 사법적 구제가 마련되어야 한다는 정치원리를 말한다. 따라서 법치행정의 원리란 행정의 조직과 작용 · 구제에 관한 것들은 모두 제정법에 의해서 법적 구속을 받는다는 원칙이다. 이것은 국민의 자유와 권리를 보장하기 위하여 법률로 행정을 규제함으로써 그 자의를 막으려는 데에 근본적인 취지가 있다. 이러한 관점에서 자유주의이념에 기초한 법치주의는 행정법성립의 전제조건인 동시에 가장 중요한 기본원리가 되고 있다.

(2) 민주행정의 원리

우리 헌법 제1조는 "대한민국이 민주공화국이며, 주권은 국민에게 있고 모든 권력은 국민으로부터 나온다"고 규정하여, 민주주의가 국가 또는 행정의 기본원리임을 명백히 하고 있다. 또한 행정담당자인 공무원에게 국민전체에 대한 봉사자(헌법 제7조 제1항)로서 헌법에 규정한 것은 행정의 민주성을 잘 표현하고 있다고 볼 수 있다.

(3) 복지행정의 원리

복지국가는 모든 국민들에게 인간다운 최소한의 삶을 보장할 뿐만 아니라, 더 나아가 보다 발전된 단계를 향하여 국민들의 삶의 질을 계속 향상시켜 나아가는 것을 지향하는 국가를 말한다. 따라서 복지행정이란 국가가 적극적으로 국민생활에 관여하여 국민의 인간다운 생활을 보장하려는 행정을 말한다. 우리 헌법 제34조에서 "모든 국민은 인간다운 생활을 할 권리를 가진다", "국가는 사회보장 · 사회복지의 증진에 노력할 의무를 진다"고 하여 우리나라가 복지국가임을 밝히고 있다.

(4) 지방분권주의

우리 헌법 제117조 제1항은 "지방자치단체는 주민의 복리에 관한 사무를 처리하고, 재산을 관리하며 법령의 범위 안에서 자치에 관한 규정을 제정할 수 있다"고 하여, 지방자치단체의 존재를 전제로 지방자치행정의 수행을 보장하고 있다. 이것은 지방적 사무를 중앙행정조직에서 분리시켜 지방자치단체가 그 주민의 의사에 따라 처리하도록 함으로써 지방행정의 민주화와 효율화를 도모하고 있다.

(5) 사법국가주의

우리 행정법은 행정의 특수성을 인정하여 행정에 대한 재판을 행정법원에서 취급하는 대륙법계의 행정국가주의를 지양하고, 영미식의 사법국가주의를 채택하여 행정사건도 원칙적으로 일반법원이 담당하도록 하고 있다. 특히 1998년 행정법의 개정에 의하여 행정심판전치주의를 폐지하여 사법국가성을 강화하였다.

제 2 절 행정조직법

Ⅰ. 행정주체

행정은 공공에 대한 서비스 활동이다. 즉 사회구성원의 이익을 위한 활동 중에서 특정한 개인이 수행할 수 없는 활동을 일정한 단체를 조직하여 사회전체의 힘으로 실현하려고 하는 작용이기 때문에 행정의 담당자는 특정한 개인일 수가 없다. 사회구성원에 의하여 조직된 단체가 그 활동을 수행해야만 하는 이유가 여기에 있다. 즉 행정을 수행할 권리와 의무를 가지고, 자기의 이름과 책임으로 행정을 수행하는 단체를 행정주체라고 부른다.

행정주체가 행정을 수행하기 위하여 각종의 행정기관을 설치하고 일정한 범위의 행정사무를 담당하게 하며 서로간의 관계를 체계적으로 편성하고 조직한 것을 행정조직이라고 한다. 이에 관한 법률이 행정조직법이다. 행정조직법에는 국가행정조직법과 공공단체의 행정조직법이 있다.

1. 국가행정조직법

국가행정기관은 대통령을 수반으로 하는 중앙행정기관과 일정한 관할구역 안에서 국가지방사무를 관장하는 지방행정기관이 있다. 이러한 행정기관조직을 위한 법적 근거로서 헌법과 정부조직법이 일반법으로 존재하며, 각 기관의 설치에 관한 법이 단일법으로 존재한다.

(1) 중앙행정기관

국가의 중앙행정기관은 그 권한이 전국에 미치는 행정기관을 말하며 여기에는 대통령, 국무회의 · 국무총리 및 행정 각부가 있다.

1) 대 통 령

대통령은 국가원수와 정부수반으로서 중앙행정관청의 정점에 있으며, 그 산하에 감사원과 국가정보원이 직속되어 있다. 그 외에 헌법상 자문기관으로서 국가원로자문회의, 국가안전보장회의, 민주평화통일자문회의, 국민경제자문회의 등이 있고, 보조 · 집행기관으로서 대통령비서실, 대통령경호실, 국가안보실, 방송통신위원회가 대통령에 직속되어 있다.

2) 국무회의

국무회의는 행정에 관한 최고의 행정심의기구로서 정부의 권한에 속하는 중요한 정책을 심의한다. 다만 국무회의의 심의결과는 대통령을 구속하지 못하므로 국무회의는 일종의 자문기관의 성질을 가진다.

3) 국무총리

대통령의 행정에 관한 권한을 전반적으로 보좌하며, 각부 장관의 상급관청의 지위에서 여러 가지 권한을 가진다. 국무총리직속의 중앙행정관청으로서 국무총리실, 법제처, 국가보훈처, 인사혁신처, 식품의약품안전처, 공정거래위원회, 금융위원회, 국민권익위원회, 원자력위원회 등이 있고, 보조기관으로서 국무총리비서실, 국무조정실 등이 있다.

4) 행정 각부

행정 각부는 대통령 및 그의 명을 받는 국무총리의 통할 아래 정부의 권한에 속하여 행정사무를 분장 · 수행하는 중앙행정기관이 있다. 현재 기획재정부 · 과학기술정보통신부 · 교육부 · 외교부 · 통일부 · 법무부 · 국방부 · 행정안전부 · 문화체육관광부 · 농림축산식품부 · 산업통상자원부 · 보건복지부 · 환경부 · 고용노동부 · 여성가족부 · 국토교통부 · 해양수산부, 중소벤처기업부 등 18개의 행정 각부가 있다. 행정 각부장관에 소속하는 중앙행정기관으로서 청(廳)과 외국(外局)이 있으며, 이들은 제2차적 중앙행정기관이다.

5) 독립중앙행정기관 및 행정위원회

국가의 행정조직 중, 헌법상 독립된 중앙행정관청으로서 중앙선거관리위원회는 그 직무권한의 성질상 어느 정도의 독립성을 가지며 대통령이나 소관 부·장관도 그 권한행사를 지휘·감독할 수 없는 기관을 말한다. 또한 형식적으로는 중앙행정기관에 속하지만 실질적으로는 상대적 독립성을 가진 합의제 행정관청으로서 각종의 행정위원회가 있다.

(2) 지방행정기관

지방행정기관은 어느 특정한 중앙관청에 소속되지 않고 일정한 관할 구역 내에서 일반적인 국가행정사무를 관장하는 보통지방행정기관과 어느 특정한 중앙관청에 소속되어 그 관청의 주관 사무만을 관장하는 특별지방행정기관이 있다.

1) 보통지방행정기관

우리나라는 보통지방행정기관을 따로 설치하지 아니하고 지방행정을 국가와는 별개의 행정주체인 지방자치단체의 장에게 위임하고 있다. 즉 서울특별시장, 부산·인천·대구·광주·대전·울산의 각 광역시장, 도지사 및 시장, 군수나 또는 하부기관의 구청장, 읍장, 면장 등에게 위임하여 행한다.

2) 특별지방행정기관

중앙행정기관이 그 소관 사무를 분장하기 위하여 필요할 때에는 대통령령으로 특별지방행정기관을 설치할 수 있다. 현재 설치된 기관으로는 지방우정청, 지방교정청, 유역환경청, 지방환경청, 지방고용노동청, 지방국토관리청, 지방해양수산청, 지방보훈청, 지방식품의약품안전청, 지방해양경찰청, 지방국세청, 세관, 지방조달청, 지방통계청, 고등지방검찰청, 지방병무청, 지방경찰청, 지방산림청, 지방중소벤처기업청, 지방기상청이 있다.

2. 자치행정조직법

(1) 자치행정

1) 자치행정의 의의

자치행정은 관치행정(官治行政)의 대립되는 개념으로서, 독립적 법인격을 가진 공법인이 국가로부터 독립하여 그 구성원의 공공복리를 위하여 자체의 사무를 하는 행정을 말한다. 자치행정은 보통 제한된 일정한 지역 내에서 행하므로 지방자치행정 또는 지방자치라고도 한다. 이러한 자치행정에는 지방자치단체와 공공단체가 있다.

2) 공공단체

공공단체는 국가로부터 그 존립의 목적이 부여된 법인을 말한다. 공공단체는 국가의 의사에 의하여 설립되고 조직되며, 그 목적이 법률에 규정되어 있어 존립과 가입이 강제되며 국가적 공권이 부여된 행정주체이다. 이러한 공공단체는 그 구성에 따라서 지방공공단체, 공공조합, 영조물법인 등이 있다.

지방자치단체는 일정한 지역과 주민을 그 구성요소로 하고 지역 내의 모든 주민에 대하여 법률이 인정하는 범위 내에서 지배권을 가지는 단체이고, 공공조합은 일정한 조합원으로 결합된 인적 단체로서 자치권이 부여되는 공법상의 사단법인으로 농업 · 축산업 · 수산업협동조합, 상공회의소가 있다. 또한 영조물법인은 특정한 행정목적을 계속적으로 수행하기 위하여 독립된 인격이 부여된 공법상의 재단법인을 말하며 여기에는 한국은행, 한국토지주택공사, 한국조폐공사, 한국방송공사 등이 있다.

3) 지방자치단체

우리 헌법은 민주주의 기본원칙에 의하여 제117조와 제118조에 지방자치에 관한 규정을 두어 이를 헌법적으로 보호하고 있다. 또한 지방자치단체의 종류와 지방의회의 조직 · 권한 · 의원선거 · 지방자치단체장의 선임방법 기타 상세한 사항은 지방자치법에 규정하고 있다.

3. 공 무 원

(1) 공무원의 개념

공무원은 국가 또는 지방자치단체와 공법상 근무관계에 있는 모든 자로서 공무담당의 기관구성자를 말한다. 즉 선거에 의하든 사법상 계약에 의하든 각종 공무원법상 공무원이 이에 해당한다. 우리 헌법 제7조 제1항에서 "공무원은 국민전체에 대한 봉사자이며, 국민에 대하여 책임을 진다"고 규정하여, 모든 공무원의 정치적 중립과 국민의 수임자로서 국민에 대하여 봉사하고 책임자로서의 지위를 명확히 하고 있다.

(2) 공무원의 종류

1) 국가공무원과 지방공무원

국가공무원은 국가에 의하여 임명되어 국가의 사무를 담당하고 국가로부터 보수를 받는 자를 말하며, 지방공무원은 지방자치단체에 의하여 임명되어 자치단체의 사무를 담당하며 자치단체로부터 보수가 지급되는 공무원을 말한다. 즉 국가공무원과 지방공무원은 그 임명주체 · 담당사무 · 보수지급 등에 의하여 구분된다.

2) 경력직공무원과 특수경력직공무원

국가공무원법과 지방공무원법은 공무원의 직무내용 · 임용자격 및 신분보장 등을 고려하여 공무원을 경력직과 특수경력직으로 구분하고, 경력직을 다시 일반직 · 특수직 및 기능직으로 나누며, 특수경력직은 정무직 · 별정직 · 전문직 및 고용직으로 구분한다.

3) 입법공무원 · 사법공무원 · 행정공무원

국가권력기관의 구분에 따른 공무원의 구분이다.

(3) 공무원의 권리와 의무 및 책임

1) 공무원의 권리

공무원은 법령이 정하는 사유와 절차에 의하지 않고는 그 신분과 직위로부터 일방적으로 해제되거나 그 직위에 속하는 직무의 집행을 방해당하지 아니하는 권리를 가진다. 또한 공무원은 국가나 지방자치단체에 대하여 보수청구권을 가지며, 이 권리는 양도나 포기할 수 없다.

2) 공무원의 의무

공무원의 의무와 종류는 공무원의 종류에 따라 다르나, 모든 공무원은 국민 전체에 대한 봉사자로서 직무를 민주적이고 능률적으로 수행해야 하기 때문에 일반적으로 다음과 같은 많은 의무가 부과되어 있다. 즉 취임할 때에 법령이 정하는 바에 따라 하는 선서의무, 공익실현을 위해서 성실히 근무해야 할 성실의무, 그리고 직무상 의무로서 법령준수의무, 복종의무, 직무전념의무, 친절봉사의무, 비밀엄수의무, 품위유지의무, 청렴의무 등이 있다.

3) 공무원의 책임

공무원의 책임은 공무원이 의무에 위반하여 위법행위를 하거나 부당한 행위를 한 경우에 법률상의 불이익한 제재를 말한다. 이러한 제재로는 행정법상의 책임(징계책임, 변상책임), 형사법상의 책임, 민사법상의 책임이 있다.

제3절 행정작용법

Ⅰ. 개 설

행정이 질서유지라는 소극적인 임무만을 띠고 있던 때에는 그 행정작용 역시 단순하고 파악하기 용이하였다. 그러나 20세기에 들어와 사회국가의 원칙에 따라 국가의 행정기능이 확대됨에 따라 행정작용 역시 다양해지고 있다. 이러한 다양한 행정작용을 일정한 기준에 따라, 즉 형식 · 목적 · 주체 · 방향 · 수단으로 분류하여 행정의 모습을 법적 관점에서 체계 있게 파악하려는 것이 행정작용법의 목적이다. 즉 행정작용법이란 행정주체인 행정기관이 행정상 목적을 실현하기 위하여 법률에 따라서 행하는 모든 활동을 말한다.

Ⅱ. 행정행위

1. 행정행위의 의의

행정행위는 실정법상의 개념이 아니라 학문상 개념으로서 통설에 의하면, 행정청이 구체적 사실에 관한 법집행으로 행하는 권력적 · 단독적 공법행위를 말한다. 따라서 행정행위는 실정법상으로는 허가 · 인가 · 면허 · 특허 · 금지 · 승인 · 면제 또는 행정처분 등의 용어로 쓰이며, 이러한 행위는 당사자간의 행위인 사법상 법률행위와는 달리 공정성, 강제성, 불가쟁성 및 불가변성, 권리 · 의무의 특수성을 갖는다.

2. 행정행위의 종류

(1) 법률행위적 행정행위와 준법률행위적 행정행위

행정행위의 구성요소 내지는 법률적 효과의 발생 원인을 기준으로 법률행위적 행정행위와 준법률행위적 행정행위로 분류한다. 법률행위적 행정행위는 행정청의 의사표시를 구성요소로 하여 그 표시된 의사내용에 따라 법률상 효과를 발생시키는 것을 말한다. 이것은 다시 법률효과의 내용에 따라 명령적 행위와 형성적 행위로 나누어진다. 그리고 준법률행위적 행정행위는 행정청의 의사표시 이외, 즉 관념 · 판단 · 인식 등 정신작용의 표현을 전제로 직접 법규에 의하여 발생하는 행정행위를 말하며, 여기에는 확인 · 공증 · 통지 · 수리 등이 있다. 따라서 양자는 행위자의 의사 여하를 불문하고 법이 정한 바에 따라 효력이 발생하는 점에 차이가 없다.

(2) **기속행위와 재량행위**

행정행위는 그에 대한 법규의 구속을 받는 정도에 따라 기속행위(羈束行爲)와 재량행위로 나눌 수가 있다. 즉 기속행위는 법치주의에 의한 법의 집행에 있어서 법규가 행정청에 재량의 여지를 주지 아니하고 행정청은 단지 법규의 내용을 그대로 집행하는 데 그치는 행위이다. 그러나 재량행위는 법규가 공익목적의 구체적 실현을 기하기 위하여 행정청에 어느 정도 자유재량을 허용한 행위를 말한다. 그러나 이 구분은 법치주의원칙 아래에서 공익이나 행정의 구체적 타당성을 위한 구분이기 때문에 어디까지나 상대적인 것에 불과하다.

Ⅲ. 행정행위의 성립과 효력

1. 행정행위의 성립

행정행위가 유효하게 성립되고 그 효력을 발생하기 위해서는 일정한 성립요건과 효력요건을 갖추어야 한다. 이것은 법치행정의 요청으로서 성립요건에 하자(瑕疵)가 있으면 무효나 취소의 원인이 되고, 효력요건을 구비하지 못하면 행정행위로서 효력이 발생하지 않는다.

(1) **행정행위의 성립요건**

1) 주체에 관한 요건

행정행위가 유효하게 성립하기 위해서는 ① 정당한 권한을 가진 행정청에 의하여야 하고, ② 적법하게 구성된 행정기관의 정상적인 의사에 의한 것이어야 하며, ③ 권한 내의 행위여야 한다.

2) 내용에 관한 요건

행정행위의 내용은 행정주체가 그 행정행위를 통하여 발생시키고자 하는 법률효과로서 그 내용이 ① 법률상 · 사실상 실현가능한 것이어야 하고, ② 객관적으로 명확하여야 하며, ③ 법령과 공익에 부합하는 것이어야 한다.

3) 절차에 관한 요건

행정행위의 내부적 성립과정으로서 행정행위의 완성을 목표로 하여 서로 연속적으로 발전하는 일련의 법적 요건으로 소정의 절차를 마친 경우에 한하여 효력이 발생한다.

4) 형식에 관한 요건

행정행위에는 특별한 형식을 필요로 하지 않는 경우가 많지만, 법률이 정한 바에 따라서 문서의 형식으로 요구하는 등의 일정한 형식을 갖추어야 하는 경우에는 그 요건을 구비하여야 한다.

(2) 행정행위의 효력발생요건

행정행위가 일정한 요건을 갖추어 성립된 후, 그 효력을 발생하기 위한 요건을 구비하면 법률적 효력이 발생한다. 이것을 행정행위의 효력발생요건이라고 한다. 즉 행정행위가 현실적으로 구속력을 발생하기 위해서는 일반적으로 법규나 부관에 특별한 규정이 없는 한, 성립과 동시에 그 효력이 발생하나 수령을 요하는 행정행위는 상대방에게 도달할 때 발생한다. 이러한 경우 행위의 일반적 효력으로서 구속력, 공정력, 확정력, 강제력 등이 있다.

2. 행정행위의 부관(附款)

행정행위의 부관은 행정행위의 일반적 효력을 제한하기 위하여 주된 의사표시에 붙여진 종된 의사표시를 말한다. 행정행위의 부관에는 조건 · 기한 · 부담 · 철회권유보 · 법률효과의 일부제한 등이 있다. 이러한 부관은 법규가 직접 특정한 행정행위에 붙인 법정부관(法定附款)과는 구별된다.

(1) 조 건

조건은 행정행위의 효력발생 또는 소멸을 불확실한 장래의 사실에 의존하게 하는 행정청의 의사표시를 말한다. 따라서 여기에는 그 조건의 성취에 따라서 당연히 효력이 발생하는 정지조건과 당연히 그 효력이 상실되는 해제조건이 있다.

(2) 기 한

기한은 행정행위의 효력발생 또는 소멸을 장래에 도래할 것이 확실한 사실에 의존하게 하는 행정청의 의사표시를 말한다. 따라서 기한은 그의 도래로 행정행위가 당연히 효력이 발생되는 시기(時期)와 당연히 효력이 상실되는 종기(終期)가 있다. 기한은 장래 사실의 도래가 확실하다는 점에서 조건과 구별된다.

(3) 부 담

부담은 행정행위의 주된 의사표시에 부가하여 그 효력이 발생되는 상대방에게 일정한 의무를 명하는 행정청의 의사표시를 말한다. 부담은 특허 · 허가 등과 같은 수익적 행정행위에 흔히 붙여진다.

(4) 철회권의 유보

철회권의 유보는 행정행위의 주된 의사표시에 부가하여 장래 일정한 사유가 있을 경우에 그 행정행위를 철회할 수 있는 권리를 유보하는 행정청의 의사표시를 말한다. 행정행위의 효력을 소멸시키기 위하여 행정청의 별도의 의사표시가 필요로 하다는 점에서 해제조건과 구별된다.

(5) 법률효과의 일부제한

행정행위의 주된 의사표시에 부가하여 법령에서 일반적으로 그 행위에 부여하고 있는 법률효과의 일부에 대한 발생을 배제하는 행정청의 의사표시를 말한다.

3. 행정행위의 하자(瑕疵)

행정행위는 법치행정의 원칙에 따라 법에서 요구하는 주체 · 내용 · 형식 · 절차상의 모든 요건을 갖춘 경우에 한하여 효력이 발생한다. 그러나 이러한 요건에 하자(흠)가 생기면 행정행위의 효력이 발생하지 않게 되는데 이를 행정행위의 하자라고 한다. 그 하자의 유형으로는, 우선 하자가 중대한 법규위반으로서 존재가 외관상 명백할 때에 그 행정행위는 무효가 되며, 그 외의 경우로 취소할 수 있는 행정행위가 있다. 또한 무효와 구별되는 행정행위로서 부존재도 있다.

(1) 행정행위의 무효

행정행위의 무효는 행정행위가 중대하고 명백한 하자로 인하여 행정행위로서 외형을 갖추었으나 처음부터 당연히 행정행위로서의 효력이 발생되지 아니하는 것을 말한다. 그 무효의 원인으로는 ① 발령청을 알 수 없는 행정행위, ② 요식행위를 위반한 행정행위, ③ 권한 없는 행정청의 행정행위, ④ 사실상 불능인 행정행위, ⑤ 위법한 행위를 요구하는 행정행위, ⑥ 선량한 풍속 기타 사회질서에 위반하는 행위 등이 있다.

(2) 행정행위의 취소 · 철회 · 부존재

행정행위의 취소는 일단 유효하게 성립한 행정행위에 대하여 성립에 하자가 있어 권한 있는 기관이 그 효력을 소급적으로 소멸시키는 행위를 말한다. 이에 대하여 행정행위의 철회는 아무런 하자 없이 유효하게 성립된 행정행위의 효력을 그 성립 후에 발생된 새로운 사유로 인하여 장래에 향하여 소멸시키는 행정행위를 말한다. 다만 철회는 취소와 달리 행정행위를 한 당해 처분청만이 할 수 있다. 한편 행정행위의 부존재는 그 성립요건의 중요한 요소를 완전히 결여하여 외관상으로도 행정행위라고 볼 수 없다고 하는 점에서 행정행위의 외관을 갖추고 있는 무효와 구별된다.

Ⅳ. 행정입법

1. 행정입법의 의의

행정입법은 국가 또는 자치단체와 같은 행정주체가 일반적·추상적인 규범을 정하는 작용을 말한다. 즉 행정청에 의한 입법을 말하며 여기에는 국가행정권에 의한 입법과 자치입법이 있다. 그러나 행정입법은 법규로서의 성질을 가지는 법규명령과 행정기관의 내부에만 적용되는 직무의 준칙에 불과한 행정명령으로 구분하는 것이 일반적이다.

2. 법규명령

법규명령은 행정권이 정립하는 법규의 성질을 가지는 일반적인 명령을 말한다. 이는 법규적 성질로 인하여 일반적 구속성이 있으므로 이에 위반하는 행정청의 행위는 위법행위가 된다. 법규명령은 그 기준에 따라 여러 가지로 구분할 수 있다. ① 법률에 대한 관계를 기준으로 위임명령과 독립명령, ② 수권의 근거를 기준으로 직권명령과 위임명령, ③ 규정내용을 기준으로 위임명령과 집행명령, ④ 형식을 기준으로 대통령령, 국무총리령, 부령 기타 중앙선거관리위원회의 규칙 등이 있다.

3. 행정명령

행정명령은 행정규칙이라고도 하며 행정기관에 의하여 제정되는 명령으로서 법규의 성질을 가지지 않는 것을 말한다. 행정명령은 행정조직 내부의 관계 및 특별한 공법상의 법률관계, 내부에 관한 사항 등을 정립하는 데 그치며 일반국민의 권리·의무에 관한 규정이 아니다. 행정명령은 ① 내용에 따라 조직규칙, 근무규칙, 공공시설규칙, ② 특별권력관계의 종류에 따라 근무규칙, 감독규칙, 공공시설규칙, 사원규칙, ③ 형식에 따라 훈령, 지시, 일일명령 등으로 구분된다.

4. 행정입법에 대한 통제

현대와 같은 행정국가에 있어서 행정입법의 증대는 행정권의 남용과 국민의 권익에 대한 침해가능성이 매우 높다고 할 수 있다. 따라서 행정입법에 대한 효과적인 통제는 법치주의·권력분립주의·기본권보장의 요청상 중요한 문제이다. 종래 전통적인 통제방법으로는 의회에 의한 직·간접적인 통제, 사법심사에 의한 사법적 통제 그리고 행정조직 내부에서의 행정적 통제 등이 있으나 그 실효성이 점차 저하되고 있다. 따라서 국민에 의한 간접적인 통제방법으로서 여론 · 자문 · 청원 · 압력단체 등의 활동에 의한 방법이 오늘날 중요한 의미를 갖는다.

V. 행정강제와 행정벌

행정행위가 일정한 법적 요건을 갖추게 되면 행정행위는 유효한 행위로서 그 내용을 실행하는 단계에 이르게 된다. 즉 법령이나 특히 행정행위를 통하여 행정객체에게 특정한 의무가 부과되는 경우에 그 행위를 이행하면 행정상 법률관계는 종료된다. 그러나 행정객체가 행정법상 이를 이행하지 않는 경우에는 사인간의 법률관계에 있어서 채무불이행과 달리 행정주체가 이를 강제적으로 실현하거나 일정한 제재를 가할 수 있다. 즉 행정법은 행정행위의 실효성을 담보하기 위한 일정한 제도적 장치를 두고 있을 뿐만 아니라, 행정의 특수성을 고려하여 그 의무이행을 행정청의 자력으로 강제하게 된다.

1. 행정강제

행정강제는 행정주체가 행정목적을 실현하기 위하여 사람의 신체 또는 재산에 실력을 가하여 행정상 필요한 상태를 실현하는 행정청의 사실상 작용을 말한다. 따라서 행정강제는 행정청에 의한 작용인 점에서 행정행위 및 행정입법 등과 같으나, 실력으로 일정한 상태를 실현시키는 권력적 사실작용인 점에서 이들과 구별된다. 행정강제의 종류는 상대방의 의무불이행을 전제로 하는지의 여부에 따라 행정상 강제집행과 즉시강제로 나눌 수 있다.

2. 행 정 벌

행정벌은 행정의 상대방이 행정법상 의무를 위반한 경우, 국가가 행정의 상대방에게 과하는 행정법상의 제재로서 처벌을 말한다. 그리고 행정벌이 과하여지는 의무위반의 행위를 행정범이라고 하며, 이에 대하여 행정벌을 과하는 절차를 행정처벌이라고 한다. 행정벌은 간접적으로 의무이행을 확보하는 수단이 되면서 행정법규의 실효성 확보에 그 의미가 있다. 또한 그 종류로는 형법 제41조의 형의 종류에 해당하는 것을 내용으로 하는 행정형벌과 과태료와 같이 형법상 형벌을 내용으로 하지 않는 행정질서벌이 있다.

제4절 행정구제법

Ⅰ. 개 설

행정구제는 행정청의 행위로 인하여 자기의 권리 또는 이익의 침해를 당한 자가 행정청이나 법원에 대하여 원상회복 · 손해보전 또는 당해 행정작용의 취소 · 변경을 청구하거나 기타 피해구제 또는 예방을 청구하는 것을 말한다. 이것은 행정권의 남용으로부터 국민의 권리와 이익을 보호하기 위한 법치주의적 제도로서 법의 지배원리를 실현하려는 근대입헌국가의 이념이다. 따라서 행정구제는 행정작용에 의해 침해된 국민의 권익구제라는 의미로 이해되고 있으나, 오늘날에는 행정의 적법성 · 타당성 · 절차적 정당성을 확보하기 위한 수단으로도 인식되고 있다. 즉 한편으로는 행정을 사전적으로 법에 종속시키면서, 다른 한편으로 위법 · 부당한 행정작용을 사후적으로 시정 · 통제하는 방법을 채택한 것은 곧 실질적 법치주의의 이념을 실현시키는 것이라고 할 수 있다.

현행법상 인정되고 있는 사후적 행정구제제도로는 행정상 손해배상과 손실보상, 행정쟁송 등이 있다. 특히 사전적 구제방법은 행정작용을 하기 전에 행정절차적 규제를 통하여 위법 · 부당한 행정작용을 예방하는 것이다. 우리나라는 행정절차에 관한 일반법으로 행정절차법이 있다.

Ⅱ. 행정상 손해배상과 손실보상

1. 행정상 손해배상

행정상 손해배상은 공무원의 직무상 불법행위로 인하여 손해를 입은 국민에 대하여 국가 또는 공공단체가 그 손해를 보상해 주는 제도를 말한다. 원래는 국가무과실(國家無過失)의 원칙 아래 국가배상을 인정하지 아니하고 공무원 자신의 개인적인 민사책임만을 인정하였으나 오늘날 대부분의 국가에서 입법 또는 판례상 인정하고 있으며, 우리 헌법 제29조도 국가의 배상책임을 명시하고 있다. 그리고 국가의 배상책임을 인정한 헌법 제29조 제1항의 규정에 따라 국가배상의 요건 · 내용 및 절차 등을 규정한 국가배상법이 있으며, 이 법에 의하면 국가배상은 다음의 두 가지가 있다.

(1) 공무원의 불법행위로 인한 손해배상

국가배상법 제2조 제1항은 "공무원 또는 공무를 위탁받은 사인이 직무를 집행하면서 고의 또는 과실로 법령에 위반하여 타인에게 손해를 가하였을 때에는 … 국가 또는 지방자치단체는 손해를 배상할 책임이 있다"고 규정하고 있다. 즉 공권력행사에 의한 손해배상책임의 요건은 ① 공무원의 직무행위와 ② 그 직무행위의 위법성 그리고 ③ 타인에 대한 손해가 발생하여야 한다. 이 경우 국가 등이 피해자에게 배상한 경우 당해 공무원에게 구상할 수 있으나, 다만 구상권의 행사는 공무원의 고의 또는 중과실이 있을 때에 한한다.

(2) 영조물의 하자로 인한 손해배상

국가배상법 제5조는 "도로 · 하천 기타 공공의 영조물의 설치 또는 관리에 하자가 있기 때문에 손해를 발행하게 하였을 때에는 국가 또는 지방자치단체"의 배상책임을 규정하고 있다. 즉 영조물하자로 인한 행정상의 배상요건은 ① 공공시설의 존재, ② 그 시설의 설치 · 관리의 하자, ③ 그로 인한 손해의 발생을 들 수 있다. 따라서 이 요건에 해당하면 민법 제758조의 단서와 달리 영조물관리자의 고의 · 과실을 필요로 하지 않는다는 점에서 무과실책임을 인정한 것이다.

2. 행정상 손실보상

행정손실보상은 국가나 지방자치단체가 공공의 필요에 응하기 위한 적법한 공권력행사로 사인의 재산권에 특별한 희생을 가한 경우에 재산권보장과 공평부담의 원칙에서 그 사인에게 적절한 재산적 보상을 해주는 제도를 말한다. 즉 행정상 손실보상은 사유재산제도와 민주주의 헌법국가에서 당연히 요청되는 제도로서, 첫째 적법행위로 인한 점에서 위법행위로 인한 손해배상과 구별된다. 둘째, 공권력의 행사에 의한 것이라는 점에서 비권력적 작용에 수반한 보상과 구별된다. 셋째, 재산상의 손실을 보전하는 점에서 사람의 생명 또는 신체에 대한 침해의 보상을 포함하지 않는다. 넷째, 특별한 희생에 대한 조절적인 보상인 점에서 일반적인 부담 또는 재산권 자체에 내재하는 사회적 제약과 구별된다.

(1) 손실보상의 근거

손실보상의 실정법적 근거로서는 우리 헌법 제23조 제1항에 국민의 재산권의 불가침을 보장하고, 이어 제3항에서 "공공필요에 의한 재산권의 수용 · 사용 또는 제한 및 그에 대한 보상은 법률로써 하되, 정당한 보상을 지급하여야 한다"라고 규정하여 이를 명시하고 있으며, 이에 관한 일반법으로 「공익사업을 위한 토지 등의 취득 및 보상에 관한 법률」 등이 있다. 그 이외도 징발법 · 도로법 등의 개별법이 있다.

다만 그 이론적 근거에 대해서는 많은 학설이 대립되어 있으나, 사유재산에 대한 특별 · 우연한 희생은 사회전체의 공동부담으로 하는 것이 정의와 공평의 관점에서 당연하다고 하는 특별희생설이 통설이다. 특별한 희생의 구체적인 의미에 관해서는 침해행위의 본질성과 정도를 표준으로 하는 실질적 표준을 주로 하고 여기에 일반적 · 개별적 침해를 표준으로 하는 형식적 표준을 종합하는 절충설이 타당하다.

(2) 손실보상의 기준과 방법

우리 헌법 제23조 제3항이 '정당한 보상'이라는 개념은 그 자체로는 손실보상의 구체적 판단기준이라고 보기 어렵기 때문에 그 기준에 관한 학설이 대립하고 있다. 즉 완전보상설은 피수용재산이 가지는 가치를 충분하고도 완전하게 보상하여야 한다는 설이다. 또한 상당보상설은 복지국가적 관점에서 개인의 이익과 국가의 이익을 비교형량하여 정해진 조화점을 손실보상 해야 한다고 하는 설로서 사회통념상 타당한 견해이다. 또한 정당한 보상이 상황에 따라서 완전보상 또는 상당한 보상일 수 있다는 절충설도 주장되고 있다. 특히 개발이익의 사회화 기타 시가의 변동 등과의 조정을 위하여 일정한 시점의 가격을 보상기준으로 정하는 지가고시제 등의 방법이 있다.

그러나 여기서 유의해야 할 점은 현대 복지국가적 이념을 천명하고 있는 우리 헌법에서의 보상은 재산의 등가교환적 가치를 넘어선 종전의 유기체적 생활의 회복을 보장하는 생활보상을 하여야 한다. 그럼에도 불구하고 보상에 대해 불복이 있는 경우에는 행정심판 또는 행정소송을 제기할 수 있다.

Ⅲ. 행정상의 쟁송

행정은 질서의 유지와 복지의 실현을 목적으로 하기 때문에 법치행정의 원칙상 법에 적합한 것이어야 한다. 즉 행정은 그 권한행사의 적정한 보장뿐만 아니라 위법한 행정권의 행사와 그에 대한 결과를 시정할 수 있는 수단이 확보되었을 때 완전한 의미에서의 법치행정(法治行政)이라고 할 수 있다. 따라서 위법 또는 부당한 행정권의 발동이 있을 때 이를 시정하여 국민의 권익을 보장하고, 적법하고 합목적적인 행정으로 나아가도록 하는 것도 중요한 문제이다. 이러한 요청에 부응하기 위한 제도가 바로 행정쟁송제도이다. 즉 행정쟁송은 행정청의 위법 또는 부당한 행정작용으로 인하여 권익을 침해당한 자가 행정청이나 법원에 쟁송을 제기하여 그 구제를 요구하는 제도를 말한다. 현행법상 우리나라의 행정쟁송제도에는 행정청이 심판기관이 되는 행정심판제도와 일반 법원이 심판기관이 되는 행정소송제도가 있다.

1. 행정심판

행정심판은 행정상 법률관계의 분쟁을 당사자의 청구에 의하여 행정기관이 심리·재결하는 행정쟁송절차의 총칭을 말하며, 이는 여러 가지 점에서 행정소송과 구별된다. 즉 행정심판은 행정조직의 내부에서 행정청 자신에 의한 약식쟁송인데 대하여 행정소송은 독립된 법원에 의한 정식쟁송이라는 점에서 다르다. 즉 행정심판은 널리 행정기관이 행하는 행정쟁송의 절차로서 현행제도상 행정소송의 임의적 전심(前審)으로서의 지위를 가지며 사법기능을 보충하는 작용을 한다. 따라서 양자는 그 판단의 범위·절차 등에 있어서 여러 가지 차이가 있게 된다.

(1) 이의신청

이의신청은 위법·부당한 행정작용으로 인해 권리가 침해된 자가 처분청에 대하여 그러한 행위의 취소를 구하는 절차를 말한다. 행정심판법상 행정심판이 처분청의 직근상급 행정청에 대한 것이라는 점에서 이의신청과 다르다. 이의신청은 실정법상 불복신청·재결신청·재조사청구 등으로 불린다. 이의신청에 대하여 불복이 있는 경우에는 법에 의하여 상급행정청에 제기할 수 있다고 규정된 때에 한하여 행정심판을 먼저 제기한 후, 행정소송을 제기할 수 있다.

(2) 행정심판

행정심판은 위법 또는 부당한 행정행위로 인하여 권익을 침해당한 자가 그 처분청의 상급감독청 또는 특별한 재결청에 대하여 그의 취소 또는 변경을 구하는 행정쟁송으로서 행정구제적 작용과 행정통제적 작용으로서의 성질을 가진다. 이와 같이 행정심판이 재결청에 의한 약식쟁송임에도 불구하고 실정법상 인정되는 논리적 근거로는 일반적으로 행정의 자기통제와 사법기능의 보충이라고 말할 수 있다.

행정심판의 청구자, 즉 당해 행정처분의 취소·변경이나 무효 등의 확인 및 일정한 처분을 구할 법률상 이익 있는 자가 심판을 제기할 수 있고, 이를 행정심판기관이 수리하면 행정심판위원회에서는 심판청구사건에 대하여 재결청의 지휘·감독을 받지 않고 독자적으로 심리·의결하게 된다. 이 경우 재결청인 직근 상급관청은 행정심판위원회의 의결에 따라야 한다. 행정심판법에 의하면 행정심판의 종류는 취소심판, 무효등확인심판, 의무이행심판 등이 있으며(행정심판법 제5조), 이러한 재결에 불복이 있는 경우에는 그 재결의 위법을 이유로 행정소송을 제기할 수 있다.

2. 행정소송

행정소송은 행정상의 법률관계에 관한 분쟁에 대하여 법원이 정식의 소송절차에 따라 이를 심리·판단하는 소송절차를 말한다. 즉 행정소송은 법원에 의한 사법작용으로서 행하는 재판이기 때문에 그 관할은 일반 법원이 되며, 행정사건을 대상으로 하는 점에서 사법상의 법률관계를 심판하는 민사소송과도 구별된다. 또한 행정소송은 행정심판과 달리 당사자의 대립과 구두변론 등 정식의 재판절차에 의하여 진행된다. 따라서 행정소송은 행정작용에 대한 권리구제의 주된 수단이 됨은 물론 법의 지배에 의한 행정을 확립하여 국민의 권리를 보장하고 행정법규의 정당한 적용을 촉구하는 기능을 한다.

(1) 행정소송의 종류

행정소송의 종류에 관해서는 행정소송법에 행정소송의 내용에 따라 항고소송, 당사자소송, 민중소송, 기관소송으로 구분하고 있다.

1) 항고소송

항고소송(抗告訴訟)은 일반적으로 이미 행하여진 위법한 행정행위로 인하여 권익이 침해된 자가 그 위법을 이유로 하여 당해 행정행위의 취소 또는 변경을 구하는 소송을 말한다. 항고소송은 다시 취소소송, 무효등확인소송, 부작위위법확인소송이 있다.

2) 당사자소송

당사자소송(當事者訴訟)은 행정청의 처분 등을 원인으로 하는 법률관계에 관한 소송, 기타 공법상의 법률관계에 관한 소송으로서 그 법률관계의 한쪽 당사자를 피고로 하는 소송을 말한다. 공무원의 급여청구소송, 행정상의 손실보상청구소송 등이 이에 속한다.

3) 민중소송

민중소송(民衆訴訟)은 국가 또는 공공단체의 기관이 위법한 행위를 한 때에 직접 자기의 법률상 이익과 관계없이 그 시정을 구하기 위하여 제기하는 소송을 말한다. 즉 민중소송은 행정법규의 그릇된 적용을 시정하기 위하여 일반국민이나 주민이 제기하는 소송이다. 현행법상 민중소송의 예로서 국민투표에 관한 것, 선거에 관한 것, 지방자치에 관한 것이 있다.

4) 기관소송

기관소송(機關訴訟)은 국가 또는 공공단체의 기관 상호간에 있어서 권한의 존부 또는 그 행사에 관한 다툼이 있을 때에 이에 대하여 제기하는 소송을 말한다. 즉 기관소송은 단일의 법주체 내부에서 행정기관 상호간의 권한분쟁에 관한 소송이다. 현행법상 국가행정의 경우 권한쟁의는 상급행정청이 하고, 최종적으로는 국무회의가 정하도록 되어 있으나 권한쟁의심판제도로 인해 실제상 문제가 생길 여지는 거의 없다.

(2) 행정소송의 심판

행정소송의 제기요건을 갖추지 못한 경우에는 소의 각하판결을 한다. 또한 계쟁행정처분이 부적법하거나 소송계속 중 소의 목적이 소멸되거나, 청구에 이유가 있으나 공공복리에 부적합한 경우에는 청구를 기각한다. 특히 행정행위를 취소·변경함이 현저하게 공공복리에 반한다고 인정되는 때에는 기각판결을 할 수 있는데 이를 사정판결(事情判決)이라고 한다. 또한 청구가 이유가 있는 경우에는 행정처분의 무효 또는 부존재확인 및 부작위위법확인, 행정처분의 일부 또는 전부에 대한 취소판결을 하여야 한다. 당사자소송에서는 일정한 행위를 할 것을 명하는 이행판결도 가능하다.

제 3 장
민 법

제 1 절 사법과 사권

Ⅰ. 사 법

민법은 사법의 일반법으로서 재산법(財産法)과 신분법(身分法)에 관한 내용을 규정한 법이다. 따라서 사인(私人)간에 분쟁이 발생한 경우에 그 해결의 기준과 방법을 정한 법으로 이해할 수 있다. 이러한 민법은 사법의 대표적 존재로 사인간의 일상생활을 규율하는 기본적 법인 동시에, 사인의 일생과 생활을 지탱하여 주는 중요하고 유익한 법이기도 하다.

민법 외에 중요한 사법으로는 상법(商法)이 있다. 이는 사법의 일반법인 민법에 대하여 사법의 특별법이라고도 한다. 상법의 대상은 사인간의 일반적 재산거래관계가 아니라, 상인이나 회사가 오로지 영리를 추구하는 대량의 획일적 거래관계이다. 이러한 상법은 상인, 상행위, 회사 등 상사에 관한 사항을 규정함으로써 자본주의 사회의 경제거래 분야에서 없어서는 안 될 중요한 법적 규제를 분담하고 있다.

Ⅱ. 사 권

1. 사권의 의의

사권(私權)은 사법상의 권리를 말하며 그 내용은 사회생활상 그 권리에 의해 보호되는 이익에 따라 다음과 같이 분류할 수 있다.

(1) 재 산 권

재산권(財産權)은 재산적 가치를 갖는 사권으로 물권(物權), 채권(債權), 지식재산권(知識財産權) 등이 있다.

(2) 신 분 권

신분권(身分權)은 친자(親子), 부부(夫婦), 친족(親族)이라는 일정한 신분적 지위를 수반하는 사권으로 친족권(親族權)과 상속권(相續權)으로 분류할 수 있다.

(3) 인 격 권

인격권(人格權)은 생명, 신체, 자유, 명예, 성명 등 사람의 인격적 이익을 수반하는 권리이다. 학설 · 판례상 일조권(日照權), 혐연권(嫌煙權) 등도 인격권으로 인정되고 있다.

(4) 사 원 권

사원권(社員權)은 사단(社團)의 구성원인 사원이 그 지위에 근거하여 갖는 법률적 이익에 동반하는 권리이다. 자익권(自益權)(사원 개인의 재산적 이익을 추구하는 권리)과 공익권(共益權)(사단의 운영에 참가하여 사원 전체 또는 사단의 이익을 추구하는 권리)으로 분류할 수 있다.

2. 사권의 사회성과 지도원리

법은 사회 전체의 발전과 행복을 목적으로 하는 이상, 사권도 그 목적을 무시하여서는 성립할 수 없다. 사권은 개인의 이익(사익)만을 추구하기 위해 존재하는 것이 아니고 그 권리가 가진 사회성이나 공공성을 중시하여야 한다.

역사적으로는 20세기 초 독일의 바이마르헌법이 "소유권은 의무를 수반한다"라고 선언한 이래, 소유권뿐만 아니라 사권 전체에 대한 사회적 제약의 필요성이 인정되었다. 우리 헌법 제23조 제1항에서는 사유재산제를 보장하고 있으나 동조 제2항에서 재산권의 행사는 공공복리에 적합하여야 한다고 정하고 있다. 따라서 민법은 헌법에서 정한 공공복리의 원칙을 최고원리로 하면서 신의성실 · 권리남용금지의 원칙 및 거래안전의 원칙 등을 실현하고 있다.

(1) 공공복리의 원칙

공공복리의 원칙은 사권이 개인적 이해를 위하여 행사하는 권리이지만, 그 행사가 공공의 복리에 반하는 경우에는 허용되지 않는다는 것을 의미한다. 즉 사권의 주된 권리 중 하나인 재산권의 행사에 관하여 헌법은 공공복리에 적합하도록 행사하여야 한다(동법 제23조 제2항)고 하여 사권의 절대성을 배제하고 그 조정기능을 중시하고 있다고 할 수 있다.

(2) 신의성실의 원칙

신의성실(信義誠實)의 원칙이란, 권리의 행사와 의무의 이행은 신의에 좇아 성실히 하여야 한다는 것을 의미한다(민법 제2조 제1항). 이는 신의칙(信義則)이라고도 한다. 이 원칙은 주로 채권법, 특히 계약법 분야에서 기능하고 있지만, 부부나 친자관계 등의 신분법이나 상법 분야에서도 지배적인 원칙이다.

(3) 권리남용금지의 원칙

권리남용금지(權利濫用禁止)의 원칙이란 외형상 권리의 행사처럼 보이지만, 실제상 권리의 사회성에 반하는 형태인 경우 권리의 행사로서 효력을 인정하지 않는다는 것을 의미한다(민법 제2조 제2항). 이 원칙은 주로 물권법 분야의 토지소유권과 관련하여 문제가 되지만, 이에 한하지 않고 친권의 남용이나 해고권(解雇權)의 남용 등 신분법이나 노동법 분야 등에서도 광범위하게 적용되고 있다.

제 2 절 재 산 법

Ⅰ. 재산법의 의의

재산법은 사인의 재산관계를 규율하는 법을 말한다. 여기서 말하는 재산관계란 신분관계에 대응하는 말로서 의식주 기타 생활에 필요한 물건의 생산, 분배, 소비의 모든 분야에 미치는 소유나 거래에 관련되는 관계를 의미한다. 구체적으로는 사인이 생활하기 위해 노동을 제공하여 임금을 얻고, 그 금원으로 생활용품을 사고, 주택을 빌리고 나아가 업무를 사람에게 위임하는 것과 같이 재산의 소유와 거래에 관한 모든 법률관계를 재산관계라고 하고, 이를 규율하는 법이 재산법이다.

Ⅱ. 재산법의 종류

1. 민 법

민법은 재산법의 중심이라고 할 수 있는 가장 주요한 법률로서 1958년에 제정되었다. 특히 민법 중에서도 제1편 총칙(總則)의 대부분과 제2편 물권(物權), 제3편

채권(債權)이 재산법의 중심을 이룬다. 제1편 총칙은 사권을 중심으로 구성되어 있는데, 권리의 주체로서 자연인(自然人)과 법인(法人), 권리의 객체로서 물건(物件), 권리의 득실변경의 원인으로서 법률행위(法律行爲), 기간(期間), 소멸시효(消滅時效) 등에 대하여 규정하고 있다. 이러한 규정의 대부분은 신분법을 포함한 민법 전체의 총칙이라기보다는 재산법의 총칙이라는 성격이 강하다. 민법총칙은 일부의 규정을 제외하면 재산법총칙이라고 보아도 무방하다.

민법 자체에서 재산법이라는 말을 쓰고 있는 것은 아니지만, 강학상으로는 재산법을 물권법과 채권법으로 구별하는데, 민법전 제2편의 물권, 제3편의 채권이 각각 여기에 해당한다. 이는 물권과 채권이 재산권의 전형적이고 주요한 형태이기 때문이다.

또한 민법은 '재산거래'에 대하여 특별히 편을 정하고 있지는 않다. 이는 재산거래관계에서 항상 채권이 발생하게 되어 그 관계를 채권발생의 원인이라고 보아 채권편에서 규정하고, 그 기본이 되는 계약이론의 상당한 부분을 제1편 총칙의 제5장인 법률행위에서 정하고 있기 때문이다. 그리고 계약과 더불어 중요한 불법행위도 그 행위에 의해 손해배상청구권이라는 채권이 발생한다고 생각하여 민법은 채권발생원인의 하나로서 이에 관한 규정을 두고 있다.

2. 민법 이외의 재산법

재산법 중 민사특별법으로서 중요한 것으로는 ① 할부거래에 관한 법률, ② 방문판매 등에 관한 법률, ③ 부동산등기법, ④ 주택임대차보호법, ⑤ 집합건물의 소유 및 관리에 관한 법률, ⑥ 자동차손해배상보장법 등을 들 수 있다.

한편 고도정보화사회에서 그 중요성이 점차 증가하고 있는 지식재산권(지적재산권 또는 무체재산권)도 중요한 재산권이므로 이를 보호하는 특허법 · 저작권법 · 디자인보호법 · 실용신안법 및 상표법 등의 법률도 민법의 특별법으로 「재산법」의 일부분을 이루고 있다.

Ⅲ. 재산권의 주체

재산거래의 주체는 개인과 법인이다. 민법에서는 개인을 법인에 대하여 자연인(自然人)이라고 한다.

1. 자 연 인

(1) 권리능력

개인이 법률상 권리의 주체가 될 수 있는 능력, 즉 이러한 법적 자격이나 지위를 권리능력(權利能力)이라고 한다. 민법 제3조는 "사람은 생존한 동안 권리와 의무의 주체가 된다"고 정하고 있기 때문에 모든 자연인은 출생에 의하여 권리능력을 취득한다. 다만 태아의 경우에는 예외적으로 불법행위에 의한 손해배상청구권(민법 제762조)이나 재산상속(민법 제1000조 제3항), 대습상속(민법 제1001조), 유증(민법 제1064조), 사인증여(민법 제562조) 및 유류분(민법 1118조) 등에 대하여 이미 출생한 것으로 보아 태아의 법적 지위를 보호하고 있다.

(2) 행위능력과 제한능력자제도

자연인이 출생에 의해 권리능력을 취득하더라도 자연인 모두가 재산거래를 대등하게 할 수 있는 판단능력을 가지는 것은 아니다. 단독으로 완전하고 유효하게 재산거래 등의 법률행위를 할 수 있는 판단능력(또는 지위나 자격)을 행위능력(行爲能力)이라고 한다. 이에 대하여 이러한 행위능력을 충분히 가지지 않은 자를 제한능력자(制限能力者)라고 한다.

민법은 행위능력이 제한되는 자(보호가 필요한 자), 즉 제한능력자로서 미성년자(민법 제5조~제8조), 피성년후견인(민법 제9조~제11조), 피한정후견인(민법 제12조~제14조) 및 피특정후견인(민법 제14조의2)의 네 가지를 규정하고 있나.

미성년자(未成年者)는 만 19세가 되지 않은 자로서, 원칙적으로 단독으로 법률행위를 하지 못한다. 미성년자가 법률행위를 하려면 법정대리인(法定代理人)의 동의를 얻어야 하며(민법 제5조 제1항), 만약 동의 없이 법률행위를 한 경우에는 미성년자나 법정대리인이 그 행위를 취소할 수 있다(동조 제2항). 그러나 단순히 권리만을 얻거나 의무만을 면하는 행위(민법 제5조 제1항 단서), 법정대리인이 범위를 정하여 처분을 허락한 재산의 처분행위(민법 제6조), 영업이 허락된 미성년자의 그 영업에 관한 행위(민법 제8조 제1항), 미성년자가 타인의 대리인으로서 한 행위(민법 제117조) 및 17세 이상의 미성년자가 한 유언(민법 제1061조) 등은 예외적으로 법정대리인의 동의 없이 단독으로 유효하게 할 수 있다. 한편 민법은 혼인에 의한 성년의제제도를 두고 있어서 미성년자가 혼인을 하면 성년자로 의제된다(민법 제826조의2).

피성년후견인(被成年後見人)은 질병, 장애, 노령 그 밖의 사유로 인한 정신적 제약으로 사무를 처리할 능력이 지속적으로 결여된 사람으로서 일정한 자의 청구에 의하여 가정법원으로부터 성년후견개시의 심판을 받은 자이다(민법 제9조 제1항). 피성년후견인은 가정법원이 다르게 정하지 않는 한 원칙적으로 유효하게 법률행위를 할 수 없으며, 그 법률행위는 원칙적으로 취소할 수 있다(민법 제10조 제1항). 즉 법정대리인인 성년후견인의 동의를 얻지 않고 한 행위뿐만 아니라 동의를 얻고서 한 행위도 취소할 수 있다.

피한정후견인(被限定後見人)은 질병, 장애, 노령 그 밖의 사유로 인한 정신적 제약으로 사무를 처리할 능력이 부족한 사람으로서 일정한 자의 청구에 의하여 가정법원으로부터 한정후견개시의 심판을 받은 자이다(민법 제12조 제1항). 피한정후견인은 원칙적으로 유효하게 법률행위를 할 수 있다. 다만 가정법원이 피한정후견인으로 하여금 한정후견인의 동의를 받아야 할 행위의 범위를 정할 수 있으며(민법 제13조 제1항. 이를 동의권의 유보 또는 동의유보라 한다), 이 경우 한정후견인의 동의가 필요한 법률행위를 동의 없이 하였을 때에는 그 법률행위는 취소할 수 있다(민법 제13조 제4항).

피특정후견인(被特定後見人)은 질병, 장애, 노령 그 밖의 사유로 인한 정신적 제약으로 일시적 후원 또는 특정한 사무에 관한 후원이 필요한 사람으로서 일정한 자의 청구에 의하여 가정법원으로부터 특정후견개시의 심판을 받은 자이다(민법 제14조의2 제1항). 피특정후견인은 1회적 · 특정적으로 보호를 받는다는 점에서 지속적 · 포괄적으로 보호를 받는 피성년후견인 · 피한정후견인과 차이가 있다.

그 외 자연인의 능력에 대하여는 의사능력(意思能力), 책임능력(責任能力)이라는 개념도 있어 혼동하기 쉽다. 의사능력은 자기의 행위의 의미나 결과를 합리적으로 이해하거나 예견할 수 있는 정신적 능력 내지 지능을 말한다. 다만 의사능력이 있는지 여부는 구체적인 행위에 대하여 개별적으로 판단하며, 이를 판정하는 객관적인 기준은 없다. 의사능력을 결한 법률행위는 무효이다. 예컨대 유아나 만취자는 의사능력을 결하고 있는 경우이다.

다음으로 책임능력은 자기의 행위에 대해 책임을 질 수 있는 능력(민법 제753조∼제754조, 불법행위능력이라고도 한다)으로서 의사능력을 기초로 한다. 자기의 행위가 불법행위로서 법률상 책임을 발생하게 한다는 것을 지각할 수 있는 정신능력으로서, 법률행위의 유효요건인 의사능력을 책임의 면에서 파악한 개념이다.

표 1 성년후견제도

	피성년후견인	한정후견인	특정후견인
개 념	질병, 장애, 노령, 그 밖의 사유로 인한 정신적 제약으로 사무를 처리할 능력이 지속적으로 결여된 사람 (민법 제9조 제1항)	질병, 장애, 노령, 그 밖의 사유로 인한 정신적 제약으로 사무를 처리할 능력이 부족한 사람 (민법 제12조 제1항)	질병, 장애, 노령, 그 밖의 사유로 인한 정신적 제약으로 일시적 후원 또는 특정한 사무에 관한 후원이 필요한 사람 (민법 제14조의2)
성년후견인 등에게 인정된 권한	광 〈-----------------------------------〉 협		
제도의 의의	성년후견제도는 기존의 금치산 · 한정치산제도를 대신하여 사회복지차원에서 도입한 성년후견, 한정후견, 특정후견제도를 말한다. 즉 장애 · 질병 · 노령 등으로 인해 도움이 필요한 성인에게 가정법원의 결정 또는 후견계약으로 선임된 후견인이 재산관리 및 일상생활에 관한 폭넓은 보호와 지원을 제공하기 위한 제도로 금치산 · 한정치산 선고의 청구권자에 후견감독인과 지방자치단체의 장을 추가하여 후견을 내실화하였다는 점에 그 의의가 있다.		

2. 법인과 회사

(1) 법인의 본질과 종류

자연인 외에도 법률상 권리의 주체로 인정되는 것으로 법인이 있다. 법인의 본질에 관하여는 유력한 두 가지 학설이 있다. 그 하나는 법인의제설로서 법률이 자연인으로 의제(擬制)하여 실제의 활동은 대리인인 자연인이 행하지만, 이 행위를 법인의 행위로 인정하는 입장이다. 이에 대하여 법인실재설은 법인을 하나의 사회적 실재로 파악하여 법인 자체의 행위를 인정하는 입장이다. 따라서 법인은 개인과 동일한 사회적 작용을 담당하고, 나아가 권리 · 의무의 주체로서 사회적 가치를 가지는 조직체라고 한다.

법인이 되기 위해서는 민법 기타의 법률규정에 의하여야 하는데(민법 제31조), 법인의 종류에는 다음과 같은 것이 있다.

첫째, 사단법인(社團法人)과 재단법인(財團法人)으로 분류할 수 있다. 이는 법인의 기초가 무엇이냐에 따른 구분이다. 사단법인은 일정한 목적을 위하여 결합한 사람의 단체, 즉 사단이 법인으로 된 것이고, 재단법인은 일정한 목적을 위하여 출연한 재산, 즉 재단이 법인으로 된 것이다. 한편 사단의 실질을 가지고는 있지만 법인으로 되지 않은 것을 법인 아닌 사단, 즉 권리능력 없는 사단(또는 비법인사단)이라 한다. 그 대표적인 것으로는 종중과 교회가 있다.

둘째, 영리법인(營利法人)과 비영리법인(非營利法人)으로 분류할 수 있다. 영리법인은 오로지 구성원의 이익과 영리추구를 목적으로 하는 사단법인으로 전형적인 예로는 상법상의 회사가 이에 해당한다. 비영리법인은 종교, 자선, 학술 기타 영리가 아닌 사업을 목적으로 하는 사단법인 또는 재단법인을 말한다(민법 제32조). 비영리법인은 사단법인과 재단법인의 두 종류가 있지만, 영리법인은 영리를 목적으로 하는 사단법인의 한 종류뿐이다.

그림 9 법률상 권리의 주체

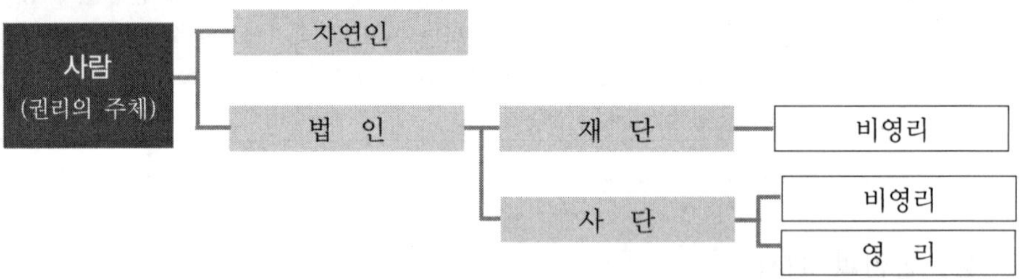

(2) 회 사

법인의 종류로 말하면 영리법인이고, 상법에서는 제3편 회사(상법 제169조 이하)에서 자세히 규정하고 있다. 상법이 인정하고 있는 회사의 종류를 보면 다음과 같다.

첫째는 합명회사(合名會社)로 무한책임사원(無限責任社員)만으로 구성되고, 소규모로 가족이나 친족에 의해서 설립되는 경우가 대부분이다.

둘째는 합자회사(合資會社)로 경영의 책임을 수반하는 무한책임사원과 출자(出資)한 만큼 책임을 지는 유한책임사원(有限責任社員)의 양 사원에 의해서 구성되어 있다.

셋째는 주식회사(株式會社)로 회사 중에서 가장 대표적 형태이다. 구성원인 주주는 전부 유한책임사원이며, 자본금이 주식이라는 균등한 크기의 단위로 구성되어 있어서 대중자본의 조달이 용이하다. 사원이 아니어도 업무집행기관이 될 수 있다(타인기관).

넷째는 유한회사(有限會社)로 주식회사와 같이 유한책임사원만으로 구성되지만, 그 조직이나 운영이 간소화되어 있는 점에 특징이 있다.

다섯째는 유한책임회사(有限責任會社)로서 모든 사원이 유한책임을 누리면서도 주식회사나 유한회사와 달리 사원 스스로 업무집행을 할 수 있는 등 내부적으로는 광범위한 사적 자치가 허용된다.

Ⅳ. 재산권의 객체

1. 민법상 「물건」과 지적재산

민법은 권리의 객체인 물건을 유체물 및 전기 기타 관리할 수 있는 자연력으로 규정하고 있다(민법 제98조). 여기에서 유체물(有體物)이란 공간의 일부를 차지하는 것, 즉 고체 · 액체 · 기체를 말한다. 현대사회에서는 옛날과 달리 그 필요성에 의해 법률상 관리 · 지배가 가능한 자연력도 함께 규정하여 유체물에 한정하지 않고, 전기 · 빛 · 열 등의 에너지도 재산권의 객체로 인정하고 있다.

통상 재산이라고 하면 토지나 보석과 같은 구체적인 형태의 유체재산을 생각하지만, 그것뿐만이 아니라 경제나 산업이 발전함에 따라 신용이나 기술 등 유체물이라고 할 수 없는 「무체재산(無體財産)」이 점차 중요해지고 있다. 무체재산 중 개인간의 신용에 의거하여 생기는 매각대금이나 예 · 저금 같은 채권은 고전적인 재산권이지만, 오늘과 같은 정보화사회는 개인간의 신용 이외에 인간의 지적활동이나 창조활동에서 발생하는 것도 값진 재산으로 중요시하고 있다. 구체적으로는 소설, 논문, 작사 · 작곡 등의 저작물, 발명 · 고안 · 디자인 등의 창작물, 나아가 컴퓨터의 소프트웨어 프로그램이나 반도체의 집적회로상의 권리, 동식물의 신품종 발명 등을 이르는 바이오테크놀로지 등 정신적 · 지적 가치가 있는 것을 들 수 있다. 국가들은 이를 「지식재산(知識財産)」이라고 하여 법률로 보호하고 있고, 최근 법적 규제를 강화하고 있다.

이러한 지식재산에 관한 권리를 종래 무체재산권이라고 하였지만, 현재에는 지식재산권이라는 용어를 쓰는 것이 일반적이다.

2. 부동산과 동산

재산권의 객체로서 유체물을 재산이라는 측면에서 생각하는 경우 유체물을 부동산과 동산으로 구별하는 것이 가장 대표적이고 전형적인 분류방법이다.

부동산이란 토지와 그 정착물을 말한다(민법 제99조 제1항). 여기서 말하는 토지란 원래 그 주변이 다른 토지와 인접하여 있고 무한히 연속하는 것이지만, 인위적으로 선을 그어 경계를 삼아 구획된 구역을 1필지라고 하여 개별적인 소유권의 대상이 된다. 또한 토지의 주된 사용목적 또는 용도에 따른 토지의 종류를 지목이라고 하여 대지, 농지, 임야 등으로 분류하고 있다(공간정보의 구축 및 관리 등에 관한 법률 제67조).

토지의 정착물이란 토지에 고정되어 쉽게 이동할 수 없는 물건으로서 그 상태대로 사용하는 것이 그 물건의 거래상 속성으로 인정되는 것이며, 대표적인 것은 건물이다. 건물은 토지로부터 독립한 별개의 부동산으로서 건물등기부에 의하여 공시된다. 건물은 토지의 정착물 중 지붕 및 벽이 있어 거주, 저장 등의 이용에 제공되는 건조물을 말하는 것이 일반적이다. 그리고 건축 중의 건물이 어떤 단계에서 부동산으로서 소유권의 객체로 되는가에 대하여 판례는 최소한의 기둥과 지붕 그리고 주벽이 이루어지면 법률상 건물이라고 보고 있다. 붕괴 중의 건물은 반대로 생각하면 된다.

이에 대하여 동산이란 부동산 이외의 모든 물건을 말한다(민법 제99조 제2항). 예컨대 정착물이 아닌 토지의 부착물건(예: 임시로 심은 수목), 전기 기타 관리할 수 있는 자연력은 동산이며, 선박, 자동차, 항공기, 일정한 중기 등은 사실상 동산이나 법률상 부동산으로 취급된다. 대체로 토지, 건물이나 탑, 교각 등의 공작물을 제외한 이동 가능한 것은 동산이라고 보아도 좋다. 상품권, 승차권, 입장권, 무기명국채 등과 같은 무기명채권은 동산이 아니다(즉 물건이 아니라 권리이다. 민법 제523조~제525조).

부동산과 동산의 차이점 중 중요한 것은 부동산의 경우 그 권리관계가 등기에 의해 공시(公示)되고 당사자 이외의 제3자에게 주장할 수 있음에 대하여, 동산의 경우 단순한 점유에 의해서 공시된다는 점이다. 그러나 동산이라고 볼 수 있는 항공기, 선박, 자동차, 일정한 중기 등은 예외적으로 등기 또는 등록이라는 공시제도를 이용하고 있다.

V. 재산거래의 객체

재산을 거래함에 있어 대표적인 것으로는 재산권인 물권 · 채권과 현대사회에서 특히 상사거래에서 빠뜨릴 수 없는 유가증권(有價證券)을 들 수 있다.

1. 물 권

물권은 물건을 직접적 · 배타적으로 지배하는 권리로서 이를 구성하는 권능(權能)을 모든 사람에게 주장할 수 있는 절대권 또는 대세권(對世權)의 성격을 갖는다. 이와 같이 물권은 강력한 권능을 가진 권리로서, 제3자에게 주는 영향이 크므로, 민법은 법률이나 관습법에 의하는 이외에는 당사자가 이를 임의로 창설하지 못한다고 규정하고 있다(민법 제185조). 이를 물권법정주의(物權法定主義)라고 한다.

또한 물권은 동일한 물건에 동일 내용의 물권이 중복하여 성립하는 것은 인정되지 않는다. 이를 1물 1권주의라고 한다. 예컨대 동일의 토지에 대하여 A와 B가 동시에 단독의 소유권을 취득하는 것은 인정되지 않는다.

물권의 종류로서 민법은 여덟 가지 물권(점유권 · 소유권 · 지상권 · 지역권 · 전세권 · 유치권 · 질권 · 저당권)을 법정(法定)하고 있다.

점유권(占有權)은 물건을 지배할 수 있는 법률상 권원(權原)의 존재 여부를 묻지 않고 물건을 사실상 지배하고 있는 현재의 상태 그 자체를 보호하는 것을 목적으로 하는 물권이다. 이와는 달리 본권(本權)은 물건에 대한 사실적 지배 여부에 관계없이 그 물건을 지배할 수 있는 권리이다. 점유권과 본권은 동일한 물건 위에 동시에 병존할 수 있는데, 이들의 구별은 그 보호의 목적과 수단이 다르기 때문이다.

소유권(所有權)은 물건을 전면적으로(사용과 교환가치를 모두) 지배(사용 · 수익 · 처분)할 수 있는 권리이며 완전물권이라고도 한다. 이에 반하여 물건의 사용가치 또는 교환가치 가운데 그 일부만을 지배할 수 있는 물권을 제한물권이라 한다.

제한물권은 용익물권(用益物權)과 담보물권(擔保物權)으로 나눌 수 있다. 용익물권은 물건의 사용가치의 지배를 목적으로 하며, 지상권(地上權) · 지역권(地役權) · 전세권(傳貰權)이 이에 속한다. 담보물권은 채권의 담보를 위하여 물건의 교환가치의 지배를 목적으로 하며, 유치권(留置權) · 질권(質權) · 저당권(抵當權)이 이에 속한다.

민법 이외에 상법이나 기타 특별법에 의하여 물권이 인정되는 경우가 있으며(상사유치권, 선박저당권, 광업권 등), 관습법에 의하여 인정되는 물권도 있다(분묘기지권, 법정지상권, 양도담보 등).

그림 10 물권의 종류

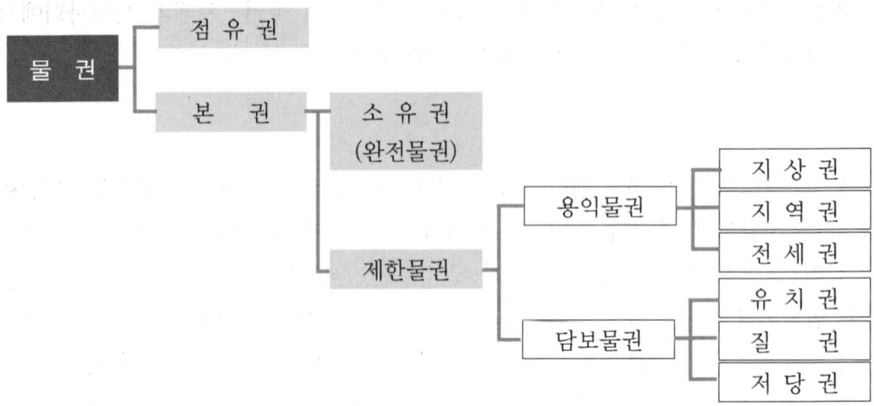

2. 채 권

채권은 채권자가 채무자에 대하여 금전의 지급 기타 일정한 급부(작위 · 부작위나 물건의 인도)를 청구하는 권리이다. 예컨대 매매대금지급청구권, 대금반환청구권 등 금전채권이 채권의 대표적인 것이지만, 기타 구입한 물건의 인도청구권, 차입한 물건의 사용청구권 등도 이에 해당한다. 채권은 물권이 절대권(絕對權), 대세권(對世權)이라는 성질을 가지는 데 대하여 상대권(相對權)이고 대인권(對人權)이라고 할 수 있다.

채권은 당사자의 의사에 의하여 자유롭게 성립될 수 있고, 사실상 양립할 수 없는 동일 내용의 급부에서도 성립할 수 있으며, 더구나 각각의 채권 상호간에 우열은 존재하지 않는다는 특색을 가진다. 다만 어느 하나의 채권이 이행된다면 다른 동일 내용의 채권에 대해서는 채무불이행(이행불능)이 되는데, 이때 그 다른 채권은 손해배상채권으로 전환하게 된다.

한편, 물권과 채권의 우열에 있어서 예컨대 동일목적물에 대한 소유권과 인도청구권과 같이 물권과 채권이 동시에 존재하는 경우는 물권이 항상 채권에 우선한다.

3. 유가증권

유가증권은 재산권이 표창되어 있는 증권으로 그 권리의 성립 · 이전 · 행사의 전부 또는 일부에 증권의 소지를 필요로 하는 증서를 말한다. 어음이나 수표가 대표적이다. 유가증권은 금전채권이 한 장의 지편(紙片)에 표창되어 있고, 그것에 기재된 액면액의 가치가 인정된다는 편리함 때문에 현대의 상거래 특히 거액의 대량거래에 주로 이용되고 있다.

우선 어음은 발행인이 지급을 약속하는 약속어음과 발행인이 지급인에게 어음의 수취인에게 지급하여 주도록 위탁하는 환어음이 있다. 우리나라에는 보통 상거래에서 대부분 약속어음이 이용되고 있다. 또한 수표는 현금을 대신하는 지급증권의 기능을 가진 유가증권으로 발행인이 수취인에게 발행하고 발행인의 당좌예금계좌가 있는 은행인 지급인이 수취인(또는 소지인)으로부터 지급제시를 받으면 일람지급형식으로 그에게 액면의 금액을 지급하는 것이 원칙이다.

그 외에 주식회사가 발행하는 주권은 주주의 지위로서 주식을 표창하는 지편이지만, 이것도 유가증권이 표창된 유가증권이다(상법 제355조 · 제356조). 또 어음, 수표는 상법이 아니라 어음법, 수표법이라는 단행법에 의해 요건, 절차 등이 상세하게 규정되어 있다.

제 3 절 재산거래의 총칙

Ⅰ. 사적 자치의 원칙과 한계

1. 사적 자치의 원칙

인간으로서의 존엄과 가치라는 이념에 근거하여 각자가 자기의 법률관계를 자기의 의사에 따라 자주적으로 처리할 수 있고, 국가나 법질서는 여기에 직접적으로 개입하거나 간섭하면 안 된다는 것이 바로 사적 자치(私的自治)의 원칙이다. 법률행위자유의 원칙 또는 계약자유의 원칙이라고도 하며, 소유권 존중의 원칙, 과실책임의 원칙 등과 함께 근대민법의 3대원칙을 구성한다.

근대 민법이 이 원칙을 인정한 것은 사인간의 재산거래 관계가 개인의 자유의사에 의해 행해지는 것은 그 시민 개개인에게 있어서 유익하고 바람직할 뿐만 아니라 사회전체의 향상 · 발전을 위하여 도움이 되기 때문이다. 따라서 사적 자치의 원칙에 대해서는 사회 전체의 이익을 위한 일정한 한계와 제약이 따른다.

2. 사적 자치의 한계

이 원칙의 내재적 · 사회적 제약으로서 다음 세 가지 점을 고려할 수 있다.

(1) 반사회적 법률행위

이는 민법의 일반적 조항의 하나로서 국가사회의 일반적 이익을 의미하는 사회질서와 사회의 일반적 도덕관념을 의미하는 선량한 풍속에 반하는 행위를 말한다. 구체적으로는 애인계약과 같은 인륜에 반하는 행위, 도박계약과 같은 정의에 반하는 행위 등이고, 이러한 반사회적인 법률행위는 모두 무효이다(민법 제103조).

(2) 불공정한 법률행위

이는 상대방의 어려운 상태를 이용하여 자기의 급부에 비하여 현저하게 균형을 잃은 반대급부를 하도록 하여 부당하게 이익을 얻는 행위를 말한다. 구체적으로 민법 제104조에서는 "당사자의 궁박 · 경솔 또는 무경험으로 인하여 현저하게 공정을 잃은 법률행위는 무효로 한다"고 규정하고 있다. 불공정한 법률행위는 반사회적 법률행위의 한 유형으로 볼 수 있다.

(3) 강행규정과 임의규정

당사자의 의사에 관계없이 그 준수가 강제되는 반사회적 질서에 관한 규정 또는 법규를 강행규정(법규)이라고 한다. 민법에서는 물권법과 가족법에 강행규정이 많다. 강행규정에 위반하는 법률행위는 무효이다.

이에 대하여 선량한 풍속 기타 사회질서와 관련이 없는 규정 또는 임의규정(법규)인 경우에는 계약자유의 원칙과 당사자의 의사가 우선한다(민법 제105조). 임의규정은 법률행위에 있어서 당사자의 의사가 불충분하거나 불명확한 경우에 이를 보충하거나 명확하게 하려는 목적으로 만든 것으로 보충규정 또는 해석규정이라고도 한다. 채권법 특히 계약법의 규정은 대개 임의규정이다. 변제비용의 부담에 관한 규정(민법 제473조)이나 환매에 관한 규정(민법 제590조)이 그것이다.

그러나 계약자유의 원칙이 지배하는 채권법의 분야에서도 경제적 약자를 보호하거나 강자와의 이익조정을 위해 계약자유를 제한하는 규정이 있는 특별법에는 강행규정을 포함하는 경우가 많다. 예컨대 주택임대차보호법은 명문으로 이를 밝히고 있다(주택임대차보호법 제10조).

Ⅱ. 법률행위와 의사표시

1. 법률행위의 의의와 종류

법률행위(法律行爲; Rechtsgeschäft)란 권리나 의무의 발생 또는 법률관계의 창설이나 개폐와 같은 법률효과를 의욕하는 의사표시를 불가결의 요소로 하여 이루어지는 법률요건을 말하며, 당사자, 목적(내용) 및 의사표시를 성립요건으로 한다.

법률행위의 종류에는 세 가지가 있다. 하나의 의사표시로 성립하는 단독행위(채무면제, 유언), 두 개 이상 대립하는 의사표시(청약(請約)과 승낙(承諾))의 합치에 의해서 성립하는 계약(매매, 임대차 등), 방향을 같이하는 두 개 이상의 의사표시의 합치에 의해서 성립하는 합동행위(사단법인의 설립행위)가 그것이다.

2. 불완전한 의사표시

법률행위는 자유롭고 정확한 형태로 내심의 의사가 표시되어 행위로 되고, 표의자의 의사와 표시가 합치하였을 때에 완전한 의사표시로 되어 법률행위로서 유효하게 된다. 그러나 실제의 재산거래에서는 불완전한 의사표시에 의한 경우도 상당히 많다. 민법은 대표적인 것으로 다음과 같은 경우를 규정하고 있다.

(1) 사기(詐欺)와 강박(强迫)

타인을 기망하거나 협박한 결과로 인하여 진의가 불충분할 뿐만 아니라 본의 아니게 의사표시를 한 경우이다. 이러한 의사표시에 의한 법률행위는 취소할 수 있다(민법 제110조). 다만 사기의 경우 거래의 안전을 위해, 예컨대 편취당한 매도인이 사기를 한 매수인으로부터 양수받은 선의의 제3자에 대하여는 취소를 주장할 수 없음에 주의하여야 한다(민법 제110조 제3항).

(2) 착오(錯誤)

표의자가 내심의 의사와 표시내용이 불일치함을 모른 채 의사표시를 행한 경우이다. 이러한 경우에는 표의자에게 중대한 과실이 없는 한, 법률행위의 내용의 중요부분에 착오가 있는 때에는 이를 취소할 수 있다(민법 제109조). 착오의 종류에는 표시상의 착오(오기 · 오담), 내용의 착오(내용 · 의의의 오해), 동기의 착오(동기단계의 오해) 등이 있다. 예컨대 도금반지를 순금반지로 오신하여 매수를 한 경우는 동기의 착오에 해당한다.

(3) **허위표시**(虛僞表示)

이는 상대방과 통모하여 진의가 아닌 허위의 의사표시를 하는 경우이다. 이러한 허위의 의사표시를 하는 당사자는 보호할 필요가 없기 때문에 그 법률행위는 무효이다(민법 제108조 제1항). 다만 그러한 사정을 모르는 제3자에게는 무효를 주장할 수 없다(동조 제2항). 예컨대 고가의 그림을 은닉할 목적으로 친한 친구와 가장매매를 하였지만, 그 친구가 이러한 사정을 모르는 제3자에게 전매하여 버린 경우이다.

Ⅲ. 대리의 의의와 종류

1. 의 의

대리는 타인(대리인)이 본인의 이름으로 의사표시를 하거나 또는 받음으로써 그 법률효과가 직접 본인에게 생기는 제도이다. 근대 시민사회의 발전과 동시에 재산거래가 확대되고 복잡화됨에 따라 시민의 경제활동의 범위가 개인에게는 한계를 나타내면서, 본인을 대신하여 거래할 수 있는 자를 선임할 수 있는 대리제도(임의대리)의 중요성이 점점 증가되어 왔다. 예컨대 개인인 상인이 다수의 유능한 대리인을 선임(고용)하여 개인의 상업적 · 경영적 수완을 크게 발휘하여 업적과 수익을 확대 향상시킬 수 있는 것도 대리제도의 덕택이다.

법률행위를 대리하는 때에는 본인이 수여한 권한의 범위 내에서 본인을 위한 것임을 표시하여야 한다. 이를 현명주의(顯名主義)라고 하고, 그렇게 함으로써 대리인의 법률행위인 대리행위의 효과가 본인에게 귀속한다(민법 제114조). 예컨대 'A의 대리인 B'나 'C회사의 과장 D'와 같은 방식으로 본인을 위해 행한다는 것을 나타내야 한다. 그렇게 하지 않으면 대리인 자신이 자기를 위해 법률행위를 행한 것으로 의제된다(민법 제115조).

2. 법정대리와 임의대리

법정대리는 대리인의 선임이 본인의 의사에 의하지 않고 법률에 의하여 이루어지는 대리를 말한다. 예컨대 미성년자에 대한 친권자(민법 제911조), 피성년후견인에 대한 성년후견인(민법 제936조) 등이 그렇다. 이에 대하여 임의대리는 본인의 자유로운 의사에 의해 대리권을 수여함으로써 대리인을 선임하는 대리를 말한다. 구체적으로는 위임, 고용, 도급 등의 계약을 통하여 본인이 위임장의 교부 등에 의해 대리인에게 대리권을 수여하는 형식을 취한다.

사회적 기능이라는 점에서 보면, 법정대리가 사적 자치의 보충이라는 역할을 수행하고 있음에 대하여, 임의대리는 사적 자치의 확장이라는 역할을 담당하고 있다. 또한 법정대리는 법정대리인이 행위능력자이어야 하고, 권한의 범위는 법률에 의해서 정해지며, 일반적으로 그 범위가 넓고 책임도 무겁다. 임의대리는 그 권한의 범위와 내용이 본인의 의사에 따른 대리권 수여행위에 의해 결정되기 때문에 일반적으로 그 범위가 특정사항에 한정되고 좁다. 대리인의 재능이나 능력을 살려 특정한 재산거래나 경제활동을 맡기는 데에는 편리하다. 그 때문에 임의대리인은 행위능력자일 필요가 없다(민법 第117조).

3. 무권대리와 표현대리

협의의 무권대리는 대리권을 전혀 수여받지 않은 자가 대리인으로서 상대방과 법률행위를 행하는 것을 말한다(광의의 무권대리는 후술의 표현대리를 포함한다). 이 경우 본인이 추인(追認)하지 않은 한, 본인과의 관계에 대하여는 무권대리행위의 효력을 인정하지 않고(민법 第130조), 또한 상대방과의 관계에 대하여는 상대방의 선택에 따라 무권대리인이 책임을 지고 그 행위를 이행하든가, 손해배상책임을 부담하여야 한다(민법 第135조 第1항).

그러나 광의의 무권대리 중에는 상대방이 대리행위라고 믿을 수밖에 없는 사정(외관)이 있어서 무권대리행위를 무효로 하면 상대방이 예상하지 못한 손해나 불이익을 받는 경우가 있다. 이러한 경우 상대방을 보호하여 거래의 안전을 고려해야 한다. 따라서 민법은 대리인에게 대리권이 없음에도 불구하고 마치 대리권이 있는 것과 같은 외관이 있고 또 그러한 외관의 발생에 대하여 본인이 어느 정도 책임이 있는 다음의 세 가지 경우를 표현대리(表見代理)라 하고, 이러한 표현대리행위에 대하여는 본인에게 책임을 지도록 규정하고 있다.

첫째는 본인이 제3자에 대하여 무권대리인에게 대리권을 수여하는 뜻의 표시를 한 경우이다(민법 第125조). 둘째는 대리인이 수권된 권한의 범위를 넘어 법률행위를 한 경우이다(민법 第126조). 셋째는 대리권이 소멸한 후에 대리인이었던 자가 대리인으로서 법률행위를 한 경우이다(민법 第129조). 어떠한 경우에도 상대방은 표현대리인에게 원래의 대리권이 있다고 믿음에 대하여 정당한 이유가 있고, 선의·무과실이어야 한다.

Ⅳ. 재산권과 시효

1. 시효제도의 존재의의

시효제도란 어떤 일정한 사실상태가 일정기간(시효기간), 중단됨이 없이 계속된 경우에 일정한 권리변동이 생기는 것을 인정하는 제도이다. 시효(時效)는 일정기간의 경과에 의해 무권리자가 권리자로 되고, 의무자가 의무를 면하는 결과를 인정하는 것이 되기 때문에 경우에 따라서는 도덕 감정이나 정의의 이념에는 잘 어울리지 않는 것으로 보일 수도 있다.

여기에서 시효제도의 존재이유로서 다음과 같은 점이 설명되고 있다. 첫째로 권리 위에 잠자는 자는 보호할 필요가 없다는 점, 둘째로 법질서와 사회질서의 안정을 위해 장기간 계속되는 사실상태를 다시 문제삼지 않고 그대로 인정하여 사회의 신뢰를 보호하여야 한다는 점, 셋째로 일정한 사실상태가 장기간 경과하면, 그것을 뒤엎기 위한 증거의 발견이 곤란하다는 점 등이다.

2. 시효의 종류

시효에는 취득시효(取得時效)와 소멸시효(消滅時效)가 있으며, 취득시효는 물권편에서, 소멸시효는 총칙편에서 각각 규정하고 있다.

취득시효란 권리를 행사하고 있는 것과 같은 외관이 일정한 기간 동안 계속되는 경우에 권리취득의 효과가 생기게 하는 시효제도를 말한다. 소유권과 그 밖의 재산권에 대하여 취득시효가 인정된다(민법 제248조). 20년간 소유의 의사로 평온, 공연하게 부동산을 점유하는 자는 등기함으로써 그 소유권을 취득하며, 부동산의 소유자로 등기한 자가 10년간 소유의 의사로 평온, 공연하게 선의이며 과실 없이 그 부동산을 점유한 때에는 소유권을 취득한다(민법 제245조). 또한 10년간 소유의 의사로 평온, 공연하게 동산을 점유한 자는 그 소유권을 취득하며, 이러한 점유가 선의이며 과실 없이 개시된 경우에는 5년을 경과함으로써 그 소유권을 취득한다(민법 제246조).

소멸시효란 권리자가 권리행사를 할 수 있음에도 불구하고 일정한 기간 동안 권리불행사가 계속된 경우에 그 권리를 소멸하게 하는 제도이다. 소유권 이외의 물권과 채권에 대하여 소멸시효가 적용된다(민법 제162조). 일반적으로 채권은 10년간 행사하지 아니하면 소멸시효가 완성하고, 채권 및 소유권 이외의 재산권은 20년간 행사하지 아니하면 소멸시효가 완성하며(민법 제162조), 상행위로 생긴 채권은 5년의 시효에 걸린다(상법 제64조). 한편 이자채권, 부양료채권, 의사 · 약사 등의 치료 · 조제에 관한 채권, 변호사 · 변리사 등의 직무에 관한 채권, 생산자 및 상인이 판매한 상품의 대가 등은 3년의 시효에 걸리며(민법 제163조), 여관 · 음식점 등의 숙박료 · 음식료 등의 채권, 의복이나 기타 동산의 사용료채권, 연예인의 임금채권 등은 1년의 시효에 걸린다(민법 제164조).

제 4 절 재산거래와 계약법

Ⅰ. 계약의 성립과 종류

1. 계약의 성립

현대사회에서 재산거래나 경제활동 중에서 가장 중요한 역할을 담당하면서 법적으로 기능하고 있는 것이 계약(契約)이라고 하여도 좋다. 그 계약에 금전채권이나 유가증권이 동반된다면, 그 역할과 기능은 더욱 증가할 것이다.

계약은 청약과 승낙이라는 반대방향의 두 개 이상의 의사표시의 합치에 의해서 성립하여 계약당사자를 구속한다(민법 제527조 이하). 또한 계약은 당사자 사이뿐만 아니라 제3자를 위해 행하는 계약도 인정된다(민법 제539조).

계약의 성립에는 원칙적으로 서면의 작성 등의 특별한 방식을 필요로 하지 않는다. 당사자의 합의만으로도 일단 계약이 성립한다(낙성계약). 그러나 실제 거래에서는 계약서를 작성하는 경우가 대부분이고, 계약서의 작성에 의해서 계약이 성립한다고 하는 특약도 인정되지만, 일반적으로 계약서는 계약의 증거에 지나지 않는다. 나아가 계약의 청약은 불특정다수인을 상대방으로 하여도 좋다. 예컨대 자동판매기의 설치나 버스의 정차는 매매계약이나 운송계약의 청약이고, 동전의 투입이나 이용객의 승차를 승낙으로 해석할 수 있다.

2. 전형계약(유명계약)과 비전형계약(무명계약)

전형계약이란 민법 제3편 제2장에 규정하고 있는 전형적인 15종의 계약을 말하고, 그 밖의 계약을 비전형계약이라고 한다. 민법이 정하고 있는 계약은 오랜 세월 동안의 재산거래와 경제활동의 역사와 경험으로부터 특히 중요하고 이용도가 높은 것을 선별하여 명문화한 것이지만, 현대사회에서는 전형계약이 근대적 계약의 대표적인 예에 지나지 않고, 그 이외에 새롭고 중요한 현대적 계약이 다수 발생하여 발전하고 있다. 예컨대 상법상의 보험계약, 운송계약을 비롯하여 대출이나 신용카드, 리스, 팩토링, 프랜차이즈 등이 이에 해당한다.

전형계약을 분류하면 다음과 같다.

① 소유권이전형계약 – 증여, 매매, 환매, 교환의 계약(민법 제554조～제597조)
② 목적물이용형계약 – 소비대차, 사용대차, 임대차의 계약(민법 제598조～제654조)
③ 노무제공형계약 – 고용, 도급, 여행(계약), 현상광고, 위임, 임치의 계약(민법 제655조～제702조)
④ 그 밖의 전형계약 – 조합, 종신정기금, 화해의 계약(민법 제703조～제733조)

그리고 비전형계약 중에는 두 가지 또는 세 가지의 전형계약이 혼합되어 계약의 내용을 이루기도 하고(가정교사로 일하면서(고용) 그 대가로서 방을 사용하는(임대차) 경우), 하나의 전형계약의 요소와 전형계약이 아닌 요소가 혼합하는 경우도 존재한다. 이러한 비전형계약을 혼합계약이라고 한다.

3. 쌍무계약과 편무계약

매매계약에서처럼 매도인이 목적물의 인도의무를 매수인에게 부담하고, 매수인이 대금지급의무를 매도인에게 부담하는 상호관계를 강학상 견련(牽聯)관계라고 하고, 목적물의 가치와 매매대금과의 관계를 대가관계라고 한다. 이와 같이 두 가지의 관계를 포함하는 견련적 · 대가적인 채무를 당사자에게 발생시키는 계약을 쌍무계약(雙務契約)이라고 한다. 또한 그렇지 않은 계약을 편무계약(片務契約)이라고 한다. 후자의 예는 전자에 비하여 훨씬 적은데, 예컨대 증여, 소비대차, 사용대차 등의 무상계약이 대부분이다. 그 이외 대부분의 전형계약은 쌍무계약이다.

또 쌍무계약의 당사자는 서로 동시이행의 항변권을 가진다(민법 제536조). 예컨대 매매계약의 경우 매도인은 매수인이 대금을 지급할 때까지 목적물의 인도를 거부하고, 반대로 매수인은 매도인이 목적물을 인도할 때까지 대금의 지급을 거부할 수 있는 권리를 말한다.

4. 유상계약과 무상계약

쌍무계약에 유사한 계약의 종류로서 자주 사용되는 것으로는 유상계약(有償契約)이 있다. 이는 계약의 당사자가 대가성이 있는 출연(재산적 지출)을 하는 계약을 말한다. 쌍무계약의 전부는 유상계약이지만, 유상계약의 전부가 쌍무계약으로 되지 않는다는 점에 주의를 요한다. 예컨대 이자부금전소비대차는 유상계약이지만 편무계약이다. 이와는 달리 대가성은 있으나 출연관계가 없는 계약을 무상계약(無償契約)이라고 한다. 증여, 무이자소비대차, 사용대차, 보수가 없는 위임, 임치 등의 계약이 이에 해당한다.

Ⅱ. 매매계약

1. 의 의

매매계약은 매도인이 매수인에게 목적물의 소유권 이전을 약정하고, 매수인이 대금의 지급을 약정함으로써 성립하는 쌍무계약이자 유상계약이며, 또한 당사자의 합의만으로 성립하는 낙성계약이기도 하다(민법 第563조).

그런데 매매계약이 성립하기 전에 매매의 예약이 행하여지는 경우가 있다. 여기서 말하는 예약이란 매도인 또는 매수인이 장차 본계약을 체결할 것을 약속하는 것이고, 이 예약에 의해 매도인 또는 매수인은 상대방에 대하여 매매완결의 의사표시를 할 수 있는 권리를 부여받게 된다. 이를 예약완결권이라고 한다. 이 완결권을 취득한 자가 상대방에게 본계약을 체결하려고 하는 의사표시로서 완결권을 행사하면, 가령 상대방이 승낙하지 않더라도 일방적으로 매매계약이 성립한다(민법 第564조).

또한 매매계약이 수반되는 거래에는 종종 계약(보증)금이 지급되는 경우가 있다. 계약금의 종류에는 매매계약의 성립 증거라는 성질의 증약금(證約金), 위약한 경우에 계약금을 몰수한다고 하는 성질의 위약계약금(違約契約金) 등이 있지만, 특히 당사자 사이에 별도의 약정이 없으면, 민법은 계약금을 해약금(解約金)의 성질을 가진 것으로 규정하고 있다(민법 第565조). 즉 계약금이 교부된 경우에 당사자의 일방이 계약의 이행에 착수할 때까지는, 계약금을 교부한 자는 이를 포기하고, 계약금의 교부를 수령한 자는 그 배액을 상환하여 매매계약을 해제할 수 있다. 이러한 예약이나 계약금의 규정은 다른 매매계약의 규정과 마찬가지로 모든 유상계약에 준용된다(민법 第567조).

또 매매계약과 더불어 소유권이전형의 계약으로서 일상생활에 가까운 것에는 증여계약이 있는데, 무상, 낙성, 편무계약이라는 특색을 가진다(민법 第554조). 주의해야 할 점을 본다면 서면에 의하지 않은 증여, 예컨대 구두약속에 의한 증여는 이행할 때까지 언제나 해제할 수 있다(민법 第555조). 반대로 말하면, 증여의 약속을 취소하지 않은 채 약속을 이행 받고자 한다면 서면에 의한 증여계약(계약서의 작성)으로 하여야 한다.

2. 매도인의 담보책임

매도인은 매매계약에 있어서 목적물의 소유권 이전의무 이외에 매매의 목적물에 권리상 또는 물리적으로 하자가 있는 경우에 과실의 유무를 불문하고 손해배상이나 계약해제 등의 중요한 책임을 부담한다. 이를 매도인의 담보책임(擔保責任)이라고 하며, 민법은 다음과 같이 정하고 있다.

(1) 권리의 하자에 대한 담보책임

매매의 목적물의 전부 또는 일부가 타인의 소유권 등에 속해 있고, 매도인이 목적물을 매수인에게 이전할 수 없을 때, 또는 목적물인 토지에 지상권이나 저당권이 있을 때 매수인은 매도인에 대하여 대금감액청구나 계약해제 또는 손해배상청구를 할 수 있고, 이에 대하여 매도인은 그 책임을 부담한다(민법 제570조~제572조, 제575조~제576조).

(2) 물건의 하자에 대한 담보책임

매매의 목적물에 매수인이 구입 당시 통상의 주의를 기울이더라도 발견할 수 없었던 하자가 발견된 경우 매도인은 매각 당시 그 하자를 모르더라도 담보책임을 부담하여야 한다(민법 제580조). 매도인에게는 무과실책임에 가까운 무거운 책임이라고 할 수 있지만, 매수인의 입장에서 보면 신의칙상 당연한 책임이라고 할 수 있다. 예컨대 구입한 책에서 나중에 책의 면수가 빠진 것이 발견되었다든지, 구입한 중고의 주택이나 자동차에 개미에 의한 피해나 엔진부분의 결함이 있는 경우에 매수인은 손해배상청구를 할 수 있고, 또한 그 하자가 계약의 목적을 달성할 수 없을 정도로 큰 때는 계약의 전부 또는 일부를 해제할 수 있다. 다만 매수인은 하자의 사실을 알았을 때부터 6개월 이내에 권리를 행사하여야 한다는 점에 주의를 요한다(민법 제582조).

3. 특수한 현대형 매매

(1) 할부판매

할부판매란 매매의 목적물의 인도를 매도인으로부터 받은 후, 매수인은 대금을 수회에 분할하여 지급하는 것을 말한다. 이러한 매매방식에 대하여 민법에는 규정이 없고, 할부거래에 관한 법률이라는 특별법으로 규율하고 있다. 이 법률은 1991년에 제정되었는데, 매수인측의 이익이나 입장을 고려한 소비자보호법적 성격을 강하게 지니고 있다.

동법에서는 할부판매에 대하여 다음과 같이 정하고 있다.

할부계약이란 계약의 명칭 · 형식에 관계없이 소비자가 사업자에게 재화의 대금(代金)이나 용역의 대가를 2개월 이상의 기간에 걸쳐 3회 이상 나누어 지급하고, 재화의 대금이나 용역의 대가를 완납하기 전에 재화의 공급이나 용역의 제공을 받기로 하는 계약(직접할부계약) 또는 소비자가 신용제공자에게 재화의 대금이나 용역의 대가를 2개월 이상의 기간에 걸쳐 3회 이상 나누어 지급하고, 재화의 대금이나 용역의 대가를 완납하기 전에 사업자로부터 재화의 공급이나 용역의 제공을 받기로 하는 계약(간접할부계약)을 말한다(할부거래에 관한 법률 제2조).

할부거래업자는 할부계약을 체결하기 전에 소비자가 할부계약내용을 이해할 수 있도록 법정사항을 표시하도록 하고 있다(할부거래에 관한 법률 제5조). 할부거래업자는 서면으로 할부계약을 체결하여야 하고 이에 따른 계약서를 소비자에게 발급할 의무가 있다(할부거래에 관한 법률 제6조). 소비자가 계약의 청약을 철회(cooling-off)할 때는 7일 이내에 하여야 한다(할부거래에 관한 법률 제8조). 할부거래업자는 소비자가 할부금 지급의무를 이행하지 아니한 경우에는 할부계약을 해제할 수 있는데, 이 경우에 할부거래업자는 그 계약을 해제하기 전에 14일 이상의 기간을 정하여 소비자에게 그 이행을 서면으로 최고하여야 한다(할부거래에 관한 법률 제11조).

현대사회에서 이용되는 할부판매는 직접할부계약보다는 간접할부계약의 방식을 통해서 이루어지는 것이 일반적이다. 특히 신용카드에 의한 방식은 상품할부구입알선계약으로서, 이러한 계약방식에서는 할부구입알선업자인 신용카드회사가 고객의 매매대금을 판매업자에게 미리 지급을 하고, 그 금액에 상당하는 이자를 더하여 고객이 신용카드회사에 납입한다. 최근 봉급자나 주부, 젊은이들 사이에서 의복, 식료품, 가전제품, 레저용품을 구입할 때 이러한 이용방식이 급증하고 있다. 그 결과 소위 신용카드피해도 격증하고 있어 '신용카드지옥'이라는 말이 나올 정도이다.

이 방식의 문제점은 판매자와 매수인과의 사이에 상품의 질이나 결함과 관련하여 계약의 취소나 무효가 주장되는 경우, 매수인이 신용카드회사에 납입을 중지하거나 지금까지의 지급분의 반환을 청구할 수 있는가 하는 점이다. 이 점에 대하여 이 법률 제16조는 매수인의 항변권을 규정하고 있는데, 할부거래업자에 대해서 뿐만 아니라 신용제공자, 즉 신용카드회사에 대하여 행사할 수 있도록 확장하여 정하고 있는 점이 특징이다.

(2) **방문판매**

전화권유판매 및 다단계판매 등에 의한 거래를 공정하게 함으로써 소비자인 구입자를 보호할 목적으로 제정된 것이 방문판매 등에 관한 법률이다.

동법에서는 방문판매, 전화권유판매 및 다단계판매에 대하여 다음과 같이 정의하고 있다.

방문판매라 함은 상품의 판매업자 또는 용역을 유상으로 제공하는 것을 업으로 하는 용역업자가 방문의 방법으로 그의 영업소 · 대리점 기타 총리령이 정하는 영업장소에서 소비자에게 권유하여 계약의 청약을 받거나 계약을 체결하여 상품을 판매하거나 용역을 제공하는 것을 말한다(방문판매 등에 관한 법률 제2조 제1호). 방문판매업자는 상품을 제공하거나 용역을 제공하는 경우에는 소비자에게 자기의 성명 또는 명칭과 판매하는 상품의 종류 또는 제공하는 용역의 내용을 미리 명시하여야 하며, 소비자가 이해할 수 있도록 계약서를 소비자에게 교부할 의무가 있다(방문판매 등에 관한 법률 제7조). 이 경우 소비자는 계약서를 받은 날로부터 14일 이내에 계약에 관한 청약의 철회할 수 있다(Cooling-off, 방문판매 등에 관한 법률 제8조).

전화권유판매라 함은 전화를 이용하여 소비자에게 권유를 하거나 전화회신을 유도하는 방법으로 재화 등을 판매하는 것을 말한다(방문판매 등에 관한 법률 제2조 제3호).

방문판매법상 다단계판매는 법기술적 개념으로서 다단계판매조직을 통하여 재화 등을 판매하는 것을 말한다. 다단계판매조직은 세 가지 요건을 갖추어야 한다. ① 판매업자에 속한 판매원이 특정인을 해당 판매원의 하위 판매원으로 가입하도록 권유하는 모집방식이 있어야 한다. ② 판매원의 가입이 원칙적으로 3단계 이상 단계적으로 이루어져야 한다. ③ 판매업자가 판매원에게 거래실적 등에 해당하는 후원수당을 지급하는 방식을 채용하고 있어야 한다(방문판매 등에 관한 법률 제2조 제5호).

제 5 절 재산거래와 부동산법

Ⅰ. 부동산의 권리변동과 등기

토지나 건물 등 부동산의 권리변동(취득 · 변경 · 소멸)을 주장하는 사람은, 예컨대 매매에 의해 소유권을 취득한 매수인이나 채무자인 부동산소유자의 부동산에 저당권을 설정한 저당권자는 이러한 권리관계를 공시(公示)방법으로서 등기하지 않으면 권리를 당사자 이외의 제3자에게 대항(주장)할 수 없다(민법 제186조). 여기서 말하는 등기는 부동산물권변동의 공시방법으로 구체적으로는 부동산등기법에 규정한 절차에 의해 부동산에 관한 권리나 권리변동, 부동산의 현상 등에 대하여 공적 기관인 등기소에 비치되어 있는 공부(公簿)인 토지등기부나 건물등기부에 기재하는 것을 말한다.

예컨대 매도인 A가 B에 매각한 동일 토지를 C에게 이중으로 매각하는 이중매매의 경우를 생각해 보자. 먼저 매수한 B가 C에 대하여 그 토지의 소유권을 인정받기 위해서는 등기를 미리 하여야 한다. 만일 B의 등기가 이미 행해졌다면 C가 등기부를 열람함으로써 A · B간에 이미 매매가 행해진 것을 알고 C가 이중매매로 손해를 받을 것을 미연에 방지할 수 있다. 그러나 B가 만일 등기를 하지 않은 채 방치하고 있을 경우, 등기부상 기재를 믿은 C가 먼저 등기를 하게 되면 C가 B에게 소유권을 주장할 수 있고, C가 이중매매에 관하여 악의가 없는 한 B는 소유권을 주장할 수 없게 된다.

이와 같이 민법은 부동산의 권리이전 시에 계약의 전후에 관계없이 자기명의로 소유권이전을 등기한 사람이 권리자로서 인정된다는 원칙을 정하고 있다. 이를 부동산물권변동의 대항요건이라고 한다. 이에 대하여 동산매매 등의 동산물권변동의 대항요건은 목적물의 인도(引渡)만으로 족하다(민법 제188조).

Ⅱ. 부동산과 소유권

1. 토지소유권과 상린(相隣)관계

(1) 토지소유권

민법은 토지의 소유권에 대하여 정당한 이익이 있는 범위 내에서 토지의 상하에 그 효력이 미친다고 규정하고 있다(민법 제212조). 동조의 해석에서는 토지소유권의 효력이 토지의 상하에 무한히 미친다고 해석하여서는 안 되고 공공복리에 의한 제한을 고려하여야 한다. 예컨대 토지소유권을 가진 자의 개인적 이익과 직접 관계가 없는 공중, 지하에서 고가전선이나 지하철공사 등 공공사업을 중심으로 하는 권리행사가 공공복리로서 필요한 경우 이를 거절하고 배제할 수 없다고 본다. 따라서 소유권에 대한 박탈 및 제한이 헌법의 재산질서 및 경제질서 하에서 사소유권(私所有權)의 본질적 내용을 침해하지 않는 범위 내에서 행하여지는 한 이를 긍정할 수 있다. 도시의 개발이나 재개발을 효율적 · 계획적으로 추진하기 위해서는 토지의 유효이용과 공간의 입체적 이용을 목적으로 하는 지하권이나 공중권의 설정이 토지소유권을 제한하는 측면이 있지만, 이를 적극적으로 인정하는 것이 필요하다.

(2) 상린관계

인접하고 있는 토지 소유자 또는 이해관계자 상호간에 각 토지의 이해관계를 조절하기 위하여 서로 그 권능을 일정한 한도까지 양보 · 협력하도록 규정한 법률관계를 말한다(민법 제216조~제244조). 또한 이러한 상린관계로부터 발생하는 권리를 상린권(相隣權)이라고 한다. 인접한 토지의 소유자가 각자의 소유권을 무제한으로 주장한다면 그들 토지의 완전한 이용을 바랄 수 없으므로 각 소유권 또는 이용권의 내용을 일정범위 안에서 제한하고 각 소유자로 하여금 협력시키는 제도이다. 그 작용은 지역권(地役權)과 유사하므로 프랑스 민법에서처럼 법정지역권으로 규정한 입법례도 있지만, 대부분의 국가에서는 이를 소유권의 한계로 규정하고 있다.

2. 구분소유권

법률상 1개의 건물소유권은 구조상 독립한 1동의 건물을 대상으로 하는 것이 원칙이지만, 예외가 두 가지 있다. 하나는 주된 건물(모옥)과 부속건물(창고)은 2동 이상으로 되지만, 여러 동의 건물을 가지고 1개의 주택으로서 기능한다면 1개의 건물소유권의 대상으로서 거래가 가능하다(민법 제100조 제2항). 또 하나는 아파트로 대표되는 집합주택이나 오피스텔과 같이 1동의 건물 중 구조상 독립한 1구획을 1개의 건물로 하는 경우이다. 이와 같은 건물을 법률상 집합건물(集合建物)이라고 한다.

1960년대 후반 이후의 경제발전과 인구의 도시집중으로 인하여 서울 등 대도시에 아파트와 같은 공동주택이 급격히 증가하게 되었다. 기존의 민법 및 부동산등기법 등의 법률만으로는 이러한 현상을 대처하기 어렵게 되어, 1984년 「집합건물의 소유 및 관리에 관한 법률」을 제정하기에 이르렀다.

동법에 의하면 건물의 구분소유란, 1동의 건물 중 구조상 구분된 수개의 부분을 독립한 건물로서 소유하는 것을 말하고(집합건물의 소유 및 관리에 관한 법률 제1조), 그 1구획마다 독립한 구분소유권을 인정하고 있다. 또한 구분소유권의 목적인 건물부분(주거, 점포, 사무소)을 전유부분이라고 하고 그 이외의 부분(옥상, 계단, 엘리베이터 등)을 공용부분이라고 한다(집합건물의 소유 및 관리에 관한 법률 제2조).

Ⅲ. 부동산과 임대차

1. 부동산의 임대차계약

임대차계약이란 임대인이 임차인에게 목적물을 사용·수익하게 할 것을 약정하고 임차인이 그 대가로서 차임(借賃: 임대료)을 지급할 것을 약정함으로써 성립한다(민법 제618조). 이 계약의 특징은 쌍무·낙성·유상계약이다. 이와 유사한 계약으로 사용대차가 있지만, 이는 타인의 목적물을 무상으로 사용·수익하는 경우이다.

부동산의 임대차계약에서 주의하여야 할 것은 임차인이 임차권을 제3자에게 양도하거나 전대차하는 경우이다. 이 경우는 원칙적으로 임대인의 이익을 부당하게 침해할 우려가 크므로 임대인의 동의를 필요로 한다(민법 제629조 제1항). 이에 위반하면 임대인은 계약을 해지하여 부동산의 반환을 청구할 수 있다(동조 제2항). 그러나 임차인이 무단 양도나 무단 전대차한 경우에 임대인이 계약해지청구권을 남용한다면, 약한 입장에 있는 임차인에게는 부당한 경우가 발생할 수 있다. 따라서 무단 양도나 전대차가 임대인과 임차인간의 신뢰관계를 파괴하지 않는 한, 임대인은 해지권을 행사할 수 없고 행사하더라도 신의칙에 반하는 권리의 남용으로 보아야 한다.

2. 주택임대차보호법의 제정과 특색

1970년대 중반 대도시를 중심으로 공업과 상업이 발달하여 인구의 도시집중이 진행되자 주택 부족이 심화되어 무주택자의 주거생활의 안정이 중요한 사회문제로 대두되었다. 따라서 종래 민법의 임대차(제618조 이하)와 전세권(제303조 이하) 규정만으로는 충분히 대응할 수 없게 되어 1981년 주택임대차보호법을 제정하여 시행하고 있다. 이 법률은 임차인의 입장을 보호하는 사회적 성격을 포함하고 있고 실제상으로도 임대인의 횡포로부터 권리와 이익을 보호하는 데 상당한 공헌을 하였다고 할 수 있다.

주택임대차보호법에 대한 특색을 간단히 정리하면 다음과 같다.

첫째, 임차인이 주택의 인도를 받고 주민등록이 된 때에는 그 다음날부터 임차권은 제3자에 대하여 효력이 생긴다(주택임대차보호법, 제3조 제1항). 주택의 인도와 주민등록의 전입신고를 마치고 임대차계약증서상의 확정일자를 갖춘 임차인은 민사집행법에 따른 경매 또는 국세징수법에 의한 공매시 임차주택(대지를 포함)의 환가대금에서 후순위권리자나 기타 채권자보다 우선하여 보증금을 변제받을 권리가 있다(주택임대차보호법 제3조의2 제2항).

둘째, 임차인은 임차주택을 양수인에게 인도하지 아니하면 우선변제권이 인정되는 보증금을 수령할 수 없도록 하고 있다(주택임대차보호법 제3조의2 제3항).

셋째, 기간의 정함이 없거나 기간을 2년 미만으로 정한 임대차는 그 기간을 2년으로 본다(주택임대차보호법 제4조 제1항).

넷째, 임차인은 보증금 중 일정액을 다른 담보물권자보다 우선변제 받을 수 있으나, 이 경우 임차인은 경매신청등기 전에 주택의 인도와 주민등록을 마침으로써 대항할 수 있다(주택임대차보호법 제8조 제1항).

다섯째, 우선변제를 받을 임차인 및 보증금 중 일정액의 범위와 기준은 주택가액(대지의 가액을 포함)의 2분의 1의 범위 안에서 서울특별시는 3,700만원 이하, 수도권정비계획법에 따른 과밀억제권역, 세종특별자치시, 용인시 및 화성시는 3,400만원 이하, 광역시, 안산시, 김포시, 광주시 및 파주시 2,000만원 이하, 기타의 지역에서는 1,700만원 이하로 정하고 있다(주택임대차보호법 제8조 제3항, 동 시행령 제10조).

제 6 절 재산거래와 금융법

I. 금전의 소비대차와 소비자 신용

1. 금전소비대차계약

사회생활상 일상생활용품의 매매나 임대차와 함께 중요한 의미를 갖는 계약으로 금전의 소비대차(消費貸借)가 있다. 예컨대 통상 금전대차에서 현재 급격히 확산되고 있는 신용거래에 의한 금전대부, 상사거래에 있어서 어음대부 등을 생각하면 그 중요성이 명확해진다. 일반적으로 임대차와 소비대차의 차이점은 다음과 같다.

전자는 임차인이 목적물을 사용, 수익하는 대신에 임대료를 지급할 의무가 있고, 동일물의 반환의무를 부담한다. 후자는 그 목적물을 소비하고 후일 동종 · 동량 · 동질의 물건을 가지고 반환하면 된다. 이러한 특징으로 말미암아 소비대차의 전형적인 예로서는 금전의 소비대차를 들 수 있다(민법 제598조~제608조).

2. 소비자신용

현대사회를 신용사회라고 하는 것처럼, 젊은이부터 노인에게 이르기까지 신용카드를 이용하거나 신용에 의하여 거래를 하는 것이 일반화되고 있다. 여기서 말하는 신용거래란 신용을 가지고 지급을 연기하는 금융거래라고 할 수 있고 소비자에 대한 여신업자로는 금융기관이나 신용카드회사가 대부분이다. 또한 소비자신용이란 소비자의 신용을 통하여 대금의 후불에 의한 매매를 가능하게 하는 거래를 말한다.

여신형태에는 다음 두 가지 방법을 고려할 수 있다. 하나는 금전대출로서 소비자가 금융기관에서 일정금액을 전액대출한 후에 분할로 지급하는 것을 인정하는 소비자대출과 신용카드를 통해 일정금액을 현금으로 대출하는 방법이 있다. 그리고 또 하나는 어떤 상품을 구입하고, 대금은 후에 분할하여 지급하는 할부판매방식이다. 이 경우는 대부분 판매업자와 여신업자 그리고 소비자의 3자간거래에 의해 행해진다.

이와 같이 사인의 현대생활은 소비자신용계약이나 신용금융거래 없이는 성립할 수 없고, 신용카드는 그야말로 '생활카드'화하고 있다. 그러나 사인들은 이러한 편리함에 빠져버려서는 안 된다. 신용이나 대출에는 고율의 수수료가 부가되므로 위험한 함정이 있다는 것을 유의하여야 한다.

Ⅱ. 이자제한법

금전의 소비대차에는 대부분 이자가 있지만, 이 경우 계약자유의 원칙에 의해 이자를 자유롭게 무제한으로 인정한다면 대주가 차주의 궁핍을 이용하여 폭리를 취하게 된다. 경제적 약자인 차주를 보호하기 위해 1962년 이자제한법이 제정되었다. 이 법은 1997년 외환위기 직후의 경제위기에 대한 IMF의 고금리정책의 권고를 배경으로 하여, 지난 1998년 1월 13일 "자금의 수급상황에 따라 금리가 자유롭게 정해질 수 있도록 함으로써 자원 배분의 효율성을 도모"한다는 이유로 폐지되었다. 그러나 「대부업의 등록 및 금융이용자보호에 관한 법률」만으로는 사채업의 폐해를 해결할 수 없다는 인식하에 이자의 적정한 최고한도를 정함으로써 국민경제생활을 보호하기 위한 최소한의 사회적 안전장치를 마련하고자 2007년에 다시 이 법을 제정하였다.

이 법은 제2조에서 금전대차에 관한 계약상의 최고이자율은 연 25퍼센트를 초과하지 아니하는 범위 안에서 대통령령으로 정하도록 하고 있다. 따라서 계약상의 이자로서 최고이자율을 초과하는 부분은 무효로 하며, 채무자가 최고이자율을 초과하는 이자를 임의로 지급한 경우에는 초과 지급된 이자 상당금액은 원본에 충당되고, 원본이 소멸한 때에는 그 반환을 청구할 수 있도록 규정하고 있다. 또한 제4조에서는 이자의 최고한도를 면탈하려는 탈법행위를 방지하기 위해 채권자가 할인금·수수료·공제금 등 명칭에 불구하고 금전대차와 관련하여 채무자로부터 받은 것은 이자로 보도록 규정하고 있다.

Ⅲ. 채권의 담보

1. 채권담보의 의의

채무자가 채무를 이행(변제)하지 않는 경우 채권자는 채무불이행을 이유로 손해배상의 청구와 계약의 해제를 할 수 있으며, 또한 채무자의 재산에 대해 강제집행을 할 수도 있다. 그러나 채권자가 다수인 경우는 채권자평등의 원칙에 의해서 자기가 취득할 수 있는 채권의 회수가 불가능해질 수 있다. 따라서 채권자가 자기의 채권에 대하여 반드시 만족을 얻을 수 있는 방법·수단을 제공하는 것이 채권의 담보제도이다. 여기에는 물적 담보와 인적 담보가 있다.

2. 물적 담보

물적 담보는 변제시기에 대금 등의 변제가 없는 경우, 채권자인 담보물권자가 담보의 대상으로 된 특정재산을 경매하여 그 매각대금에서 다른 채권자보다 우선적으로 변제를 받을 수 있는 권리를 인정하는 제도이다. 대표적인 담보물권으로서는 질권과 저당권이 있다. 질권의 경우는 담보물인 동산이나 재산권을 채권자인 질권자의 수중에 보관하도록 하고 있기 때문에 채무자는 채무를 변제하지 않는 한 질물(담보로 제공된 것)을 반환받을 수 없다(민법 제329조 이하).

이에 대하여 저당권의 경우는 담보물인 부동산을 계속하여 채무자가 이용할 수 있어 편리하고, 또한 채권자인 저당권자에게 있어서도 담보목적물인 부동산에 저당권설정등기를 함으로써 직접 점유하지 않아도 되는 편리함이 있다(민법 제356조 이하). 이와 같이 양당사자 모두에게 유익하기 때문에 저당권은 채권의 물적 담보의 중심적 지위를 차지하고 있다. 그 밖에는 판례나 거래관습에서 인정되는 양도담보나 1983년 「가등기담보 등에 관한 법률」에 의한 가등기담보도 이용되고 있다.

3. 인적 담보

인적 담보는 보증인과 같이 주된 채무자가 채무액의 변제를 하지 않을 때에 그 채무자를 대신하여 변제할 의무를 부담하는 제도이다. 대표적인 것은 보증채무로서 일반적인 보증과 연대보증으로 구분할 수 있다.

일반보증의 경우는 복수의 보증인(공동보증인)이 있으면, 분별의 이익이라는 분할채무를 주장할 수 있고(민법 제439조), 또한 최고 및 검색의 항변권이라고 하여 우선 주된 채무자에게 청구할 것과 그 재산에 대하여 집행할 것을 항변할 수 있다(민법 제437조 전문). 이에 대하여 연대보증은 최고 및 검색의 항변이 연대보증인에게 인정되지 않고, 주된 채무자와 동등하게 책임을 부담하여야 한다(동조 후문). 따라서 계약서의 연대보증인란에 아무런 생각 없이 인장을 날인한 후 믿었던 채무자가 도망가고, 채권자에게 자기의 재산을 압류당하여 가족이 빈곤의 수렁에 빠지는 비참한 예는 주위에서 흔히 볼 수 있다.

제7절 사고와 불법행위법

Ⅰ. 불법행위의 책임과 종류

1. 사고와 불법행위책임

현대사회에 사는 인간들은 인생에서 실제로 여러 가지의 사고를 당하고 있으므로 이와 관련된 법률문제가 중요하다. 예컨대 근로자는 노동재해사고, 운전자는 자동차사고, 환자가 병원에서 수술 중 발생하는 의료사고, 공장지대에 살면 공해 등과 같은 사람들이 생활상 주변에서 언제든지 발생할 수 있는 사고가 산재해 있다는 사실이 우리를 무섭게 한다. 이러한 다종다양한 사고에 대하여 특별법을 포함한 민법은 불법행위라는 개념을 이용하여 가해자의 책임과 피해자의 구제에 대하여 손해의 전보(塡補)를 중심으로 하여 규정하고 있다.

여기서 말하는 불법행위란 어떤 사람이 타인의 권리나 이익을 위법하게 침해하여 손해를 주는 행위를 말하고, 그 결과 위법한 침해자인 가해자는 불이익과 손해를 입은 피해자에 대하여 손해배상의 책임을 지도록 하고 있다(민법 제750조). 예컨대 친구를 때려 부상시키거나(신체침해), 타인의 주택을 과실로 소실시키거나(재산권의 침해), 자동차사고로 보행자를 사망시킨(생명침해) 경우 전부 불법행위에 대한 책임이 문제가 된다. 이 경우 가해자에게는 형사책임이 부과되기도 하지만, 그 외에 불법행위책임이라는 민사책임도 부담한다.

2. 불법행위의 성립요건과 종류

민법 제750조는 불법행위의 요건과 효과(책임)를 규정하고 있는데, 그 성립요건으로는 다음 4가지 점을 규정하고 있다. 즉 ① 자기의 고의 또는 과실에 의한 행위가 있을 것, ② 행위자에게 책임능력이 있을 것, ③ 당해 행위가 위법할 것, ④ 위법한 행위에 의해 타인에게 손해가 발생할 것이다. 또한 ②에서 말하는 책임능력이란 자기 행위에 대한 결과를 인식할 수 있는 정신적 능력을 말하며, 불법행위능력이라고도 부르는 것으로서, 가해행위에 대한 배상책임의 귀속에서 가해자측의 사정으로 인한 면책 여부를 결정하는 기준이 된다.

민법은 불법행위의 종류로서 일반 불법행위 이외에 특수한 불법행위도 규정하고 있다. 대표적인 것을 보면 다음과 같다.

첫째는 책임무능력자(責任無能力者)에 대한 감독자의 책임이다(민법 제755조). 이 경우는 미성년자나 제한능력자의 불법행위에 대하여 감독의무자가 책임을 부담한다. 예컨대 친권자, 후견인, 정신장애자의 보호의무자 등이 이에 해당한다. 또한 유치원원장, 보모, 교사 등의 감독의무자도 같은 책임을 진다. 그러나 판례는 피해자보호를 중시한다는 이유에서 경제력이 없는 경우가 대부분인 미성년자에게 책임능력이 있는 경우라 하더라도 그 손해가 당해 미성년자의 감독의무자의 의무위반과 상당인과관계가 있으면 그 감독자에게 일반불법행위자로서 손해배상책임을 인정하고 있다(대판 1994.2.8, 선고 93다13605).

둘째는 사용자책임(使用者責任)이다(민법 제756조). 이 경우는 사업을 위해 피용자를 고용하고 있는 사용자와 그 감독자(공장장 등)는 피용자가 사무집행에 관하여 제3자에게 손해를 입힌 때에는 손해배상책임을 진다. 다만 선임·감독에 상당한 주의를 하는 등 과실이 없다는 것을 입증하면 면책된다.

셋째는 공동불법행위책임(共同不法行爲責任)이다(민법 제760조). 이 경우는 수인이 공동의 불법행위로 타인에게 손해를 가한 때와 공동이 아닌 수인의 행위 중 어느 자의 행위가 그 손해를 발생한 것인지를 알 수 없을 때, 각각 연대하여 손해배상책임을 진다. 그 이유는 공동행위자 전원에 대해 손해배상의 전부 책임을 부담시킴으로서 피해자를 두텁게 보호하려는 데 있다.

Ⅱ. 손해배상의 원칙과 손해액의 산정

1. 손해배상의 원칙

위에서 서술한 것처럼 불법행위책임의 본질과 목적은 손해의 전보이지만, 그 목적을 달성하는 방법으로서 민법은 금전배상을 원칙으로 하고 있다(민법 제763조 · 제394조). 따라서 불법행위에 의해 발생한 손해는 재산적 손해뿐만 아니라, 비재산적 손해인 정신적 손해도 위자료라는 금전의 형태로 평가하여 배상하도록 하고 있다(민법 제751조). 특히 공해 · 환경오염에 의한 불법행위는 피해자에게 있어 금전배상보다 불법행위의 침해 이전의 상태로 복원시키는 원상회복이 바람직하다고 할 수 있으나, 일반적으로 불법행위의 구제방법으로는 인정되지 않는다. 민법은 명예가 훼손된 경우에 법원은 피해자의 청구에 의하여 손해배상에 갈음하거나 손해배상과 함께 명예회복에 관한 적당한 처분을 명할 수 있도록 규정하고 있다(제764조).

2. 손해배상액의 산정

(1) 재산적 손해

재산적 손해는 적극적 손해와 소극적 손해로 구별할 수 있다. 전자는 구체적인 의료비, 수리비, 휴업보상 등에 관한 것으로 쉽게 계산이 가능하여 손해배상액을 간단히 산정할 수 있다. 예컨대 생명침해의 경우에 있어서 바로 사망하지 않고 병원에서 수일동안 입원한 후 사망하였다면, 적극적 손해는 치료비, 휴업보상, 장례비, 잡비 등을 고려하므로 손해배상액의 산정이 비교적 용이하다.

후자인 소극적 손해는 일실이익 또는 얻을 수 있었을 이익을 말하며, 이는 피해자가 그가 얻을 수 있었던 순수익에 상당하는 손해를 말하는 것으로 계산이 힘들다. 예컨대 생명침해의 경우에 있어서 피해자가 사망하지 않을 것을 전제로 장래 노동에 의해 얻을 수 있는 이익 또는 수입을 말한다. 그 손해액은 피해자가 향후 평균수명과 비교하여 몇 년 동안 생존할 수 있는지를 통계표로 조사하여 그 동안의 일실이익(얻어질 수 있는 이익)을 계산하고, 이로부터 피해자 본인이 생존하는 동안에 필요로 하는 생활비나 세금, 사회보험료 등을 공제하여 산정한다. 여기에서 가

동연령(사망하지 않았더라면 수입을 올릴 수 있었던 기간, 즉 가동기간을 그 전제로 한 기대여명)은 당시의 연령 · 건강상태 · 직업 · 가정환경 기타의 사정을 고려하여야 한다.

판례는 가동연령을 대체로 60세로 보고 있다. 그렇다면 이 경우 일실이익은 일정 시기마다 월급 등의 형태로 정기적으로 취득되어야 할 것이지만, 이를 현재의 시점에서 일괄지급한다고 생각하면 중간이자를 공제하고 일시금으로 현재가격으로 환산하여야 할 필요가 있다. 이 중간이자공제를 위한 산정방식에는 호프만방식이나 라이프니츠방식 등이 사용되고 있다. 판례에서는 종래 호프만방식을 사용하였으나, 최근에는 라이프니츠방식을 사용하고 있다.

(2) **정신적 손해**

비재산적 손해란 명예 · 신용 · 정조 등의 무형의 손해를 말하지만, 여기에서 중요하고 중심적인 것은 정신적 손해배상으로서 위자료이다(민법 제751조).

위자료란 피해자의 정신적 고통 · 충격 등을 금전으로 환산한 것이지만 최종적으로 그 산정액은 법관의 자유로운 심증과 사회통념에 의해 결정된다. 위자료산정시에는 가해행위의 동기, 태양, 당사자의 사회적 지위, 연령, 직업 등의 사정을 고려하여 공평의 관념에 따라 정하여야 한다. 또한 생명침해에 대한 위자료는 피해자의 직계존속, 직계비속, 배우자가 청구할 수 있다(민법 제752조). 그 외에 피해자의 형제 · 자매나 사실혼(事實婚)관계자 · 미인지(未認知)의 자 등에게도 위자료청구권이 인정되는가에 대하여, 피해자와의 특별한 관계로 인하여 정신적 고통을 받은 사실을 입증하면 배상을 청구할 수 있다고 하는 것이 판례의 입장이다.

(3) **과실상계**

그 밖에 손해배상액의 산정에 있어서 중요한 것은 과실상계(過失相計)의 문제이다. 과실상계는 피해자에게 과실이 있는 경우 손해배상액을 산정할 때 그 과실의 정도를 참작하여 손해액을 경감할 수 있도록 하는 제도이다(민법 제763조 · 제396조). 이는 피해자와 가해자 사이의 공평을 도모하려는 이유에서 마련된 규정이다.

Ⅲ. 현대형 불법행위

현대적 불법행위 중에 현재 심각한 사회문제로 대두되고 있는 사인의 사회생활이나 일상생활에 깊은 관련이 있는 몇 가지 중요한 문제를 간단하게 살펴보고자 한다.

1. 교통사고와 자동차손해배상보장법

현대사회의 교통사고 중에는 열차탈선사고 · 비행기추락사고 · 여객선침몰사고 등이 있지만, 무엇보다도 심각한 것은 자동차사고이다. 심지어 교통전쟁이라고 할 만큼, 자동차사고 사망자수는 매년 5천명에 이를 정도로, 그야말로 '전쟁상태'이다. 이러한 심각한 자동차사고에 있어 피해자를 구제하는 법규로는 민법의 불법행위와 채무불이행책임과 민법의 특별법인 자동차손해배상보장법(자배법이라고 함)이 있다. 인체손해의 배상책임 이외의 손해, 즉 대물손해사고에 있어 가해자(운전자)책임(민법 제750조), 사용자책임(민법 제756조) 및 채무불이행책임(민법 제390조)이 문제로 된다. 이 경우는 과실책임의 원칙이 적용되며, 피해자측에서 가해자의 과실을 입증하여야 한다는 점에서 피해자에게 불리하게 되어 있다.

그러나 자배법은 피해자측에 비참한 불행을 가져오는 인신사고에 한정하여 피해자의 보호와 구제할 목적으로 가해자에게 가중된 입증책임을 부과함으로써 사실상 무과실책임을 묻고 있다. 자배법 제3조는 "자기를 위하여 자동차를 운행하는 자는 그 운행으로 다른 사람을 사망하게 하거나 부상하게 한 경우에는 그 손해를 배상할 책임을 진다"고 규정하고 있다. 또한 동조 단서에서는 면책요건을 정하고 있지만, 이를 엄격히 하여 무과실책임에 가까운 운행자책임을 차의 소유자(소유자와 사용권자)와 운전자에 부과시키고 있다. 예컨대 회사의 영업용차를 무단으로 이용한 사원이나, 부친 또는 형의 차를 멋대루 사용한 아들이나 동생의 무단운전에 의한 인신사고에 대하여 회사 또는 부친 그리고 형은 운행자에 해당하는 책임을 진다고 판례, 학설은 보고 있다.

나아가 자배법은 '타인'의 생명, 신체를 해하였을 때에 가해자가 책임을 지게 되는데 그 타인성이 문제가 된다. 여기서 말하는 타인이란 운행자와 운전자 · 운전보조자 이외의 제3자를 가리키고 피해자의 구제라는 목적에서 그 개념은 일반상식보다 확대되어 해석되고 있다. 예컨대 친구나 지인 등을 호의로 동승하게 한 때에는 판례와 학설은 타인성을 인정하고 있다. 다만 가해자인 운전자의 가족인 배우자, 친지가 타인에 포함되는가이다. 특히 판례는 호의동승에 대하여 "운행의 목적 · 호의동승자와 운행자와의 인적 관계 · 피해자가 동승한 경위 · 특히 동승요구의 목적과 적극성 등의 제반사정에 비추어 …" 고려하고 있다.

이러한 운행자의 개념이나 타인성 개념은 자배법의 두 가지 기둥인 자동차책임보험의 체결(자동차손해배상보험법 제5조 이하)에 관련되고, 피해자가 보험제도를 활용하여 보험금의 청구를 쉽게 하기 위해 필요한 해석이다.

2. 결함상품과 제조물책임

일상적인 생활에서 사인은 대부분 의식주의 전부나 일부를 공장에서 제조·생산된 제품이나 상품으로 충족함으로써 건강하고 문화적인 생활을 영위하고 있다. 그러나 제품·상품의 결함이나 하자로 말미암아 소비자나 이용자가 생명, 신체, 건강 또는 재산상의 손해를 입는 경우가 종종 발생한다. 이러한 경우에는 피해자의 구제와 손해배상의 책임자를 어떻게 규명하여야 할 것인가? 이것이 바로 결함상품을 제조·판매한 자에 대한 제조물책임(製造物責任)의 문제이다.

제조물책임법은 제조물의 결함으로 인하여 발생한 손해에 대한 제조업자 등의 손해배상책임을 규정함으로써 피해자의 보호를 도모하고 국민생활의 안전향상과 국민경제의 건전한 발전에 기여함을 목적으로 제정되었다. 이 법에서는 제조물·결함 등의 용어를 정의함과 동시에 제조업자의 책임에 관하여 규정하고 있으며, 아울러 면책사유, 연대책임 및 면책특약의 제한 등에 대하여 규정하고 있다.

3. 환경오염책임(공해책임)

경제성장의 기초인 중공업의 발전은 광범위한 공업지대를 필요로 하였다. 따라서 아름다운 해안이 메워지고 많은 산림이 개발되었다. 그 결과, 우리나라는 심각한 공해와 환경오염에 의해 괴롭혀지고, 공해가 많이 유발되는 지역에 사는 주민들은 천식 등의 공해병에 중독되고, 그 병이나 후유증으로 괴로워하는 환자가 발생하고 있다. 여기서 말하는 공해란 인위적인 원인에 의하여 광범위한 시민이나 주민에게 막대한 인적·물적 손해를 발생시키게 하는 생활방해이고, 불특정다수의 사람에 대한 불법행위인 경우가 다수이다. 예컨대 공장 굴뚝의 매연이나 자동차의 배기가스에 의한 대기오염, 교통기관이나 도로·건축물건설공사에 의한 소음 및 진동, 공장폐수의 배출에 의한 하천이나 해수의 오염, 분뇨나 쓰레기의 처리시설이나 산업폐기물처리장에서 생겨나는 악취 등이 그것이다.

현대사회는 이러한 공해에 더하여 국경을 넘는 국제화·확대화·복잡화에 의해 해양오염, 산성비, 지구의 온난화, 동식물의 생태계로의 악영향 등이 걱정되고, 전세계적으로 위기적 상태에 있다. 국내의 특정지역의 공해로부터 바야흐로 전세계가 대상이 되는 지구환경오염까지 우려해야 하는 시대에 있다고 할 것이다. 공해는 현대에 사는 사람들에게 지구환경보호라는 관점에서도 중대한 문제이지만, 여기서는 우리의 현실과 관련하여 발생하는 환경오염에 대한 구제방법에 대하여 살펴보고자 한다.

환경오염피해에 대한 사법적 구제방법에는 환경정책기본법에 의한 구제와 민법에 의한 구제로 나눌 수 있다. 먼저 환경정책기본법의 손해배상제도는 가해자의 과실을 요하지 않는 무과실책임에 바탕을 두고 있다. 동법 제44조 제1항에서는 사업장 등에서 발생되는 환경오염 또는 환경훼손으로 인하여 피해가 발생한 때에는 그 원인자인 당해 사업자가 그 피해를 배상하여야 한다고 정하고 있다.

다음으로 민법에 의한 구제책으로는 불법행위에 기초한 손해배상청구(민법 제750조)와 물권적 방해제거 · 예방청구권(민법 제205조 · 제206조 · 제214조), 그리고 매연 등에 의한 생활방해금지(민법 제217조)가 있다. 여기에서 불법행위에 기초한 손해배상청구는 이미 발생한 환경오염피해에 대해서 환경오염을 금지시키는 사후적 구제방법이라 할 수 있고, 물권적 방해제거 · 예방청구권과 매연 등에 의한 생활방해금지는 장래에 대한 환경오염을 금지시키는 사전적 구제방법이라 할 수 있다. 이 두 제도는 민법의 불법행위편과 물권편에 각각 분리되어 규정되어 있으나, 실제 운영에서는 하나의 환경오염사건에 대하여 양 청구권을 동시에 행사하게 함으로써 효과적으로 손해의 배상과 예방을 할 수 있을 것이다.

제8절 변모하는 가족과 자기결정

Ⅰ. 가족과 법

가족은 사회를 구성하는 최소한의 단위이다. 가족은 애정이나 혈연이라는 요소로 결합하고 있다는 점에서 다른 사회적 단위(기업 · 단체)와는 다르다. 애정이나 혈연으로 맺어진 가정을 경제적인 이해득실로 이루어진 경제사회(Gesellschaft)에 관련된 법으로 규율하는 것은 적합하지 않다. 따라서 가정에서 발생하는 문제는 가정에서 결정된다고 할 수 있다.

그러나 일단 가정에 분쟁이 생기면 어떻게 하겠는가? 분쟁 중에 있는 자들은 가족이라는 동일한 공동체에 속해 있기 때문에 평소에는 가족간의 대화라든가, 무엇보다 시간이 문제를 해결하여 왔다고 할 수 있다. 만일 당사자간의 대화로 문제가 해결되지 않는다면, 이전의 애정이 증오로 변하고, 같은 피가 흐른다는 것이 반대로 분쟁을 악화시키는 경우도 있을 수 있다. 이혼에 관련한 문제나 상속에 관련한 문제가 종종 수렁의 양상을 보이는 경우가 가족을 둘러싼 문제의 특징을 보이고 있는 것이다.

이와 같이 가족을 둘러싼 문제는 가족 특유의 감정 등에 좌우되므로 타인과의 분쟁과 동일하게 해결하여서는 안 될 것이다. 따라서 가족과 관련된 분쟁은 가족법에 의해서 해결할 필요성이 있는 것이다. 가족법은 결혼이나 이혼, 부모와 자식 등을 중심으로 정한 「친족법(親族法)」과 어느 사람이 생전에 모은 재산이나 빌린 채무 등을 사후에 어떻게 청산할 것인지를 정한 「상속법(相續法)」으로 구성되어 있다.

그런데 가족의 형태나 가족에 대한 사고방식은 시대와 장소에 따라 변화한다. 연애나 결혼의 의식에 대한 가치관도 세대간에 다르다. 나아가 사회구조가 빨리 변화하는 오늘날에는 가족을 둘러싼 법도 당연히 변화를 할 수밖에 없다. 따라서 우리나라에서도 이러한 사회상황의 변화를 받아들여 가족법을 다시 생각하는 개정작업이 행하여지고 있고, 실제로 그 일부는 실현되고 있다.

Ⅱ. 헌법의 이념과 가족법

1. '가(家)' 사회의 부정

전술한 바와 같이 우리나라의 최고규범인 헌법은 개인의 존중을 중핵적 이념으로서 정하고 있다. 국가나 사회가 아니라 무엇보다 개인이 귀중하다는 이념을 내걸고 있다. 그런데 이러한 이념은 우리나라의 가족법과 관련하여 다음과 같은 특유한 현상을 보이고 있다.

우리나라의 가족법은 오래전부터 개인이 아니라 '가(家)'를 중심으로 하여, 부를 가장으로 삼아 가족이 종속하는 체제를 유지하고 있었다. 따라서 부자(父子), 부처(夫妻)의 관계는 평등하지 않았고, 상속도 장자와 그 이외의 자녀간에 있어서 평등하지 않았다. 뿐만 아니라 당연히 결혼도 완전히 개인의 자유에 맡겨지지 않았다. 그래서 '의절'이나 '사랑의 도피'라는 말이 나오게 된 것처럼 개인이 스스로 결정하는 권리가 가족간에 있어서는 제도적으로 충분히 보장되지 않았기 때문에 오늘날 이 권리가 '실제상' 충분히 보장되고 있는지 어떤지에 대하여 우리 스스로가 생각하여야 할 문제이다.

헌법 제36조 제1항에서는 "혼인과 가족생활은 개인의 존엄과 양성의 평등을 기초로 성립되고 유지되어야 하며, 국가는 이를 보장한다"라고 규정하고 있다. 헌법상 이 조항을 가족법 해석의 출발점으로 보아야 한다. 즉 개인의 문제는 개인 자신이 정한다는 이른바 사인의 자기결정권을 결혼이나 이혼 등의 가족문제에 적용하는 것을 의미한다.

2. 부부와 자기결정에 둘러싼 문제

(1) 혼인과 자기결정

헌법 제36조 제1항에 따라 민법은 혼인의 요건을 정하고 있다. 남녀가 결혼하여 「법률상의」 효과를 발생하기 위해서는 ① 당사자간에 혼인의사가 있을 것, ② 법률상 혼인장애사유가 없을 것, ③ 혼인신고를 할 것이 필요하다. 이 중에서 ① 혼인의사의 존재가 가장 중요하다. 즉 개인의 자유의사에 최대한 의미를 두고 있는 근대 민법의 원칙상 의사를 결한 혼인은 무효이다. 따라서 혼인의사의 합치는 남녀가 부부의 공동생활을 영위하겠다는 상호 약속을 의미한다.

또한 공동생활을 영위할 의사가 없이 혼인에서 발생하는 다른 법률효과를 얻고자 하는 생각으로 혼인신고를 하는 행위가 혼인의사로 인정되는가 문제된다. 이른바 가장결혼(假裝結婚)의 문제이다. 예컨대 사실혼관계(법률상의 혼인관계가 아닌 남녀의 결합형태)에서 태어난 자(이를 비적출자(非摘出子)라고 한다)에게 준정(準正)(양친이 후에 법률상의 혼인관계를 맺음에 따라 비적출자를 적출자로 하는 제도)의 효과를 발생하게 하고, 바로 이혼할 것을 약속하고 제출된 혼인신고의 효력은 부정된다고 보아야 할 것이다.

혼인의 장애사유 중 동성동본인 혈족간에는 혼인을 하지 못한다는 규정은 폐지되었다. 다만 8촌 이내의 혈족 사이에서는 혼인하지 못한다(민법 제809조 제1항). 그리고 6촌 이내의 혈족의 배우자, 배우자의 6촌 이내의 혈족, 배우자의 4촌 이내의 혈족의 배우자인 인척이거나 이러한 인척이었던 자, 6촌 이내의 양부모계의 혈족이었던 자와 4촌 이내의 양부모계의 인척이었던 자 사이에는 혼인을 금지하는 근친혼 금지제도가 도입되어 있다(민법 제809조 제2항, 제3항).

민법 제811조에서는 여성에 대하여만 재혼금지기간(6개월)을 정하고 있었는데, 이 기간은 여자의 재혼으로 민법 제844조의 부의 추정이 중복될 우려가 있어 이를 피하기 위한 것이라고 해석하였다. 그러나 민법 제811조의 재혼금지기간은 헌법 제11조 평등원칙에 위반한다는 비판이 제기되었을 뿐만 아니라, 친자관계 감정기법의 발달로 계속 존치할 합리적 이유가 없어 2005년 민법 개정으로 삭제되었다.

혼인이 성립하기 위해서는 혼인적령(18세)에 달한 당사자간에 혼인에 관한 의사의 합치가 있어야 하고 동시에 「가족관계의 등록 등에 관한 법률」에 따른 신고를 하여야 한다(신고는 혼인의 효력발생요건). 이에 따라 혼인이 성립하면 당사자를 중심으로 친족관계가 발생하고, 당사자 상호간에 정조의무와 동거 · 부양 · 협조의 의무가 발생한다.

한편 혼인에 동반하여 생기는 부부간의 의무에는 재산에 관련된 것도 있다. 부부는 결혼으로 가정생활과 자녀양육을 위한 경제공동체를 이루게 된다. 혼인으로 생긴 경제공동체에는 재산의 귀속, 관리, 비용부담 등에 관하여 여러 가지 재산적 법률문제가 발생하게 된다. 민법은 부부의 재산관계에 대하여 혼인신고 전의 약속한 때에는 원칙적으로 이를 변경할 수 없도록 하여 그 결정을 존중하고 있다(제829조). 그러나 반대로 해석하면 혼인 후 부부의 계약에 대해서는 혼인 중 언제라도 취소할 수 있다. 민법 제829조의 취지는 사랑에 빠져 전후의 분별없이 재산을 증여하거나 하는 행위에 대해 후에 냉정을 찾아 다시 생각하는 기회를 주는 것과 같지만 의문이 있다. 그러나 이 사회의 부부 대부분이 이와 같은 계약을 하고 있는 것은 아니다. 그러므로 법률이 정함에 따라 부부의 재산관계를 규율할 필요가 생기게 되는 것이다.

민법은 이른바 '부부별산제(夫婦別産制)'라는 방식을 채용하고 있다. 요컨대, ① 부부의 일방이 혼인 전부터 가지고 있는 재산 및 ② 혼인 후 부부 일방의 명의로 얻은 재산은 그 자가 권리를 가진다(특유재산). ③ 어느 누구의 재산인가 불명한 것은 부부의 공유에 속한다고 한다(제830조). 그런데 이 규정에는 문제가 없는가? 민법 제830조는 주로 공동(가정 외에서 노동을 하여 수입을 얻고 있다)의 부부를 상정하고 있다. 따라서 수입이 없는 이른바 전업주부는 이 규정에서 보면 ①의 재산밖에 없다 할 것이다. 그리고 실제로 부동산의 취득 시 대외적 법률관계에서는 등기명의인만이 단독으로 소유권을 취득하게 된다. 부부가 협력하여 부동산을 취득하는 경우에는 공동명의로 등기하여야 대외관계에서 공동소유로 인정받게 된다. 부동산 이외에 권리나 의무의 주체가 명시된 재산(예컨대 예금채권, 대부채무, 주식, 자동차, 전화 등)은 그 명의자의 재산으로 취급된다. 이에 따르면 전업주부는 자기의 재산을 형성할 기회가 없게 되는 것이다. 즉 남편의 노동이나 재산형성에 대한 '내조의 공'을 인정하지 않는다는 의미이다. 그러나 이러한 문제는 부양의무나 이혼으로 인한 재산분할의 형태로 법원에 의하여 해결된다고 볼 수도 있다.

중요한 것은 부부가 대등한 입장에서 공동생활을 영위하였다면 내조의 공을 경제적으로 평가하는 것이 어려운 문제일지라도 가사노동을 경제적으로 평가를 하여야 하고 또 그것이 전적으로 곤란한 것만도 아니다. 이것은 향후 가족법에 부과된

검토과제의 하나일 것이다.

또 부부의 재산과 관계되는 문제에는 일상가사채무가 있다. 민법 제832조에 의하면, "부부의 일방이 일상의 가사에 관하여 제3자와 법률행위를 한 때에는 다른 일방은 이로 인한 채무에 대하여 연대책임이 있다. 그러나 이미 제3자에 대하여 다른 일방의 책임 없음을 명시한 때에는 그러하지 아니하다"라고 규정하여 이 문제를 해결하고 있다.

(2) 이혼과 분쟁해결방법

이혼은 특정 부부간의 혼인생활이 파탄된 상황이지만, 이것이 동시에 이들 부부의 인생파탄을 의미하는 것은 결코 아니다. 어느 의미에서는 이혼의 자유가 있는 것이 개인 존엄의 차원에서 중요한 것이 될 수 있다.

부부는 혼인과 마찬가지로 이혼의사와 신고로 성립한다. 또 이혼의사는 혼인의사와 다르고, 법률적으로 이혼의 효과가 발생되기 위해서는 이혼신고서가 수리되어야 한다. 물론 이혼의사를 표명한 후에도 신고 전에는 이혼의사를 철회할 수 있다. 그러나 이미 이혼신고서가 수리된 후 이혼의사의 철회를 하게 되면 다시 혼인을 하는 것 보다 더 복잡한 절차를 거쳐야 한다.

우리나라의 이혼건수(이혼율)는 해마다 증가하고 있고, 대부분의 이혼은 당사자의 합의로 해결하는 협의이혼(민법 제834조)이다. 협의이혼 이외 재판상 이혼(민법 제840조), 즉 법률상 정해진 이혼원인에 의하여 부부 일방이 청구하는 이혼은 비교적 적다. 그 이유는 협의이혼과 달리 법률로 정해진 원인을 전제로 하고 있다는 점과 재판상 이혼을 제기하더라도 먼저 부부간에 대화를 하도록 하는 조정절차(조정전치주의(調停前置主義)를 거쳐야만 하기 때문이다.

협의이혼은 그 이혼사유에 대한 제한이 없다. 예컨대 성격의 불일치라는 막막한 이유라도, 당사자간에 합의하면 충분한 이혼의 사유가 된다. 협의이혼은 아무런 문제가 발생하지 않지만, 재판상 이혼은 국가작용인 재판을 이용하여 법관이 남녀의 문제를 해결하기 때문에 이에 상응하는 이유가 필요하다. 따라서 민법 제840조에서는 재판상 이혼원인을 정하고 있다. 즉 ① 배우자에 부정한 행위가 있었을 때, ② 배우자가 악의로 다른 일방을 유기한 때, ③ 배우자 또는 그 직계존속으로부터 심히 부당한 대우를 받았을 때, ④ 자기의 직계존속이 배우자로부터 심히 부당한 대우를 받았을 때, ⑤ 배우자의 생사가 3년 이상 분명하지 아니한 때, ⑥ 기타 혼인을 계속하기 어려운 중대한 사유가 있을 때에 이혼을 법원에 청구할 수 있다. 위 이혼원인 중 ①,②,③,④,⑤를 구체적 이혼사유, ⑥을 추상적 이혼사유라고 한다. 법관은 당사자간의 대화에 귀를 기울이면서 조정이나 심판으로 문제가 해결되지 않는 경우에는 이혼원인이나 그 밖의 상황을 고려하여 이혼에 상당하느냐 여부를 판단하여야 할 것이다.

그런데 문제는 스스로 이혼원인을 야기한 당사자(이를 유책배우자(有責配偶者)라 한다)가 혼인관계에서 벗어나기 위해 재판상 이혼신청을 하는 것이 인정되는가이다. 유책주의란 법정원인을 정해놓고 이에 해당하는 경우에 한해서 이혼을 허용하는 제도를 말한다. 이 제도의 경우는 이혼소송에 있어서 무책당사자가 유책당사자를 상대로 제기하기 때문에 이혼가능성이 매우 제약된다. 이에 대해 파탄주의(破綻主義)는 혼인을 계속하기 어려운 사정을 중시하므로 어느 쪽에 책임이 있는가 보다도 공동생활의 부존재라는 사실을 중시하는 제도이다. 예컨대 부정행위를 행한 남편의 측에서 처에 대하여 재판에 의한 이혼신청을 행하는 것을 말한다. 이른바 유책배우자로부터의 이혼청구의 문제가 발생하게 된다.

이 점에 대하여 우리 판례는 유책배우자의 이혼청구를 인정하지 않는다는 태도를 취하여 오다가 1986년 이후 예외적으로 유책배우자의 이혼청구를 인정하고 있다. 유책배우자에게 예외적으로 이혼을 인정하고 있다. 즉 ① 모든 사정으로 보아 피청구인에게도 이혼의사가 있다고 판단되는 경우(이혼불응이 단지 보복의 목적으로 행해지는 경우도 포함), ② 청구인의 유책적 행위가 혼인파탄의 주요한 원인이 아닌 경우, ③ 혼인파탄의 원인이 청구인과 피청구인에게 같은 정도로 있거나 또는 피청구인 쪽이 더 큰 경우 등을 들 수 있다.

3. 자의 보호와 법

법률로 부모에게 자(子)의 보호양육 의무를 부과하고 있는 것은 어느 국가에서나 볼 수 있다. 다만 자에 대한 법률의 규정형태는 자 · 부모 · 국가(사회)라는 세 가지 측면의 관계에서 고찰되어야 한다.

헌법의 입장에서 자는 하나의 인격체로서 평등한 배려를 받을 권리가 당연히 있다. 따라서 자라고 하여 기본적 인권을 부정하여서는 안 되는 것이다. 다만 자는 사물을 변별하여 적절한 판단을 내리는 능력이나 경험에 있어서 미성숙하므로 성인과 동등하게 취급하는 것은 오히려 정의에 반하는 경우도 있을 수 있다. 따라서 민법은 19세 미만의 자를 미성년자로서 정하고, 그 관점에서 일정한 거래행위를 제한하여 친권자로 하여금 보호를 받도록 하고 있다. 이는 본인의 이익을 보호하는 제도이지만, 미성년자와 거래를 한 상대방의 이익도 배려하고 있다는 점에서 사회적 이익도 고려한 제도이다.

매매계약이나 증여로 하는 거래행위에 있어서 자(미성년자)의 자기결정에 대한 일정한 제약을 할 수밖에 없다고 하여 부모가 자를 양육시킬 때에 행사할 수 있는 권능을 무한정 인정하기는 곤란하다. 자에 대한 지배나 부모의 개인적 이익 추구를 위해 인정되어서는 안 되기 때문이다. 민법은 이 권한을 친권으로서 정하고 있다(민법 제909조 제1항 참조). 친권을 행사할 수 있는 자는 통상 부모이다. 부모는 공동으로 자에 대한 친권을 행사한다(동조 제2항). 친권은 자의 보호권과 교육권으로 구성된다(민법 제913조). 이는 동시에 의무이기도 하다. 자를 건전하게 육성하는 것은 국가나 사회의 책무이기도 하며 또한 이익이므로 부모가 제멋대로 친권을 행사하는 것이 허용되는 것은 아니다. 국가는 자의 이익의 관점에서 친권의 남용을 금지하고 있으며 경우에 따라서는 친권자로부터 그 권한을 상실시키도록 하고 있다(민법 제924조). 친권을 행사함에 있어서는 자의 복리를 우선적으로 고려하여야 하며, 가정법원이 친권자를 지정함에 있어서도 자의 복리를 우선적으로 고려하여야 한다(민법 제912조 제1항, 제2항).

가족법에서는 자를 몇 개의 관점으로 분류하고 있다. 우선 자연의 분만행위를 매개로, 즉 혈의 관계에 따라 친자관계가 발생하는 '친생자(親生子)'가 있다. 다음으로 법률상 제도로서 친자관계가 인정되는 '양자(養子)'가 있다. 1998년 민법 개정안에서는 양자의 신분을 노출시키는 현행 입양제도의 단점을 보완하여 6세 미만의 아이를 입양할 경우 친부모 및 혈족과의 친족관계를 청산하고 양친과의 친족관계만을 갖도록 하는 친양자제도를 신설하여, 2000년도부터 시행하고 있다(민법 제908조의 2). 이 제도의 취지는 미성숙의 자가 추후에 자기가 양자인 것을 모르도록 하고자 함이다. 다음으로 적출자와 비적출자의 구별이 있다. 이에 관하여는 이미 언급한 바 있지만(본절 Ⅱ. 2. (1) 참조), 양친이 법률상 부부인가 여부에 의한 구별이다.

Ⅲ. 자기재산의 처분과 상속제도

1. 유언의 자유

본인이 생전에 이룩한 재산이나 부담해야 하는 채무는 그가 사망한 후에 어떻게 청산되는 것일까에 대해 민법이 정한 상속제도로 이 문제를 해결할 수 있다.

근대 민법은 재산법에서 살펴 본 바와 같이 개인의 자유로운 의사를 가장 중요한 요소로 생각하고 있고, 헌법은 그 재산권을 보장하고 있다. 따라서 자기의 재산을 어떻게 처분한다고 하여도 기본적으로는 자유롭다. 바꾸어 말하면, 개인은 자유로운 의사로 자기의 재산을 처분할 수 있다는 것이다. 상속에 있어서도 이 원칙이 그 대로 적용되는 것이 타당하다. 자기의 사후에 자기의 재산을 누구에게 얼마만큼 승계시킬 것인가는 개인이 자유롭게 정하여야 할 사항이다. 그러므로 유언으로서 상속인을 지정하여 상속분을 정한 것은 본인의 자유로운 의사에 의하는 한 최대한 존중되어야 한다.

2. 상속인의 권리와 자유

상속재산의 처분이 기본적으로 자유라고 하여도 재산을 승계 받는 상속인의 입장도 생각하여야 할 것이다. 즉 승계 받을 필요성이 없는 재산을 승계 받아야 하거나 반대로 당연히 승계 받아야 하는 재산을 승계 받을 수 없다는 것도 상속인에게는 괴로움이기 때문이다. 여기에서는 두 가지의 제도에 대하여 설명하고자 한다.

(1) 상속의 승인 · 포기

재산을 승계시키는 측(피상속인)은 유언에 의해 자기의 의사를 실현시킬 수 있다. 유언의 방식에는 자필증서, 녹음, 공증증서, 비밀증서와 구수증서가 있지만(민법 제1065조), 만 17세에 달한 자는 누구라도 유언을 할 수 있다(민법 제1061조). 유언이 없는 경우의 상속은 법정상속분에 따라 법률이 정한 순위나 범위 내에서 상속이 행하여진다.

상속은 본인의 사망에 의해 개시한다(민법 제997조). 상속인은 피상속인이 가지는 일체의 권리의무를 승계한다. 즉 상속인은 피상속인에게 속하는 플러스의 재산은 물론 마이너스의 재산(부채)도 승계하는 것이다. 그 결과 상속인이 상속에 의해 생각하지 못했던 채무를 부담하는 경우를 생각할 수 있다. 민법은 상속인에게 선택권을 부여하고 있다. 즉 ① 상속재산을 전부(적극재산 및 소극재산) 무제한으로 승계하는 단순승인(單純承認, 민법 제1025조), ② 상속재산 전부를 계승하지 않는다는 뜻의 의사표시를 하는 포기(抛棄, 민법 제1042조), ③ 상속인이 실제로 이익을 얻는 한도로 피상속인의 채무를 승계하는 한정승인(限定承認, 민법 제1028조)의 세 가지이다. 상속인은 자기를 위해 상속의 개시가 있음을 안 날로부터 3개월 이내에 위 세 가지 선택을 행사하여야 한다(민법 제1019조 제1항). 한정승인은 상속인이 피상속인의 재산상태를 쉽게 파악할 수 없는 경우가 많을 뿐만 아니라, 본인의 의사에 의하지 아니하고 타인의 채무를 부담하도록 하는 종전의 규정이 불합리하다고 지적되어 왔다. 따라서 2002년 민법 개정에서는 상속인이 상속되는 채무가 그 재산을 초과하는 사실을 중대한 과실 없이 알지 못하고, 단순승인을 한 경우(단순승인 의제된 경우 포함)에는 그 안 날부터 3월내에 한정승인을 할 수 있도록 개선하였다(민법 제1019조 제3항).

(2) **유 류 분**

피상속인과 상속인은 대부분의 경우에 혈연이나 양자결연으로 맺어져 있다. 따라서 이들은 통상 공동으로 일상생활을 영위하여 오거나 적어도 고락을 함께 하여 왔을 것이다. 이에 따라 상속인은 상속에 대하여 조금은 기대할 수도 있다. 나아가 상속인에 대한 장래의 생활보장이라는 관점에서도 상속인이 되는 자의 이익을 고려하여야 할 것이다. 따라서 민법은 재산처분이 자유와 상속인이 되는 자의 이익을 조화시키기 위해서 유류분이라는 제도를 채용하고 있다(민법 제1112조). 유류분(遺留分)은 상속재산의 반을 초과하지 못한다.

유류분의 범위는 각 상속인에 따라 다르다. 직계비속과 배우자는 각각 자기의 법정상속분의 2분의 1씩의 유류분권을 가지며, 직계존속과 형제자매는 각각 자기의 법정상속분의 3분의 1씩의 유류분권을 가진다(민법 제1112조).

3. 법정상속제도

이미 앞에서 서술한 바와 같이, 유언이 없는 경우의 상속은 법률의 규정에 따라서 행하여진다. 1990년 민법개정 이전에는 장자를 우대하였지만, 이후에는 직계비속간 상속분의 차등을 없애고 균등하게 상속하도록 하였다. 다만 배우자의 상속분만 직계비속 또는 직계존속의 상속분에 5할을 가산하도록 하였다(민법 제1009조). 1998년 민법개정에서는 피상속인을 부양한 자에 대한 상속분은 기여분을 적용하도록 하여 가족관계의 새로운 가치관을 조성하도록 하였다(민법 제1008조의2).

한편 공동상속인 가운데 피상속인으로부터 재산의 증여 또는 유증을 받은 특별수익자가 있는 경우에 이러한 증여 또는 유증의 가액을 참작하지 않으면 공동상속인들 사이에 불공평이 생길 수 있으므로 그 수증재산을 상속분의 선급으로 보아 구체적인 상속분을 산정함에 있어서 참작할 필요가 있다. 민법 제1008조는 공동상속인 중 피상속인으로부터 재산의 증여 또는 유증을 받은 자가 있는 경우에 그 수증재산이 자기 상속분에 달하지 못한다면 그 부족한 부분의 한도에서 상속분이 있다고 규정한다. 이와 같이 구체적 상속분의 산정에서 증여 또는 유증 받은 부분을 빼는 것을 특별수익의 반환의무라고 부른다.

또한 공동상속인 가운데 피상속인의 재산의 유지 또는 증가에 특별히 기여하거나 피상속인을 특별히 부양한 자가 있는 경우에 상속분의 산정에 그러한 기여나 부양을 가산하는 제도를 기여분(寄與分)제도라 한다. 즉 상속 개시 당시 잔존한 재산에 공동상속인의 기여가 있으면 피상속인의 재산가액에서 기여분을 공제한 것을 상속재산으로 보고, 그에 따라 각 공동상속인의 상속분을 산정한 후, 기여한 공동상속인에게 그 기여분 만큼을 가산하여 구체적 상속분을 정하여야 공동상속인간의 실질적 형평을 도모할 수 있을 것이며, 이러한 취지를 바탕으로 하고 있는 것이 기여분제도이다.

제 4 장
상　　법

제1절 총　　설

Ⅰ. 상법의 의의

상법은 기업관계에 특유한 법규의 총체라고 본다(기업법설 - 통설). 기업이란 일정한 계획 하에 계속적 의도를 가지고 영리행위를 실현하는 독립된 경제단위로서 개인에 의해서도 법인에 의해서도 경영된다. 기업법설에 의하여 상법을 정의하면 '기업에 관한 특별사법'이라고 할 수 있다.

제정법으로서의 상법전은 전문 6개편으로 구성되어 있다. 제1편 '총칙'은 영업의 주체인 상인의 의의, 영업의 인적 시설인 상업사용인과 물적 시설인 상호, 상업장부, 영업에 관한 공시제도인 상업등기, 영업재산의 이전인 영업양도에 대하여 정하고 있다. 제2편 '상행위'는 상행위의 의의 및 상행위에 적용되는 통칙 그리고 상사매매, 상인의 영업을 위한 특수한 제도(상호계산, 익명조합, 합자조합)와 기본적 상행위 중 대표적인 상행위 10가지(대리상 · 중개업 · 위탁매매업 · 운송주선업 · 운송업 · 공중접객업 · 창고업 · 금융리스업 · 가맹업 · 채권매입업)에 대하여 정하고 있다. 제3편 '회사'에서는 상인의 일종인 회사에 대하여 합명회사 · 합자회사 · 유한책임회사 · 주식회사 · 유한회사의 5종을 정하고 있고, 이 5종의 회사의 조직 · 활동에 대하여 정하고 있다. 제4편 '보험'은 기본적 상행위의 일종으로서 보험계약과 관련된 통칙과 보험의 종류(손해보험 · 인보험)에 대하여 정하고 있다. 제5편 '해상'은 상행위를 위하여 바다를 무대로 선박을 이용하는 해상기업에 관련하는 여러 사항(선박 · 선박소유자 ·

선장 · 해상운송계약 · 공동해손 · 선박충돌 · 해난구조 · 선박금융)에 대하여 정하고 있다. 그리고 제6편 '항공운송'은 상행위를 위하여 하늘을 무대로 항공기를 이용하는 항공운송기업에 관련하는 여러 사항(항공기 · 항공운송계약 등)에 대하여 정하고 있다.

Ⅱ. 상법의 기본개념

상법의 적용대상은 기업을 둘러싼 생활관계이다. 상법은 '상인'과 '상행위'라는 두 개의 개념을 축으로 하여 그 적용범위를 명확히 하고 있다.

상인이란 "자기명의로 상행위를 하는 자"를 말한다(당연상인, 상법 제4조). 이 상인개념은 '싱행위' 개념(상법 제46조)을 전제로 하고 있다. 또한 "점포 기타 이와 유사한 설비에 의하여 상인적 방법으로 영업을 하는 자" 및 '회사'는 상행위를 하지 아니하더라도 상인으로 본다(의제상인, 상법 제5조).

상인 개념의 전제인 상행위의 개념은 상법 제46조에 기본적 상행위를 정하고 있어 상법전의 가장 중심적인 개념이다. 뿐만 아니라 상법은 상인이 영업을 위하여 하는 행위(보조적 상행위, 상법 제47조 제1항)와 의제상인이 영업으로 하는 행위(준상행위, 상법 제66조)도 상행위로 보고 있다.

Ⅲ. 상법의 특색 · 상법의 법원

상법은 일반사법인 민법과 비교한다면 ① 기업성립의 촉진 · 존속 · 강화의 지원, ② 기업활동의 원활보장, ③ 거래안전의 보호, ④ 진보적 경향, ⑤ 국제적 경향이라는 특색을 가지고 있다.

기업생활은 복잡하고 또한 기술적이므로, 그 법률관계를 규율하기 위해서는 우선 제정법이 필요하다. 상법의 법원에는 제정법으로서 상법, 상법전 시행에 필요한 부속법령으로서 상법시행법, 선박소유자 등의 책임제한절차에 관한 법률, 상업등기처리규칙 등이 있다. 독립된 상법전에 대한 특별법으로는 주식회사의 외부감사에 관한 법률, 회사정리법, 자본시장과 금융투자업에 관한 법률 등 다수가 있다. 제정법 이외에도 상거래에서 장기간 되풀이되어온 결과 거래사회의 법적 확신에 의해 지지되고 있는 상관습법, 회사의 내부적 규칙이자 자치법인 정관이 있다. 그리고 그 법원성에 관하여 다툼이 있으나, 대량의 거래계약을 신속하게 처리하기 위해 인정되는 보통거래약관(보험약관 · 운송약관 · 은행예금약관 · 가스나 전기공급약관 등)도

상법의 해석에 중요한 역할을 담당하고 있다.

제2절 상법총칙 · 상행위법

Ⅰ. 상인의 의의

상법이 규제대상으로 삼는 기업생활의 주체는 상인이다. 즉 상인은 기업의 조직과 활동의 주체로서 기업의 조직 및 대외적 활동에서 생기는 법률관계의 당사자가 되는 것이다. 상인의 개념은 상인의 특성 내지는 그가 행하는 업무의 종류나 내용을 기준으로 정할지(형식주의), 아니면 상인의 행위의 실질에 따라 정할지(실질주의)의 방법론적 차이에 따라 학설이 나뉘고 있다. 상법은 “자기명의로 상행위를 하는 자”를 상인이라고 하고 있지만(상법 제4조), 그것만으로는 경제적 실상에 맞지 않기 때문에 예외적으로 업무수행방법이나 형식을 기준으로 하는 입장도 가미하여, 기업경영방법 또는 형식에 의해 상인이 되는 자도 인정하고 있다(상법 제5조). 이러한 결과로 상법상의 상인은 다음과 같은 두 가지 종류가 있다.

1. 당연상인

당연상인(當然商人)이란 “자기명의로 상행위를 하는 자”를 말한다(상법 제4조). 여기에서 상행위란 기본적 상행위를 의미하며, 기본적 상행위란 제46조 제1호 내지 제22호에 열거된 각종의 행위이다. ‘자기명의’란 상거래로 인해 생기는 권리의무가 법적으로 귀속되는 주체가 됨을 의미한다. 또한 ‘영업’이라는 것은 자본적 계산방법 하에서 이익을 얻을 목적으로 일정한 계획에 따라 동종의 행위를 반복 · 계속적으로 하는 것을 말한다.

2. 의제상인

점포 기타 이에 유사한 설비에 의하여 상인적 방법으로 영업을 하는 자(설비상인)와 회사(상법 제169조)는 상행위를 하지 아니하더라도 상인으로 본다(상법 제5조). 이러한 상인을 의제상인(擬制商人)이라 한다. 상법 제5조의 설비상인은 기본적 상행위 이외에 경제가 발전함에 따라 새로운 유형의 영업행위가 생겨나 기업화하는 경우를 대비하여 도입한 제도이다.

3. 소 상 인

소상인(小商人)이란 자본금액이 1천만원에 미달하는 상인으로서 회사가 아닌 자(상법의 일부규정의 시행에 관한 규정 제2조)로서, 지배인 · 상호 · 상업장부 · 상업등기에 관한 규정의 적용이 배제되는 상인을 말한다(상법 제9조). 지배인 · 상호 · 상업장부 · 상업등기의 규정은 기업조직을 완비하기 위한 제도로서 상인이 그 관리를 위해 상당한 시간과 비용, 위험을 부담해야 한다. 이러한 비용부담은 소상인의 영업규모에 비해 지나치게 비경제적이고 위 제도를 소상인에게 적용할 때는 다른 상인이나 일반인에게도 부담을 주는 결과가 되어 소상인에 대해서는 위 제도의 적용을 배제한 것이다.

Ⅱ. 상인자격의 득실

1. 자연인 · 법인의 상인자격

자연인은 성 · 연령 · 행위능력 등에 관계없이 상법 제4조와 제5조 제1항의 요건을 구비함으로써 상인이 된다. 법인도 상행위를 행하는 것이 그 존립의 목적과 모순되지 않은 한 상인으로 된다. 법률상 목적이 좁게 한정되어 있는 것(예컨대 수리조합, 상공회의소 등)은 상인이 될 수 없지만, 공법인인 국가 · 지방공공단체와 같이 그 목적이 일반적일 때에는 그 원래의 목적을 달성하기 위해서 영리사업을 할 수 있고, 이 영리사업에 대하여는 상인성이 인정된다(상법 제2조). 사법인 중 회사는 전부 상인이다(상법 제5조 제2항). 비영리법인도 기본적 상행위를 하거나 의제상인의 요건을 갖춘 때에는 상인이 된다. 비영리법인은 수익사업을 할 수 있으므로 그 수익사업에 관한 한 상인으로 취급하는 것이 당연하다.

2. 영업능력

자연인은 성 · 연령 · 능력 등에 관계없이 상인이 될 수 있지만, 제한능력자(미성년자 · 피성년후견인 · 피한정후견인)가 상인으로서 완전한 영업활동을 하기 위해서는 다음과 같은 요건이 필요하다.

① 미성년자와 피한정후견인은 법정대리인의 동의를 얻어, 하나 또는 수 개의 영업을 할 수 있고, 또 법정대리인 또는 한정후견인은 이들을 대신하여 영업을 행할 수도 있다. 어느 경우라도 미성년자와 피한정후견인은 상인이 되지만, 거래의

상대방보호를 위해 등기가 필요하다(상법 제6조 · 제8조).

② 피성년후견인의 경우에는 성년후견인이 피성년후견인을 대신하여 영업을 할 수 있을 뿐이며 이때에는 등기를 하여야 한다(상법 제8조 제1항).

Ⅲ. 상업사용인

기업의 규모가 커짐에 따라 상인은 그 기업활동을 위해 보충적으로 타인의 노동력을 이용하지 않을 수 없다. 이로 인하여 상법은 상인에게 종속하여 이를 보조하는 자(상업사용인(상법 제10조∼제17조))와 독립된 상인으로서 다른 상인을 보조하는 자, 즉 보조상(대리상(상법 제87조), 중개인(상법 제93조), 위탁매매인(상법 제101조), 운송주선인(상법 제114조) 등)에 대하여 규정하고 있다.

상업사용인(商業使用人이)란 특정 상인에게 종속하여 그 대외적 영업활동을 보조하는 자를 말한다. 회사의 기관을 구성하는 이사 · 대표사원이나 상인의 내부적인 업무에 종사하는 것에 지나지 않는 기사 · 공원 · 선원 등도 상업사용인이 아니다.

상업사용인은 그에게 부여된 대리권의 내용에 따라 '지배인', '부분적 포괄대리권을 가진 사용인', '물건판매점포의 사용인'으로 나누어진다.

'지배인'이란 영업주(상인)를 대신하여 영업에 관한 재판상 및 재판 외의 모든 행위를 할 수 있는 권한을 가진 상업사용인을 말한다(상법 제11조 제1항). 실제 거래에서는 '지점장', '영업소장', '사업소장' 등의 명칭을 선호한다. 지배인은 영업주인 상인 또는 그 대리인이 선임한다(상법 제10조).

지배인의 대리권은 영업에 관한 한 포괄적으로 주어져 있으므로 그 권한을 행사함에 있어 영업주의 개별적인 수권이나 허락을 요하지 않으며(포괄성), 영업주가 지배인의 대리권을 제한하더라도 선의의 제3자에게 대항하지 못한다(상법 제11조 제3항). 지배인이 대리권을 남용하는 것을 방지하기 위해 수인의 지배인에게 공동으로 대리권을 행사할 수 있도록 할 수 있다(공동지배인(상법 제12조)).

실질적으로 지배인의 권한을 가지고 있지 않음에도 불구하고 지점장 · 영업소장 · 사무소장 등의 명칭을 사실상 사용하고 있기 때문에 일견 그 영업에서 거래에 관한 대리권을 가지는 것처럼 보이는 경우가 있다. 이 외관에 대한 일반공중의 신뢰를 보호하기 위해서 본점 또는 지점의 지배인으로 오인할 수 있는 명칭을 사용한 사용인(예컨대 본점영업부장, 지점장, 영업소장 등)은 재판 외의 행위에 대하여 그 본점 또는 지점의 지배인과 동일의 권한을 가지는 것으로 본다(상법 제14조 제1항).

부분적 포괄대리권을 가진 사용인이란 영업주로부터 영업의 특정한 종류 또는 특정한 사항(예컨대 판매 · 매입 · 대출 등)에 대하여 위임을 받은 상업사용인이고, 실무상 경리부장 · 판매과장 · 구매부장 등이 이에 해당한다. 이 상업사용인의 선임 · 해임은 영업주 외에 지배인이라도 이를 할 수 있다(상법 제11조 제2항). 부분적 포괄대리권을 가진 사용인은 위임을 받은 사항에 관하여 재판 외의 일체의 행위를 하는 권한을 가지며, 이에 제한을 가하더라도 선의의 제3자에게 대항할 수 없다(상법 제15조).

물건판매점포의 사용인이란 그 점포 내의 물건의 판매에 관한 모든 권한이 있는 것으로 본다(상법 제16조 제1항). 동조는 영업주의 수권 여부에 관계없이 그 사용인의 대리권을 의제하는 것으로 물건판매점포의 사용인이라는 외관 자체에 법적 효력을 부여한 것이다. 이러한 사용인에게 강력한 외관주의를 취한 이유는 점포를 중심으로 이루어지는 상거래의 신속과 안전을 보장하기 위함이다. 따라서 물품의 판매원에게는 그 점포에 있는 물품의 판매에 대하여 판매의 권한이 있으므로, 영업주가 특히 대리권을 부여하지 않은 경우라도 선의의 제3자에 대하여는 그 권한이 있는 것으로 본다(상법 제16조).

상업사용인은 영업주(상인)와의 관계에서 고용 · 위임 등 기초적인 법률관계에 따라 노무제공의무(민법 제655조), 위임사무처리의무(민법 제680조), 선량한 관리자의 주의의무(민법 제681조) 등 각종 의무를 부담한다. 이러한 의무는 민법에서 규율하고 있으므로 상법에서는 상업사용인에 대해 특별히 요구되는 경업 · 겸직금지의무를 규정하고 있다. 즉 상업사용인은 영업주의 허락 없이 자기 또는 제3자의 계산으로 영업주의 영업부류에 속하는 거래를 하지 못하며(경업금지의무, 상법 제17조 제1항), 영업주의 허락 없이 다른 회사의 무한책임사원 · 이사 또는 다른 상인의 상업사용인이 되지 못한다(겸직금지의무, 동항). 상업사용인이 이 의무를 위반한 경우 영업주는 상업사용인에게 손해배상을 청구할 수 있고, 사용인에 대한 계약을 해지할 수 있다(동조 제2항). 특히 경업금지의무를 위반한 경우에 당해 거래가 상업사용인의 계산으로 한 것인 때에는 영업주는 이를 영업주의 계산으로 한 것으로 볼 수 있고, 제3자의 계산으로 한 것인 때에는 영업주는 상업사용인에 대하여 이로 인한 이득의 양도를 청구할 수 있다(개입권, 동조 제3항).

Ⅳ. 상 호

상호(商號)란 상인이 영업활동에서 자기를 나타내기 위해서 쓰는 명칭을 말한다. 상호는 명칭이므로 문자로 기재할 수 있고, 구두로 발음할 수 있는 것이어야 한다. 따라서 단순한 도형이나 기호 등은 상표는 되더라도(상표법 제2조 제1호), 상호는 될 수 없다.

1. 상호의 선정

상호에 의하여 인식되는 영업내용과 실제의 영업내용은 서로 부합하는 것이 바람직하겠지만, 상법 제18조는 '상인은 그 성명 기타의 명칭으로 상호를 정할 수 있다'고 규정하여, 원칙적으로 상호의 자유로운 선정을 인정하고 있다(상호자유주의).

다만 실질과 형식의 괴리로 인한 단점을 보완하고 거래질서를 확보하기 위하여 필요한 범위 내에서 다음과 같은 제한을 두고 있다.

① 상인이 회사인 경우에는 그 종류에 따라 합명회사 · 합자회사 · 유한책임회사 · 유한회사 · 주식회사의 문자를 사용하여야 한다(상법 제19조).

② 회사가 아닌 자는 그 상호 중에 회사임을 표시하는 문자를 사용할 수 없다(상법 제20조).

③ 누구든지 부정한 목적을 가지고 타인의 영업으로 오인할 수 있는 상호를 사용하지 못한다(상법 제23조 제1항). 상인이 상호자유주의를 악용하여 저명인의 성명이나 유명한 회사의 상호를 자기의 상호처럼 사용하여 거래상대방으로 하여금 영업의 주체를 오인시키는 것을 방지하기 위함이다.

④ 타인에게 자기의 성명 또는 상호를 사용하여 영업을 할 것을 허락한 자(명의대여자)는 자기를 영업주라고 오인하여 거래한 제3자에 대하여 그 타인과 연대하여 변제할 책임이 있다(상법 제24조).

2. 상호의 등기 · 가등기

자연인인 상인에 대하여는 상호등기를 강제하지 않으므로 등기 여부는 상인의 자유이다. 그러나 회사는 그 상호를 반드시 등기하여야 한다. 상인은 등기의 유무를 불문하고 타인으로부터 그 상호의 사용을 방해받지 않으며(상호사용권), 타인이 동일한 상호를 부정하게 사용하는 것을 배척할 수 있다(상호전용권). 부정한 목적으로 타인의 영업으로 오인할 수 있는 상호를 사용하는 자가 있는 경우 '손해를 받을 염려가 있는 자(미등기자도 포함)' 또는 '상호를 등기한 자'는 그 폐지와 손해배상을 청구할 수 있다(상법 제23조 제2항 · 제3항). 또한 부정경쟁방지법에 의한 보호(금지청구, 손해배상, 신용회복의 조치, 부정경쟁방지 및 영업비밀보호에 관한 법률 제4조 제1

항 · 제5조 · 제6조)를 받을 수 있다.

등기된 상호는 다음과 같이 미등기상호보다 강하게 보호된다. ① 상호가 등기되면, 그것과 동일 또는 완연히 구별할 수 없는 상호는 동일한 특별시 · 광역시 · 시 · 군에서 동종영업의 상호로 타인이 등기할 수 없다(상법 제22조). ② 동일한 특별시 · 광역시 · 시 · 군에서 동종영업으로 타인이 등기한 상호를 사용하는 자는 부정한 목적으로 사용하는 것으로 추정되므로(상법 제23조 제4항), 상호의 등기를 한 자는 부정한 목적으로 동일 또는 유사한 상호를 사용하는 자에 대하여 그의 부정한 목적에 대한 입증 없이도 그 사용의 금지 및 손해배상을 청구할 수 있다.

상호는 상인이 실제로 채택하여 사용할 때 등기할 수 있는 것이나 일정한 경우에는 장차 사용하고자 하는 상호를 가등기하여 보전할 수 있다. 상법상 상호를 가등기할 수 있는 경우는 ① 주식회사 또는 유한회사를 설립할 때, ② 회사가 상호나 목적 또는 상호와 목적을 변경하고자 할 때, ③ 회사가 본점을 이전하고자 할 때이다(상법 제22조의2). 상호를 가등기하면 등기된 상호와 같이 유사 상호의 등기를 배척하는 효력이 주어진다(동조 제4항).

3. 상호의 양도 · 폐지 · 변경

상호는 이를 타인에게 양도할 수 있지만, 상법은 상인이 영업을 계속하면서 상호만을 양도하는 것을 인정하지 않고, 영업과 상호를 일체로서 양도하든가 영업을 폐지하고서 상호만을 양도하는 경우에 한하여 상호의 양도를 인정하고 있다(상법 제25조 제1항). 영업과 상호가 분리되는 것에 의해 일반인에게 오해 · 오인이 생길 우려를 피하기 위함이다. 상호의 양도는 등기하지 아니하면 제3자에게 대항하지 못한다(상법 제25조 제2항). 또한 상호권은 재산권적 성질을 가지므로 상속의 대상이 된다. 상인이 그 영업을 폐지하거나 상호의 사용을 폐지한 경우는 그 상호에 대하여 권리를 잃어버린다. 상호의 등기를 한 자가 정당한 이유없이 2년간 상호를 사용하지 아니한 때에는 이를 폐지한 것으로 간주하고 있다(상법 제26조). 등기된 상호의 경우 등기와 사실관계를 일치시키기 위하여 상호권자는 폐지 또는 변경의 사실을 등기하여야 한다(상법 제40조).

V. 상업장부

상인이 정확하게 장부를 정리하여 그 영업 및 재산의 상황을 명확히 하는 것은 기업의 합리적 경영에 도움이 됨과 동시에 영업의 대외적 신용을 높이며 소송상 유력한 증거가 된다. 따라서 상인 개인의 이익을 위하여 필요할 뿐만 아니라 사회적으로도 중요한 의의를 가진다. 특히 그 재산이 채권자에게 중요한 담보가 되는 회사에서는 회사채권자 및 사원(주주)의 보호를 위해 그 필요성은 한층 더 크다. 이 때문에 상법은 일반적으로 상인에 대하여 상업장부(商業帳簿)의 작성 · 제출 · 보존 등의 의무를 과하고 있다(상법 제29조~제33조). 다만 소상인은 상업장부를 작성할 필요가 없다(상법 제9조). 주식회사에 대하여는 특히 상세하고 엄격한 규정을 마련하고 있다(상법 제446조의2 이하).

상법상 작성을 요구하고 있는 상업장부에는 회계장부 및 대차대조표의 두 가지가 있다(상법 제29조 제1항). 회계장부에는 거래와 기타 영업상의 재산에 영향이 있는 사항을 기재하여야 한다(상법 제30조 제1항). 대차대조표는 일정한 시기에 상인의 재산 및 자본 · 부채의 상태를 파악하기 위하여 양자를 차변 · 대변으로 구분하여 대조시킨 일람표로서 회계장부에 의하여 작성한다(동조 제2항).

상인은 상업장부를 작성할 의무를 부담하고(상법 제29조 제1항), 10년간 상업장부 및 영업에 관한 중요서류를 보존하여야 한다(상법 제33조 제1항). 법원은 신청에 의하여 또는 직권으로 상업장부 또는 그 일부의 제출을 명할 수 있다(상법 제32조). 상업장부의 작성 · 제출 · 보존에 관한 의무에 위반하더라도, 회사의 경우를 제외하고는 제재가 없다(상법 제635조 제1항 제9호). 다만 상인이 파산선고를 받고 상업장부를 작성하지 아니하거나 부실한 기재를 하는 등 법에 규정된 소정의 의무를 위반한 때에는 벌칙이 적용된다(채무자 회생 및 파산에 관한 법률 제643조 제1항 제3호).

Ⅵ. 상업등기

1. 의 의

상업등기제도의 목적은 상인의 영업에 관한 거래상 중요한 사항을 공시하여 집단적 · 대량적으로 행하여지는 영업활동의 원활과 안전을 확보하는 데 있다. 상업등기란 상법의 규정에 따라 소정의 사항을 법원의 상업등기부에 기재하는 것을 말한다(상법 제34조). 상업등기부로는 상호 · 미성년자 · 법정대리인 · 지배인 · 합자조합 · 합명회사 · 합자회사 · 유한책임회사 · 주식회사 · 유한회사 · 외국회사에 대하여 각각 등기부가 마련되어 있다(상업등기법 제11조). 소상인에게는 상업등기에 관한 규정이 적용되지 않는다(상법 제9조).

2. 등기사항 · 절차

일반적으로 등기사항은 영업상 거래관계자의 이익을 보호하기 위해서 필요한 사항으로서 상법에서는 중요한 권리 · 의무에 관한 사항 또는 책임의 귀속에 관한 사항 등을 등기사항으로 규정하고 있다.

등기는 원칙적으로 당사자의 신청에 의하여야 한다(당사자신청주의, 상법 제34조, 상업등기법 제22조). 신청인의 영업소 소재지의 지방법원, 그 지원 또는 등기소의 관할로 한다(상업등기법 제4조).

등기의 신청이 있는 경우 등기소는 신청사항이 진실한가 여부에 대하여 심사하는 권한(실질적 심사권)을 가지지 않고, 신청사항이 법정의 등기사항인가, 그 등기소의 관할사항인가, 신청인이 신청권한를 가지고 있는가, 신청구비서류를 적법하게 구비하였는가 등 형식적인 점에 대하여만 심사(형식적 심사권)하면 충분하다.

상업등기는 이해관계인 및 일반 공중에게 특정사실을 주지시키는 데 그 목적이 있으므로 일반적으로 공개하고 있다(상업등기법 제15조).

3. 상업등기의 효력

상법에 따라 등기할 사항은 등기 후가 아니면 선의의 제3자에게 대항하지 못한다(상업등기의 일반적 효력, 상법 제37조 제1항). 만일 등기 후라도 제3자가 정당한 사유로 이를 알지 못한 때에는 그에게 대항하지 못한다(상법 제37조 제2항). 등기함으로써 상호는 상법상 그 보호가 강화되고(상법 제22조 · 제23조), 상호의 양도에 대항력이 생겨나며(상법 제25조 제2항), 회사는 성립하고(상법 제172조), 회사의 합병도 그 효력을 발생한다(상법 제233조 · 제234조 · 제269조 · 제528조 제1항 · 제602조).

상업등기부에 등기된 사실 자체가 존재하지 않으면, 그 등기는 부실한 등기이고, 원칙적으로 무효이다. 그러나 상법 제39조는 등기에 대한 일반 공중의 신뢰를 보호하기 위해 "고의 또는 과실에 의하여 사실과 상위한 사항을 등기한 자는 그 상위를 선의의 제3자에게 대항하지 못한다"고 규정하여 제3자를 보호하고 있다.

Ⅶ. 영업양도

1. 의 의

영업양도에 있어 '영업'이란 일정한 영업목적을 달성하기 위해 조직된 유기적

재산을 의미한다. 이 영업은 적극재산 및 소극재산(영업활동에 관해서 생긴 채무)으로 구성된다. 적극재산이란 동산 · 부동산 · 채권 등의 각종의 권리를 말하며 영업상의 고객관계 · 경영의 내부조직 · 영업상의 비결 · 영업의 명성 · 확보된 판매망 등의 재산적 가치가 있는 사실상의 관계 등도 포함하는데, 이를 영업권이라고도 한다. 이 영업은 권리주체인 상인에게 귀속한다.

상법은 이러한 의미에서의 '영업'을 양도할 수 있다는 뜻을 정하고 있다(제41조 이하). 통설 · 판례는 영업양도는 물건 · 권리 및 사실관계를 포함하는 조직적 · 기능적 재산으로서의 영업재산 일체를 양도하는 것이라고 설명하고 있다. 따라서 영업양도를 정의하면 "재산적 가치 있는 조직화된 영업재산을 포괄적으로 이전하는 채권계약"이라고 할 수 있다. 이 계약내용은 당사자간의 합의에 의해 결정된다. 자연인인 상인과는 달리 회사에 있어서는 특별한 절차를 필요로 한다(상법 제257조 · 제269조 · 제374조 · 제576조).

2. 효 과

영업양도는 채권계약이므로 그 이행으로서 당사자간에 영업재산이 이전되어야 한다. 영업재산은 양도를 전후하여 영업의 동일성이 유지되도록 포괄적으로 이전되어야 한다. 이때 재산의 종류에 따라 각각 그 이전행위를 행하고, 또한 제3자에 대항하기 위한 필요한 절차(예컨대, 동산에 대하여는 인도(민법 제188조), 부동산 · 상호에 대하여는 등기(민법 제186조, 상법 제25조 제2항))를 행하지 않으면 안 되며, 특히 중요한 것은 거래처, 영업상의 비밀 등과 같은 재산적 가치 있는 사실관계를 이전하여야 한다. 나아가 영업상의 채무에 대하여는 반드시 이전해야 하는 것이 아니지만, 이전하고자 한다면 채무인수절차(민법 제453조 · 제454조)를 밟아야 한다.

영업을 양도한 자는 다른 약정이 없는 한 10년간 동일한 특별시 · 광역시 · 시 · 군과 인접한 특별시 · 광역시 · 시 · 군에서 동종영업을 하지 못하는 경업금지의무를 부담한다(상법 제41조 제1항).

3. 영업의 임대차 · 경영의 위임

영업의 임대차란 상인이 그 영업의 전부 또는 일부를 타인에게 임대하는 계약을 말하고, 경영의 위임이란 상인이 타인에게 그 영업의 경영을 위탁하는 계약을 말한다. 영업의 임대차는 영업재산과 영업조직에 대한 임대인의 권리가 임차인에게 이전하지 않고 다만 임차인이 이를 자신의 영업을 위해 이용할 뿐이라는 점에서 영업양도와 다르고, 임차인은 자신의 이름으로 그리고 자신의 계산으로 영업한다는 점에서 경영의 위임과 다르다.

Ⅷ. 상행위법

상법 '제2편 상행위'는 15개장으로 편성되어 있다. 제1장 통칙(제46조~제66조)에서는 상행위의 개념을 정하는 외에 주로 상거래의 특수성을 감안하여 민법상의 일부규정에 대한 특칙을 정하고 있다. 그리고 제2장 매매(제67조~제71조)에서는 민법상의 매매보다 신속한 확정이 요청되는 상사매매를 규정하고 있으며, 제3장에서는 상인간의 결제를 간이화하는 상호계산(제72조~제77조)제도, 제4장과 제4장의2에서는 상법상 특수한 공동기업의 형태인 익명조합(제78조~제86조)과 합자조합(제86조의2~제86조의9)에 대하여 정하고 있다.

제5장 이하에서는 상법 제46조에서 정하는 기본적 상행위 중 특히 별도로 규율하는 상행위 10가지를 골라 그 법률관계를 규정하고 있다. 각 장별로 보면 다음과 같다.

제5장 대리상(제87조~제92조의3)은 특정 상인을 위해 그 영업의 부류에 속하는 거래의 대리나 중개를 하는 기능을 한다. 제6장 중개업(제93조~제100조)은 상품과 시장에 대해 일반인보다 상세한 정보를 가지고 공급자와 수요자를 발굴하여 이들에게 타협적인 거래조건을 제시하며 계약의 체결을 유도하는 등의 노력을 제공하고 보수를 받는 것을 전문으로 하는 영업이다. 주로 이 영업은 상품매매, 증권거래, 금융거래, 해상운송 등에서 볼 수 있다. 제7장 위탁매매업(제101조~제113조)은 타인, 즉 위탁자로부터 물건이나 유가증권의 매매를 위탁받고 이를 자기의 이름으로 제3자와 매매하여 그 결과로 얻은 대금 또는 매수한 물건을 위탁자에게 귀속시키는 것을 업으로 한다. 증권거래소의 회원인 증권회사나 선물거래소의 선물거래인이 그 주요한 예이다. 제8장 운송주선업(제114조~제124조)은 운송 자체를 실행하는 영업이 아니고, 송하인의 위탁을 받아 자기의 이름으로 운송인과 운송계약을 체결함으로써 운송에 대한 송하인과 운송인의 수급을 연결해 주는 영업이다. 제9장 운송업(제125~150조)은 육상 또는 호천·항만에서 물건 또는 여객의 운송을 행하는 영업을 말한다. 제10장 공중접객업(제151조~제154조)은 극장·여관·음식점 기타 객의 집합과 왕래를 위한 시설에 의한 거래를 영업으로 한다. 제11장 창고업(제155조~제168조)은 타인을 위하여 창고에 물건을 보관함을 영업으로 한다. 제12장 금융리스업

(제168조의2～제168조의5)은 금융리스이용자가 선정한 기계 등 재산(금융리스물건)을 제3자(공급자)로부터 취득하거나 대여 받아 금융리스이용자에게 이용하게 하는 것을 영업으로 한다. 제13장 가맹업(제168조의6～제168조의10)은 가맹업자가 가맹상에 대하여 자기의 상호나 상표 등을 사용하여 영업할 것을 허락하는 한편, 자기가 지정하는 품질기준이나 영업방식에 따라 영업할 것을 약정하고, 이에 대하여 가맹상은 가맹업자에 대하여 일정한 사용료를 지급하기로 하는 계속적인 채권계약관계를 의미한다. 제14장 채권매입업(제168조의11～제168조의12)은 거래기업(타인)이 물건이나 유가증권의 판매나 용역의 제공 등에 의하여 취득하였거나 취득할 영업상의 채권(영업채권)을 채권매입업자에게 매도하고, 채권매입업자는 거래기업에 갈음하여 영업채권의 채무자로부터 영업채권을 회수하는 형태의 영업을 말한다.

제 3 절 회 사 법

Ⅰ. 총 론

1. 회사의 의의 및 성질

회사란 상행위 기타 영리를 목적으로 하는 법인을 말한다(영리성 · 법인성, 상법 제169조). '영리성'이란 경제적 사업을 행하여 이익을 도모하고, 그 이익을 회사의 구성원인 사원에게 분배하는 것(이익배당, 잔여재산의 분배 등)을 목적으로 한다는 의미이다. 여기서 말하는 사원은 회사에 대한 출자자를 말하고, 고용된 종업원이나 직원을 의미하는 것이 아니다. '법인성'은 법인격(단체 자체가 그 구성원과는 별개의 독립된 권리의무의 귀속주체로서 인정되는 자격)이 인정된 단체를 말한다. 2011년 개정 전의 상법에서는 회사가 사단임을 명문으로 규정하고 있었으나, 개정 시에 1인회사를 광범하게 허용하면서 이와 충돌한다고 판단하여 이를 삭제하였다. 이와 관련하여 회사의 사단성이 문제될 수 있으나, 1인회사는 입법정책의 산물로 존재하는 것일 뿐, 회사는 복수의 사원이 인적 또는 자본적으로 결합하는 방법으로 인정되는 법인형태이기 때문에 여전히 그 본질은 사단으로 보는 것이 타당할 것이다.

이러한 회사에 관한 법규의 총체를 회사법이라고 하고, 형식적으로는 상법 제3편 '회사'의 규정을 의미한다.

2. 회사의 종류

상법은 합명회사, 합자회사, 유한책임회사, 주식회사, 유한회사의 5종의 회사를 인정하고 있다(상법 제170조). 이 구별의 기준은 회사의 구성원인 사원이 부담하는 책임의 차이이다. 사원은 회사에 대하여 출자의무를 부담하는데, 이 중에는 출자의무를 부담하는 외에 회사의 채권자에 대하여도 직접적으로 회사의 채무를 변제할 무제한의 책임을 부담하는 자와 회사에 대하여 출자의무를 부담할 뿐 회사채무에 대하여 어떠한 책임도 부담하지 않는 자가 있다. 회사의 채권자에 대한 관계에서 보아 전자와 같은 사원의 책임을 직접 · 무한책임이라고 하며, 후자와 같은 사원의 책임을 간접 · 유한책임이라고 한다.

(1) 합명회사

합명회사는 회사채무에 대하여 직접 · 연대 · 무한의 변제책임을 지는 무한책임사원(상법 제212조)만으로 된 회사이다(상법 제178조∼제267조).

(2) 합자회사

합자회사는 합명회사의 사원과 같은 무한책임사원과 출자액을 한도로 하는 책임을 부담하는 유한책임사원(상법 제279조)으로 구성되는 이원적 조직의 회사이다(상법 제268조∼제287조).

(3) 유한책임회사

유한책임회사는 출자금액을 한도로 유한책임을 부담하는 유한책임사원으로 구성되는 회사로서, 모든 사원이 유한책임을 누리면서도 주식회사 · 유한회사와 달리 사원이 스스로 업무집행을 할 수 있는 등 내부적으로는 폭 넓은 사적 자치가 허용되는 회사이다(상법 제287조의2∼45).

(4) 주식회사

주식회사는 회사채무에 대하여는 아무런 변제책임을 지지 않고, 다만 회사에 대하여 일정액의 출자의무를 부담하는 간접유한책임의 사원인 주주(상법 제331조)만으로 이루어지는 회사이다(상법 제288조∼제542조의13).

(5) 유한회사

유한회사는 주식회사의 사원(주주)과 마찬가지로 간접유한의 책임을 지는 사원(상법 제553조)만으로 구성되는 회사이지만, 유한회사의 사원은 출자전보책임을 진다는 데 그 특징이 있다. 이 회사는 사업규모가 비교적 소규모이고 폐쇄적인 것을 전제로 하고 있으므로 주식회사보다 간편한 회사이다(상법 제543조~제613조).

법률상 회사에는 이와 같이 다섯 가지 종류가 있지만, 이 회사들은 사원(구성원)에 중점을 두고 있는가 아니면 회사재산에 중점을 두고 있는가에 따라 인적회사와 물적회사로 나눌 수 있다. 합명회사는 인적회사의, 주식회사는 물적회사의 전형이다. 합자회사, 유한책임회사와 유한회사는 그 중간에 위치하고 있으나 합자회사는 인적회사에 가깝고, 유한회사는 물적회사에 가깝다.

3. 회사의 능력(권리능력 · 행위능력)

(1) 권리능력

회사는 법인이므로 일반적으로 권리와 의무의 주체가 될 수 있는 능력, 즉 일반적 권리능력을 갖는다. 그러나 회사는 자연인이 아니라는 점, 법인격이 생래적으로 주어진 것이 아니고 법에 의해 인정된 것이라는 점, 또 회사는 그 목적과 관련하여 존재가치를 갖는다는 점에서 개별적인 권리능력에 대하여 다음과 같은 제한이 있다.

1) 법령에 의한 제한

회사의 법인격은 법에 의해 주어지므로 당연히 그 권리능력은 법률에 의해 제한할 수 있다. 회사는 다른 회사의 무한책임사원이 될 수 없다고 하는 상법 제173조의 규정이 대표적인 예이다.

2) 성질에 의한 제한

회사는 그 성질상, 자연인을 전제로 인정되는 권리의무(생명권, 친족권, 상속권 등)를 향유할 수 없다. 그러나 회사도 명예권 · 상호권 · 사원권과 같은 인격권은 향유할 수 있으며, 유증도 받을 수 있다.

3) 목적에 의한 제한

회사의 정관에는 목적을 기재하여야 하고, 또 이는 등기사항이다. 따라서 회사의 권리능력은 정관에 정해진 목적의 범위 내로 제한된다고 하는 견해가 있다(민법 제34조 유추적용). 이에 의하면 정관 소정의 사업목적의 범위 외에 있는 사항이 회사의 명의로 행하여지더라도 이는 회사의 행위로 인정되지 않고, 회사에 대하여는 효력을 발생하지 않는다고 본다.

그러나 정관 소정의 목적은 그 기재에서 일반적으로 추리 연역할 수 있는 일체의 사항을 포함한다는 것이 통설이다. 이에 의하면 정관의 목적범위 내의 행위라는 것도 목적 자체에 속하는 행위뿐만 아니라 목적을 달성하기 위해 필요한 행위까지 포함할 수 있고, 따라서 정관 소정의 목적 내에 기재되어 있지 않은 다수의 행위도 대부분 회사의 권리능력의 범위 내에 있다고 본다.

(2) **행위능력**

위에서 말한 바와 같이 회사는 권리능력을 갖지만, 자연인과 같이 스스로 행동할 수 없으므로 자연인의 행위를 통하여 회사의 행위를 실현하여야 한다. 이 회사의 행위를 실현하는 자연인을 회사의 기관이라고 한다. 회사의 기관은 회사의 조직에서 회사의 의사 및 행위를 실현하도록 정해진 자연인을 말한다. 따라서 회사는 기관을 구성하는 자연인의 의사를 바탕으로 스스로의 행위능력을 갖는다. 또한 회사에는 제한능력제도가 없으므로 기관구성자가 제한능력자일지라도 회사 자체가 능력자임에는 변함이 없다. 따라서 회사의 경우 행위능력의 범위는 언제나 권리능력의 범위와 일치한다.

회사는 행위능력이 인정되는 것처럼 불법행위능력도 인정된다(상법 제210조 · 제269조 · 제287조의20 · 제389조 제3항 · 제567조). 또한 회사는 소송능력도 가진다(민사소송법 제51조).

4. 회사의 설립 및 해산

(1) **회사의 설립**

회사라는 영리사단법인을 만드는 것이 회사의 설립이다. 회사를 설립하기 위해서는 우선 회사의 조직활동에 관한 근본규칙인 정관을 작성하고, 회사의 구성원인 사원(출자자)을 확정하며, 사원이 출자를 한 다음 회사의 업무집행을 실현하는 기관을 구성한다. 그리고 그 회사의 존재를 일반인에게 알리기 위한 설립등기를 마침으로써 회사는 성립한다(상법 제172조). 회사의 설립은 어느 종류의 회사이든 위에서 말한 설립요건을 충족시키기 위한 각종의 행위로 이루어지고, 그 구체적인 절차는 각 회사마다 다르다.

(2) **회사의 해산**

회사가 그 목적인 영업활동을 그만두고 법인격의 소멸을 가져오는 법률사실을 회사의 해산이라고 한다. 상법상 해산사유는 각 회사마다 다르다(상법 제227조 · 제285조 · 제287조의38 · 제517조 · 제609조). 그리고 모든 회사에 공통적인 법원의 재판에 의한 해산사유, 즉 해산명령(상법 제176조)과 해산판결(상법 제241조 제1항 · 제269조 · 제287조의42 · 제520조 · 제613조 제1항)이 있다.

Ⅱ. 주식회사

1. 총 설

주식회사란 “자본금이 주식이라는 균등한 크기의 단위로 분할되어 있고, 주식의 인수를 통해 출자하거나 기발행주식을 취득함으로써 사원이 되며, 사원은 주식의 인수가액을 한도로 출자의무를 부담할 뿐(유한책임) 회사의 채무에 대하여는 어떠한 책임도 부담하지 않는 형태의 회사”를 말한다.

(1) 주 식

주식회사에서 사원의 법률상 지위는 세분화된 균일한 크기의 비율적 단위의 형식을 취하고, 그 단위화된 사원의 지위를 주식(주주권)이라고 하며, 그 주식(1개이든 복수이든 상관없다)을 보유하는 사원을 주주라고 한다.

(2) 주주의 유한책임

주주는 회사에 대하여 일정액의 출자를 인수함으로써 주식을 취득한다. 이 출자금액을 주식의 인수가액이라고 한다. 주주는 회사에 대하여 주식의 인수가액을 한도로 출자의무를 부담할 뿐 회사의 채무에 대하여는 아무런 책임도 부담하지 않는다(상법 제331조). 이를 주주의 유한책임이라고 하고 정관이나 주주총회의 결의에 의해서도 이 원칙을 수정할 수 없다.

(3) 자 본 금

주주는 회사에 대하여 유한책임을 부담하지만, 회사채권자에 대하여는 어떠한 책임도 부담하지 않으므로, 회사채권자에 있어 그 채권실행의 유일한 담보는 회사재산이다. 따라서 상법은 회사재산을 확보하여(자본금확정의 원칙) 회사채권자의 보호를 도모하기 위해서 일정금액에 상당하는 재산의 유지를 의무화(자본금유지의 원칙)하도록 하고 있고, 자본유지의 기준이 되는 자본금의 금액을 법정절차를 거치지 않고서는 감소시키지 못하도록(자본금불변의 원칙) 요구하고 있다. 이 일정금액을 자본금이라고 한다. 원칙적으로 자본금은 액면주식을 발행하는 경우에는 발행한 주식의 액면총액을 의미하며, 무액면주식을 발행하는 경우에는 주식발행가액 중 이사회가 자본금으로 계상한 금액을 의미한다(상법 제451조).

2. 주식회사의 경제적 기능 · 기본원칙

(1) 경제적 기능

주식회사는 자금에 여력이 있는 자가 누구나 용이하게 주주로서 참가하여 사회에 산재하는 자금을 규합함으로써 대규모 자본의 형성을 가능하게 하는 기업의 형태이다(자본의 집중). 다수인이 회사에 참가한다는 것은 그만큼 기업의 위험이 분산된다는 것이다(위험의 분산). 또한 다수인의 참가가 있으면, 회사기업의 경영은 실질적인 기업소유자인 주주의 손을 떠나 소수의 경영담당자에게 맡겨지므로 기업의 소유와 경영의 분리가 이루어진다. 따라서 회사의 운명은 주주의 생사 그 밖의 사정에 의해 영향을 받음이 없이 영속된다(영속성) 할 것이다. 바로 이 점이 주식회사의 경제적 기능이라고 할 수 있고, 기업의 대부분이 주식회사의 형태를 취하고 있는 이유이다.

(2) 기본원칙

주식회사제도에 동반하는 폐해를 방지하고, 주주 · 회사채권자 및 공공의 이익을 보호하는 것이 상법의 중요한 임무 중 하나이다. 이를 위하여 상법은 다음과 같은 기본원칙을 들고 있다.

1) 강행규정성

주식회사에 관한 상법의 규정은 원칙적으로 강행규정이다. 이는 주주의 이기주의에 대하여 회사채권자나 공공의 이익을 보호해야 하고, 이사의 전횡 또는 배임적 행위나 대주주에 의한 압력에 대하여 일반주주를 보호할 것이 요청되기 때문이다.

2) 공시주의

주식회사에 관하여 상법은 광범위한 공시주의를 취하고 있다(상법 제289조 7호 · 동조 제3항 · 제396조 · 제448조 · 제449조 제2항 · 제3항 등). 이는 다수의 이해관계인, 즉 주주 및 회사채권자 등에게 회사에 관한 중요사항을 알려 예측할 수 없는 손해로부터 보호하기 위함이다.

3) 국가기관에 의한 제한

오늘날 경제사회에서 주식회사의 운영은 사회공공의 이해에 큰 영향을 준다. 그러므로 주식회사의 법률관계에 대하여는 공적기관이 일정 부분 관여하고 있다. 법원의 광범위한 간섭이 인정되고(상법 제300조 · 제385조 제2항 · 제520조 등, 채무자 회생 및 파산에 관한 법률), 직전사업년도 말을 기준으로 자산총액이 120억 원 이상인 주식회사는 「주식회사의 외부감사에 관한 법률」에 의해 회계전문가의 감사를 강제적으로 받도록 하고 있다. 뿐만 아니라 공정거래위원회(독점규제 및 공정거래에 관한 법률 제35조 이하), 금융위원회(자본시장과 금융투자업에 관한 법률 제415조 이하)에 의한 제한도 있다.

3. 설 립

(1) 서 설

회사의 설립에는 정관의 작성, 사원(주주)의 확정 · 출자의 확정 · 기관의 설치 및 설립등기 등의 요건을 충족하기 위한 절차가 필요하다. 이 절차는 회사설립의 기획자인 발기인에 의해서 진행된다. 발기인은 정관을 작성하고, 스스로 주식을 인수하거나 필요에 따라 발기인 이외의 제3자를 주주로 모집하여야 한다. 이 주주확정의 절차에 따른 차이에서 주식회사의 설립방법은 두 가지로 구별된다. 발기인만이 설립 시에 발행하는 주식의 총수(상법 제289조 제1항 제5호)를 인수하는 방법을 발기설립이라 하고, 발기인은 설립 시에 발행하는 주식 중 일부만을 인수하고, 잔여의 주식에 대하여는 발기인 이외에서 주주를 모집하는 방법을 모집설립이라고 한다.

(2) 발 기 인

발기인은 주식회사 설립업무의 담당자로서 정관에 발기인으로서 기명날인 또는 서명한 자이고(상법 제289조 제1항), 실제로 회사의 설립업무에 참가하는지의 여부는 불문한다. 그러나 발기인은 설립되는 회사의 주식을 적어도 1주 이상 인수하여 최초의 주주가 될 것을 요한다(상법 제293조). 발기인은 1인으로서도 충분하다.

(3) 정관의 작성

정관의 작성이란 회사의 조직활동에 관한 근본규칙을 확정하고, 또한 이를 서면에 기재하는 것을 말한다. 발기인은 정관을 작성하여 이에 서명(또는 기명날인)하여야 하고(상법 제289조 제1항), 또한 정관은 공증인의 인증을 받음으로써 효력이 생긴다(상법 제292조). 다만, 자본금 총액이 10억원 미만인 회사를 발기설립하는 경우에는 공증인의 인증 없이도 정관의 효력이 발생한다. 정관의 기재사항은 다음과 같다.

1) 절대적 기재사항(상법 제289조 제1항)

이는 상법이 정관의 유효요건으로 정한 사항으로서 이를 결하거나 그 내용이 위법하면 정관이 무효가 되고 회사설립의 무효사유가 된다.

2) 상대적 기재사항

이는 정관에 기재하지 않아도 정관의 효력에는 영향이 없지만, 특정한 사항을 실행하기 위해서는 이에 관하여 반드시 정관에 기재하여야 하는 사항이다. 상대적 기재사항은 상법의 각 부분에 산재되어 있으나, 특히 설립 당시에 발기인에 의하여 남용되어 자본충실을 해칠 우려가 있는 사항으로서 발기인의 특별이익, 현물출자, 재산인수, 설립비용과 발기인의 보수 등이 있고, 이것을 변태설립사항(變態設立事項)이라 한다.

3) 임의적 기재사항

이는 정관에 기재하지 않아도 정관의 효력에 영향이 없고, 정관에 기재하지 않더라도 관련 사항을 실행하지 못하는 것은 아니지만, 정관이 갖는 구속력을 부여하기 위하여 정관에 기재한 사항을 말한다.

(4) 주식발행사항의 결정

회사가 설립 시에 발행하는 주식의 총수와 1주의 금액은 정관에서 정하지만, 주식발행을 실천하기 위하여는 발기인들이 이에 관한 구체적인 계획을 결정하여야 한다. 그 내용은 ① 주식의 종류와 수(상법 제291조 제1호), ② 액면주식의 경우에 액면 이상의 주식을 발행하는 때에는 그 수와 금액(상법 제291조 제2호), ③ 무액면주식의 경우에는 주식의 발행가액과 주식의 발행가액 중 자본금으로 계상하는 금액이다(상법 제291조).

(5) 주식의 인수와 그 밖의 절차

정관의 작성 및 주식발행사항의 결정에 따라 주식의 인수 그 밖의 절차가 행하여져야 하지만, 이러한 절차는 발기설립과 모집설립이 서로 다르다.

1) 발기설립

발기설립에서는 설립 시에 발행할 주식의 총수를 발기인이 인수하여야(상법 제295조 제1항) 하며, 발기인이 주식의 총수를 인수한 때에는 지체 없이 그 인수가액 전액의 납입 또는 현물출자를 이행하여야 한다(상법 제295조). 납입과 현물출자의 이행이 완료된 때에는 발기인은 지체 없이 의결권의 과반수로 이사·감사를 선임하여야 한다(상법 제296조 제1항).

이사와 감사는 취임 후 지체 없이 회사의 설립에 관한 모든 사항이 법령 또는 정관의 규정에 위반되지 아니하는지의 여부를 조사하여 발기인에게 보고하여야 한다(상법 제298조 제1항). 이사와 감사 중 발기인이었던 자, 현물출자자 또는 회사성립 후 양수할 재산의 계약당사자인 자는 조사·보고에 참가하지 못하며(동조 제2항), 이사와 감사 전원이 이 제척사유에 해당하는 때에는 이사는 공증인으로 하여금

조사 · 보고를 하게 하여야 한다(동조 제3항).

변태설립사항이 있는 경우에는 이사는 이에 관한 조사를 위해 검사인의 선임을 법원에 청구하여야 하며(상법 제298조 제4항), 검사인은 변태설립사항(상법 제290조)과 현물출자의 이행에 관한 사항(상법 제295조)을 조사하여 법원에 보고하여야 한다(상법 제299조 제1항). 다만 변태설립사항이 발기인에게 특별한 이익을 부여하는 것이거나(상법 제290조 제1호), 회사가 부담한 설립비용 또는 발기인의 보수를 정하는 것(상법 제290조 제4호)인 때에는 공증인의 조사로 법원의 검사인에 의한 조사를 대체할 수 있고, 변태설립사항이 현물출자 또는 재산인수에 관한 것(상법 제290조 제2호 · 제3호)인 때에는 공인된 감정인의 감정으로 대체할 수 있다(상법 제298조 제4항 단서, 제299조의2).

2) 모집설립

① **주주모집**　발기인은 설립 시에 발행되는 주식의 일부를 인수하고 남은 주식에 대해 발기인 이외에 인수할 자를 모집하여야 한다(상법 제301조). 이를 주주의 모집이라고 한다. 주주모집의 방법에 대하여는 상법상 제한이 없으므로 공모든 연고모집이든 상관이 없다.

② **주식의 청약과 인수**　모집에 응하여 주식인수의 청약을 하고자 하는 자는 발기인이 작성한 주식청약서에 의하여 청약을 하고, 이에 대하여 발기인이 배정을 한다. 이러한 청약과 배정에 의하여 주식인수가 확정되면 모집주주는 주식인수인의 지위에서 자기가 인수한 주식의 수에 따라서 인수가액을 납입할 의무를 부담한다(상법 제303조).

(6) 설립에 관한 책임

주식회사의 설립은 그 절차가 복잡하기 때문에 위법이 생기기 쉽고, 처음부터 사기적인 목적으로 이용되는 경우도 있기 때문에, 상법은 회사가 성립한 경우와 불성립한 경우로 나누어 각각 설립관여자, 즉 발기인 · 유사발기인 · 이사 · 감사 · 검사인의 책임을 정하고 있다(상법 제321조～제327조).

(7) 설립의 무효

주식회사의 설립절차에 흠이 있을 때 설립은 무효로 된다. 이 경우 민법의 원칙에 따라 누구든 언제든 어떠한 방법에 의하든 설립의 무효를 주장할 수 있다면, 회사와 거래하는 자의 지위는 불안정하게 될 뿐만 아니라 거래의 안전을 해치게 된다. 상법 제328조 제1항에서는 “회사설립의 무효는 주주 · 이사 또는 감사에 한하여 회사성립의 날로부터 2년 내에 소(訴)만으로 주장할 수 있다"고 규정하고 있다. 또한 상법은 설립무효판결의 효력은 판결확정 전에 생긴 회사와 사원 및 제3자간의 권리 · 의무에 영향을 미치지 않는다고 규정하여 판결의 소급적 효력을 배제하고(상법 제190조 · 제328조 제2항), 회사가 청산절차를 밟도록 함으로써 무효의 효과를 장래 문제로 제한하고 있다.

4. 주식 및 주주

(1) 주 식

주식회사의 사원의 지위는 세분화된 균등한 비율적 단위의 형식을 취하고 있고, 그 단위화된 사원의 지위를 주식이라고 하며, 이 주식의 귀속자인 사원을 주주라고 한다. 또한 주주의 지위가 단위화된 형식을 취하므로, 한 사람의 주주가 복수의 주식을 보유하는 것도 가능하다(복수지분주의).

(2) 주식의 유형

1) 액면주식과 무액면주식

액면주식이란 1주의 금액이 정관에 정해지고 또 그것이 주권에 표시되는 주식을 뜻한다. 발행한 주식의 액면가는 자본금에 계입되며, 액면을 초과하여 발행하였을 때의 초과액은 자본준비금으로 적립하여야 한다(상법 제451조 · 제459조 제1항). 무액면주식은 1주의 금액이 표시되지 않고 주권에는 주식의 수만 기재되는 주식이다.

회사는 정관으로 정한 경우에는 주식의 전부를 무액면주식으로 발행할 수 있으며, 무액면주식을 발행하는 경우에는 액면주식을 발행할 수 없다(상법 제329조 제1항). 무액면주식을 발행하는 경우 회사의 자본금은 주식발행가액의 2분의 1이상의 금액으로서 이사회에서 자본금으로 계상하기로 한 금액의 총액으로 한다(상법 제451조 제2항).

2) 이익배당 · 잔여재산분배에 관한 종류주식

주식회사가 발행하는 주식의 권리의 내용은 원칙적으로 동일하지만, 상법은 회사의 자금조달을 쉽게 하기 위해서 다음과 같이 이익의 배당 또는 잔여재산의 분배에 관해 내용에 차이가 있는 종류주식을 발행할 수 있다.

특정한 종류의 주식이 이익의 배당 · 잔여재산의 분배에 있어 일반의 주식과 다른 취급을 받는 경우에 일반의 주식에 대하여 우선적 지위를 가지는 주식을 우선주, 열후적 지위를 가지는 주식을 후배주(열후주), 우선적 지위와 열후적 지위를 혼합하여 갖는 주식을 혼합주, 표준이 되는 일반의 주식을 보통주라고 한다(상법 제

344조의2).

3) 의결권제한에 관한 종류주식

주식회사는 의결권이 없는(배제되는) 종류주식이나 의결권이 제한되는 종류주식을 발행할 수 있다(상법 제344조의3). 의결권이 없는 종류주식이란 의결권이 전면적으로 배제되는 주식을 말하며, 의결권이 제한되는 종류주식이란 정관에서 정하고 있는 일부 안건에 관해 의결권이 없는 주식을 의미한다.

4) 상환주식

상환주식(償還株式)이란 주식의 발행 시부터 장차 회사가 스스로 또는 주주의 청구에 의하여 이익으로써 상환하여 소멸시킬 것이 예정되어 있는 종류주식을 말한다(상법 제345조).

5) 전환주식

전환주식(轉換株式)이란 주주의 청구에 의하여 다른 종류의 주식으로 전환할 수 있는 권리(전환권)가 인정되어 있는 종류주식(주주전환주식) 또는 회사가 다른 종류의 주식으로 전환할 수 있는 권리가 인정되어 있는 종류주식(회사전환주식)을 말한다(상법 제346조~제351조).

6) 단 주

단주(端株)는 1주 미만의 주식을 말하는데, 신주발행 시에는 신주인수권자의 지주수에 비례하여 배정하는 과정에서 발생한다. 주식불가분의 원칙으로 인해 단주를 그대로 배정할 수 없다. 그러므로 단주는 시가로 처분하여 발행가와의 차액을 단주의 주주에게 돌려주는 것으로 실무상 처리하고 있다.

(3) 주식의 분할

주식의 분할이라 함은 자본금을 증가시키지 않으면서 발행주식수를 증가시키는 것을 말한다. 발행주식수에는 변동이 없이 1주권에 표창된 주식수를 세분하여 여러 매의 주권으로 만드는 주권의 분할과 구별해야 한다. 주식을 분할하면 모든 주주의 소유주식수가 비례적으로 증가한다.

(4) 주 권

주권이란 위에서 말한 주식, 즉 주주의 법률상의 지위를 표창하는 유가증권이다. 주식을 주권이라는 형태로 유가증권화 함으로써 주식에 유통성을 부여하게 되고, 따라서 주식이 증권시장에서 거래의 객체가 된다. 주식의 증권화는 주식의 자유양도성과 동시에 자본의 집합체인 주식회사의 가장 중요한 경제적 특색의 하나이다. 주권은 요식증권으로서 일정한 사항을 기재하여야 하며(상법 제356조), 회사성립 후 또는 신주납입기일 후 지체 없이 발행하여야 한다(상법 제355조).

(5) 주주권과 주주의 권리 · 의무

1) 주 주 권

주주가 회사에 대하여 갖는 사원권으로서의 지위는 주주가 회사에 대하여 갖는 개개의 권리의 원천을 이루는데 이를 주주권이라 한다.

2) 주주의 권리

주주는 주주권을 원천으로 하여 회사에 대해 여러 가지 권리를 갖는데, 상법이 인정하는 개개의 구체적 권리를 주주의 권리라 표현한다. 주주의 권리는 자익권과 공익권으로 나눌 수 있다.

주주가 회사의 운영에 참가하는 것을 목적으로 하거나 이와 관련하여 행사하는 권리를 공익권(共益權)이라 하고, 주주가 회사로부터 경제적 이익이나 기타 편익을 받는 것을 목적으로 하는 권리를 자익권(自益權)이라 한다.

자익권은 모든 주주가 단독으로 행사할 수 있지만(단독주주권), 공익권 중에는 발행주식총수의 일정률에 해당하는 주식을 가진 주주에 한하여 그 권리를 행사할 수 있는 경우가 있다(소수주주권). 예컨대 주주총회소집청구권(상법 제366조) · 주주제안권(상법 제363조의2) · 집중투표청구권(상법 제382조의2) · 이사해임청구권(상법 제385조) 등은 발행주식총수의 100분의 3이상을 요하며, 유지청구권(상법 제402조) · 대표소송제기권(상법 제403조) 등은 발행주식총수의 100분의 1이상을 요하고, 해산판결청구권(상법 제520조)은 100분의 10이상을 요한다.

3) 주주의 의무

주주는 주식인수인의 지위에서 회사에 대하여 주식의 인수가액 전액을 납입할 책임을 질뿐이고(상법 제331조), 그 이외에는 아무런 의무도 부담하지 않는다(주주유한책임의 원칙).

주주의 출자에는 금전출자와 현물출자라는 두 가지의 형태가 있다. 금전출자의 경우는 주금의 납입을 현금으로 현실로 행하는 것을 요하므로 대물변제나 경개(更改) 등은 허용되지 않는다. 현물출자도 인정되지만(상법 제295조 · 제305조 제3항), 이에 대하여는 특히 엄격한 감독을 하고 있다(상법 제299조).

(6) 주식양도의 자유와 제한

주식의 양도란 주주가 가지는 주식을 법률행위(매매 · 증여 등의 채권계약의 이행으로 행해진 준물권행위)에 의해 타인에게 이전하는 것을 말한다. 주주는 주식을 자유로이 양도할 수 있는 것이 원칙이다(상법 제335조 제1항 본문). 주식양도자유의 원칙은 사회에 산재하고 있는 자본의 집중을 도모하면서, 또한 주주에게 투하자본의 회수의 길을 열어 주어 출자의 안전성을 확보하기 위함이다. 그러나 주식양도의 자유에는 다음과 같은 예외가 있다.

1) 정관에 의한 제한

회사는 정관에 주식의 양도에 대하여 이사회의 승인을 얻도록 할 수 있다(상법 제335조 제1항 단서). 이 제도의 기본취지는 회사의 경영자들이 주주의 인적 구성을 폐쇄적으로 유지할 수 있게 해주기 위함이다.

주식의 양도제한에 대한 사실은 주주와 주식거래를 하는 자들에게 중요한 이해관계를 야기하므로 등기하여야 한다(상법 제317조 제2항 제3호의2).

2) 법률에 의한 제한

① 권리주의 양도제한 권리주란 회사성립 전의 주식인수인의 지위이고, 회사성립 후 주식의 전신을 뜻한다. 권리주에 의한 투기의 남용을 방지하고, 회사설립의 안정을 기하기 위하여 그 양도는 회사에 대하여 효력이 없다(상법 제319조).

② 주권발행전주식의 양도제한 주권발행전주식이란 회사설립 시에는 설립등기를 필한 때로부터 주권을 발행할 때까지, 그리고 신주발행 시에는 신주발행의 효력발생일, 즉 납입기일의 다음날(상법 제423조 제1항)로부터 주권을 발행할 때까지의 상태에 있는 주식을 뜻한다. 상법 제335조 제3항은 주권발행전주식의 양도를 원칙적으로 금지하고 있는데, 이는 상법상 주식의 양도에는 주권의 교부가 필요하므로 주권이 발행되기 전에는 적법한 양도방법이 존재하지 않고, 적절한 공시방법이 없어 주식거래의 안전을 보장할 수 없기 때문이다. 다만 회사성립 후 또는 신주의 납입기일 후 6월이 경과한 때에는 양도의 효력을 회사에 대항할 수 있다(동항 단서).

③ 자기주식취득의 제한 자기주식취득이란 회사가 자기의 주식을 취득하여 스스로 주주가 되는 것을 말한다. 자기주식의 취득은 일반적으로 금지되며, 다만 배당가능이익을 가지고 취득하는 경우와 회사의 합병 또는 다른 회사의 영업 전부의 양수로 인한 경우, 회사의 권리를 실행함에 있어 그 목적을 달성하기 위하여 필요한 경우, 단주의 처리를 위하여 필요한 경우, 주주가 주식매수청구권을 행사한 경우에 허용된다.

④ 상호주소유의 제한 두 회사가 서로 상대방 회사의 주식을 소유하고 있는 것을 주식의 상호소유라고 하며, 이 경우 서로 소유하는 상대방의 주식을 상호주라

한다. 상법은 상호주를 크게 자회사가 모회사주식을 소유하는 경우와 모자관계가 아닌 회사끼리 상호 소유하는 경우로 나누어 전자는 자기주식취득의 일종으로 다루어 자기주식취득과 같이 금지하고(상법 제342조의2), 비모자회사간의 상호주는 의결권을 제한하는 방식을 취하고 있다(상법 제369조 제3항).

(7) 주식양도방법

주식의 양도는 당사자의 합의 외에 주권의 교부를 요한다(상법 제336조 제1항). 주권의 교부는 주식양도의 성립요건이지 대항요건이 아니다. 주권의 교부에 의해 주식의 양도는 성립하지만, 주식을 양수받는 자가 주주로서 권리를 행사하기 위해서는 명의개서를 하여야 한다. 명의개서란 주주의 변경에 대응하여 주주명부상 주주의 명칭을 고쳐 쓰는 것이다.

주권의 교부를 받은 점유자는 그 점유에 의해 권리자라는 외관을 가지고 적법한 소지인으로 추정된다(상법 제336조 제2항). 따라서 주권의 점유자는 회사에 대하여 명의개서를 청구할 수 있고, 회사는 주권의 점유자가 무권리자인 것을 입증하지 못하는 한, 이를 거부할 수 없다. 또한 주권을 그 점유자로부터 양수받은 자는 점유자가 무권리자인 것에 대해 악의 또는 중대한 과실이 없는 한 선의취득이 인정된다(상법 제359조 → 수표법 제21조 단서).

5. 기　관

(1) 서　설

회사는 독립된 사회적 실재로서 그 자체의 의사와 행위를 갖지만, 실제로 자연적 의사를 결정하고 이에 따른 행위를 할 능력이 없으므로 그 의사와 행위는 회사조직상의 일정한 지위에 있는 자에 의해 결정되고 실천된다. 이처럼 회사의 의사를 결정하고 행위를 실천하는 회사조직상의 기구를 기관이라고 한다.

주식회사의 기관에는 회사의 기본적 사항에 관한 최고의사결정기관으로서 주주총회, 업무집행에 관한 의사결정기관으로서 이사회, 업무집행 · 대표기관으로서의 대표이사 및 감사기관으로서의 감사가 있고, 그 밖에 필요할 때마다 임시적으로 두는 검사인이 있다.

(2) 주주총회

주주총회는 주주로써 구성되는 필요적 상설기관으로서 법률 또는 정관에서 정하는 사항을 결의하는 주식회사의 최고의사결정기관이다. 기업의 실질적 소유자인 주주로 이루어진 기관이므로 회사의 모든 사항에 대하여 결정할 수 있지만, 회사의 합리적 운영을 기대하는 입장에서 기본적 사항만을 결정하는 기관이라고 할 수 있다. 이러한 점에서 주주총회는 이사·감사 등 타기관 전부를 구속하므로, 비록 주주총회가 만능의 기관은 아닐지라도 회사 최고의 기관임은 부인할 수 없다.

1) 권　한

주주총회의 권한은 회사의 의사결정에 한정되고, 업무집행은 할 수 없다. 그 의사결정의 권한은 원칙적으로 법률 또는 정관에 정한 사항에 한한다(상법 제361조). 이는 실질적인 소유와 경영의 분리를 지향하여 주주총회의 권한을 대폭 축소하고 이사회의 권한을 강화하는 입법의 추세를 보여주고 있다.

2) 소　집

주주총회의 소집은 상법에 다른 규정이 있는 경우 외에는 이사회가 이를 결정한다(상법 제362조). 이는 강행규정으로서 정관으로도 달리 정할 수 없다. 따라서 이사회의 소집결정 없이 소집된 주주총회의 결의는 하자있는 결의이다. 총회의 소집을 주주가 아닌 이사회가 결정하도록 한 것은 주주의 경영간섭을 차단하는 의미를 가지므로 소유와 경영의 분리를 실질적으로 확보하는 장치가 된다.

그 외에 소수주주에 의한 주주총회의 소집이 있다. 상법 제366조는 소수주주의 청구에 의해 주주총회가 소집될 수 있다고 규정하고 있다. 이는 주주의 정당한 의사형성을 방해하는 이사의 전횡을 견제하고, 특히 지배주주의 지지를 받는 이사이 세력에 군소주주가 대항할 수단을 마련해 주기 위한 제도적 장치이다. 주주총회의 소집을 위한 소수주주의 요건은 발행주식총수의 100분의 3이상이다.

3) 주주제안권

주주제안권이란 의결권 있는 발행주식총수의 100분의 3이상을 소유한 소수주주가 이사에 대하여 회일 6주간 전에 서면으로 일정한 사항을 주주총회의 목적사항으로 할 것을 제안하고(의제의 제안), 그 제출하는 의안의 요령을 소집의 통지에 기재할 것(의안의 제안)을 청구할 수 있는 권리이다(상법 제363조의2).

4) 의 결 권

의결권이란 주주가 주주총회에서의 의사표시를 통해 주주총회의 공동의 의사결정에 지분적으로 참가할 수 있는 권리이다. 그러므로 의결권은 주주의 가장 중요한 공익권이며, 정관의 규정으로도 이를 박탈하거나 제한할 수 없고, 주식과 분리하여 양도하거나 포기하지 못한다.

① **의결권의 수**　의결권은 주식평등의 원칙에 따라 1개의 주식마다 1개의 권리

만이 인정되는 것이 원칙이다(상법 제369조 제1항). 그러나 의결권의 배제 · 제한에 관한 종류주식(상법 제344조의3), 자기주식(상법 제369조 제2항)은 의결권이 전면적으로 또는 부분적으로 제한된다. 또한 회사, 모회사 및 자회사 또는 자회사가 다른 회사의 발행주식총수의 10분의 1을 초과하는 주식을 가지고 있는 경우 그 다른 회사가 가지고 있는 회사 또는 모회사의 주식은 의결권이 없다(상법 제369조 제3항).

② **의결권의 행사** 주주가 스스로 총회에 출석하여 의결권을 행사하는 것이 보통이지만, 대리인에 의해서도 행사할 수 있다(상법 제368조 제2항). 대리인이 의결권을 행사하기 위해서는 대리권을 증명하는 서면을 총회에 제출하여야 한다(동항 후단). 한편 주주총회의 활성화를 위하여 상법 제368조의3에서는 서면투표를, 그리고 제368조의4에서는 전자투표를 인정하고 있다.

(3) 이사 · 이사회 · 대표이사

이사는 주주총회에서 선임하며, 전원이 이사회라는 회의체 기관의 구성원이 되고, 이사회는 이사 중에서 대표이사를 선임한다. 이사회는 업무집행 기타 주주총회의 권한 이외의 사항에 관하여 회사의 의사를 결정하고, 대표이사는 업무집행을 담당하고 대외적으로 회사를 대표함과 동시에 일상업무를 스스로 결정한다.

1) 이 사

이사는 주주총회에서 선임하고(상법 제382조 제1항), 그 인원수는 3인 이상을 요한다(상법 제383조 제1항). 다만 자본금 총액이 10억원 미만인 회사의 경우에는 1인 또는 2인의 이사를 둘 수 있다(동항 단서). 이사의 자격은 상법상 특별한 제한을 두지 않고 있다. 그러나 정관으로 이사의 자격을 제한하는 것은 그 내용이 사회질서에 반하지 않는 한 유효하다(예컨대 주주나 일정한 자격자로 제한하는 것은 가능하다). 이사는 전문적인 판단을 요하는 각종의 법률행위를 하고 회사나 제3자에 대해서 책임을 지므로 제한능력자는 이사가 될 수 없다고 본다.

주주총회에서 이사의 선임결의는 보통결의에 의한다(상법 제368조 제1항). 한편 총회에서 2인 이상의 이사를 선임하는 경우에 소수주주(의결권 있는 발행주식총수의 100분의 3이상을 가진 주주)가 집중투표(集中投票)에 의할 것을 청구한 때에는 1주에 대해 선임해야 할 이사의 수와 동수의 의결권이 인정되며, 그 전부를 1인의 후보자에게 투표하더라도 상관없고, 적절히 분할하여 수인에게 투표하더라도 무방하다(상법 제382조의2). 상법상 이사의 선임을 위한 주주총회의 결의는 이사 한 사람에 대해 한 번씩 이루어지므로 통상적인 방법대로라면 몇 명의 이사를 선임하든 과반수의 결의를 지배할 수 있는 대주주가 이사 전원을 자신이 추천하는 후보로 선임할 수 있다. 집중투표제는 이같이 이사 전원이 대주주에 의해 독점적으로 선임되는 것을 견제하는 방법이다.

이사의 임기는 3년을 초과할 수 없다(상법 제383조 제2항, 결원에 대하여는 제386조). 이사는 언제나 임의로 사임할 수 있다. 그리고 회사는 주주총회의 특별결의로 언제든지 이사를 해임할 수 있다(상법 제385조 제1항). 이사의 직무수행에 관하여 부정행위 또는 법령이나 정관에 위반한 중대한 사실이 있음에도 불구하고, 주주총회에서 그 해임을 부결한 때에는 발행주식총수의 100분의 3이상을 가진 주주는 총회결의가 있은 날로부터 1월내에 그 이사의 해임을 법원에 청구할 수 있다(상법 제385조 제2항).

2) 이 사 회

이사회란 회사의 업무집행에 관한 의사결정을 위해 이사 전원으로 구성되는 주식회사의 필요적 상설기관이다. 이사회는 그 권한이 광범위하기 때문에 이사 상호간의 공정한 협의에 의해 진실로 타당한 결론에 도달하여야 할 필요가 있다.

상법은 이사회의 업무집행의 결정권한을 포괄적으로 정하고 있다(상법 제393조 제1항). 그러나 주주총회의 권한으로 되어 있는 회사의 업무에는 이사회의 권한이 미치지 않고, 또 감사의 권한도 이사회를 견제하기 위한 것이므로 이사회의 권한이 미치지 아니한다. 동조 제2항에서는 이사의 직무집행에 대한 감독권을 규정하고 있다. 이사회는 업무집행에 관한 모든 결정권을 가지고 그 집행을 대표이사 또는 업무담당이사에게 맡기는 것이므로 이사회는 자기시정의 기능으로서 당연히 이사의 업무집행을 감독할 권한을 가진다고 할 것이다.

이사회의 소집은 각 이사가 한다(상법 제390조 제1항 본문). 그러나 이사회의 결의로 소집할 이사를 정한 때에는 그 이사가 소집한다(동항 단서). 이사회를 소집함에는 회일을 정하고 1주간 전에 각 이사에 대하여 통지를 발송하여야 하고(상법 제390조 제2항), 이사회에 출석할 권한이 있는 감사에게도 소집통지를 하여야 한다(상법 제390조 제2항 · 제391조의2).

이사회의 결의는 이사 과반수의 출석과 출석이사의 과반수로 하여야 한다(상법 제391조 제1항). 이사회에서의 의결권은 이사 1인에 대해 1개씩 주어진다. 정관에 의해서도 이에 대한 예외를 둘 수 없다. 다만 이사회의 결의에 대하여 특별한 이해관계가 있는 이사는 의결권을 행사할 수 없도록 하고 있다(상법 제391조 제3항→제368조 제3항).

3) 대표이사

대표이사는 회사를 대표하고 업무를 집행하는 권한을 가진 이사이며 주식회사의 필요적 상설기관이다. 원래 회사의 업무집행결정권은 이사회에 속하지만 이는 회의체기관이어서 현실적인 집행이 불가능하므로 이사회가 이사 중에서 선정하는 대표이사가 업무집행을 담당한다. 대표이사의 수에는 제한이 없으므로 수인이라도 무방하다.

상법상 대표이사가 회사의 업무집행권을 갖는다는 명문의 규정이 없더라도 대표이사는 주주총회 또는 이사회의 결의를 집행하는 외에 일상적인 회사의 대내적 관리업무를 집행할 권한을 가진다. 그러나 상법은 몇 가지 구체적인 사항을 특히 대표이사의 직무사항으로 규정하고 있다(상법 제356조 · 제396조 제1항 · 제420조 · 제474조 제2항 · 제478조 제2항 등).

대표권의 범위는 회사의 영업에 관한 일체의 재판상 또는 재판외의 행위에 미치는 포괄적인 것이고, 이를 제한하더라도 선의의 제3자에게 대항할 수 없다(상법 제389조 제3항 → 제209조). 회사와 이사간의 소에서는 대표이사는 회사를 대표하지 못하고 감사가 회사를 대표한다(상법 제394조).

주식회사에 수인의 대표이사를 둘 경우 이들을 공동대표이사로 정할 수 있다(상법 제389조 제2항). 수인의 대표이사를 두는 경우라도 이들은 각자 회사를 대표하는 것이 원칙이므로, 수인의 대표이사를 공동대표이사로 하려면 대표이사의 선정 이외에 이들을 '공동'대표이사로 한다는 별도의 결의가 있어야 한다.

대표이사에게 부과되는 일반적 명칭(사장 · 전무이사 · 상무이사 등)을 사용하도록 인정되는 이사는 가령 대표이사가 아니더라도 외부의 사람은 대표권이 있다고 오인하기 쉽다. 이러한 이사를 표현대표이사(表見代表理事)라 부르며, 그의 행위에 대하여는 그 이사가 회사를 대표할 권한이 없는 경우에도 회사는 선의의 제3자에 대하여 그 책임을 부담한다(상법 제395조).

4) 이사의 의무

이사와 회사의 관계는 민법상 위임이고, 이사는 회사에 대하여 선량한 관리자의 주의를 가지고 그 사무를 처리할 의무를 진다(상법 제382조 제2항 → 민법 제681조). 그리고 이사의 선관주의의무와 더불어 상법에서는 제382조의3에 '이사의 충실의무'라는 표제 하에 "이사는 법령과 정관의 규정에 따라 회사를 위하여 그 직무를 충실하게 수행하여야 한다"는 규정을 두고 있다. 이는 영미의 보통법에서 인정하는 이른바 이사의 신인의무의 하나인 충실의무의 개념을 성문적으로 표현한 것으로서,

우리 상법상 이사가 부담하는 선관주의의무를 구체적으로 부연하여 표현한 주의적 · 선언적 규정이다.

5) 이사의 책임

① **회사에 대한 책임** 이사가 법령 또는 정관의 규정에 위반한 행위를 하거나 그 임무를 해태한 때에는 회사에 대하여 연대하여 손해배상책임을 진다(상법 제399조 제1항). 이 책임의 발생원인은 '법령 · 정관의 위반'과 '임무해태'이다. 법령 또는 정관의 위반의 유형에는 이사가 어떤 자격에서 한 것이냐에 따라 세 가지로 나뉜다. 첫째 이사가 단독으로 법령 또는 정관에 위반한 행위를 한 경우로서 예컨대 이사회의 승인 없이 경업을 하거나(상법 제397조 제1항), 자기거래를 한 경우(상법 제398조) 등이다. 둘째 이사들이 이사회에서 법령 또는 정관에 위반한 결의를 한 경우로서 예컨대 위법한 신주발행을 결의한 경우가 이에 해당한다. 셋째 대표이사가 법령 또는 정관에 위반하여 업무집행을 한 경우로서 예컨대 정관상 제한을 위반하여 업무집행을 한 경우, 공동대표이사가 단독으로 대표행위를 하는 경우(상법 제389조 제2항) 등이다.

임무해태는 이사가 직무수행과 관련하여 선량한 관리자의 주의의무를 게을리 함으로써 회사에 손해를 가하거나 손해를 방지하지 못한 경우를 의미한다.

② **제3자에 대한 책임** 이사가 그 임무에 위반한 경우에는 원래 회사에 대한 관계에서 책임을 부담하는 것에 지나지 않지만, 그 결과로 인하여 제3자(회사의 채권자 등, 주주도 포함)에게 손해를 입힐 수 있다. 이사가 직무를 행함에 있어 악의 또는 중대한 과실로 인하여 그 임무를 해태한 때에는 그 이사는 제3자에 대하여 연대하여 손해를 배상할 책임이 있다(상법 제401조 제1항).

6) 이사와 회사의 이익충돌금지

① **경업금지의무** 이사는 이사회의 승인이 없으면 자기 또는 제3자의 계산으로 회사의 영업부류에 속하는 거래를 하거나(경업) 동종영업을 목적으로 하는 다른 회사의 무한책임사원이나 이사가 되지(겸직) 못한다(상법 제397조). 이를 이사의 경업금지의무라고 한다. 이 규정은 이사가 그 지위를 이용하여 회사의 비용으로 얻어진 영업기회를 유용하는 것을 제한하고, 이사는 회사의 업무에 전념해야 된다는 것을 전제로 이사에게 특별한 법적 책임을 과한 것이다.

② **이사 등의 자기거래** 이사 등의 자기거래란 이사, 주요주주 및 소정의 특수관계자가 회사를 상대방으로 하여 자기 또는 제3자의 계산으로 하는 거래를 말한다(상법 제398조). 이사 등이 회사와 거래를 한다면 본인의 이익을 위하여 회사의 손

실을 입힐 불공정한 거래를 할 우려가 있다. 따라서 회사재산을 건전하게 유지하고 나아가서 회사채권자와 주주를 보호하기 위해서는 이사 등의 자기거래를 엄격히 제한하여야 한다. 즉 이사 등의 자기거래는 불공정하게 될 우려가 크므로 우선 이사회의 승인을 받게 하여 거래내용을 공개시키고 이에 대해 이사회의 사전적 감시 및 사후의 책임추궁(상법 제399조)을 용이하게 하는 것이다.

7) 이사의 견제와 책임추궁

이사의 직무수행이 항상 회사의 이익을 위해 최선으로 행해진다는 보장이 없으므로 주주에 의한 이사의 감시 내지는 견제의 수단이 필요하다. 이사에 대한 적극적인 견제 및 책임추궁수단으로서 상법상 이사해임(상법 제385조 제1항), 손해배상청구(상법 제399조), 그리고 주주에 의한 대표소송(상법 제403조) 등의 제도가 있고, 이들은 사후적인 구제수단이므로 사전적 예방을 위하여 유지청구권(상법 제402조)이 인정된다.

① **유지청구권** 이사의 법령 또는 정관에 위반하는 행위로 인하여 회사에 회복할 수 없는 손해가 생길 우려가 있는 경우에는 감사 또는 소수주주(발행주식총수의 100분의 1이상을 가진 주주)는 회사를 위하여 이사에 대하여 그 행위를 유지할 것을 청구할 수 있다(상법 제402조). 이를 유지청구권이라고 한다. 주주의 유지청구권은 회사를 위하여 행사하는 것이므로 주주의 공익권이다.

② **대표소송** 대표소송이란 회사가 이사에 대한 책임추궁을 게을리 할 경우 주주가 회사를 위하여 이사의 책임을 추궁하기 위해 제기하는 소이다. 이사의 책임에 대한 추궁은 원래 회사 자신이 추궁하여야 할 것이지만, 이사라는 특수관계로 말미암아 그 추궁이 행해지기 어렵고, 그 결과 회사, 즉 주주의 이익을 해치게 된다. 이에 대처하기 위한 제도가 대표소송이다. 주주의 대표소송은 이사 외에도 발기인 · 감사 · 청산인 등의 책임을 추궁하기 위하여도 제기할 수 있고(상법 제324조 · 제415조 · 제542조 제2항), 불공정한 가액으로 신주를 인수한 자(상법 제424조의2), 주주권의 행사와 관련하여 이익을 공여 받은 자(상법 제467조의2)에 대한 회사의 권리를 실현하기 위하여 제기할 수 있다. 대표소송의 소제기권자는 발행주식총수의 100분의 1이상의 주식을 가진 주주, 즉 소수주주에 한하여 제소할 수 있다. 이는 남소를 방지하기 위함이다.

(4) 감 사

감사는 회사의 직무집행을 감사(監査)하는 필요적 상설기관이다. 이는 이사와 같이 주주총회에 의해 선임되며, 의결권 없는 주식을 제외한 발행주식총수의 100분의 3을 초과하는 수의 주식을 가진 주주는 그 초과하는 주식에 관하여 감사의 선인에 있어서는 의결권을 행사할 수 없다(상법 제409조). 임기는 취임 후 3년 내의 최종 결산기에 관한 정기총회의 종결 시까지이다(상법 제410조). 감사의 자격에는 제한이 없다. 다만 감사는 당해 회사 및 자회사의 이사, 지배인 또는 그 밖의 사용인을 겸하지 못한다(상법 제411조).

감사는 이사의 직무집행을 감사한다(상법 제412조). 이사의 업무집행을 감사한다는 표현을 피하고 직무의 집행을 감사한다고 표현한 것은 감사의 범위가 일상적인 업무집행에 국한하지 아니하고 이사의 직무에 속하는 일체의 사항에 미친다는 것을 명백히 하기 위함이다. 따라서 이사 개개인의 직무집행뿐만 아니라 이사회의 권한사항도 감사대상이 되고 회계감사권(會計監査權)도 당연히 업무감사권(業務監査權)에 포함된다. 모회사의 감사는 그 직무를 수행하기 위하여 필요한 때에는 자회사에 대하여 감사할 권한이 있다(상법 제412조의5 제1항). 이 밖에도 상법상 감사의 권한으로는 이사회출석 · 의견진술권(상법 제391조의2 제1항), 이사의 보고수령권(상법 제412조의2), 주주총회소집청구권(상법 제412조의3), 감사해임에 관한 의견진술권(상법 제409조의2), 회사와 이사간의 소대표권(訴代表權)(상법 제394조) 등이 있다.

회사와 감사와의 법률관계에는 위임의 규정이 적용되므로, 그 직무를 행함에 있어 이사와 같이 선량한 관리자의 주의의무를 부담한다(상법 제415조 → 제382조 제2항). 감사는 업무집행에 직접 관여하지 않으므로, 이사의 경우와 같은 경입금지의무나 회사와의 거래는 제한받지 않는다. 감사가 그 임무를 해태한 때에는 그 감사는 회사에 대하여 연대하여 손해를 배상할 책임을 지며, 감사가 악의 또는 중대한 과실로 그 임무를 해태한 때에는 그 감사는 제3자에 대하여도 손해를 배상할 책임이 있다. 그리고 감사가 회사 또는 제3자에 대하여 손해배상책임을 지는 경우 이사도 그 책임이 있는 때에는 양자는 연대하여 책임진다(상법 제414조). 감사의 책임면제는 총주주의 동의를 요하고, 책임의 추궁에는 주주의 대표소송이 인정된다(상법 제415조 → 제400조 · 제403조).

6. 신주의 발행

상법상 신주발행이란 회사성립 후 발행예정주식총수(상법 제289조 제1항 제3호)에서 설립 시에 발행하는 주식총수(동항 제5호)를 뺀 나머지에 대하여 이사회의 결의에 의해 필요에 따라 수시로 주식을 발행하는 것을 말한다(상법 제416조~제432조). 넓게는 회사설립 이후에 이루어지는 일체의 주식발행을 뜻하나 좁게는 자금조달의 목적으로 하는 신주발행, 즉 통상의 신주발행을 의미한다.

회사는 신주발행을 통하여 자금조달에 기동성을 갖게 된다. 신주를 발행하면 우선 외형적인 자본의 증가가 생긴다. 이에 상응하는 재산의 증가가 따라야 하나 그렇지 못할 위험이 있음은 회사를 설립할 때와 차이가 없다. 그러므로 신주발행에서도 회사설립 시와 마찬가지로 자본충실의 고려가 요구된다.

신주인수를 제3자가 하거나, 주주가 하더라도 종전의 지주비율에 따르지 않을 때에는 주주들이 종전에 가진 비례적 이익을 잃게 되고 주식의 경제적 가치를 유지하기 어렵게 된다. 그러므로 신주인수권은 신주발행에 있어 중요한 문제이다. 신주인수권이란 회사가 신주를 발행할 경우 그 신주의 전부 또는 일부를 타인에 우선하여 인수할 수 있는 권리를 말한다. 인수에 우선할 권리이지 발행가액이나 기타 인수조건에서 우대받을 수 있는 권리는 아니다.

7. 사 채

사채란 일반 공중으로부터 거액의 자금을 모을 수 있도록, 다수의 부분으로 분할된 회사의 채무를 말하고, 이를 표창하는 유가증권(사채권)이 발행된다. 사채의 권리자인 사채권자는 회사의 채권자이고, 주주와 같은 회사의 구성원은 아니다. 따라서 사채권자는 주주총회를 통하여 회사의 운영에 관여하는 권리를 갖지 않지만, 회사의 이익의 유무에 관계없이 확정이자의 지급을 받고, 상환기한의 도래에 의해 원본의 반환을 받으며, 또한 회사해산의 경우에는 통상의 채권자과 더불어 변제를 받을 수 있다.

상법은 '사채'(상법 제469조~제512조), '전환사채'(상법 제513조~제516조), '신주인수권부사채'(상법 제516조의2~제516조의101)에 대하여 상세히 규정하고 있다.

8. 회 계

회사의 회계라 함은 회사가 주체가 되어 미리 정한 결산기를 단위로 하여 회사의 재산상태와 손익을 인식 · 평가하고, 이익 또는 손실을 처리하기 위한 의사결정을 하는 일련을 행위를 말한다. 즉 영리법인인 회사는 일정한 사업을 경영하여 얻은 이익을 사원(출자자)에게 분배하는 것이 목적이므로, 손익계산은 회사에서의 중심문제이다. 상법은 주식회사의 경우 '회사의 회계'라는 하나의 절을 마련하여 주로 회계에 필요한 조직법적 절차와 자본충실을 위한 회사재산의 보전에 초점을 두고 있다. 이에 따라 주식회사의 재산과 손익의 인식의 기초가 될 서류(재무제표)의 종류를 법정하고(상법 제447조) 그 작성에서 확정에 이르기까지 여러 기관들을 관여시켜서 진실성을 추구하고 있다(상법 제447조～제449조의2). 또한 준비금의 적립을 강제하고(상법 제458조～제459조), 그 사용을 제한하며(상법 제460조), 배당의 요건을 규정하고 있는데(상법 제462조～제462조의4), 이는 자본충실의 이념에 입각하여 회사재산의 사외유출을 억제함으로써 계속기업으로서의 재산적 기초를 유지하고 채권자를 위한 책임재산을 건실하게 지키기 위함이다.

9. 해산 · 청산

주식회사는 ① 존립시기의 만료 기타 정관에 정한 사유의 발생, ② 합병, ③ 파산, ④ 법원의 해산명령 또는 해산판결, ⑤ 주주총회의 해산결의 등을 사유로 해산한다(상법 제517조). 합명회사 · 합자회사는 사원이 1인으로 된 때에 해산하지만(상법 제227조 제3호 · 제269조), 주식회사는 주주가 1인으로 되어도 해산하지 않는다. 주식회사는 설립 시부터 이른바 1인 회사를 인정하고 있다.

주식회사가 해산하였을 때는 합병 및 파산의 경우를 제외하고는 청산을 할 것을 요한다(상법 제531조 제1항). 합명회사의 청산에 관한 규정이 주식회사에서도 준용된다(상법 제542조 제1항). 다만 인적회사에 있어서 와는 달리 임의청산은 인정되지 않고 법정청산만 인정된다. 이는 주주가 유한책임을 지므로 회사채권자를 보호하기 위하여는 청산절차의 공정한 이행이 특히 요구되기 때문이다(상법 제531조～제542조).

10. 회생절차

회생절차란 회사가 "사업의 계속에 현저한 지장을 초래함이 없이는 변제기에 있는 채무를 변제할 수 없거나 파산의 원인이 생길 염려가 있는 때"에 법원의 개시명령에 의거하여 회사의 업무 및 재산의 상태를 개선하고, 그 재건을 도모하는 것을 목적으로 하는 제도이다. 이 제도는 회사가 어떠한 사유로 파탄에 이른 경우에 이를 파산으로 하지 않고, 그 재건을 도모하여 기업유지의 요청뿐만 아니라 주주 · 채권자 등의 직접 관계자의 이익을 도모하고자 하는 것이다. 회생절차에 대하여는 상법에 명문의 규정이 없고 「채무자 회생 및 파산에 관한 법률」이라는 특별법에서 규정하고 있다.

Ⅲ. 회사의 합병 · 분할 및 조직변경

회사의 합병이란 법정의 절차에 따라 행해지는 회사간의 법률행위이고, 당사자인 회사의 일부 또는 전부가 소멸하여 그 재산이 청산절차를 거치지 않고 포괄적으로 존속회사 또는 신설회사로 이전하면서 동시에 사원도 당연히 존속회사 또는 신설회사의 사원이 되는 효과를 생기게 한다. 합병에는 당사회사의 하나가 존속하면서 다른 회사가 소멸하는 경우(흡수합병)와 당사회사의 전부가 소멸하여 신회사가 성립하는 경우(신설합병)가 있다.

흡수합병 중 소멸회사 총주주의 동의가 있거나 그 회사 발행주식총수의 100분의 90이상을 존속회사가 소유하고 있는 때에는 소멸회사의 주주총회의 승인을 이사회 승인으로 갈음할 수 있는 간이합병이 있고, 그리고 존속회사가 발행하는 신주가 존속회사의 발행주식의 100분의 10이하인 경우에는 주주총회의 승인결의를 생략할 수 있는 소규모합병이 인정되고 있다(상법 제527조의2∼3).

회사의 분할이란 하나의 회사가 둘 이상의 독립된 회사로 분리되는 현상을 말한다. 상법에서는 기업의 구조조정을 지원하기 위하여 주식회사에 한하여 회사분할 규정(상법 제530조의2 이하 참조)을 두고 있다.

회사의 조직변경이란 회사가 그 법인격의 동일성을 유지하면서 다른 종류의 회사가 되는 것을 말한다. 합명회사와 합자회사 상호간(상법 제242조 · 제286조), 유한회사와 주식회사 상호간(상법 제604조 · 제607조) 및 주식회사와 유한책임회사 상호간(상법 제287조의43)에 인정된다.

제4절 보험 · 해상 · 항공운송

Ⅰ. 보 험

상법의 보험편은 보험에 관한 사업법제와 거래법제를 모두 담고 있지 않고, 상행위 유형의 하나인 보험계약에 관하여 제1장 통칙, 제2장 손해보험 및 제3장 인보험으로 나누어 규정하고 있다. 보험에 관한 사업법제에 관하여는 「보험업법」이라는 별개의 법률을 두고 있다.

1. 보험편의 체계

보험편은 '통칙'에서 손해보험과 인보험의 공통된 계약요소를 설명하며, 보험의 목적물을 기준으로 피보험자의 재산상의 손해를 전보함을 목적으로 하는 손해보험과 생명이나 신체에 보험사고가 발생한 경우에 보험금 기타 보험급여를 지급할 것을 목적으로 하는 인보험으로 나누어 규정하고 있다. 또한 상법은 손해보험의 유형으로 화재보험(상법 제683조∼제687조), 운송보험(상법 제688조∼제692조), 해상보험(상법 제693조∼제718조), 책임보험(상법 제719조∼제726조), 자동차보험(상법 제726조의2∼4) 및 보증보험(상법 제726조의5∼7)을 규정하고 있고, 인보험에서는 생명보험(상법 제730조∼제736조), 상해보험(상법 제737조∼제739조) 및 질병보험(상법 제739조의2∼3)으로 구분하여 규정하고 있다.

2. 보험계약

상법 보험편은 보험계약을 염두에 둔 것인 만큼, 보험 개념의 이해에서 시작한다. 보험계약의 효과를 정하고 있는 상법 제638조에 의하면, 보험계약은 당사자 일방(보험계약자)이 약정한 보험료를 지급하고, 상대방(보험자)이 재산 또는 생명이나 신체(보험의 목적)에 관하여 불확정한 사고(보험사고)가 생길 경우에 일정한 자(피보험자 : 손해보험, 보험수익자 : 생명보험)에게 일정한 보험금액 기타 급여(보험급여)를 지급할 것을 약정함으로써 효력이 생기는 낙성 · 불요식의 계약으로서 유상 · 쌍무계약성을 가지는 외에 사행계약성, 선의계약성 및 부합계약성을 갖는다.

3. 손해보험과 인보험

상법에서는 보험을 손해보험과 인보험으로 나누고 있다. 손해보험은 보험사고로 인하여 생길 피보험자의 재산상의 손해를 보상할 것을 목적으로 하는 보험(상법 제665조)으로서, 사람의 생명 또는 신체에 관하여 보험사고가 생길 경우에 보험계약에서 정하는 바에 따라 보험금액 기타 급여를 하기로 하는 인보험(상법 제727조)과는 구분된다. 인보험은 목적이 사람의 생명이므로 피보험이익의 개념과 보험가액의 개념이 인정되지 않으며, 계약할 수 있는 보험금액에 제한이 없어 보험의 도박화 내지 도덕적 위험의 방지에 대응할 조치가 필요하다. 그 외에도 보험자대위가 인보험의 경우에는 인정되지 않는다.

Ⅱ. 해 상

해상법은 선박을 이용한 화물 및 여객의 장소적 이동을 영업으로 하는 해상기업과 그들의 조직 및 영업활동 그리고 그에 관련하여 발생하는 각종의 법률관계를 규율하는 법체계를 말한다.

상법 해상편의 규정은 바다에서 선박에 의하여 영위하는 해상기업활동의 중심내용인 해상기업조직에 관한 규정(제1장), 운송과 용선에 관한 규정(제2장) 및 해상기업거래에 수반하는 해상위험(공동해손, 선박충돌, 해난구조: 제3장)을 담고 있다.

1. 해상기업의 조직

(1) 해상기업의 물적 조직 : 선박

해상기업의 물적 조직인 선박은 일반적으로 수면이나 수중을 항행하는 데 사용되는 건조물로서 해상에서 장소적으로 이동할 수 있어야 한다. 그러나 해상법에서는 선박을 "상행위나 그 밖의 영리를 목적으로 항해에 사용하는 선박"이라고 하는데(상법 제740조), 이러한 영리선의 개념은 당연상인(상법 제4조)의 개념에 대응한 것이다.

한편 선박은 그 법적 성질이 동산임에도 불구하고 민법상의 동산과는 달리 특수한 법적 취급을 받는다. 즉 선박은 합성물로서 부동산유사성의 특성을 지니고 있다. 그리하여 등기나 등록과 같은 공시제도를 가지고 있고, 사람과 유사하게 선박명 · 국적 · 선적항 · 선급 · 톤수 등에 의하여 그 개성이 식별된다.

(2) 해상기업의 인적 조직

1) 해상기업의 주체

해상기업의 주체로는 선박소유자, 선박공유자, 선체용선자와 정기용선자 등이 있다. 선박소유자는 선박의 소유권을 가지고 상행위 기타 영리의 목적으로 해상기업의 항해에 이용하는 자를 말하고, 선박공유자는 하나의 선박을 공유하면서 공동으로 상행위 기타 영리를 위하여 항해에 이용하는 수인의 자를 말한다. 그리고 선체용선자는 타인의 선박을 임차하여 상행위 기타 영리를 목적으로 항해에 사용하는 자를 말하고, 정기용선자는 일정기간 타인 소유의 선원부선박의 사용 · 수익권을 얻어 그 선장 · 해원의 노무의 공급을 받으면서 이를 자기의 해상기업에 이용하는 자를 말한다.

2) 해상기업의 보조자

다른 기업과 마찬가지로 선박소유자를 비롯한 해상기업자도 그 기업활동을 영위함에 있어서는 많은 보조자를 필요로 한다. 그러한 보조자로서는 ① 해상기업자와 고용관계에 있는 본점 · 지점의 상업사용인, 그리고 운송주선인, 선박중개인, 선박대리점 등의 육상보조자와, ② 선원(선장과 해원), 예선업자, 도선사, 하역업자 및 적하감독인 등의 해상보조자가 있다. 이 가운데 ①에 대하여는 상법총칙과 상행위법이 적용되고, ②에 대하여는 해상법이 적용된다.

선장이란 선박소유자의 피용자로서 특정선박에 승선하여 그 선박의 항해를 지휘하며 항해에 관한 공법 및 사법상의 포괄적인 법정권한을 가진 자를 말하고, 해원이란 선장 이외의 선박소유자의 피용자로서 특정선박에 승선하여 선장의 지휘감독 하에 항해에 관한 업무에 종사하는 자를 말한다.

(3) 해상기업주체의 책임제한

1) 책임제한의 근거

선박소유자 등의 해상기업자도 다른 일반기업자와 같이 기업상의 채무에 대하여는 원칙적으로 인적 무한책임을 져야 한다. 그러나 해상운송은 항상 사고발생의 위험성을 안고 있는 바다를 무대로 행해지고, 그에 관련된 사고가 대형일 뿐만 아니라 그 손실도 천문학적인 수치이기 때문에 단 한 번의 사고로도 해상운송기업이 도산하게 되는 일이 발생할 수 있다. 그리히여 그동안 각국은 해상기업의 이러한 특수성을 반영하여 해상기업의 유지 · 발전이라는 정책적 배려에서 해상기업주체의 채무를 일정한 요건 아래 일정한 범위로 제한하여 왔다. 현행 해상법은 금액주의를 채택하여 손해배상책임을 사고 단위로 정하고, 손해배상채권을 선박의 책임톤수에 따라 일정한 비율로 산출한 금액을 한도로 제한하고 있다.

2) 책임제한주체

현행 상법은 1976년 「해사채권에 관한 책임제한 조약」을 받아들여 운송인중심주의를 취하면서(동 조약 제1조) 선박의 소유나 점유에 기초를 둔 선박소유자 · 선박공유자 · 선체용선자 · 정기용선자 외에 항해용선자 · 선박운항자 · 선박관리인 · 법인의 무한책임사원 · 선장 · 해원 · 도선사 · 선박사용인 · 해난구조자 등에 대하여도 책임제한을 인정하고 있다.

3) 책임제한금액

선박소유자 등의 책임한도액을 산정함에 있어 여객의 사상손해에 대하여는 여객의 정원을 기준으로, 비여객의 사상손해나 기타 손해에 대하여는 선박의 톤수를 기준으로 하고 있다. 책임한도액의 산정방식으로 상법은 위의 조약에 따라 사고주의를 취하고 있다. 여객의 사상으로 인한 손해에 대한 구체적인 책임한도액은 그 선박의 선박검사증서에 기재된 여객의 정원에 175,000계산단위를 곱하여 얻은 금액으로 한다.

선박소유자 등의 책임한도액의 산출에 사용하는 계산단위로는 상법이 국제통화기금(IMF)의 특별인출권(SDR)을 채택하고 있어서 이를 국내 화폐가치로 환산하여야 한다.

2. 해상기업의 영업활동

(1) 해상물건운송계약

해상기업의 영업활동은 당사자의 일방이 선박에 의한 여객 및 화물의 운송을 인수하고, 그 상대방은 이에 대하여 운임을 지급할 것을 약정함으로써 성립하는 계약인 해상운송계약을 통하여 이루어진다. 해상운송은 특히 해상물건운송계약이 그 중심을 이룬다.

해상물건운송계약은 ① 항해용선계약, ② 개품운송계약, ③ 재운송계약, ④ 통운송계약, ⑤ 복합운송계약, ⑥ 계속운송계약 및 ⑦ 혼합선적계약 등이 있다.

(2) 해상물건운송계약의 효력

1) 해상물건운송인의 의무

선적에 관한 의무로는 ① 선박제공의무, ② 선적준비완료통지의무, ③ 정박의무, ④ 운송물수령 및 적하의무, ⑤ 선하증권교부의무 등이 있고, 해상운송인의 가장 중요한 의무인 항해에 관한 의무로는 ① 해상운송인이 용선자나 송하인에 대하여 선적항을 발항할 당시 그 특정항해를 안전하게 완성할 수 있는 선박을 제공함에 있어서 상당한 주의를 다하여야 할 감항능력주의의무, ② 발항의무, ③ 직항의무, ④ 운송물보관의무 및 ⑤ 위험운송물에 대한 조치의무 등이 있다. 그리고 해상운송인이 운송채무이행의 최종단계에서 부담하는 양륙에 관한 의무로는 ① 입항의무, ② 양륙준비완료통지의무, ③ 정박의무, ④ 양륙의무, ⑤ 인도의무 및 ⑥ 공탁의무 등이 있다.

2) 해상물건운송인의 손해배상책임

해상운송인의 손해배상책임은 원칙적으로 과실책임주의에 기초하고 있으나, 그에 대한 예외를 인정함으로써 결국 해상운송인의 책임을 경감하고 있다. 해상운송인의 손해배상책임의 원인으로는 ① 감항능력주의의무의 위반, 즉 불감항과실과 ② 운송물취급에 관한 주의의무의 위반, 즉 상업과실이 있다. 그런데 이러한 불감항과실과 상업과실에 대하여는 추정 규정이 있기 때문에 결국 운송인 측에서 자신의 무과실을 입증하여야 한다(과실추정책임주의).

또한 손해배상액에 관하여 상법은 해상운송인의 개별적 책임제한을 인정하여 ① 감항능력주의의무위반, ② 상업과실, ③ 운송인 측의 과실로 인한 선박화재 및 ④ 적하이해관계인이 운송인 측의 과실을 증명한 경우 등에 대하여는 책임제한을 인정하고 있다. 이 경우 해상운송인의 책임한도액은 매 포장 당 또는 선적단위당 666과 100분의 67계산단위의 금액과 중량 1킬로그램 당 2계산단위의 금액 중 큰 금액을 한도로 제한할 수 있다.

화폐, 유가증권 기타 고가물에 대하여는 송하인이 운송위탁을 할 때에 그 종류와 가액을 명시한 경우 고가물에 대한 특칙과 해상운송인은 불가항력 등 일정한 경우 그 사실이 있었다는 것과 그 사실로 인하여 운송물에 대하여 손해가 발생되었다는 것만 증명하면 손해배상책임을 면하는 면책사유가 인정된다.

3. 해상기업의 위험

상법은 해상기업활동이 바다에서 이루어지므로 사고에 대한 대비가 쉽지 않다는 점을 감안하여 해상기업의 위험에 대비할 수 있는 합리적인 제도로서 공동해손, 선박충돌 및 해난구조 등에 관하여 규정을 두고 있다.

(1) 공동해손

공동해손이란 선박 및 적하의 공동위험을 면하기 위하여 선장이 한 처분으로 인하여 발생한 손해 또는 비용을 말한다. 이는 발생한 손해 및 비용을 선장의 처분으로 인하여 이익을 얻은 선박과 적하의 이해관계인에게 공평하게 부담시키기 위한 것이다.

(2) 선박충돌

선박충돌이란 두 척 이상의 선박이 수면에서 충돌함으로써 선박 내에 있는 물건이나 사람에게 손해가 발생하는 것이다. 다만 내수선 간의 충돌은 제외한다.

(3) 해난구조

해난구조란 해난에 직면한 선박 또는 적하를 의무 없이 구조하는 것이다.

Ⅲ. 항공운송

항공운송법은 항공기를 이용한 물건 및 여객의 장소적 이동을 영업으로 하는 항공운송기업과 그들의 조직 및 영업활동 그리고 그에 관련하여 발생하는 각종의 법률관계를 규율하는 법체계를 말한다.

상법 항공운송편은 제1장 통칙에서 항공기와 항공운송인의 책임을, 제2장 운송에서 여객운송, 물건운송 및 운송증서를, 그리고 제3장 지상 제3자의 손해에 대한 책임에서 비행 중인 항공기 또는 항공기로부터 떨어진 사람이나 물건으로 인하여 사망하거나 상해 또는 재산상 손해를 입은 지상(지하, 수면 또는 수중을 포함한다)의 제3자에 대한 항공운송인의 손해배상책임을 각각 규정하고 있다.

제 5 절 어음 · 수표

Ⅰ. 어음 · 수표의 개념

1. 어음 · 수표의 의의

어음 · 수표는 현대 경제생활에 있어서 지급의 편의와 더불어 심지어는 신용의 창조까지 하는 기능을 가지고 있다. 어음 · 수표는 신용카드 등의 발전과 더불어 현금 없는 경제생활을 유지할 수 있도록 한다. 일반적으로 수표는 지급의 편의성만을 위하여 발행하고, 어음은 신용의 창조가 오히려 지급의 편의성보다 더 큰 기능을 하고 있다고 말할 수 있다. 특히 수표법은 수표의 신용증권화를 방지하기 위하여 수표에 일람출급성을 인정하고 있으며, 10일 간의 짧은 지급제시기간 등을 두고 있다.

2. 종 류

어음에는 환어음과 약속어음이 있다.

환어음(bill of exchange; gezogener Wechsel)이란 어음을 발행하는 자(발행인)가 증권에 기재한 특정인(수취인) 또는 그가 지시하는 자에게 일정한 날에 일정금액을 지급하여 줄 것을 제3자, 즉 지급인에게 위탁하는 뜻을 기재한 증권을 말한다.

약속어음(promissory note; eigener Wechsel)은 발행인 자신이 증권에 기재한 특정인(수취인) 또는 그가 지시하는 자에게 일정한 날에 일정금액을 지급할 것을 약속하는 증권이다. 약속어음은 발행인 자신이 지급할 것을 약속하는 지급약속증권이라는 점에서 지급위탁증권인 환어음과 구별된다.

수표(check; Scheck)는 발행인이 증권에 기재한 수취인 또는 그 이후의 취득자에게 일정한 금액을 지급할 것을 제3자, 즉 지급인에게 위탁하는 증권이다. 수표 또한 환어음과 같이 지급위탁증권이지만, 일람출급성(제시하면 언제든지 지급하여야 하는 성질)으로 인하여 만기라는 개념이 없고, 지급인이 원칙적으로 은행 기타 금융기관으로 한정된다는 특징이 있다.

3. 특 성

어음·수표는 금전채권을 표창하는 유가증권이다. 일반적으로 유가증권이란 재산적 가치 있는 사권을 표창하는 것으로서 권리의 발생·행사·이전의 전부 또는 일부에 증권의 소지를 요하는 것이다. 이 가운데 어음·수표는 권리의 발생·행사·이전의 전부에 그 소지를 요하는 증권이므로 완전유가증권에 해당한다.

또한 어음·수표는 기존의 채권·채무관계의 결제를 위한 수단이 아닌 목적으로서 발행하기 때문에 주식 등 불완전유가증권과 달리 어음·수표의 발행에 의하여 비로소 어음·수표상의 권리가 생기는 설권증권성을 갖는다. 한편 어음·수표는 그 발행된 원인관계의 효력 여하를 불문하고 표창된 권리관계에 따른 효력이 발생하는데, 이를 무인증권성이라 한다. 이때 어음·수표상의 권리내용은 어음·수표에 기재된 바에 의하여 결정되고, 어음 외의 합의나 기타 사실에 의하여 권리내용이 변경·보충될 수 없다. 이러한 성질을 어음·수표의 문언증권성이라 한다.

이 밖에도 어음·수표는 유가증권 일반이 갖는 성격으로서 요식증권성, 지시증권성, 제시증권성 및 상환증권성을 갖는다.

Ⅱ. 어음·수표행위

1. 어음(수표)행위의 의의

어음(수표)행위란 어음(수표)상의 권리 또는 의무를 변동시키는 법률행위를 말한다. 어음(수표)행위의 의의에 관하여는 학설의 대립이 있으나, 어음(수표)행위를 일반적인 법률행위와 확연하게 구별하는 표지는 그 방식(요식)과 권리의 변동이라 할 것이다. 따라서 어음행위는 "어음상의 권리·의무를 변동케 하려는 의사표시를 요소로 하는 행위로서, 기명날인 또는 서명을 불가결의 요건으로 하는 법정의 방식에 따라 행하는 법률행위"라고 함이 무난하다.

2. 어음(수표)행위의 종류

환어음에는 발행 · 인수 · 배서 · 보증 및 참가인수가 있고, 약속어음에는 발행인이 지급인을 겸하는 까닭에 발행 · 배서 및 보증만이 있다. 그리고 수표에는 발행 · 배서 · 보증 및 지급보증이 있다. 어음 · 수표의 발행은 어음상의 권리관계를 창설하는 행위이므로 기본적 어음(수표)행위라고 한다. 그 밖의 어음(수표)행위들은 발행에 의하여 창설된 권리의무관계를 후속적으로 변동케 하는 행위이므로 부수적 어음(수표)행위라고 한다.

3. 어음(수표)행위의 특성

어음(수표)이 발행되면 관련 당사자들 사이에 권리 · 의무관계가 형성되는데, 일반 사법상의 법률관계와는 달리 어음(수표) 자체의 발행 · 유통에 의하여 완결적으로 어음(수표)상의 권리가 창설 또는 이전된다. 어음(수표)은 이러한 특성으로 인하여 일반 법률행위와 달리 다음과 같은 특수성을 갖는다.

어음(수표)은 어음(수표)행위의 직접의 당사자뿐만 아니라 모든 어음(수표)당사자들에게 그 효력이 미치므로 법은 어음(수표)행위의 존재 여부와 그 내용이 통일적 · 가시적으로 공시될 수 있도록 엄격한 요식을 갖출 것을 규정하고 있다(엄격한 요식성). 어음(수표)거래 시에 어음(수표)관계자에게 주어지는 권리 또는 의무는 어음(수표)면에 기재된 내용에 한하여, 그 내용대로 인정되어야 한다(문언성). 어음(수표)행위가 원인관계나 자금관계에 따라 영향을 받게 되면 어음(수표)의 유통성을 해치게 된다. 따라서 원인관계나 자금관계가 어떠한 사유로 인하여 부존재 · 무효 또는 취소되더라도 어음(수표)행위는 그 자체에 흠이 없는 한, 원인관계 또는 자금관계의 영향을 받지 않고 유효하게 존재한다(무인성). 한편 어음(수표)행위가 어음(수표)행위의 형식적 하자가 아닌 사유로 인하여 무효 또는 취소되더라도, 예컨대 전자(前者)의 발행이나 배서가 무효 또는 취소되더라도 자신의 어음(수표)행위의 내용에 따라 책임을 진다(독립성).

Ⅲ. 어음(수표)의 법률관계

1. 발 행

어음(수표)은 발행에 의하여 최초로 창설된다. 발행은 어음(수표)관계를 최초로 발생시키는 특정인(발행인)의 법률행위로서 이에 의하여 상대방인 수취인이 어음(수표)상의 권리를 원시적으로 취득하게 된다. 어음(수표)은 요식증권이므로 법 소정의 사항(어음(수표)요건)을 기재하고 발행인이 기명날인 또는 서명을 하는 등 법정의 방식을 갖추어야 한다.

2. 어음(수표)의 실질관계

환어음과 수표를 발행하는 경우, 예컨대 발행인 A가 C를 지급인으로 하여 B에게 발행하는 경우에는 C의 어음(수표)금의 지급과 대가를 이루는 관계와 B에 대한 채무관계가 존재할 것이다. 발행인과 지급인의 관계를 자금관계라 부르고, 어음(수표)의 발행에 의하여 결제되는 발행인과 수취인 사이의 채무관계를 원인관계라고 부른다. 또한 수취인이 다시 어음(수표)을 제3자에게 양도할 수 있는데, 이때 어음(수표)을 양도하게 된 원인이 된 채무관계(예컨대 B가 P를 고용했기 때문에 임금을 주어야 한다는 관계)도 원인관계라 부른다. 원인관계와 자금관계를 통칭하여 어음(수표)의 실질관계라 한다. 주의를 요하는 것은 어음(수표)의 무인성 때문에, 실질관계의 하자는 당사자 사이의 항변사유가 될 뿐이지, 어음(수표)관계에 영향을 미치지 않는다는 점이다.

3. 인 수

환어음의 경우 지급인은 발행인에 의하여 일방적으로 기재되는 자이므로 기재되었다는 사실만으로 당연히 어음금을 지급할 채무를 부담하는 것도 아니고, 심지어 자신이 지급인이 되었다는 사실을 알지 못하는 경우도 있을 수 있다. 그리하여 지급인의 지급의사를 보다 일찍 확정하여 지급채무를 지급인에게 귀속시키거나, 만약 지급의사가 없다면 소지인이 속히 자신의 권리를 보전할 수 있는 방법을 마련할 수 있게끔 할 필요가 있다. 환어음의 소지인은 만기에 이르기 전에 지급인에게 환어음을 제시하고 지급의사의 유무를 물을 수 있다. 이를 인수제시라고 부른다.

환어음 소지인의 인수제시에 대하여 지급인이 지급채무를 부담한다는 의사표시를 하는 것을 인수(어음법 제21조 이하)라고 하는데, 이는 지급인이 행하는 어음행위이다. 인수를 하면 지급인은 단순한 지급인의 지위를 넘어 인수인이 됨으로써 그 어음의 종국적인 주채무자가 되어 지급채무를 부담한다.

반면에 지급인이 인수를 거절한다면 지급인은 아무런 의무도 부담하지 않고, 환어음 소지인은 상환청구절차(償還請求節次)에 의하여 배서인, 발행인 등에게 책임을 물을 수 있을 뿐이다.

약속어음에는 지급인이 별도로 존재하지 않고, 발행인 스스로 지급을 약속하므로 인수제도는 인정되지 않는다. 그리고 수표의 경우 지급인은 있으나 이른바 일람출급성 때문에 역시 인수제도는 인정되지 않는다.

4. 양도(배서)

어음(수표)은 금전채권을 표창하는데 그 양도에 있어 일반적인 지명채권의 양도와는 다른 특성을 갖는다. 지명채권이 양도되면 원칙적으로 채무자는 채권자(양도인)에 대하여 가지고 있던 항변을 가지고 양수인에게 대항할 수 있다(민법 제451조의 반대해석). 이와는 달리 어음법과 수표법은 어음(수표)의 전전유통을 보장하기 위하여 어음(수표)채무자들이 종전의 소지인에 대하여 인적 관계로 인하여 가지고 있던 항변을 가지고 현재의 소지인에게 대항할 수 없도록 하고 있다(어음법 제17조, 수표법 제22조). 이를 인적 항변의 절단이라 부른다. 이에 의하여 어음(수표)을 취득하고자 하는 자는 자신의 직접 양도인이 어음(수표)에 대하여 가지고 있는 형식적 자격만을 조사하여 이상이 없음을 확인하고 취득하면 어음(수표)의 문언에 따라 완전한 권리를 취득할 수 있다. 이 제도는 어음(수표)의 유통성을 보장하는 데 필수불가결한 것이다.

한편 어음(수표)의 배서는 신용을 강화하는 기능도 한다. 어음(수표)금이 지급되지 않을 경우 이른바 담보책임(어음법 제15조 제1항, 수표법 제18조 제1항)이라 하여 어음(수표)의 배서인이 상환청구절차에 따라 어음(수표)금을 지급할 책임을 부담한다. 결국 배서에 의하여 어음(수표)금의 지급책임을 지는 자가 많아지므로 지급의 확실성이 높아진다.

5. 지 급

어음(수표)금의 지급은 어음(수표)관계를 최종적으로 종결짓는 법률사실이라고 말할 수 있다. 지급은 지급인에 의하여(약속어음의 경우에는 발행인에 의하여) 이루어지는 변제로서, 그 자체는 단순한 준법률행위이다. 누가 청구(지급제시)할 수 있는지, 어느 시기에 청구하여야 하는지 등에 대하여는 법이 정하고 있다. 어음(수표)은 유통과정 중에 사고로 진정한 권리자가 아닌 자가 어음(수표)금을 청구하는 수도 있는데, 이 경우 지급인의 조사의무의 정도 또는 권리 없는 자에게 지급되었을 경우의 위험부담의 안배 등도 역시 법에서 규정하고 있는 바에 따라 해결된다.

어음(수표)의 적법한 제시에도 불구하고 어음(수표)금이 지급되지 않는 경우라면 소지인은 후술하는 상환청구절차에 의하여 구제받을 수 있다.

6. 상환청구

환어음과 수표의 경우에는 지급인에게, 그리고 약속어음의 경우에는 발행인에게 어음(수표)을 제시하여 어음(수표)금의 지급을 청구하는데, 이들이 지급을 거절할 경우 소지인은 다른 어음(수표)행위자들을 상대로 어음(수표)금의 지급을 청구할 수 있다. 이와 같은 주채무자 이외의 자에 대한 청구를 상환청구라고 부른다(어음법 제43조 이하, 수표법 제39조 이하). 이 제도는 금전채무를 이행 받는 자의 보호와 어음(수표)의 유통가능성을 확보하기 위한 것이다.

상환의무를 지는 자들은 환어음과 수표의 경우에는 발행인, 배서인, 보증인 등이고, 약속어음의 경우에는 배서인과 보증인이다. 어음(수표)의 소지인은 지급이 거절되더라도 이러한 상환청구의 가능성을 믿고 어음(수표)을 취득하므로 상환청구제도는 어음(수표)의 유통성을 실질적으로 보장하는 기능을 한다.

7. 보 증

어음(수표)이 발행되어 계속 유통된 경우, 환어음의 인수인과 약속어음의 발행인은 주채무자, 환어음(수표)의 발행인 및 어음(수표)의 배서인들은 상환의무자가 됨으로써 어음(수표)금의 지급의무를 부담한다. 그러나 이들 각자가 자력이 없는 경우 어음(수표)금 지급의 확실성을 높이기 위해 제3자가 이들과 동일한 책임을 부담하는 보증이라는 어음(수표)행위가 있다(어음법 제30조 이하, 수표법 제25조 이하). 보증에 의하여 어음(수표)의 신용도는 더욱 강화되는데, 어음(수표)의 보증은 민법상의 보증과 달리 부종성이 제한되고 보증인의 최고 및 검색의 항변권이 인정되지 않는 등 책임이 크게 강화되어 있다.

8. 위조와 변조

어음(수표)의 위조는 권한 없이 타인의 명칭으로 어음(수표)행위를 하는 것이고, 어음(수표)의 변조는 권한 없이 이미 발행된 어음(수표)의 내용을 개작하는 것으로, 양자 모두 어음(수표)이 진실한 권리관계를 나타내지 못한다.

위조는 기명날인 또는 서명을 자신의 것으로 하되, 권한 없이 타인의 대리인이라는 자격을 사용하는 무권대리와 구별된다. 위조가 당초 어음(수표)행위를 하지 않은 자가 어음(수표)행위를 한 것과 같은 외관을 만들어 내는 것임에 반하여, 변조는 타인이 앞서 행한 어음(수표)행위의 내용에 변경을 가하여 그 타인의 진정한 의사와 다른 내용의 어음채무가 발생한 것과 같은 외관을 만들어 내는 것이다.

피위조자는 원칙적으로 누구에 대해서도 어음(수표)상의 책임을 지지 않는다. 그리고 위조의 항변은 이른바 물적항변 사유이므로 어음(수표)소지인의 선의 또는 악의를 묻지 않는다. 그러나 예외적으로 피위조자가 위조행위를 추인한 경우에는 어음(수표)상 책임을 진다.

어음의 위조자가 민 · 형사상의 책임을 지는 것은 당연하나, 어음(수표)에 그의 명의로 기명날인 또는 서명한 바가 없기 때문에 어음(수표)행위자는 아니므로 어음(수표)상의 책임을 지지는 않는다.

위조된 어음(수표)에 새로이 어음(수표)행위를 한 자, 예컨대 위조어음(수표)에 배서한 자는 어음(수표)행위독립의 원칙에 의하여 자신의 어음(수표)행위의 내용에 따라 책임을 부담한다(어음법 제7조).

변조의 경우 변조 전의 기명날인자 또는 서명자는 자신의 기명날인 또는 서명 시의 문언에 따라 책임을 부담한다(어음법 제69조, 수표법 제50조). 이것 역시 위조의 항변과 마찬가지로 물적항변이다. 변조 후의 기명날인 또는 서명자는 변조된 문언대로 책임을 부담한다(어음법 제69조, 수표법 제50조). 어음(수표)행위독립의 원칙상 당연한 것이나 어음법 제69조와 수표법 제50조는 이를 되풀이하여 규정하고 있다. 그러나 변조(손괴)로 인하여 어음(수표)요건이 흠결되거나 기타 어음 자체가 무효가 되었을 때는 변조 후에 기명날인 또는 서명하더라도 책임을 부담하지 않는다.

제 5 장

형　　법

제 1 절　형법의 일반이론

Ⅰ. 형법의 개념과 성격

1. 형법의 의의

범죄에 대한 법적 효과로서 형벌 내지 보안처분을 규정한 모든 국가규범을 형법이라고 한다. 형법은 범죄의 성립요건과 그 범죄에 부과될 법적 효과로서 형벌의 내용을 규정한 모든 국가적 법규범을 의미하는 실질적 의미의 형법과 1953년에 법률 제293호로 공포된 형법전(刑法典), 즉 형식적 의미의 형법으로 구분할 수 있다. 또한 형식적 의미의 형법전은 일반적인 범죄를 대상으로 하는 점에서 보통형법이라고 하고, 이 형법전 이외에 규정된 형벌법규를 특별형법이라고 한다.

그리고 형법은 형벌권의 주체로서 국가와 그 객체인 범인과의 관계를 규율하는 법으로서 공법에 속하고, 형벌권의 발동에 관한 실질적 법률관계를 규율하는 법으로서 실체법(實體法)에 속한다. 또한 실체법으로서의 형법을 실현하기 위한 절차법을 형사소송법이라고 한다.

2. 형법의 성격

형법은 규범(規範)의 하나로서, 현대 사회에서 어떠한 기능을 하는가 하는 문제를 고찰하기 위하여 우선 형법규범의 논리구조를 분석하는 것이 일반적이다. 물론 개개의 형벌법규의 내용을 분석하고, 그 법규가 갖는 의미를 명확히 하는 것은 형법각론의 임무이다. 따라서 형법총론에서 고찰해야 하는 것은 형벌법규의 일반적 성질 및 그 적용에 관한 일반원칙이며 그것은 다음과 같다.

(1) 가설적 규범

형법은 범죄와 형벌의 관계를 규정한 법으로서, 예컨대 일정한 범죄를 법률요건으로 하고 이에 해당하는 경우, 형벌이라는 법률효과를 발생하게 하는 형식으로 규정된 가설적 규범(假說的規範)이다. 즉 형법 제250조 제1항은 예컨대 "사람을 살해한 자"를 법률요건으로서, "사형, 무기 또는 5년 이상의 징역에 처한다"는 법률효과를 규정하여 범죄와 형벌의 종류 및 범위를 한정하고 있다.

(2) 행위규범과 재판규범

법규범은 그 수명자(受命者)가 누구냐에 따라 행위규범과 재판규범으로 분류할 수 있으나, 형법규범은 행위규범인 동시에 재판규범이다. 즉 형법 제250조 제1항 전단의 법률요건 중에는 "사람을 살해하지 마라"고 하는 금지(禁止)를 내용으로 하는 행위규범이 규정되어 있을 뿐만 아니라, 후단의 법률효과는 재판관에게 "위반자는 5년 이상의 형벌을 적용하라"고 하는 명령을 내용으로 하는 재판규범으로서도 작용하고 있다.

(3) 평가규범과 의사결정규범

형법은 일정한 행위를 범죄로 하여 형벌을 부과하기 때문에 그 행위는 형법상 가치 없는, 즉 무가치하고 위법한 행위로 평가된다. 이때 형법에 규정된 일정한 행위는 적법 또는 위법한 행위로서 평가하는 가치판단의 기준이 된다. 이러한 관점에서 형법을 평가규범(評價規範)이라고 한다. 동시에 형법은 일반국민에게 형법이 가치 없다고 평가한 위법행위를 의사결정 하지 않도록 의무를 부과하고 있다. 즉 어떤 행위를 함에 있어서 의사결정의 기준을 제공하기도 한다. 이러한 의미에 있어서 형법을 의사결정규범(意思決定規範)이라고 한다. 이러한 평가규범과 의사결정규범과의 관계에 대해서 논란이 있지만, 일반국민에게 일정한 의사결정을 요구하기 위해서는 법적 평가, 즉 평가규범이 논리적으로 선행되어야 한다. 법규범은 인간 의사에 대한 명령(의사결정규범)으로서 작용하기 위해서는 그것 이전에 어떠한 행위를 명령하고 또는 금지하는가에 대해 그 내용을 법으로 확정하지 않으면 안 되기 때문이다.

3. 형법의 기능

형법은 사회통제의 한 수단이기 때문에 그 수단으로서의 형법이 '무엇을 목적으로 하고, 어떠한 기능'을 하고 있는가를 검토할 필요가 있다. 이때의 기능을 형법의 기능이라고 한다.

(1) 규제적 기능

국가는 형법을 통하여 국가가 처벌할 범죄행위를 명백히 하여 국민의 행동을 규제하는 기능을 한다. 이 기능을 규제적 기능(規制的機能)이라고 한다. 즉 일정한 행위를 범죄로 하고 이것에 형벌을 부과하여, 그 행위가 법적으로 무가치하다는 것을 표시하는 기능을 함과 동시에 행위자에 대해서는 그러한 범죄행위를 하지 않도록 내심(內心)적으로 의사결정을 명령하는 기능을 말한다. 전자가 평가적 기능이고 후자가 의사결정적 기능이다.

(2) 사회질서유지기능

형법뿐만 아니라 모든 법률의 궁극적 과제는 사회질서를 유지하여 공동생활의 안전을 유지하는 데 있다고 할 수 있다. 그러나 형법의 기능이 다른 법률의 그것과 구별되는 것은 형벌이라는 강력한 강제수단에 의하여 그 목적을 수행하는 점과 사회질서유지의 최후수단(ultima ratio)이라는 점에 있다. 이러한 사회질서유지기능 혹은 사회보호적 기능은 '법익보호적 기능(法益保護的機能)'과 '보장적 기능(保障的機能)'으로서 나타난다.

Ⅱ. 형법의 기본원칙

1. 죄형법정주의

(1) 죄형법정주의의 의의

죄형법정주의는 죄형전단주의에 대응하는 개념으로서, 일정한 행위를 범죄로 하고 이 행위에 대해서 형벌을 부과하기 위해서는 행위 이전에 범죄와 형벌이 법률로 규정되어 있지 않으면, 어떠한 행위도 처벌할 수 없다는 근대 형법의 기본원칙을 말한다. 죄형법정주의는 "법률 없으면 범죄 없고, 형벌 없다(Nullum crimen, Nulla poena sine lege)"라는 표어로 표현되기도 하나, 그 이론적 기초에는 인권보장적 요청과 민주주의 요청에 근거하고 있다.

(2) 죄형법정주의의 파생원칙

1) 관습형법배제의 원칙

이 원칙은 법률주의 원칙으로부터 유래된 것으로서 범죄와 형벌은 '성문(成文)'의 법률에 의하여 규정되어야만 하고, 불문법인 관습법(慣習法)은 형법의 법원(法源)이 될 수 없다고 하는 원칙을 말하며, 성문법주의(成文法主義)라고도 한다. 만약 관습법도 형법의 법원이 된다면 존재가 불확실한 법에 의해서 처벌되거나, 법관의 자의를 초래할 우려가 있어 죄형법정주의의 근본취지에 어긋나기 때문이다. 그러나 개개의 구성요건해석에 있어서 사회생활상 관습이나 해당지역의 관습법의 고려가 불가피한 경우가 있다. 예컨대 수리방해죄(형법 제184조)에 있어서 방해의 대상이 되는 수리권(水利權)은 대부분의 경우 관습에 의해서 인정된다.

2) 소급효금지의 원칙

소급효금지(遡及效禁止)의 원칙은 형법의 시간적 적용범위에 관한 문제로서, 행위 시에 범죄로 규정되어 있지 않은 행위에 대해서 행위 후에 형벌을 새로 규정하여 처벌할 수 없다는 원칙을 말한다. 이 원칙은 영미법상의 사후법금지(事後法禁止)의 원칙에서 유래된 것으로 우리 헌법 제13조 제1항과 형법 제1조 제1항에 행위시법주의로 명시되어 있다. 소급효를 금지하지 않을 경우, 법적 안정성과 예측가능성이 침해되어 개인행동의 자유를 보장할 수 없기 때문이다. 그러나 형법 제1조 제2항과 제3항은 예외적으로 행위자가 유리한 경우에 한하여 소급효를 인정하고 있는데, 이것은 인권보장적 요청이라고 하는 죄형법정주의 정신에 위배되지 않기 때문이다.

3) 유추해석금지의 원칙

유추해석은 법해석의 한 방법으로서 일반적으로 인정되어 왔다. 그러나 형법상에서는 형벌법규를 벗어나 자의적으로 형법을 해석하여 적용하게 되면 개인의 자유가 침해되기 때문에 유추해석(類推解釋)은 금지되고 엄격한 해석이 요구된다. 유추해석은 법의 적정절차에 의하지 않은 법의 창조이며, 재판관에 의한 사실상의 입법이기 때문이다. 그러나 모든 유추해석이 금지되는 것이 아니고, 피고인의 인권보장을 위한 요청으로서 피고인에게 유리한 경우에는 허용된다. 따라서 위법 또는 책임조각, 형벌감경이나 면제 등에 대한 합리적인 근거가 있는 경우에 유추해석은 가능하다.

4) 절대적 부정기형금지의 원칙

형벌의 종류 및 기간이 전혀 규정되어 있지 않은 형을 절대적 부정기형(絶對的

不定期刑)이라고 한다. 이러한 형벌의 법정방법은 죄형법정주의에 반하기 때문에 절대적으로 금지된다는 원칙을 말한다. 그러나 형의 장기 또는 단기를 정하여 선고하고 집행기관에게 그 집행 범위 내에서 재량을 위임하는 것과 같은 '상대적 부정기형'도 우리 형법은 채택하고 있지 않다. 그러나 소년법 제60조에 있어서는 자유형에 대한 상대적 부정기형을 인정하고 있다.

2. 겸억주의

형법은 모든 위법행위를 대상으로 하는 것이 아니라, 형벌이 필요 불가결한 경우에 한하여 적용되어야 한다는 것을 겸억주의(謙抑主義)원칙이라고 한다. 형법은 법적 효과로서 형벌이라고 하는 매우 강력한 물리적 제재를 동반하는 사회통제수단이기 때문에, 그 부작용을 고려하지 않을 수 없다. 따라서 형법은 생활이익을 보호하기 위한 최후의 수단(ultima ratio)으로서, 다른 제재 수단(윤리적 제재, 민사적 손해배상, 행정에 의한 제재 등)으로 충분하지 않은 경우에 한하여 보충적으로 적용된다. 이를 형법의 보충성(補充性)이라고도 한다. 그 결과 형법의 대상이 되는 행위는 사회질서유지를 위해 필요 최소한의 영역에 제한되어야 한다.

이러한 겸억주의가 형법의 기본원칙으로서 오늘날에도 승인되는 이유는, 만약 형법이 생활이익을 위한 것이라 할지라도 곧 바로 발동해서는 안 된다는 것을 의미한다. 즉 형벌은 물리적 강제력에 의해서 사람의 자유나 재산권을 박탈하는 것으로서 그것 자체만으로는 바람직하지 않지만, 그 제재가 사회질서유지를 위하여 필요 불가결한 수단이기 때문이다.

3. 책임주의

위법행위를 한 행위자를 비난할 수 있는 경우가 아니면 형벌을 부과할 수 없다는 것을 책임주의(責任主義) 원칙이라고 한다. 이 원칙은 근대 형법의 기본원칙으로서 "책임 없으면 형벌 없다"는 것을 그 내용으로 한다. 또한 책임주의는 범죄성립을 제한하는 원리로서 소극적 책임주의라고도 한다(이것에 대하여 책임이 있으면 반드시 이에 상응하는 형벌을 과하여야 한다는 사상을 적극적 책임주의라고 한다).

책임은 행위자가 위법한 행위를 한 것에 대한 법의 입장으로부터 가해지는 비난 내지 그 가능성을 의미하지만, 책임주의를 근본원칙으로 하는 근대 형법에 있어서는 특히 주관적 책임과 개인적 책임이 그 내용을 이루고 있다.

Ⅲ. 형법이론

1. 형법이론의 근본문제

"무엇을 범죄로 하고 왜 범인을 처벌하는가" 하는 문제, 즉 범죄와 형벌에 관한 기초이론을 형법이론이라 한다. 이 가운데 범죄에 관한 것을 범죄이론(犯罪理論)이라 하고, 형벌에 관한 것을 형벌이론(刑罰理論)이라고 한다. 형법이론의 근본문제는 결국 형벌은 어떠한 근거로부터 어떠한 의미로 부과 되는가로 표현할 수 있다. 이것에 대해서는 "범죄가 행하여졌기 때문에 형벌을 부과한다"는 입장과 "범죄가 행하여지지 않도록 하기 위하여 형벌을 부과한다"는 입장이 대립되어 있다. 즉 전자를 응보형론(應報刑論)이라 하고, 후자를 목적형론(目的刑論)이라 한다. 이러한 문제를 중심으로 한 논쟁은 특히 계몽사상 이후, 자본주의 발전에 따라 상습범과 누범(累犯)이 격증하는 사회적 배경과 새로운 형법전을 둘러싼 입법운동과 관련하여, 1890대부터 1910년에 걸쳐 독일의 빈딩(Binding)과 비르크마이어(Birkmeyer)를 대표로 하는 구파(고전학파)와 리스트(Liszt)를 대표로 하는 신파(근대학파) 사이에 전개된 것이다.

2. 형법이론의 형성과 전개

(1) 전기구파의 형법이론

18세기 말부터 19세기 초, 근대 시민사회의 성립기에 들어선 유럽은 앙시앵 레짐(ancien régime, 구체제)의 형벌제도에 대하여 강한 비판을 제기함과 동시에, 이것을 근본적으로 개혁하려고 하는 계몽주의 형법사상 아래에서 전기구파의 형법이론으로서 전개되었다. 앙시앵 레짐의 형법제도 특색은 ① 법과 종교 및 도덕의 불가분성, ② 죄형전단주의, ③ 신분에 의한 처벌의 불평등성, ④ 사형과 신분형을 중심으로 한 형벌의 가혹성 등에 있다. 이러한 기초에는 왕권신수설과 결부된 속죄응보사상(贖罪應報思想)과 절대왕정의 권위를 나타내는 위하형벌사상(威嚇刑罰思想)이 존재하고 있다.

이것에 대해서 계몽주의 형법사상은 형벌제도를 종교와 왕권의 권위로부터 해방시켜, 인간의 합리적 이성에 기초시켰다. 또한 국가형벌권의 근거와 한계를 사회계약설에 기초하여, ① 법과 종교 및 도덕과의 구별, ② 죄형법정주의의 확립, ③ 신분에 의한 처벌의 불평등 철폐, ④ 합리적이고 목적론적인 형벌관에 의한 가혹한 형벌의 폐지를 주장하였다.

베카리아(Cesare Beccaria)는 계몽사상을 형법이론에 처음으로 도입하였으나, 이를 이론화하고 체계화한 것은 포이어바흐(Feuerbach)이다. 베카리아는 재판과 잔학한 형벌제도를 반대하여 『범죄와 형벌』을 저술하였다. 그는 이 저서에서 고문에 의해서 얻은 허위의 자백을 기초로 한 오판을 비판하고, 죄형의 법정, 죄형의 균형과 형벌에 관해서는 일반예방과 특별예방을 목적으로 하는 상대주의를 주장하였다. 또한 포이어바흐는 칸트의 영향을 받아 법과 도덕을 구별하여, 범죄는 법의 위반이며 권리의 침해로서 범죄를 방지하기 위하여 심리강제의 필요성을 강조하였다.

(2) 후기구파

전기구파의 형법이론은 1840년대 이후 후기구파의 형법이론으로 변화되기 시작하였다. 개인의 자유를 존중하는 자유주의적 입장을 유지하면서, 점차 형이상학적인 도의적 응보사상(道義的應報思想)이 강조되어 갔다. 이러한 배경에는 자유의사를 기초로 한 절대적 응보형론(絕對的應報刑論)을 주장한 칸트와 헤겔의 관념론철학 및 초개인적 민족정신을 강조한 역사주의라고 하는 시대사조의 영향이 있었다.

칸트(Kant)는 범죄란 자유의사를 가진 이성적 존재인 인간에 의해서 행해지는 것이고, 형벌은 범인이 범죄를 범하였다는 이유로 범인에게 부과되는 것이다. 따라서 형벌은 다른 목적을 위한 수단이 되어서는 안 된다고 하는 절대적 응보형론을 주장하였다.

헤겔(Hcgel)은 변증법(辨證法) 이론에 의해 범죄는 법의 부정이고, 형벌은 법의 부정인 범죄를 재차 부정하는 것에 의하여 법을 회복하는 것이라고 하였다. 이 경우 법의 부정으로서 범죄는 일정한 질적, 양적 범위를 갖기 때문에 범죄의 부정으로서 형벌도 그것과 동질의, 동량의 범위의 것이어야 한다는 절대적 · 등가적 응보형론을 주장하였다.

이러한 후기구파는 범죄와 형벌의 균형을 주장하여 범죄이론을 객관주의적으로 구성하려고 한 점은 전기구파와 공통점이 있으나, 도의적인 의미를 강조하여 국가의 형벌권을 절대적으로 기초 지워, 형벌의 국가주의화와 권위주의화하려고 한 점에 있어서 전기구파와 구별된다.

(3) 신파의 형법이론

19세기 후반 자본주의의 발달에 따른 사회변동으로 범죄, 특히 누범 및 상습범의 현저한 증가는 구파 형법이론의 한계를 가져왔고, 그 결과 신파(근대학파)형법이론이 등장하였다. 신파는 당시 자연과학의 발전을 기초로 실증과학적 방법에 의한 범죄연구, 특히 범죄자를 연구하여 범죄예방에 의한 사회방위를 주장하는 형법이론과 형사정책을 강조하였다.

신파는 범죄의 생물학적 요인을 중요시하는 이탈리아의 형사인류학파와 사회적 원인을 중요시하는 독일의 형사사회학파가 있다. 전자에 속하는 롬부로조(Lombroso)는 범죄자의 두개골 및 체형을 조사하여 그 인류학적 특징을 명확히 하고 생래적 범죄인(生來的犯罪人, delinquentenato)이라는 개념을 주장하여 신파의 선구자가 되었다.

그리고 범죄의 심리학적 연구를 시도한 가로팔로(Garofalo)는 롬부로조의 사상을 법률적으로 발전시켰으며, 그의 교과서 『범죄학』에서는 범죄를 자연범과 법정범으로 구별하여 범죄의 본질은 자연범에 있다고 주장하였다.

페리(Ferri)는 범죄원인을 범죄사회학적인 방법에 중점을 두고 그 원인을 인류학적, 사회학적, 물리학적인 원인으로 분류하였다. 그리고 의사자유를 전제로 하는 후기구파적 도의적 책임은 실증적으로 증명할 수 없는 환상에 불과하다고 부정하여 사회적 책임을 주장함과 함께, 종래 책임과 형벌의 개념을 배척하고 범죄자의 위험성과 제재(制裁)의 개념을 제안하였다.

또한 리스트(Liszt)는 이탈리아학파의 형법이론을 계승하여, 실증주의적인 입장으로부터 고전학파에 대항하였다. 그는 “벌을 받아야 하는 것은 행위가 아니라 행위자”라고 하여 행위자의 사회적 위험성을 강조하는 한편, 형벌은 일정한 법익보호를 목적으로 부과되는 것으로서 범죄인은 그 반사회성의 강약에 따라 분류되고 그에 상응한 처우를 받게 될 때 사회방위가 실현된다고 주장하였다.

(4) 학파의 논쟁과 그 후의 전개

신파의 주장에 대해서 후기구파로부터 재반론이 시도되어, 19세기 말부터 20세기 초에 걸쳐 양 학파간의 논쟁이 다시 전개되었다. 특히 구파를 대표하는 비르크마이어와 신파의 대표적 학자인 리스트와의 논쟁은 유명하며, 그 대표적인 논쟁의 요점은 다음과 같다.

1) 범죄인상

우선 논쟁의 이론적 전제인 범죄인상(犯罪人像)에 관해서, 구파는 인간을 자유의사에 따라 이성적으로 자신의 행동을 통제할 수 있는 추상적인 인간을 상정하였다. 이에 대하여 신파는 구체적으로 유전적인 소질과 그가 처한 환경에 의하여 필연적으로 범죄를 범하지 않을 수 없는 숙명적인 인간을 전제로 하였다.

2) 형 벌 론

형벌의 본질에 관해서 구파는 응보형론(應報刑論)을 주장하여 형벌을 과거에 행한 일정한 악행(惡行)에 대한 반작용으로서 파악하였으며, 신파는 목적형론(目的刑論)의하여 형벌을 장래의 범죄에 대한 사회의 방위수단으로써 해석하였다. 응보형론 가운데 특히 과거의 범죄에 대해서 속죄를 중시하는 것을 속죄형론이라고 하며, 또 목적형론을 순화하여 형벌의 목적을 범죄자의 교육개선에 있다고 하는 교육형론이 있다.

또한 구파는 기본적으로는 응보형론의 관점으로부터 형벌의 목적도 아울러 고려하는 상대주의 입장에 서 있다. 즉 형벌을 규정하고 또 형벌의 현실적인 집행과정을 통해 일반인을 위하여, 사전에 범죄를 예방한다고 하는 일반예방론을 주장하였다. 이것에 대하여 신파는 형벌을 부과하여 범죄자를 위하 또는 개선함으로써 다시 범죄를 범하지 않도록 예방한다고 하는 특별예방론을 주장하였다.

3) 범 죄 론

구파의 형법이론은 형벌을 도의적 응보로서 이해하여 형벌의 대소는 범죄자가 행한 위법행위에 상응하여 결정되며(행위주의), 이때 외부에 나타난 위법행위 자체가 과형의 기초로서 현실적인 의미를 갖는다(현실주의). 따라서 구파의 범죄론은 객관주의(객관주의)에 이르게 된다. 이것에 대해서 신파의 형법이론에 따르면 형벌의 대소는 범인의 사회적 위험성의 대소에 상응하기 때문에(행위자주의), 이 때 위법행위는 범죄자의 위험성을 징표하는 것에 불과하다(징표주의). 따라서 신파의 범죄론을 주관주의(주관주의)라고 한다.

(5) 양 학파의 통합에 의한 새로운 형법이론

양 학파 사이의 논쟁은 1920년 독일에서 완화되기 시작하여 지금은 두 학파의 주장을 통합하려는 경향이 일반화되어 있다. 즉 제2차 대전 직후 주장된 인격적 책임론은 고전학파의 행위책임론과 근대학파의 성격책임론을 통합하려 하고 있으며, 또 그 후 독일에서 유력하게 전개되었던 벨첼(Welzel) 등의 목적적 행위론도 행위의 본질적 요소로서 목적성을 추구하여 주체적 존재로서 행위자를 상정하여 양 학파를 통합하려는 태도를 나타내고 있다고 할 수 있다. 또한 프랑스 안셀(Marc Ancel)의 신사회방위론(新社會防衛論)은 신파의 사회방위론에 입각하는 한편 자유의사도 긍정하여, 그에 따른 책임 개념을 범죄자처우에 적극적으로 이용하여야 한다고 주장하여 역시 두 학파의 통합을 목적으로 하고 있다고 하겠다.

제2절 범 죄 론

Ⅰ. 범죄론 일반

1. 범죄의 의의

범죄는 실질적 의미에 있어서 사회 공동질서를 침해하는 사람의 행위를 의미한다. 이러한 의미에서의 범죄는 정신장애자의 행위나 유아의 행위도 포함된다. 형사학(범죄학)이 대상으로 하는 범죄는 바로 이러한 실질적 의미의 범죄를 말한다. 그러나 형법학상 범죄는 형벌의 대상이 되는 범죄만을 의미하기 때문에 고도의 정신장애자나 유아의 행위는 여기에서 제외된다. 즉 형법상 범죄는 그 기본원칙에 따라 형벌을 과하여야만 하는 가벌적 행위만을 의미한다. 따라서 형법학상 범죄란 형벌법규에 위반하고 가벌적으로 평가된 사회 침해적 행위에 제한되는데 이를 형식적 의미의 범죄라고 한다.

2. 범죄의 성립요건

(1) 구성요건해당성

범죄가 성립하기 위해서는 우선 행위가 구성요건에 해당하여야 하는데, 이 때 구성요건이란 형벌법규에 규정된 개별적 범죄유형을 의미한다. 이와 같이 행위가 구성요건에 해당하는 사실을 구성요건해당성(構成要件該當性)이라고 한다. 죄형법정주의를 기본원칙으로 하는 형법상 범죄는 단지 반사회적인 행위만으로는 부족하고 성문의 형벌법규가 규정한 구성요건에 해당해야 한다.

(2) 위 법 성

범죄성립의 제2요소는 위법성(違法性)이다. 위법성이란 행위가 법질서에 위반하는 성질을 말한다. 구성요건은 반사회적인 위법행위를 유형화 · 정형화하여 규정하고 있기 때문에 구성요건에 해당하는 행위는 일반적으로 위법하다. 그러나 이것은 어디까지나 '원칙적'으로 위법하다는 것을 의미하고, '예외적'으로 적법한 경우가 있다. 예컨대 정당방위와 같은 위법성조각사유에 의해서 사람을 살해한 경우처럼, 행위가 구성요건에 해당하지만 위법성이 조각되는 경우, 즉 실질적으로 위법하지 않을 때에는 범죄가 성립되지 않는다.

(3) 책 임 성

범죄성립의 제3요소는 책임성(責任性)이다. 범죄가 성립하기 위해서는 구성요건에 해당하고 위법한 행위가 유책하지 않으면 안 된다. 책임이 없는 행위자의 행위는 구성요건에 해당하고 위법한 행위라고 하더라도 범죄로 되지 않는다. 즉 책임무능력자, 책임조건(책임의 고의 · 과실, 위법성의 인식, 기대가능성)을 구비하지 않은 자의 행위는 처벌되지 않는다. 여기서 책임이란 법적 비난 및 그 가능성을 말한다.

이와 같이 형법상의 범죄는 구성요건에 해당하는 위법하고 유책한 행위로 정의된다. 즉 형법상 범죄는 원칙적으로 구성요건에 해당하는 모든 행위이다. 그러나 어떤 행위가 구성요건에 해당하더라도 범죄가 성립하지 않는 경우가 있다. 그 근거가 되는 사유를 범죄성립조각사유(犯罪成立阻却事由)라고 하며, 위법성조각사유(형법 제20조~제24조)와 책임조각사유(형법 제9조~제11조)가 있다.

Ⅱ. 구성요건해당성

1. 구성요건해당성의 의의

형벌법규에 규정된 위법하고 유책한 행위유형을 구성요건(構成要件)이라고 한다. 살인죄의 구성요건이나 절도죄의 구성요건처럼, “사람을 살해한 자”(형법 제250조 제1항) 또는 “타인의 재물을 절취한 자”(형법 제329조)의 행위 등은 우리 일상생활 속에서 발생하는 실질적으로 위법하고 유책한 행위의 일부에 지나지 않는다. 국가는 이러한 실질적으로 위법하고 유책한 행위 가운데에서 형벌로 처벌해야 할 위법한 행위를 선택하고, 그 행위를 유형화하여 법적인 특징을 형벌법규에 규정하고 있는데, 이것을 범죄라고 한다. 이와 같이 하여 형벌법규에 규정되어 있는 위법하고 유책한 행위유형을 구성요건이라 한다.

구성요건에는 범죄유형을 구성하는 요소가 구체적으로 표현되어 있기 때문에, 이것에 의하여 범죄유형의 법적 특징이 명확하게 되고, 그 결과 범죄개별화가 가능하게 된다. 그리하여 범죄가 성립하기 위해서는 무엇보다도 행위가 구성요건에 해당하여야 하며 그 요소는 다음과 같다.

2. 구성요건요소

(1) 범죄의 주체

구성요건의 내용을 이루고 있는 행위를 실행하는 자를 행위의 주체라고 한다.

형법상에 '…한 자(者)는' 등의 형식으로 규정되어 있고, 이 경우 자는 일반적으로 자연인을 의미한다. 원칙적으로 자연인이면 제한이 없지만, 구성요건상 예외적으로 일정한 신분을 필요로 하는 범죄도 있으며, 이를 신분범(身分犯)이라고 한다. 또한 법인 자체를 처벌하는 형벌법규에 대해서는 법인도 행위의 주체가 될 수 있다.

(2) 범죄의 객체

범죄행위가 향하여진 사람 또는 물건을 행위의 객체(客體)라고 한다. 즉 살인죄에 있어서 사람(형법 제250조 제1항), 절도죄에 있어서 타인의 재물(형법 제329조) 등이 그 예이다.

(3) 행　위

행위란 각 구성요건에 규정되어 있는 행위로서 예컨대 살해한, 절취한 것과 같은 구성요건적 행위를 말하며, 이 행위를 실행행위(實行行爲)라고도 한다. 형법 제25조는 "범죄의 실행에 착수하여"라고 규정하여, 이 경우 '실행'이 여기에 해당한다. 형법상 행위를 작위와 부작위로 나누는 것에 대응하여, 실행행위도 작위의 형태와 부작위 형태로 나눌 수 있다. 전자가 작위범(作爲犯)이고 후자가 부작위범(不作爲犯)이다.

(4) 고　의

형법 제13조는 "죄의 성립요소인 사실을 인식하지 못한 행위는 벌하지 아니한다. 단 법률에 특별한 규정이 있는 경우에는 예외로 한다"고 규정하여 우리 형법은 죄의 성립요소인 사실을 인식한 행위를 고의(故意)로 규정함과 동시에 고의범을 원칙적으로 처벌하고, 과실범은 예외적으로 처벌한다고 규정하고 있다. 이것은 형법 각칙에 규정된 일반적인 규정에 의해서도 명백하다. 이처럼 범죄사실의 인식이 필요한 것은 그 사실을 인식하면 행위가 법률상 허용되는지 여부를 검토할 기회가 주어지기 때문에, 행위자가 그것을 인식하고도 감히 범죄행위를 하였다는 점에 과실에 비하여 강한 비난을 할 가치가 있다. 따라서 사람인지 곰인지 확실하지 않지만, 사람이라고 하더라도 문제없다고 생각하고 총을 발포하여 사람을 죽게 한 경우에도 사람을 살해할 의사가 있는 이상 살인의 고의를 인정한다. 이것을 미필적고의(未必的故意)라고 한다. 한편 구성요건에 해당하는 사실, 즉 범죄사실을 인식하였더라도 그 행위가 법률상 허용되는지 여부에 대한 검토를 할 기회가 주어지지 않는 경우에는 고의를 인정할 수 없다. 그리고 위법성의 인식에 관해서는 고의의 내용으로서 위법성의 인식이 필요하다는 설(고의설)과 불필요하다는 설(책임설)이 대립한다. 그러나 고의는 행위자가 구성요건적 사실을 인식함으로써 성립하는 데 반하여 위법성의 인식은 행위자가 자기의 행위에 대한 법적 평가에 대한 인식이므로 양자는 그 대상과 평가방법을 달리 한다. 위법성의 인식은 고의의 구성요소가 아니라 고의와 분리 독립된 책임요소이며 위법성의 인식이 없을 때에는 고의가 조각되는 것이 아니라 고의의 비난가능성이 문제될 뿐이다.

(5) 과　　실

형법 제14조에 의하면 과실은 정상의 주의를 태만히 하여 죄의 성립요소를 인식하지 못한 것을 말하며, 특별한 규정이 있는 경우에 한하여 처벌한다. 따라서 행위자가 정상의 주의를 다하였더라면 자기의 행위가 구성요건을 실현한다는 것을 인식을 할 수 있음에도 불구하고, 부주의로 인하여 그 가능성을 인식하지 못하여 구성요건적 결과가 실현된 범죄를 과실범(過失犯)이라고 한다. 이러한 과실범은 고의범이 구성요건적 결과를 인식하고 인용하였다는 점에서 본질적으로 구별된다.

일반적으로 과실은 범죄사실을 인식하지 못한 점에 그 특징(인식 없는 과실)이 있지만, 예를 들어 일단 사람일지도 모른다고 생각하였지만 역시 곰이라고 생각하고 발포한 경우처럼 곰이라고 생각한 점에 부주의가 있는 인식 있는 과실도 있다. 즉 양자는 범죄사실의 인식 유무에 의해서 구별된다. 또한 인식 있는 과실과 미필적 고의는 인식의 내용을 행위의 동기(動機)로 하였는지 여부에 따라서 구별된다. 그리고 업무상과실과 중과실은 업무상과실이 업무상 필요한 주의를 세을리 하여 결과를 야기한 경우라면, 중과실은 부주의 정도가 현저한 경우로써 현행형법은 양자를 모두를 특히 중하게 처벌한다는 점에서 동일하다.

3. 구성요건적 착오

구성요건적 착오(構成要件的錯誤)는 행위자가 주관적으로 인식한 구성요건적 사실과 객관적으로 발생한 구성요건적 사실(결과)이 일치하지 않는 경우를 말한다. 고의가 성립하기 위해서는 구성요건사실, 즉 범죄사실의 인식이 필요하기 때문에 이 사실인식에 대한 착오가 있는 경우에는 고의가 조각된다. 그러나 미세한 부분까지 완전한 일치를 주장하는 것은 현실적으로 불가능하기 때문에 인식한 사실과 발생한 결과가 어느 정도 불일치할 때 고의를 조각하는지가 구성요건착오의 본질문제이다.

4. 결과적 가중범

고의의 기본행위로부터 행위자가 예견하지 못한 중한 결과가 발생한 범죄를 결과적 가중범(結果的加重犯)이라고 한다. 이때 중한 결과로 인하여 형벌이 가중되나 아무리 중한 결과가 발생하였더라도 행위자가 발생한 결과에 대하여 예견가능성이 없으면 중한 결과로 처벌할 수 없다. 이것은 "책임 없으면 형벌 없다"는 책임주의(責任主義)의 당연한 귀결이다. 따라서 형법 제15조 제2항은 "결과로 인하여 형이 중한 죄에 있어서 그 결과발생을 예견할 수 없었을 때에는 중한 죄로 벌하지 아니한다"고 규정하여, 중한 결과발생에 대한 과실을 결과적 가중범의 성립요건으로 하고 있다. 즉 결과적 가중범은 고의의 기본범죄와 과실의 의한 결과발생을 그 요건으로 하기 때문에 고의와 과실의 결합범죄(結合犯罪)라고 할 수 있다. 이러한 결과적 가중범은 행위자에게 중한 결과에 대한 고의가 없음에도 형을 가중하기 때문에 그 가중하는 근거와 요건을 명확히 하지 않으면 안 된다.

Ⅲ. 위 법 성

1. 위법성의 의의와 본질

범죄는 구성요건에 해당하는 위법하고 유책한 행위이므로, 위법성은 범죄성립요건의 하나로서 행위가 법률상 허용되지 않는 것을 의미한다. 즉 위법성은 법질서 전체의 입장에서 행위에 대하여 내려지는 부정적인 가치판단인 데 반하여, 구성요건해당성은 개개의 형벌법규위반(불법)이라는 점에서 구별된다. 또한 위법성은 행위에 대한 부정적인 가치판단인 점에 대하여, 행위자에 대한 부정적 평가인 책임과도 구별된다.

문제는 형법전은 위법한 행위를 구성요건처럼 적극적으로 규정하지 아니하고 다만 위법성이 조각되는 행위(형법 제20조~제24조)를 소극적으로 규정하고 있어 위법성의 본질이 무엇인가에 대하여 고찰하지 않으면 안 된다. 즉 위법성은 무엇을 대상으로 하고 어떻게 평가할 것인가 하는 위법성 본질에 관한 중요한 문제로 견해가 대립되어 있다. 종래 위법성의 본질에 관한 논의는 위법성의 평가대상(評價對象)을 기준으로 하는 형식적 위법성론과 실질적 위법성론이, 그리고 위법성의 평가방법(評價方法)을 기준으로 하는 주관적 위법성론과 객관적 위법성론이 대립되어 있다.

표 2 규범위반설과 법익침해설

	위법의 본질	형법의 임무	사상적 배경	위법의 평가대상	위법의 평가시기
규범 위반설	규범위반	사회윤리의 보호 (행위 규범)	빈딩의 규범설, 마이어의 문화 규범설	행위자의 의도, 동기 등의 행위태양 (행위의 주관적 요소)	행위시
법익 침해설	법익침해 및 그 위험성	법익보호 (재판규범)	포이에르바하의 권리침해설	법익침해 및 그 위험성 (행위의 객관적 요소)	재판시

2. 위법성조각사유

(1) 위법성조각사유의 의의

구성요건에 해당하는 행위는 원칙적으로 위법하기 때문에 그 행위에 대해서는 위법성의 유무를 판단하지 않고, 단지 위법성조각사유가 존재하는가를 판단할 뿐이다. 따라서 구성요건에 해당하는 행위라고 하더라도 특수한 사정이 존재하면 그 행위는 적법하게 된다. 이러한 특수한 사정을 위법성조각사유(違法性阻却事由) 또는 정당화사유(正當化事由)라고 한다. 형법전도 위법성의 요건에 대해서는 적극적으로 규정하고 있지 않고, 오히려 소극적으로 위법성조각사유를 규정하고 있는 것에 불과하다. 정당행위(형법 제20조), 정당방위(형법 제21조), 긴급피난(형법 제22조), 자구행위(형법 제23조), 피해자의 승낙(형법 제24조) 등이 그것이다. 그리고 각칙에 명예훼손죄(형법 제310조)에 대한 특별한 위법성 조각사유를 규정하고 있다

(2) 정당행위

형법 제20조는 “법령에 의한 행위 또는 업무로 인한 행위 기타 사회상규에 위배되지 아니하는 행위”를 정당행위(正當行爲)로서 규정하고 있다. 즉 사회상규에 위배되지 아니하는 행위로서 법령에 의한 행위와 업무로 인한 행위를 그 예시(例示)로 규정하고 있다. 여기서 사회상규(社會常規)란, 법질서 전체의 정신이나 그 배후에 있는 사회윤리 내지는 사회통념을 의미하기 때문에 이것은 가장 기본적인 위법성조각사유의 판단기준이자 최종적인 기준이 된다.

(3) 정당방위

자기 또는 타인의 법익에 대한 현재의 부당한 침해를 방위하기 위한 상당한 이

유 있는 행위를 정당방위(正當防衛)라고 한다(형법 제21조 제1항). 이러한 정당방위는 동서고금을 막론하고 정당한 행위로서 자연법적으로 인정되어 왔다. 즉 정당방위가 적법한 행위로 되기 위한 근거로서, ① 정당방위는 긴급상황 하에서 자기의 법익을 보전한다는 개인주의적 자기보전(自己保全)의 원칙이 존재하고 있기 때문이다. 또한 정당방위는 부정한 이익과 정당한 이익이 충돌하고 있어 다른 긴급행위와 구별되기 때문에 정당방위 고유의 정당화 근거가 고려되지 않으면 안 된다. 즉 ② 정당방위는 '부정(不正) 대 정(正)'의 관계에 있기 때문에 "법은 불법에 양보할 필요가 없다"라는 명제가 의미하는 것처럼 부정한 침해행위에 대해서 법질서를 수호하기 위한 행위, 즉 법질서수호(法秩序守護)의 원칙에 의해서 정당화된다.

(4) 긴급피난

자기 또는 타인의 법익에 대한 현재의 위난을 피하기 위한 상당한 행위를 긴급피난(緊急避難)이라고 한다(형법 제22조 제1항). 긴급피난과 정당방위는 긴급행위의 일종으로서, 정당방위가 현재의 부당한 침해 그 자체에 대한 반격행위인데 반하여(二面構造), 긴급피난은 현재의 위난을 피하기 위하여 위난의 원인과 관계없는 제3자의 정당한 이익을 침해하는 행위(三面構造)라는 점에 그 특색이 있다. 즉 긴급피난은 제3자의 정당한 이익을 침해한다는 점에서, 정당한 이익을 보호하기 위하여 부당한 이익을 침해하는 정당방위와 비교하여 법익의 균형성과 보충성의 원칙 등이 엄격히 요구되고 있다.

(5) 자구행위

권리를 침해당한 자가 법률상 절차에 의하지 아니하고 자력에 의해 침해된 권리를 구제 또는 회복하는 행위를 자구행위(自救行爲)라고 한다. 형법 제23조는 자구행위가 상당한 이유가 있는 경우에 한하여 벌하지 아니한다고 규정하여 위법성 조각사유의 하나로서 규정하고 있다. 즉 자구행위는 긴급적 정당화 사유라는 점에서 정당방위, 긴급피난과 동일하나, 정당방위와 긴급피난이 피해발생을 예방하기 위한 사전적 긴급행위임에 반하여, 자구행위는 이미 침해된 청구권을 구제하기 위한 사후적 긴급행위라는 점에서 구별된다. 그러나 자구행위와 정당방위는 불법한 침해를 전제로 하는 점에서 그 정당화의 근거를 자기보전의 원칙과 법질서수호의 원칙에서 찾는 점에서도 동일하다.

(6) 피해자의 승낙에 의한 행위

피해자의 승낙에 의한 행위는 로마법의 "원하는 자에게는 침해 없다(Volenti

non fit injuria)"라고 하는 법언(法諺)에서 알 수 있듯이, 피해자가 가해자에게 자기의 법익을 침해하도록 승낙하는 것을 말한다. 우리 형법 제24조도 처분할 수 있는 자의 승낙에 의하여 그 법익을 훼손한 행위는 법률에 특별한 규정이 없는 한 벌하지 아니한다고 하여, 피해자의 승낙에 의한 행위를 위법성조각사유의 하나로 규정하고 있다. 특히 피해자 승낙이 형법상 문제가 되는 경우로서 다음과 같은 4가지의 유형이 있다. ① 구성요건상 피해자의 승낙이 범죄성립에 영향을 주지 못하는 경우로서 13세 미만에 대한 간음·추행죄(형법 제305조), 피구금부녀간음죄(형법 제303조 제2항) 등이 있다. ② 피해자의 승낙이 있으면 구성요건해당성이 없는 경우로서 강간죄(형법 제297조), 주거침입죄(형법 제319조 제1항), 절도죄(형법 제329조) 등이 있다. ③ 피해자의 승낙이 구성요건요소로서 형이 감경되는 경우로는 촉탁·승낙에 의한 살인죄(형법 제252조 제1항), 동의낙태죄(형법 제269조 제2항)가 있고, 그리고 피해자의 승낙이 구성요건요소는 아니지만 현조건조물방화죄(형법 제164조)와 일반건조물방화죄(형법 제166조 제1항)처럼 피해자의 승낙이 있으면 자기소유물방화죄(형법 제166조 제2항)로 구성요건이 변경되어 처벌되는 범죄도 있다. ④ 피해자의 승낙이 있으면 행위의 위법성이 조각되는 경우가 있다. 형법 제24조에 규정된 피해자의 승낙에 의한 행위는 이것에 해당된다.

Ⅳ. 책 임 성

1. 책임의 의의와 본질

(1) 책임의 의의

위법한 행위를 한 행위자에 대한 법적 비난 내지 그 가능성을 책임이라고 한다. 행위가 구성요건에 해당하고 위법하더라도 그것이 유책한 것이 아니면 범죄는 성립하지 않는다. 범죄에 대한 법적 효과는 형벌이기 때문에 형법상 책임은 도의적(윤리적) 책임이 아닌, 위법한 행위를 한 행위자에 대한 규범적인 관점으로부터 부과되는 법적인 책임을 의미한다.

(2) 책임의 본질

1) 도의적 책임론

개인에 대한 윤리적·도의적인 비난가능성을 책임의 본질로 이해하는 견해를 도의적 책임론(道義的責任論)이라고 한다. 인간은 완전한 자유의사를 가진 존재라고 하는 의사자유론으로부터 출발하여, 행위자가 적법한 행위를 할 수 있음에도 불구하고 자유로운 의사활동에 기하여 위법한 행위를 선택한 것에 대한 도의적 비난이 책임이다. 이러한 도의적 비난에 대한 형벌은 응보적 성격이 강하고 그 목적은 일반예방에 있다. 즉 도의적 책임론은 의사자유론 · 타행위가능성의 긍정 · 응보형 · 일반예방을 그 특징으로 한다.

2) 사회적 책임론

책임을 반사회적 성격에 기한 사회적 위험성을 갖고 있는 자에게 사회방위의 수단으로 부과될 형벌을 감수해야 할 법률상의 지위로 이해하는 견해를 사회적 책임론(社會的責任論)이라고 한다. 즉 인간은 자유의사를 가진 존재가 아니고, 소질과 환경에 의해서 이미 결정되어 있다고 하는 전제(의사결정론)로부터 출발하여 범죄 이외의 행위를 선택할 가능성이 없다는 점에서 행위자에게 비난가능성이라는 의미에서의 책임은 부정된다. 그러나 범죄행위를 한 것에 대한 사회구성원으로서 제재를 받지 않으면 안 된다. 따라서 사회적 책임론에 있어서 제재란 비난이라는 측면을 가진 형벌이 아니고, 행위자의 위험성으로부터 사회를 방위하기 위한 처분이고, 그 목적은 특별예방에 있어야 한다. 즉 사회적 책임론은 의사결정론 · 타행위가능성의 부정 · 사회방위처분 · 특별예방을 그 특징으로 한다.

(3) 책임의 기초

1) 행위책임론

책임은 자유의사에 의하여 위법한 행위를 선택한 행위자에 대한 비난이라고 할 때, 그 개개 위법행위가 책임의 기초된다는 견해로서 행위책임론(行爲責任論) 또는 개별행위책임론(個別行爲責任論)이라고 한다. 이것은 또 개개의 범죄행위에 내재되어 있는 행위자 의사에 대한 책임이라는 의미에서 의사책임(意思責任)이라고도 한다.

2) 성격책임론

책임의 기초를 개개의 위법행위가 아니라 행위자의 성격, 즉 행위자의 반사회적 위험성에 두는 견해를 성격책임론(性格責任論)이라고 한다. 개개의 위법행위 및 그 의사는 행위자의 반사회적 성격의 징표에 불과하기 때문에 범인의 반사회적 성격이야말로 책임(사회적 방위처분)의 기초가 된다는 견해가 성격책임론이다. 그러나 성격책임론은 책임의 기초로서 행위자의 성격만을 중시한 결과 행위자의 주체성(主體性)이 부정되어, 책임에 있어서 비난이라는 요소가 배척되었다는 비판이 제기되고 있다.

3) 인격책임론

인격책임론은 행위뿐만 아니라 행위의 배후에 있는 행위자의 인격도 책임의 기초로 인정하는 견해를 인격책임론(人格責任論)이라고 한다. 이 견해에 의하면 행위란 행위자 인격의 주체적 현실화로 보아 책임은 제1차적으로 행위책임이라고 한다. 그러나 여기에 그치지 않고 그 행위의 배후에 존재하는 행위자의 인격, 즉 소질과 환경에 제약되면서 행위자의 노력에 의해서 형성된 인격에 대해서도 책임비난의 근거를 인정한다. 즉 제2차적으로는 이러한 인격을 형성한 인격태도에 대해서도 행위자를 비난하여 인격형성책임을 주장하였다. 인격책임론은 본래 상습범의 형을 가중하는 근거로 주장된 이론으로서 위험한 인격을 형성한 것에 대한 책임을 근거지우기 위한 것이었다.

2. 책임능력

행위자가 형사책임을 부담할 수 있는 능력, 즉 책임의 전제가 되는 인격적 능력을 책임능력(責任能力)이라고 한다. 바꾸어 말하면 책임능력이란 행위자가 법규범에 따라 행위할 수 있는 능력을 말한다. 따라서 이러한 능력이 없는 책임무능력자의 행위는 구성요건에 해당하고 위법하더라도 범죄가 성립하지 않는다.

(1) 책임무능력자

형법 제9조는 "14세되지 아니한 자의 행위는 벌하지 아니한다"고 규정하고 있다. 일반적으로 사람은 정식적 발육에 있어서 개인차가 있지만, 14세 미만의 자를 일률적으로 '절대적 책임무능력자'로 하고 있다. 즉 형법은 14세 미만을 형사책임연령으로 하고, 이에 달하지 않은 자를 형사미성년자(刑事未成年者)라고 한다. 또한 형법 제10조 제1항은 "심신장애로 인하여 사물을 변별할 능력이 없거나 의사를 결정할 능력이 없는 자"를 심신상실자(心神喪失者)라고 하여 책임을 조각하고 있다.

(2) 한정책임능력자

형법 제10조 제2항은 심신장애로 인하여 사물의 변별능력과 의사결정능력이 미약한 자를 심신미약자(心神微弱者)로 규정하고 형을 감경하여 한정책임능력자로 하고 있다. 또한 청각기능과 발언기능이 모두 결여된 자인 농아자는 정신적 발육이 불충분하기 때문에 그 구체적인 발육의 정도를 묻지 않고 일률적으로 그 책임을 감경한다(형법 제11조).

3. 위법성의 인식

(1) 위법성인식의 의의

형법 제16조는 "자기 행위가 법령에 의하여 죄가 되지 않는 것으로 오인한 행위는 … 는 벌하지 않는다"고 하여, 형법상 범죄가 성립하기 위하여 위법성의 인식을 필요로 하고 있다. 위법성의 인식이란, 자기의 행위가 법적으로 금지되어 있다는 행위자의 인식을 말하는 것으로서, 이것은 고의·과실과 함께 책임비난의 핵심적 요소이다. 즉 행위자에게 고의·과실이 있더라도, 위법성의 인식이 없으면 형사책임을 물을 수 없다. 위법성의 인식은 행위자가 자기의 행위에 의하여 침해될 금지규범에 대한 인식을 의미하는 데 대하여, 고의는 그 규범에 속하는 범죄사실(구성요건적 고의)과 그 범죄사실의 사회적 의미에 관한 인식(책임고의)이란 점에서 구별된다.

(2) 위법성인식의 착오

위법성인식의 착오는 착오로 인하여 자기의 행위가 위법하다는 것을 인식하지 못한 경우를 말한다. 즉 행위자가 구성요건에 해당하는 범죄사실에 대한 인식은 있었으나 착오로 인하여, 그 사실의 위법성을 인식하지 못한 경우를 말하며 이를 법률의 착오 또는 금지의 착오라고도 한다. 위법성의 착오의 종류에는 직접적 착오와 간접적 착오가 있으며, 다시 직접적 착오는 법률의 부지, 포섭의 착오, 효력의 착오가 있고, 간접적 착오에는 위법성조각사유의 전제사실에 관한 착오와 위법성조각사유의 범위와 한계에 관한 착오가 있다.

위법성착오의 효과에 관한 고의설과 책임설의 대립은 고의의 인식내용에 관한 차이로서 다수설인 책임설에 따르면 위법성의 착오는 고의가 조각되지 않기 때문에 그 착오를 회피할 수 없는 경우에 한하여 책임이 조각된다고 해석하여야 한다. 즉 여기서 '정당한 이유'라 함은 위법성착오의 불가피성(不可避性)을 의미한다.

4. 기대가능성

규범적 책임론의 핵심개념으로서 행위 당시의 구체적 사정에 비추어 행위자에게 범죄행위를 피하고 적법행위를 할 것을 기대할 수 있는 가능성을 기대가능성(期待可能性)이라고 한다. 즉 규범적 책임론은 인간에게 범죄행위를 피할 것을 기대하고, 그 기대에 반한 자에 대한 규범적인 비난이 형법상의 책임이라고 하여, 책임의 전제로서 적법행위의 기대가능성을 그 요건으로 한다. 따라서 행위자에게 적법행위를 기대할 수 없는 경우에는 책임이 조각된다.

제3절 범죄의 형태

Ⅰ. 범죄의 실현형태

범죄의 실현도 일상적인 행위처럼 어떤 동기로부터 범죄실행을 결의한 후, 그 실현을 위하여 준비하고, 또 그 의사를 실행에 옮겨 범죄의 결과가 발생하는 과정을 거치게 된다. 이러한 가운데 단순한 결의(決意)는 형법상 평가의 대상이 되지 않는다. 이것은 "어떠한 사람도 사상(思想) 때문에 처벌되지 않는다(cogtationis poenam nemo patitur)"고 하는 법언(法諺)에서 유래한 것이다. 따라서 형법에 있어서는 범죄준비행위 이후의 행위에 대해서만 처벌의 대상이 되지만, 이것은 행위의 실현단계에 따라서 예비 · 음모죄, 미수범, 기수범의 3개의 유형으로 구분할 수 있다.

1. 예비죄와 음모죄

예비와 음모는 모두 범죄침해의 위험성을 갖는 행위이지만, 그 위험성은 매우 적고 실현성이 희박하기 때문에 형법은 원칙으로 처벌하지 않고, 예외적으로 형법 각칙상 특정의 중대한 범죄에 대해서만 독립된 범죄유형으로서 처벌하는 것에 불과하다.

(1) 예　　비

예비란 범죄를 실현하기 위한 준비행위로서 실행의 착수에 이르지 아니한 모의(謀議) 이외의 모든 행위를 말한다. 예비는 범죄 행위의 물적 준비에 한하지 않고, 예컨대 살인을 위해서 '잠복'하는 행위 등도 포함된다. 미수와 예비는 실행의 착수의 유무에 의해서 구별되며, 행위자가 범죄예비 후 실행에 착수를 하면 예비죄는 기본범죄에 흡수된다.

(2) 음　　모

음모란 2인 이상의 자가 일정한 범죄를 실행하기 위하여 모의하는 것을 말한다. 따라서 음모란 범죄의 발달단계상에 있어서 예비행위에 선행할 뿐만 아니라, 음모와 예비는 전자가 범죄의 심리적 준비행위인데 대하여, 후자는 그 물적 준비행위라고 하는 점에서 구별된다. 따라서 예비와 음모는 각각 독립된 범죄준비단계의 행위라고 할 수 있다.

2. 미 수 범

(1) 미수범의 의의

범죄의 실행에 착수하여 구성요건의 내용을 충족하지 못한 범죄를 미수범이라고 한다. 여기서 '실행의 착수'란 법익침해의 위험성이 있는 행위를 착수(着手)하는 것을 의미하기 때문에, 이러한 위험한 행위는 범죄를 완성하지 않았다고 하여 방치할 수 없다. 형법은 이러한 행위에 대해서 우선 예비·음모죄는 원칙적으로 처벌하지 않고 형법각칙에 개별적으로 처벌규정을 두고 있을 뿐이다. 그러나 미수범에 대해서는 "전조의 미수범은 처벌한다"고 규정하여, 형법각칙에 개별적으로 규정을 두고 있을 뿐만 아니라, 형법총칙(형법 제25조~제27조)에도 미수범의 일반적 규정을 두어 미수범을 원칙적으로 처벌하고 있다.

(2) 미수범의 종류

미수범은 범죄의 실행에 착수하여 결과가 발생하지 않은 행위라고 하는 점에서 대별하면 최광의의 미수범, 광의의 미수범, 협의의 미수범으로 구분할 수 있다.

1) 광의의 미수범

광의의 미수범은 범죄의 실행에 착수하였으나, 구성요건의 내용을 충족하지 못한 경우를 말하며, 여기에는 협의의 미수(장애미수, 불능미수)와 중지범(중지미수)을 포함하고 있다. 이것들은 결과가 발생하지 않았다는 점에서 기수범에 비해 위법성의 감소가 인정되는 한편, 결과발생가능성(법익침해의 위험성)이 있는 위법행위라는 점에서는 기수범과 공통점이 인정된다. 중지범은 자기의 의사에 의하여 실행행위를 중지하거나, 결과발생을 방지하기 때문에 책임감소가 인정된다고 하는 점에서 협의의 미수범과 구별된다.

2) 최광의의 미수범

최광의의 미수범은 광의의 미수범은 물론 결과발생의 위험성조차 존재하지 않는 불능범까지도 포함한 개념을 말한다.

Ⅱ. 공 범

1. 공범의 의의

2인 이상의 자가 협력하여 구성요건을 실현하는 경우를 '공범(共犯)'이라고 한다. 형법전은 제3절에 공범으로서 2인 이상이 공동하여 죄를 범한 '공동정범(형법 제30조)'과 타인을 교사한 자를 '교사범(형법 제31조)'으로, 그리고 타인의 범죄를 방조한 자를 '종범(형법 제32조)'으로 각각 규정하고 있다.

2. 공동정범

(1) 공동정범의 의의

2인 이상이 공동하여 범죄를 실행하는 것을 공동정범(共同正犯)이라고 한다. 공동정범은 범죄의 실행을 요건으로 하는 점에서 광의의 정범이다. 그러나 공범자는 실행행위의 전부를 수행할 필요는 없고, 2인 이상이 의사연락 하에서 범죄의 일부를 실행하면, 그 전체에 대해서 책임(「일부행위의 전부책임의 원칙」)을 진다는 점에서는 광의의 공범이기도 하다.

(2) 공동정범의 성립요건

1) 공동실행의 의사

공동정범이 성립하기 위해서는 우선 공동하여 범죄를 실행하려는 '공동실행의 의사'가 있어야 한다. 이 점에서 의사연락이 없는 동시범(同時犯)과 구별된다. 또한 의사연락의 방법(명시적 · 묵시적)에는 제한이 없으나, 적어도 실행행위 시까지 있어야 한다. 따라서 의사연락이 실행행위의 도중에 있는 승계적 공동정범과 의사연락이 일방에만 존재하는 편면적(片面的) 공동정범과도 구별된다. 또한 의사연락이 범죄의 의사인가 단순한 행위의사의 연락에 불과한가에 따라 과실의 공동정범과도 구별된다.

2) 실행행위의 공동

공동정범이 성립하기 위해서는 주관적인 공동실행의 의사 이외에, 객관적으로 '실행행위의 공동'이 있어야 한다. 실행행위의 공동은 공동의 범죄계획에 따라 구성요건의 일부 또는 전부를 실현하는 객관적 행위의 실현이 있어야 한다. 이 객관적 요건인 실행행위의 공동 범위와 관련하여 공모공동정범이 문제된다.

3. 교 사 범

(1) 교사범의 의의

타인으로 하여금 범죄를 결의하게 하여 이를 실행하게 한 자를 교사범(教唆犯)이라고 한다(형법 제31조 제1항). 간접정범은 타인을 도구로 이용 · 지배하여 범죄를 실행하는 데 대하여(제34조 제1항), 교사범은 피교사자의 행위를 지배하지 않은 점에서 구별된다.

(2) 교사범의 성립요건

1) 교사의 고의

교사자는 피교사자(정범)에게 범죄를 결의하게 한다는 교사범의 고의와 정범으로 하여금 범죄를 실행하게 할 정범의 고의를 가져야 한다(二重故意). 따라서 교사자의 고의는 특정되어 있어야 하며, 구성요건적 결과를 실현하겠다는 범죄기수에 대한 고의가 있어야 한다. 따라서 피교사자가 특정되어 있지 않는 교사는 선동에 불과하다.

2) 피교사자의 실행행위

교사범이 성립하기 위해서는 피교사자의 실행행위가 있어야 한다. 실행행위는 적어도 착수하여야 하며 미수 · 기수를 묻지 않는다. 이러한 실행행위가 없는 때에는 '효과 없는 교사'로서 교사자 및 피교사자를 예비 · 음모에 준하여 처벌한다(형법 제31조 제2항). 또한 교사행위와 피교사자의 실행행위 사이에는 인과관계가 있어야 한다.

4. 방 조 범

(1) 방조범의 의의

정범을 방조하는 자를 종범(從犯)이라고 한다(형법 제32조 제1항). 방조는 이미 범죄를 실행할 의사가 있는 정범의 행위를 돕는 모든 행위를 말하며 방조범(幇助犯)이라고도 한다. 즉 방조란 정범의 구성요건의 실행행위를 돕는 모든 행위와 법익침해를 강화하는 행위를 말한다.

(2) 방조범의 성립요건

1) 방조자의 방조행위

정범의 고의는 교사범과 같이 이중의 고의가 필요하다. 따라서 종범의 고의는 특정되어 있어야 하며, 구성요건적 결과를 실현하겠다는 범죄기수에 대한 고의도 필요하다. 따라서 처음부터 피방조자의 실행행위가 미수에 그칠 것을 예견하면서 방조행위를 한 '미수의 방조'는 처벌하지 않는다. 또한 종범이 성립하기 위해서는 종범에게 방조의 고의와 정범의 고의가 있으면 족하고, 종범과 정범의 의사가 일치할 필요가 없다. 따라서 정범이 방조를 인식하지 못하는 편면적 방조도 가능하다

2) 정범의 실행행위

종범이 성립하기 위해서는 피교사자의 실행행위가 있어야 한다. 실행행위는 적어도 착수하여야 하며 미수 · 기수를 묻지 않으나, 가벌적 미수이어야 한다. 왜냐하

면 기도(企圖)된 교사(실패한 교사 + 효과 없는 교사)와는 달리 기도된 방조는 그 처벌 규정이 없기 때문이다. 또한 방조행위와 정범의 실행행위 사이에는 인과관계가 있어야 한다.

5. 간접정범

(1) 간접정범의 의의

간접정범은 직접정범에 대응하는 개념으로서 타인을 생명 있는 도구로 이용하여 범죄를 실행하는 경우를 말한다. 형법 제34조 제1항은 "어느 행위로 인하여 처벌되지 아니하는 자 또는 과실범으로 처벌되는 자를 교사 또는 방조하여 범죄행위의 결과를 발생하게 한 자"를 간접정범(間接正犯)으로 규정하고, 교사 또는 방조의 예에 의하여 처벌하고 있다.

(2) 간접정범의 성립요건

간접정범의 성립요건은 ① 어느 행위로 처벌되지 않는 자 또는 과실범으로 처벌되는 자를, ② 교사 또는 방조하여, ③ 범죄행위의 결과를 발생하게 하는 것이다.

제4절 죄 수 론

Ⅰ. 죄수의 개념

1. 죄수의 의의

범죄의 개수를 죄수(罪數)라고 한다. 행위자가 어떤 범죄를 야기한 경우, 그 범죄를 일죄로 처리하는가 또는 수죄로 처리하는가를 결정하여야 한다. 또한 수죄로서 처리하는 경우에 행위자를 어떠한 형으로 처벌해야 하는지가 죄수론의 과제이다. 즉 죄수론은 과형(科刑)의 전제로서 형사소송법상의 공소효력과 기판력(旣判力)의 범위 등과 관련하여 중요한 의미가 있다.

2. 죄수의 결정기준

(1) 행위표준설

자연적 행위를 기준하여 행위가 한 개이면 일죄이고, 수 개이면 수죄라는 견해이다. 그러나 상상적 경합의 경우에 행위는 한 개이지만, 복수의 범죄가 예정되어 있을 수 있고, 반대로 복수의 행위인 경우에도 접속범처럼 일죄로 되는 것이 있다.

(2) **법익표준설**

범죄의 본질은 법익침해이기 때문에 침해되는 보호법익을 기준하여 한 개의 행위로 수 개의 법익을 침해하면 수죄가 된다. 따라서 상상적 경합은 실질적으로 수죄가 되지만, 형법 제40조에 의하여 처분상 일죄로 취급된다. 그러나 법익표준설은 죄수판단에 있어서 중요한 판단기준이 되는 것은 사실이지만, 침해태양을 고려하지 않는 점에서 범죄의 정형(定型)을 무시한다는 비판이 있다.

(3) **의사표준설**

범죄는 행위자의 범죄의사의 실현이라는 관점으로부터, 행위자의 범죄의사를 기준으로 범죄의 수를 결정하는 견해이다. 범죄의사가 하나이면 행위의 결과가 복수인 경우에도 일죄가 성립되기 때문에 죄수를 결정하는 데 있어서 합리성이 결여되었다고 할 수 있다. 이에 의하면 의사의 단일성이 인정되는 연속범과 상상적 경합은 일죄가 된다. 대법원은 연속범에 대한 포괄적 일죄를 인정하고 있다.

(4) **구성요건표준설**

범죄는 구성요건에 해당하는 행위이기 때문에 구성요건에 해당하는 사실을 기준으로 범죄의 수를 결정하는 견해로서 통설적 입장이다. 이에 따르면 구성요건에 해당하는 사실이 한 개이면 일죄이고, 수 개이면 수죄가 된다. 따라서 상상적 경합은 본래 수죄이나 처분상 일죄가 된다.

Ⅱ. 일 죄

1. 일죄의 의의

한 개의 행위가 외견상 수 개의 구성요건에 해당하는 것처럼 보이지만, 실제로는 한 구성요건이 다른 구성요건을 배척하기 때문에 단순일죄가 되는 경우를 법조경합(法條競合)이라고 한다. 여기에 해당하는 것으로는 특별관계, 보충관계, 흡수관계가 있다.

2. 일죄의 종류

(1) **특별관계**

두 개 이상의 형벌법규가 일반법과 특별법관계에 있는 경우는 특별법우선의 원칙에 의하여 특별관계에 있는 법규만 적용되는 것을 말한다. 예컨대 보통살인죄(형법 제250조 제1항)에 대한 존속살인죄(형법 제250조 제2항) 또는 영아살해죄(형법 제251조), 단순절도죄(형법 제329조)에 대한 특수절도죄(형법 제331조), 횡령죄(형법 제355조 제1항)에 대한 배임죄(형법 제355조 제2항) 등이 있다.

(2) **보충관계**

한 개의 행위가 기본법과 보충법관계에 있는 두 개 이상의 구성요건에 해당하는 경우를 말한다. 기본법은 보충법에 우선한다는 원칙에 의하여 기본법이 적용되고 보충법은 적용되지 않는다. 예컨대 일반이적죄(형법 제99조)는 외환유치죄(형법 제92조), 여적죄(형법 제93조), 모병이적죄(형법 제94조)에 대해서, 미수죄는 기수죄에 대해서 보충관계에 있다.

(3) **흡수관계**

어떤 구성요건에 해당하는 행위가 다른 구성요건에 해당하는 행위를 항상 수반(隨伴)하는 경우를 말한다. 예컨대 나이프로 사람을 살해한 경우 일반적으로 피해자의 의복이 손상된다. 이 경우 손괴죄(형법 제366조)는 살인죄(형법 제250조)에 흡수되어 별도로 처벌되지 않는다. 흡수관계는 불가벌적 수반행위(살인에 수반된 재물의 손괴)와 불가벌적 사후행위(절도범의 도품 손괴)가 있다.

Ⅲ. 수 죄

1. 수죄의 의의

어떤 행위가 수 개의 구성성요건에 해당하고, 수 개의 법익을 침해한 경우를 수죄(數罪)라고 한다. 형법상 수죄에는 상상적 경합과 실체적 경합이 있다. 상상적 경합은 실체법상 수죄이나 소송법적으로 일죄로 취급되어 과형상 일죄라고 한다. 그러나 실체적 경합은 실체법은 물론 소송법적으로도 수죄로 취급된다.

2. 수죄의 종류

(1) **상상적 경합**

이론상 수 개의 범죄에 해당하지만 형벌의 적용상 일죄로 처벌되는 범죄를 말하며 과형상 일죄(형법 제40조)라고도 한다. 예컨대 한 개의 폭탄으로 여러 사람을 살해하는 경우를 말한다. 그 성립요건으로는 1개의 행위가 수 개의 죄에 해당할 때

성립한다. 즉 ① 행위가 1개일 것, ② 수 개의 죄에 해당할 것을 필요로 한다.

(2) **실체적 경합**

판결이 확정되지 아니한 수 개의 죄 또는 금고 이상의 형에 대한 판결이 확정된 죄와 그 판결확정 전에 범한 죄를 경합범(競合犯)이라고 한다(형법 제37조). 이를 실체적 경합(實體的競合)이라고도 하며 수 개의 행위에 의해 수 개의 죄가 성립한다는 점에서, 한 개의 행위로 수죄가 성립되는 상상적 경합과 구별된다.

제5절 형 벌 론

Ⅰ. 형벌의 의의와 종류

1. 형벌의 의의

범죄에 대한 법률상 효과로서 국가가 범인에게 부과하는 형사제제를 형벌(刑罰)이라고 한다. 형벌은 책임을 전제로 하는 점에서 장래의 위험을 근거로 하는 보안처분(保安處分)과 구별된다. 또한 형벌의 본질은 응보이며, 고통과 해악을 그 내용으로 한다. 그렇기 때문에 형벌은 그것 자체로는 존재이유가 없고, 법익보호에 의한 사회질서의 유지라고 하는 일정한 목적을 가질 때 국가적 제도로서 정당화된다.

2. 형벌의 종류

형법상 형벌의 종류는 박탈되는 법익의 종류에 따라 생명형, 자유형, 명예형, 재산형으로 분류할 수 있다. 또한 형벌은 주형(主刑)과 부가형(附加刑)으로도 구분할 수 있다. 주형은 그것 자체로 독립해서 선고할 수 있는 형벌을 말하며, 부가형은 주형과 함께 선고되는 형을 말한다. 현행형법은 몰수를 제외한 모든 형을 주형으로 하고 있다(형법 제49조).

Ⅱ. 형의 선고유예, 집행유예, 가석방

1. 형의 선고유예

(1) **형의 선고유예의 의의와 요건**

선고유예(宣告猶豫)는 경미한 범죄자에 대하여 일정한 기간 형의 선고를 유예하고 이 기간이 경과하면 면소된 것으로 보는 제도를 말한다. 그 요건으로는 ① 1년 이하의 징역이나 금고, 자격정지 또는 벌금의 형을 선고할 경우에, ② 개전의 정이 현저하고, ③ 자격정지 이상의 형을 받은 전과가 없을 것을 규정하고 있다.

(2) 선고유예의 효과와 실효

선고를 유예하는 경우에 재범의 방지를 위하여 지도 및 원호가 필요한 경우에는 보호관찰을 명할 수 있으며 보호관찰의 기간은 1년으로 한다(형법 제59조의2). 형의 선고유예를 받은 날로부터 2년을 경과한 때에는 면소된 것으로 간주한다(형법 제60조). 그러나 형의 선고유예를 받은 자가 유예기간 중에 자격정지 이상의 형에 처한 판결이 확정되거나 자격정지 이상의 형에 처한 전과가 발견된 때에는 유예한 형을 선고한다(형법 제61조 제1항). 또한 보호관찰을 명한 선고유예를 받은 자가 보호관찰기간 중에 준수사항을 위반하고, 그 정도가 무거운 때에는 유예한 형을 선고할 수 있다(형법 제61조 제2항).

2. 집행유예

(1) 집행유예의 의의와 요건

집행유예(執行猶豫)는 선고한 형의 집행을 일정기간 유예하고, 이 유예기간이 경과하면 형의 선고효력을 잃게 하는 제도이다(형법 제62조). 그 요건으로서 ① 3년 이하의 징역 또는 금고의 형을 선고할 경우에, ② 정상에 참작할 만한 사유가 있고, ③ 금고 이상의 형의 선고를 받아 집행이 종료되었거나 면제된 후 5년이 경과한 경우에는 집행유예를 할 수 있다. 그러나 집행유예의 선고를 받은 후 그 선고가 실효 또는 취소되지 않고, 유예기간을 경과한 때에는 형의 선고는 효력을 잃는다(형법 제65조). 형의 선고가 효력을 잃는다는 것은 형의 집행은 물론 처음부터 형의 선고가 없었던 것으로 된다.

(2) 집행유예의 실효와 취소

집행유예의 선고를 받은 자가 유예기간 중에 금고 이상의 형의 선고를 받아 그 판결이 확정된 때에는 집행유예의 선고는 그 효력을 잃는다(형법 제63조). 그리고 그 취소는 집행유예의 선고를 받은 후 금고 이상의 형의 선고를 받아 집행이 종료 또는 면제된 후로부터 5년을 경과하지 않은 것이 발각된 때에는 집행유예의 선고를 취소한다(형법 제64조 제1항). 보호관찰이나 사회봉사 또는 수강을 명한 집행유예를 받은 자가 준수사항이나 명령을 위반하고, 그 정도가 무거운 때에는 집행유예의 선고를 취소할 수 있다(형법 제64조 제2항).

3. 가 석 방

(1) 가석방의 의의와 요건

가석방(假釋放)이란 징역 또는 금고의 집행 중에 있는 자가 개전의 정이 현저하다고 인정되는 때에 형기만료 전에 조건부로 수형자를 석방하고 일정한 기간이 경과한 때에는 형의 집행이 종료된 것으로 보는 제도를 말한다(형법 제72조, 제76조). 가석방 이외에 형기만료 전의 석방제도로는 소년원 수용자에 대한 가퇴원 및 피보호감호자에 대한 가출소가 있다. 그러나 선고유예나 집행유예가 법원의 판결에 의한 것인데 반하여 가석방은 행정처분이다. 또한 가석방의 요건으로서는 ① 징역 또는 금고의 집행 중에 있는 자가 무기에 있어서는 10년, 유기에 있어서는 형기의 3분의 1을 경과한 후에, ② 행상이 양호하여 개전의 정이 현저하며, ③ 벌금 또는 과료의 병과가 있는 때에는 그 금액을 완납할 것 등이 있다. 그러나 가석방의 처분을 받은 후 그 처분이 실효 또는 취소되지 아니하고 가석방기간이 경과한 때에는 형의 집행을 종료한 것으로 본다(형법 제76조 제1항).

(2) 가석방의 실효와 취소

가석방 기간 중 금고 이상의 형의 선고를 받아 그 판결이 확정된 때에는 가석방처분의 효력을 잃는다. 다만 과실로 인한 죄로 형의 선고를 받은 때에는 예외로 한다(형법 제74조). 또한 가석방의 처분을 받은 자가 감시에 관한 규칙을 위배하거나 보호관찰의 준수사항을 위반하고 그 정도가 무거운 때에는 가석방처분을 취소할 수 있으며 가석방이 실효되거나 취소되었을 때에는 가석방 중의 일수는 형기에 산입하지 아니한다.

제6절 형법 각칙

I. 서　　론

형법각론의 과제는 형법전 제2편 '각칙'에 규정된 각종의 범죄 성립요건을 해석하여 명확히 하는 것이다. 일반적으로 범죄는 보호법익의 종류에 따라서 국가적 법익에 대한 죄, 사회적 법익에 대한 죄, 개인적 법익에 대한 죄로 분류할 수 있다. 명치헌법(1889년) 하에서 제정된 일본 형법을 계수(繼受)한 우리나라 형법전 제2편의 '각칙'상 범죄 배열은 대체로 이 순서에 따르고 있다. 그러나 개인의 존중을 최대한 중시하는 현행 우리나라 헌법 하에서는 강의나 교과서 서술에 있어서 개인적 법익에 대한 죄로 시작하여 국가적 법익에 대한 죄에 이르는 방법에 따르고 있다.

개인적 법익은, 주로 생명 · 신체 및 자유라고 하는 인격적 이익과 재산적 이익으로 구분할 수 있다. 사회적 법익은 개인의 공동생활의 평온과 안전을 보호하기 위한 이익을 그리고 국가적 법익은 공동생활의 기반을 보호하기 위한 국가의 존립 · 작용에 관한 이익을 그 대상으로 하고 있다.

Ⅱ. 개인적 법익에 대한 죄

1. 생명 · 신체에 대한 죄

(1) 살인의 죄(제24장)

살인은 사람을 살해하는 범죄이다. 사람은 출생 후 사망까지의 자연인을 의미하며, 출생의 시기에 대해서는 태아가 태반으로부터 이탈되기 시작하는 때, 즉 분만이 개시되는 규칙적인 진통이 있는 때로 보는 분만개시설이 우리나라의 통설 · 판례의 입장이다(대판 2007.6.27. 2005도3832). 또한 사람의 종기에 대해서는 심장의 고동이 영구적으로 정지한 때, 즉 맥박종지설이 현재 다수설이지만, 최근에는 뇌의 기능이 불가역적으로 상실한 시점이라고 하는 뇌사설을 지지하는 학자도 증가하고 있다.

살인죄는 고의로 사람의 생명을 박탈하는 범죄로 그 수단과 방법은 불문하며, 그 보호법익은 사람의 생명이다. 입법례에 따라서는 모살, 고살, 독살 등의 범죄와 구분하고 있는 것이 적지 않으나, 우리 형법은 기본적 유형으로 보통살인죄, 존속살인죄, 영아살해죄, 자살관여죄를 규정하고 있을 뿐이다.

(2) 상해와 폭행의 죄(제25장)

상해죄는 사람의 신체를 상해하는 범죄이다. 보호법익은 신체의 완전성이며, 상해란 신체의 완전성 및 생리적 기능을 훼손하는 것을 말한다. 상해의 수단 · 방법에는 제한이 없으며 유형적인 폭행뿐만 아니라 무형적인 방법이나 환자에게 약을 투여하지 않아 병을 악화시키는 것과 같은 부작위에 의해서도 행할 수 있다. 상해의 죄의 기본적 구성요건은 단순상해죄이고, 이에 대한 가중구성요건으로는 존속상해죄, 중상해죄 · 존속중상해죄, 상해치사죄, 상습상해죄가 있다.

이 가운데 상해치사죄는 사람의 신체를 상해하여 사망에 이르게 함으로써 성립하는 상해죄의 결과적 가중범이다. 따라서 행위자가 사망결과를 예견할 수 있을 때 성립하기 때문에 만약 사망결과에 대한 고의가 있으면 그것은 살인죄가 성립한다.

폭행죄는 타인의 신체에 대하여 폭행을 가함으로써 성립하는 범죄이다. 폭행이란 사람의 신체에 대한 유형력의 행사를 말하며 그 방법에는 제한이 없다. 즉 폭행의 가장 전형적인 방법으로는 구타를 하거나 차거나 밀치는 행위뿐만 아니라 사람에게 돌 등을 던졌으나 신체에 접촉하지 않은 경우에도 폭행죄가 성립한다. 이러한 폭행이라는 용어는 많은 범죄의 구성요건적 행위에 사용되고 있기 때문에 그 의미는 범죄의 성격에 따라 달라 주의가 필요하다. 다만 상해의사로 폭행의 결과가 발생한 경우에는 상해미수죄(형법 제257조 제3항)가 성립한다.

(3) **과실치사상의 죄**(제26장)

과실에 의하여 사람의 생명 · 신체를 침해하는 범죄이다. 문명의 발전에 따라 사람의 치상을 초래하는 위험한 행위가 증가하고 있어 이 범죄에 대한 중요성이 새롭게 인식되고 있다. 특히 자동차사고에 의한 업무상과실치사상죄의 증대는 커다란 사회문제가 되고 있다. 과실치상죄, 과실치사죄, 업무상과실치사상죄 · 중과실치사상죄의 4개의 유형이 규정되어 있으며, 업무상 과실이나 중과실의 경우에는 형이 가중된다.

(4) **낙태의 죄**(제27장)

태아를 자연분만기에 앞서서 인위적으로 모체 밖으로 배출하거나 모체 내에서 살해하는 범죄를 말한다. 보호법익은 태아의 생명 · 신체의 안전 및 모체의 생명 · 신체의 안전이다. 낙태죄는 과거에는 비교적 엄격하게 적용되어 왔으나 오늘날에는 성적 관념이나 인구정책에 관한 사상적 변화를 배경으로 거의 사문화된 규정이 되었다. 특히 모자보건법에 의해서 폭넓게 허용되는 인공임신중절로 인하여 실질적으로 처벌되는 경우는 거의 없다. 따라서 비범죄화해야 한다고 하는 의견도 강하게 주장되고 있는 가운데, 헌법재판소는 자기낙태죄(형법 제269조 제1항)와 의사 등의 낙태죄(형법 제270조 제1항)에서 '의사'에 관한 부분에 관하여 헌법불합치결정을 하였다(2019.4.11. 2017헌바127).

(5) **유기와 학대의 죄**(제28장)

도움이 필요한 자(고령, 유아, 질병 등)를 보호할 법률상 또는 계약상 의무가 있는 자가 그 필요한 보호를 하지 않아 성립하는 범죄를 유기죄라고 한다. 보호법익은 도움이 필요한 자의 생명 · 신체의 안전이며 이것이 침해될 위험성만 있어도 성립하는 위험범이다.

학대는 자기의 보호 또는 감독을 받는 사람에게 정신적 · 육체적으로 고통을 주는 행위를 말하며, 보호법익은 사람의 생명 · 신체에 대한 안전으로서 유기죄와 같다.

2. 자유에 대한 죄

(1) 체포와 감금의 죄(제29장)

사람의 신체활동의 자유를 침해하는 범죄이며, 그 보호법익은 사람의 신체활동의 자유이다. 체포는 손발을 묶는 것처럼 사람의 신체에 직접적으로 구속하여 신체활동의 자유를 침해하는 범죄이고, 감금은 방 또는 창고와 같은 곳에 감금하는 것처럼 사람을 일정한 장소로부터 벗어나지 못하게 하여 간접적으로 신체활동의 자유를 침해하는 범죄로서 계속범이다. 따라서 체포 · 감금죄는 체포 · 감금행위에 의하여 범죄행위가 완성된 뒤에도 그 상태로부터 풀려날 때까지 범죄가 계속된다는 점에서 살인죄와 같은 상태범과 구별된다.

(2) 협박의 죄(제30장)

사람에게 공포심을 일으키기 위해서 해악을 고지하는 범죄로서 그 보호법익은 자유로운 신체활동의 전제가 되는 개인의 의사활동의 자유이다. 따라서 이 범죄의 대상이 되는 사람은 해악의 고시로 인하여 공포심을 일으킬 만한 정신적 능력을 가지고 있어야 한다.

협박도 폭행처럼 다양한 범죄의 구성요건적 행위로서 사용되고 있지만, 그 의미는 범죄의 성격에 따라 서로 다르다. 다만 협박죄의 협박은 상대방이 현실적으로 공포심을 느낄 수 있는 정도의 해악의 고지가 있어야 성립되는 협의의 개념에 해당된다.

(3) 약취와 유인 및 인신매매의 죄(제31장)

미성년자 또는 성년자를 영리 등을 위한 약취 · 유인하는 범죄로서 그 보호법익은 사람의 신체활동의 자유이다. 약취 · 유인은 타인을 현재 보호받고 있는 상태에서 이탈시켜 자기 또는 제3자의 실력적 지배 내에 두는 것을 의미하는데, 폭행 · 협박을 수단으로 하는 경우가 약취이고, 기망이나 유혹을 수단으로 하는 경우가 유인이다.

(4) 강간과 추행의 죄(제32장)

개인의 성적 자유를 침해하는 범죄로서 그 보호법익은 성적 자기결정권이다. 즉 성행위에 대한 자유를 적극적으로 보호하는 것이 아니고 원치 않는 성행위를 하지 않을 수 있는 소극적 자유를 보호하는 권리이다.

강간죄에 관해서는 성의 개념과 풍속의 변화에 따라 종래 범죄의 객체를 부녀에서 사람으로 그리고 친고죄에서 비친고죄로 변경하였을 뿐만 아니라, 유사강간죄(형법 제297조의2)를 강간죄의 한 유형으로 새롭게 신설하였다(2012.12.18 신설).

3. 명예와 신용에 관한 죄

(1) 명예에 관한 죄(제33장)

공연히 사람의 명예를 훼손하는 것을 내용으로 하는 범죄이다. 형법은 명예에 관한 죄로서 명예훼손죄와 모욕죄를 규정하고 있다. 명예는 헌법 제10조의 개인의 존엄을 규정한 인격권의 일종으로써 보호되고 있지만, 다른 한편으로는 헌법 제21조가 보장하고 있는 표현의 자유와의 조화를 꾀하기 위하여 형법에 사실증명에 의한 범죄의 위법성 조각사유를 규정하고 있다(형법 제310조).

(2) 신용, 업무와 경매에 관한 죄(제34장)

사람의 경제적 활동을 침해하는 범죄로서 그 보호법익은 신용 및 업무의 안전이다. 즉 경제적 측면에 대한 사회적 평가를 침해하는 범죄라는 점에서 명예훼손죄와 구별된다. 여기서 신용은 사람의 경제적 활동, 특히 그 지불능력에 관한 사회적 평가를 말하고, 업무는 사람의 경제적 활동으로서 사회생활상 계속 · 반복하여 행하는 사무를 말한다.

4. 사생활의 평온에 대한 죄

(1) 비밀침해의 죄(제35장)

개인 사생활의 비밀을 침해하는 범죄로서 그 보호법익은 개인의 비밀이다. 여기서 비밀이란, 일반적으로 알려져 있지 않은 사실로서 타인에게 알리지 않는 것이 본인에게 이익이 되는 것을 의미한다. 이러한 비밀이라고 하더라도 봉함 기타 비밀장치한 타인의 편지 · 문서 또는 도화, 전자기록 등 특수매체가 그 대상이 된다.

(2) 주거침입의 죄(제36장)

사람의 주거나 관리하는 건조물 · 선박이나 항공기 등 일정한 장소의 평온과 안전을 침해하는 범죄이다. 따라서 주거의 사실상 평온을 침해하였다면 신체의 일부만 타인의 주거에 들어갔어도 주거침입죄가 성립한다(대판 1995.9.15, 94도2561).

5. 재산에 대한 죄

(1) 권리행사를 방해하는 죄(제37장)

타인의 점유 또는 권리의 목적이 된 자기의 물건에 대하여 타인이 재산권을 행사하는 것을 방해하거나 또는 강제집행을 면할 목적으로 채권자를 해하였을 때 성립하는 범죄이다. 보호법익은 자기 재물에 대한 다른 사람의 소유권 이외의 재산권과 의사결정 · 의사활동의 자유를 침해하는 범죄이다. 따라서 본 장에 규정된 범죄 중 강요죄(형법 제324조), 인질강요죄(형법 제324조의2) 및 중권리행사방해죄(형법 제326)는 전형적인 자유를 침해하는 범죄로서 자유에 대한 죄로 파악해야 할 것이다.

(2) 절도와 강도의 죄(제38장)

재산에 대한 죄인 절도와 강도의 죄는 개인의 재산을 보호법익으로 하는 범죄이며, 상대방의 의사에 반하여 재물을 취득한다는 점에 공통된 특색이 있다(탈취죄). 이 점에서 양죄는 모두 탈취죄이면서, 하자 있는 의사에 의한 재물 내지는 재산상의 이득을 취득하는 사기 및 공갈의 죄(교부죄)와 구분된다.

절도와 강도의 죄는, 강도의 죄가 폭행 · 협박을 수단으로 하는 것에 반하여 절도의 죄는 단순히 절취를 수단으로 하는 점에서 구분된다. 또한 절도의 죄가 재물만을 객체로 하는 재물죄인 데 반하여, 강도의 죄는 재물을 객체로 하는 재물강도뿐만 아니라, 그 외에 재산상 이익을 객체로 하는 이익강도도 처벌대상이 된다.

(3) 사기와 공갈의 죄(제39장)

사기 및 공갈의 죄는 탈취죄와 달리 피해자의 하자 있는 의사에 의하여 점유의 이전을 내용으로 하는 영득죄라고 하는 점과 재물 또는 재산상의 이득을 모두 객체로 하고 있다는 점에서 공통점이 있다. 그러나 사기죄의 경우는 사람을 기망하여 재물 또는 재산상의 이득을 편취하는 데 대하여, 공갈죄의 경우는 협박을 수단으로 피해자의 억압된 의사에 의하여 재물 또는 재산상의 이득을 갈취한다는 점에서 구별된다.

(4) 횡령과 배임의 죄(제40장)

횡령과 배임의 죄는 피해자와 내부적 신뢰관계를 전제로 하여 그 신뢰를 배신하여 재산적 손해를 발생하게 하는 범죄라는 점에서 같다. 즉 횡령죄는 타인의 재물을 보관하는 자가 그 재물을 횡령하거나 반환을 거부하는 범죄이고, 배임죄는 타인의 사무를 처리하는 자가 그 임무에 위배되는 행위로써 재산상의 손해를 발생하게 한 범죄라고 하는 점에서 구별된다.

(5) 장물의 죄(제41장)

장물의 죄는 절도, 강도, 사기, 공갈, 횡령 등의 영득죄(본범)로부터 취득한 재물(장물)을 취득·양도·운반 또는 보관하거나 이러한 행위를 알선하는 범죄로서, 도품을 전당포에 저당하거나 매매하는 것이 그 예이다.

장물죄 그 자체도 하나의 영득적 재산범죄이지만, 본범에 종속하여 성립한다는 점과 본범 및 본범자를 피해자의 반환청구로부터 비호하는 측면이 있다는 점에서 다른 재산범죄와 구별된다.

(6) 손괴의 죄(제42장)

손괴의 죄는 영득죄(절도, 사기, 공갈, 횡령)와 달리 타인의 재물을 직접 침해하여 그 재물 또는 문서의 효용을 해하는 범죄이다. 이것도 타인의 소유권을 침해하는 행위이지만, 불법영득의사가 없이 단순히 그 이용을 방해한다는 점에서 법정형이 상대적으로 낮다.

Ⅲ. 사회적 법익에 대한 죄

1. 공공의 안전과 평온에 대한 죄

(1) 공안을 해하는 죄(제5장)

사회공공에 대한 위험성을 야기하는 범죄로서 그 보호법익은 공공의 안전·평온이다. 이러한 범죄는 범죄단체조직죄, 소요죄, 다중불해산죄, 전시공수계약불이행죄, 공무원자격사칭죄가 있다.

(2) 폭발물에 관한 죄(제6장)

폭발물을 사용하여 공중의 생명, 신체 또는 재산을 침해하거나 기타 공안을 문란하게 하는 내용의 범죄이다.

(3) 방화와 실화의 죄(제13장)

고의 또는 과실로 불을 놓아 현주건조물·공용건조물·일반건조물 또는 일반물건을 소훼함으로써 성립하는 범죄로서 일종의 공공위험범이다. 방화죄는 공공의 안전과 평온이 주된 법익이고 부차적으로는 개인의 재산권이다.

(4) 일수와 수리에 관한 죄(제14장)

일수죄는 수력의 불법한 사용에 의하여 현주건조물 · 공용건조물 · 일반건조물 또는 일반물건을 침해하게 함으로써 성립하는 범죄로서 일종의 공공위험범이라는 점에서 방화죄와 같다.

(5) 교통방해의 죄(제15장)

교통방해의 죄는 교통로, 교통기관 등 교통설비를 손괴 또는 불통하게 하거나 기타의 방법으로 교통을 방해함으로써 성립하는 범죄이다.

2. 공중의 건강에 대한 죄

(1) 음용수에 대한 죄(제16장)

사람의 음용에 사용하는 정수 또는 그 수원에 오물 · 독물 기타 건강을 해치는 물건을 넣거나 수도 기타 시설을 손괴하거나 불통시켜 공중의 음용수이용과 안전을 위태롭게 하는 범죄로서 공중의 건강 또는 보건을 그 보호법익으로 한다.

(2) 아편에 관한 죄(제17장)

아편을 흡식하거나 아편 또는 아편흡식기구를 제조 · 수입 · 판매 · 소지함으로써 성립하는 범죄이다. 이 죄 역시 공중의 건강 또는 보건을 보호법익으로 하며, 특별형법으로 「마약류 관리에 관한 법률」이 있어 실무상 이 죄가 적용될 여지는 거의 없다.

3. 공공의 신용에 대한 죄

(1) 통화에 관한 죄(18장)

행사할 목적으로 통화를 위조 · 변조하거나 위조 · 변조한 통화를 행사 · 수입 · 수출 또는 취득하거나 통화유사물을 제조함으로써 성립하는 범죄이다. 통화에 관한 죄는 유가증권에 관한 죄와 함께 문서죄에 대한 특별한 경우로서 통화에 대한 공공의 신용과 안전의 보호가 그 보호법익이다.

(2) 유가증권, 우표와 인지에 관한 죄(제19장)

행사할 목적으로 유가증권을 위조 · 변조 또는 허위작성하거나, 이렇게 작성한 유가증권을 행사 · 수입 또는 수출함으로써 성립하는 범죄이다. 유가증권의 일종인 우표 · 인지도 동일한 방법에 의하여 범죄가 성립되어 여기에 같이 규정되어 있다. 이 범죄는 유통성면에서 통화와 유사한 기능을 가지고 있기 때문에 통화위조죄에 준하는 범죄로서 그 보호법익은 유가증권의 진정에 대한 법적 거래의 신용 · 안전이다.

4. 사회의 도덕에 대한 죄

(1) 성풍속에 관한 죄(제22장)

국민의 건전한 성풍속을 해하는 범죄로서 형법은 성에 관한 범죄를 강간과 추행에 관한 죄(제32장)와 성풍속에 관한 죄로 구별하여, 전자를 개인적 법익에 대한 죄로 후자를 사회적 법익에 대한 죄로 규정하여 음행매개죄, 음란물죄, 공연음란죄를 두고 있다.

(2) 도박과 복표에 관한 죄(제23장)

우연한 사정으로 재물의 득실을 다투는 범죄로서 그 보호법익은 건전한 근로관념과 사회경제적 도덕이다. 단순도박죄, 상습도박죄, 복표발매죄 등이 있다.

(3) 신앙에 관한 죄(제12장)

국민의 종교의 자유를 보호하는 범죄로서 그 보호법익은 사회풍속인 종교감정과 종교생활의 평온을 보호하기 위한 범죄이다.

Ⅳ. 국가적 법익에 대한 죄

1. 국가존립에 대한 죄

(1) 내란의 죄(제1장)

국가는 자기방위의 본능상, 그 존립 자체에 대한 공격에 대처하려는 성격을 가지고 있지만, 내부로부터 국토를 참절하거나 국헌을 문란할 목적으로 폭동 또는 살인의 수단으로 국가를 직접 공격의 대상으로 하는 범죄가 내란에 관한 죄이다.

(2) 외환의 죄(제2장)

국가의 외부로부터, 즉 외국과 통모하여 외환을 유치하거나 대한민국에 항적하여 국가의 존립을 공격하는 범죄이다. 외환의 죄는 내란의 죄와 같이 국가보호를 위한 정치형법이라는 점에서 본질적으로 같다. 외환죄의 유형으로 형법은 외환유치죄, 여적죄, 이적죄, 간첩죄, 전시군수계약불이행죄를 규정하고 있다.

(3) 국기에 관한 죄(제3장)

대한민국을 모욕하거나 국기 또는 국장을 손상 · 제거 · 오욕하거나 비방함으로써 성립하는 범죄이다. 이것은 국가존립의 중요한 기초가 되므로 형법은 국기에 관한 죄를 별도로 규정하고 있다.

(4) **국교에 관한 죄**(제4장)

국제법상 보호되는 외국의 이익을 침해함으로써 외국에 대한 평화로운 국교관계와 우리나라의 국제적 지위를 위태롭게 하는 내용의 범죄이다. 형법은 국교에 관한 죄의 유형으로 외국원수 및 외국사절에 대한 폭행 등, 외국의 국기, 국장의 모독, 외국에 대한 사전(私戰), 중립명령위반죄, 외교상기밀의 누설을 규정하고 있다.

2. 국가의 기능에 대한 죄

(1) **공무원의 직무에 관한 죄**(제7장)

공무원이 직무를 유기하거나 직권을 남용하거나 청렴해야 할 의무에 위반하여 국가기능의 공정을 침해하고 부패시키는 것을 내용하는 범죄이다. 따라서 이 범죄의 보호법익은 국가의 기능이다.

(2) **공무방해에 관한 죄**(제8장)

국가 또는 공공기관의 공권력행사를 방해하는 내용의 범죄이다. 즉 공무원의 직무를 방해하거나, 공무원이 실시한 봉인 · 압류 기타 강제처분의 표시 또는 공무소의 사용물의 사실상 효용을 침해하는 것을 내용으로 하는 범죄이다.

(3) **도주와 범인은닉의 죄**(제9장)

도주죄는 법률에 의해서 체포 · 구금된 자가 스스로 도주하거나 타인이 이에 관여함으로써 성립하는 범죄이고, 범인은닉죄는 벌금 이상의 형에 해당하는 죄를 범한 자를 은닉하거나 도피하게 하는 것을 내용으로 하는 범죄이다. 따라서 전자의 보호법익은 국가의 구금권이고 후자의 그것은 국가의 형사사법기능이다.

(4) **위증과 증거인멸의 죄**(제10장)

위증죄는 법률에 의하여 선서한 증인 · 감정인 · 통역인 · 번역인이 허위의 증언 · 감정 · 통역 · 번역을 하는 것을 내용으로 하고, 증거인멸죄는 타인의 형사사건 또는 징계사건에 관한 증거를 인멸 · 은닉 · 위조 또는 변조하거나 증인을 은닉 또는 도피하게 하는 것을 내용으로 하는 범죄이다.

(5) **무고의 죄**(제11장)

타인으로 하여금 형사처분 또는 징계처분을 받게 할 목적으로 공무소나 공무원에 대하여 허위의 사실을 신고하는 범죄를 말한다.

제 6 장

노 동 법

제 1 절 현대사회와 노동법

오늘날 인간 사회에서 노동 없이 생활을 영위하는 것은 생각할 수 없다. 최근 해고, 장시간 노동에 의한 과로사, 여성의 사회진출, 성적 모욕, 외국인노동자문제 등이 방송매체에서 화제로 되고 있다. 특히 외환위기 이후 계속된 기업구조조정에 따른 정리해고의 문제는 노동계의 주요한 과제로 자리 잡고 있다. 근로자의 보호이냐 기업의 생존이냐를 두고 정부와 기업주, 노동계에서 분쟁이 일어나고 있다.

사회제도와 관련하여 노동이 어떠한 의미를 가지는가는 법적으로 중요한 문제이다. 자본주의사회에서 자본가는 생산수단에 노동력을 결합시켜 생산활동을 하여 수익을 얻고 있다. 또한 근로자는 생산에 필요한 노동력을 제공하고 그 대가인 임금으로 필요한 재화를 구입하여 생활하고 있다. 그러나 현실적으로 사용자는 경제적 우위를 이용하여 근로자를 억압하여 실질적인 자유와 평등을 가로막고 있다. 근로자는 사용자가 일방적으로 정한 불리한 근로계약조건에 따를 수밖에 없고, 근로를 제공하는 과정에서도 사용자의 지휘 · 감독을 받게 되어 근로자는 사용자에 대해 종속적인 관계에 이르게 되었다. 근대의 시민법질서가 보장한 평등과 자유에 의한 근로자의 생활을 확보하는 것은 불가능하였다. 따라서 시민법상 기본원리를 수정 내지 실질화하는 과정에서 생성 · 발전하여 온 법영역이 노동법(勞動法)이라고 할 수 있다.

바이마르헌법을 시초로 현대 복지국가적 헌법에서는 미리 헌법에 노동법의 이념으로 근로자의 생존권 내지 기본적 생활의 보장을 천명하고 이를 실현하기 위해 노력하고 있다.

헌법은 모든 국민에게 보장된 인간다운 생활(헌법 제34조)을 근로자에게 구현하기 위하여 생존권적 기본권으로, 첫째, 모든 국민은 근로의 권리를 가지고, 의무를 부담한다(헌법 제32조 제1항 · 제2항)고 정하고 있다. 이는 고용의 기회를 부여하여 직업의 안정을 도모함과 동시에 생활의 안정이나 근로권을 보장한다는 의미이다. 둘째, 최저임금과 근로조건에 관한 기준은 법률로 정하도록 하고 있다(헌법 제32조 제1항 · 제3항). 이는 계약자유의 원칙을 제한하고, 임금이나 근로조건 등에 관하여 최저기준을 법률로 정하여 근로자의 최소한의 인권을 보장한 것이다. 셋째, 근로자의 단결권 · 단체교섭권 · 단체행동권을 보장하도록 하고 있다(헌법 제33조). 이는 근로자와 사용자가 평등한 입장에서 자유롭게 거래를 할 수 있도록 노사교섭의 장을 열기 위한 규정이다. 이러한 근로3권을 근로자에게 특유한 생존권적 기본권이라고 한다.

노동법은 민법, 상법, 형법 등과 같이 정리된 성문법이 아니고, 행정법 등과 같이 여러 가지의 성문법을 모은 법률이다. 노동과 관련한 많은 법률이 실정법으로서 노동법의 내용을 형성하고 있다. 이러한 법률의 성격에 따라 노동법은 개별적 노동관계법과 집단적 노동관계법으로 구별한다.

제2절 개별적 노동관계법

개별적 노동관계는 개별적인 근로자와 사용자 사이의 근로관계를 말한다. 개별적 노동관계법에서 중요한 위치를 차지하고 있는 것이 근로기준법이다. 근로기준법은 근로자의 인간다운 생활을 보장하기 위하여 근로조건의 최저기준을 정한 법으로서 개별적인 근로자의 근로조건을 보호하기 위한 법이다.

근로기준법에서는 근로계약을 근로관계의 성립요건으로 보고 있다. 근로계약이라 함은 근로자가 사용자에게 근로를 제공하고 사용자는 이에 대하여 임금을 지불함을 목적으로 체결된 계약을 말한다(근로기준법 제2조 제1항 제4호). 근로계약의 당사자는 근로기준법의 적용을 받는 근로자와 사용자이다. 이 점에서 당사자를 정하지 않은 민법상의 고용(민법 제655조)과 구별된다.

근로기준법상의 근로자란 "직업의 종류와 관계없이 임금을 목적으로 사업이나 사업장에 근로를 제공하는 자"를 말한다(근로기준법 제2조 제1항 제1호). 그리고 사용자란 “사업주 또는 사업 경영 담당자 그 밖에 근로자에 관한 사항에 대하여 사업주를 위하여 행위하는 자”를 말한다(근로기준법 제2조 제1항 제2호). 근로계약의 당사자는 근로기준법의 근로자와 사용자이므로 근로기준법 제11조에 따른 적용범위에 해당하지 않는 사업 또는 사업장과 이 사업장에 취업하고 있는 근로자는 근로계약의 당사자가 될 수 없다. 따라서 근로기준법 제11조에서 정한 적용범위에 해당하지 않는 자는 민법상의 고용계약의 당사자가 될 뿐이다.

근로계약의 기본적인 내용은 근로자의 근로제공과 사용자의 임금지급이므로 근로계약은 유상·쌍무계약이다. 따라서 민법상의 고용계약과 본질적으로 다르지 않다.

Ⅰ. 근로기준법의 기본원칙

근로기준법 제1조는 “이 법은 헌법에 의하여 근로조건의 기준을 정함으로써 근로자의 기본적 생활을 보장, 향상시키며 균형 있는 국민경제의 발전을 꾀하는 것을 목적으로 한다”고 정하고 있다. 근로기준법 제1조는 헌법 제32조 제3항의 보장을 구체화한 기본원칙이다.

(1) 노사대등결정의 원칙

근로조건은 근로자와 사용자가 동등한 지위에서 자유의사에 의하여 결정되어야 한다(근로기준법 제4조). 근대 사법의 기본원리인 계약자유의 원칙을 개별노동관계에서 다시 확인한 규정이다. 근로관계는 신분관계가 아닌 계약관계이므로 노사가 대등한 지위에서 자유로운 의사에 따라 근로조건을 결정하여야 한다는 계약자유의 원칙이 근로계약에서도 제대로 지켜져야 한다는 규정이다. 이 경우 동등한 지위란 형식적으로나 실질적으로 대등한 지위를 말한다.

(2) 단체협약·취업규칙 및 근로계약의 준수

근로자와 사용자는 단체협약·취업규칙 및 근로계약을 준수하여야 하며, 각자가 성실하게 이행할 의무가 있다(근로기준법 제5조). 근로자와 사용자는 사업장내 규범이나 계약에서 정해진 근로조건을 준수하고, 각자의 의무를 이행함으로써 비로소 근로조건이 유지·개선될 수 있음을 확인한 규정이다. 특히 사용자가 단체협약이나 취업규칙에서 정해진 근로조건을 이행하지 않을 경우 바로 근로조건을 저하시킬 우려가 있고, 근로자에게도 근로계약상의 의무를 성실하게 이행케 함으로써 당사자 쌍방이 원만한 노사관계를 유지시키는 데 이 규정의 취지가 있다.

(3) 균등처우의 보장

근로자가 사용자로부터 합리적 이유 없이 근로조건에 대해 부당한 차별을 받지 않는 대우를 균등처우라고 한다. 사용자는 근로자에 대하여 남녀의 차별적 대우를 하지 못하며, 국적·신앙 또는 사회적 신분을 이유로 근로조건에 대한 차별적 대우를 하지 못한다(근로기준법 제6조). 이 균등처우의 보장은 모든 국민이 법 앞에 평등하다는 헌법 제11조에서 정한 평등이념을 노동관계에서도 보장한 규정이다.

특히 근로기준법 제6조 전단에서 사용자는 근로자가 여자라는 이유로 차별대우를 하지 못한다고 정하여 남녀차별을 금지하고 있다. 차별이 금지되는 내용에는 근로기준법에서 정한 근로조건에 한정되지 않는다. 임금과 근로시간은 물론 승진·배치·정년·해고·복지·후생 등 근로관계에서 근로자가 사용자로부터 받아야 할 모든 대우가 포함된다. 나아가 남녀고용평등법(남녀고용평등과 일·가정양립 지원에 관한 법률)은 근로여성의 지위향상과 복지증진을 위하여 고용에서 남녀의 평등과 모성의 보호 및 직업능력 등을 정하고 있다.

(4) 강제근로금지의 원칙

사용자는 폭행, 협박, 감금 기타 정신상 또는 신체상의 자유를 부당하게 구속하는 수단으로서 근로자의 자유의사에 반하는 근로를 강요하지 못한다(근로기준법 제7조). 봉건적 관행으로 내려오던 강제근로를 근절시켜 근대적 노사관계를 확립하려는 데 그 취지가 있으며 헌법 제12조 제1항에서 정한 강제노역금지의 취지를 근로관계에서 구현하기 위한 규정이다.

또한 근로기준법 제8조에서 "사용자는 사고의 발생이나 그 밖의 어떠한 이유로도 근로자에게 폭행을 하지 못한다"고 규정하여 근로자에 대한 폭행을 금지시키고 있다. 그리고 중간착취의 배제에 대하여 근로기준법 제9조는 "누구든지 법률에 따르지 아니하고는 영리로 다른 사람의 취업에 개입하거나 중간인으로서 이익을 취득하지 못한다"고 정하고 있다. 이는 근로자의 취업에 개입하여 이익을 얻었던 노동브로커 등 악습을 저지하는 데 그 의의를 가진다.

Ⅱ. 근로계약의 종료

근로계약은 그 체결이 비교적 자유로운 데 비하여, 해고에 대하여는 제한을 가하고 있다. 근로계약의 종료에는 근로자가 행하는 임의퇴직 또는 사직과 사용자가 행하는 해고로 크게 구별한다. 특히 사용자가 일방적으로 행하는 해고는 근로자의 생존권과 직결되는 문제이므로 근로기준법은 이에 대해 제한규정을 두고 있다.

그 내용을 보면 다음과 같다. ① 정당한 이유가 없는 한 해고를 할 수 없다고 해고사유를 제한하고(근로기준법 제23조 제1항), ② 제23조 제2항에서는 해고시기를 제한하였으며, ③ 제24조에서는 경영상의 이유에 의한 해고요건을 정하였고, ④ 제26조에서는 30일 전에 해고예고를 요구하고, ⑤ 제28조에서는 부당한 해고의 구제절차를 정하고 있다. 이 밖에도 노동조합 및 노동관계조정법 제81조 제1호에서는 부당노동행위로서의 해고제한, 근로기준법 제23조에서는 차별대우에 의한 해고제한 그리고 남녀고용평등법 제11조에서는 여자의 차별해고제한 등을 정하고 있다.

Ⅲ. 근로계약과 취업규칙

근로계약에서는 대부분 임금 · 근로시간을 중심으로 근로조건이 결정된다. 그리고 근로기준법 제1조에서는 근로자의 인간다운 생활을 영위할 수 있도록 근로조건을 정하도록 규정하고 있다. 구체적으로 말하면 근로기준법에 정한 기준을 밑도는 근로조건은 정할 수 없다.

취업규칙은 사업장 내 근로자의 복무규율과 근로조건에 관해 사용자가 정한 규범을 말한다. 이는 사용자가 다수의 근로자를 사용하고 있는 경우 직장질서를 유지하기 위하여 근로자가 지켜야 할 복무규율과 이를 위반한 자에 대한 제재를 정하려는 데서 비롯되었다. 그러나 오늘날에는 취업규칙에 근로조건을 명시하여 근로조건의 최저기준을 집단적 · 통일적으로 정함으로써 근로자의 근로조건을 보호하려는 데로 그 본질적 기능이 옮겨지고 있다.

근로기준법은 사용자에 의한 부당한 취업규칙의 이용을 방지하고 동법의 준수를 감독하기 위해 취업규칙에 대하여 규정하고 있다. 동규정을 보면, ① 취업규칙의 작성과 신고의 의무와 필요적 기재사항(근로기준법 제93조), ② 취업규칙의 작성 · 변경에서 근로자집단의 의견청취와 동의(근로기준법 제94조), ③ 감급규정의 제한(근로기준법 제95조), ④ 취업규칙의 내용에서 법령 · 단체협약의 준수의무(근로기준법 제96조), ⑤ 취업규칙위반의 근로계약(근로기준법 제97조) 등이 있다.

제 3 절 집단적 노동관계법

Ⅰ. 노동조합

노동조합의 조직은 근로자가 자주적으로 노동조합을 결성하는 것을 의미하고 이를 흔히 노동조합의 설립이라고 한다. 노동조합을 조직할 때에는 근로자가 어떠한 형태의 노동조합을 설립하고 그 설립에 필요한 요건을 갖추어야 한다.

노동조합의 요건과 관련하여 노동조합 및 노동관계조정법(이하 노동조합법이라 함) 제2조 제4호에서 "노동조합은 근로자가 주체가 되어 자주적으로 단결하여 근로조건의 유지 · 개선 기타 근로자의 경제적 · 사회적 지위의 향상을 도모함을 목적으로 조직하는 단체 또는 그 연합단체를 말한다"고 정하고 있다. 이를 실질적 요건이라 한다. 한편 노동조합을 설립하고자 하는 근로자는 노동조합법 제10조의 절차에 따라 노동조합의 설립을 신고하여야 한다. 이를 형식적 요건이라 한다.

노동조합법 제2조 제4호의 실질적 요건은 노동조합이 반드시 갖추어야 할 요건으로서 동조 단서의 갖추어서는 안 될 소극적 요건과 구별하여 적극적 요건이라고 한다. 적극적 요건은 실질적 요건과 동일하다고 할 수 있다. 소극적 요건은 동조 단서에서 노동조합으로 인정되지 않는 결격요건을 말한다. 노동조합이 이 단서에서 정한 다섯 가지 가운데 어느 하나에라도 해당되면 노동조합으로 보지 않는다고 하여 노동조합법 제2조 제4호 본문에서 정한 주체성 · 자주성 및 목적성을 판단하는 기준의 예시로 들고 있다. 노동조합법 제2조 제4호의 단서에서는 결격요건으로서 ① 사용자 또는 항상 그의 이익을 대표하여 행동하는 자의 참가를 허용하는 경우, ② 경비의 주된 부분을 사용자로부터 원조 받는 경우, ③ 공제 · 수양 기타 복리사업만을 목적으로 하는 경우, ④ 근로자가 아닌 자의 가입을 허용하는 경우, ⑤ 주로 정치운동을 목적으로 하는 경우를 정하고 있다.

형식적 요건인 노동조합법 제10조는 노동조합을 설립함에 있어 신고서에 규약을 첨부하여 연합단체인 노동조합과 2이상의 특별시 · 광역시 · 특별자치시 · 도 · 특별자치도에 걸치는 단위노동조합은 고용노동부장관에게, 2이상의 시 · 군 · 구(자치구)에 걸치는 단위노동조합은 특별시장 · 광역시장 · 도지사에게, 그 외의 노동조합은 특별자치시장 · 특별자치도지사 · 시장 · 군수 · 구청장(자치구의 구청장)에게 제출하도록 하고 있고, 또한 노동조합법 제12조에서는 고용노동부장관, 특별시장 · 광역시장 · 특별자치시장 · 도지사 · 특별자치도지사 또는 시장 · 군수 · 구청장은 위 신고서를 접수한 때는 신고증을 교부하거나 신고서를 반려할 수 있음을 정하고 있다. 이 형식적 요건은 노동조합이 실질적 요건을 구비하였는가를 심사하는 데 그 의의가 있다.

노동조합의 운영은 노동조합이 노동조합법과 그 규약에 따라 조합업무를 수행하는 것으로서 노동조합법에서는 이를 노동조합의 관리라고 하여 규정하고 있다. 조합의 운영은 그 단체가 사단으로서 단체성을 반영하는 단체주의원칙과 모든 조합원의 참여가 강조되는 조합민주주의원칙이 지배한다. 노동조합법에서는 이 두 원칙이 실현될 수 있도록 조합규약, 조합원의 지위와 권리의무, 조합기구, 조합의 재정 등에 대해 상세한 규정을 두고 있다.

Ⅱ. 단체교섭

단체교섭(團體交涉)이란 노동조합 기타 근로자단체와 사용자 또는 사용자단체의 대표자 사이에서 체결되는 근로조건의 유지 · 개선과 근로자의 경제적 · 사회적 지위 향상에 관한 집단적 교섭을 말한다. 이러한 단체교섭은 헌법 제33조 제1항에서 보장된 단체교섭권의 구체적 실현방법으로서 노동조합법에서 자세한 규정을 두고 있다. 즉 단체교섭권의 보장을 노동조합법의 목적으로 하고 있고(노동조합법 제1조), 정당한 단체교섭의 형사면책을 정하고 있으며(노동조합법 제4조), 사용자의 단체교섭 거부를 부당노동행위로 보아 금지하고(노동조합법 제81조 제3항), 취업시간 중 단체교섭에 대해 임금의 공제가 없는 경우에도 경비원조가 되지 않음을 정하고 있다(노동조합법 제81조 제4호 단서). 또한 교섭권한의 위임을 인정하는 규정(노동조합법 제29조 제2항)에서는 노동조합이 사용자와 대등한 지위에서 교섭하는 것을 조성하려는 취지로 볼 수 있다. 한편 노동쟁의측면에서도 노사가 자주적 교섭에 의하여 분쟁을 해결하도록 하고(노동조합법 제47조), 국가 및 지방자치단체에게는 이에 조력할 의무를 부과하고 있으며(노동조합법 제49조), 조정 · 중재와 같은 쟁의조정제도(노동조합법 제53조～제80조)를 두어 단체교섭을 보장하고 있다.

단체교섭의 형태 내지 방식은 노동조합의 형태, 노동운동의 발전과정 또는 산업구조 등에 따라 나라마다 상당한 차이를 보이고 있다. 우리나라에서는 매년 4월의 임금투쟁에서 볼 수 있는 것처럼 기업별 교섭과 산업별 교섭의 방식으로 대부분 행해지고 있다.

사용자가 단체교섭을 거부하여 성실하게 교섭하려고 하지 않는 경우 근로자 또는 노동조합은 행정기관인 노동위원회나 사법기관인 법원에 구제를 구할 수 있다. 단체교섭의 방법은 다수의 자가 압력으로 폭력적 행위를 동반하는 것이 아니라 노사가 평온하게 대화로서 합의하는 방법이므로 결국 노사 쌍방이 성의를 가지고 문제해결을 위한 단체교섭을 행하는 것이 중요하다.

Ⅲ. 노동쟁의와 쟁의행위

노동쟁의는 노동조합 또는 근로자단체와 사용자 사이에서 근로조건을 비롯한 근로관계에 대한 분쟁상태를 말한다. 노동쟁의에 대하여 노동조합법 제2조 제5호에서는 그 정의를 밝히고 있다. 즉 "노동쟁의라 함은 노동조합과 사용자 또는 사용자단체간에 임금 · 근로시간 · 복지 · 해고 기타 대우 등 근로조건의 결정에 관한 주장의 불일치로 인하여 발생한 분쟁상태를 말한다. 이 경우 주장의 불일치라 함은 당사자간에 합의를 위한 노력을 계속하여도 더 이상 자주적 교섭에 의한 합의의 여지가 없는 경우를 말한다". 따라서 노동쟁의의 당사자는 노동조합과 사용자 또는 사용자단체이고, 그 대상은 근로조건의 결정이며, 그 상태는 주장의 불일치로 인한 분쟁상태이다.

쟁의행위는 노동조합 또는 근로자단체가 자기의 주장을 관철하기 위하여 사용자의 정상적인 업무운영을 저해하는 집단적 행위와 이에 대항하는 사용자의 행위를 말한다. 쟁의행위에 대하여 노동조합법 제2조 제6호에서는 그 정의를 정하고 있다. 즉 "쟁의행위라 함은 파업 · 태업 · 직장폐쇄 기타 노동관계 당사자가 그 주장을 관철할 목적으로 행하는 행위와 이에 대항하는 행위로서 업무의 정상적인 운영을 저해하는 행위를 말한다".

쟁의행위는 권리의 행사이므로 형사상(노동조합법 제4조), 민사상(노동조합법 제3조)의 책임이 면제되고 근로자는 쟁의기간 중 현행범이 아니고는 어떠한 이유로도 그 자유를 구속당하지 아니한다(노동조합법 제39조). 그러나 쟁의행위는 노사당사자뿐만 아니라 공중이나 국민경제에 불편이나 폐해를 가져올 가능성이 많다. 따라서 법은 쟁의행위를 일정한 범위에서 제한하고 또 다른 기본권과의 조화에서 그 정당성을 요구하고 있다.

Ⅳ. 단체협약의 법적관계

단체협약이란 노동조합과 사용자 또는 사용자단체 사이에서 체결되는 근로조건 기타 근로자의 경제적 · 사회적 지위에 관하여 합의된 문서이다(노동조합법 제31조). 즉 단체협약은 단체교섭으로 원만하게 또는 쟁의행위를 거친 뒤 노동조합과 사용자 사이에 합의가 이루어진 경우에 생겨난다. 이에 대한 국가의 태도는 신사협정으로 보는 영미법계와 법규범으로 보는 대륙법계로 나누어진다.

단체협약의 내용은 근로조건의 기준을 정하는 부분(규범적 부분)과 당사자인 노동조합과 사용자의 권리의무를 정한 부분(채무적 부분)으로 구분한다.

1. 규범적 효력

노동조합법 제33조 제1항에서는 "단체협약에 정한 근로조건 기타 근로자의 대우에 관한 기준에 위반하는 취업규칙 또는 근로계약의 부분은 무효로 한다"고 정하고 있다. 이 규정의 '근로조건 기타 근로자의 대우에 관한 기준'을 규범적 부분이라고 한다. 여기에서 근로조건 기타 근로자의 대우는 기업 내에서 근로자의 개별적 근로관계를 정한 모든 사항이 포함된다. 예컨대 임금, 근로시간, 휴일 · 휴가, 재해보상, 안전 · 보건 등은 당연히 포함되며, 인사를 비롯한 경영에 관한 사항이나 후생복리 등도 근로자의 대우나 근로조건과 관련을 가지는 경우 당연히 포함된다.

이 규범적 효력은 근로조건 기타 근로자의 대우에 관한 '기준'에서만 발생한다. 기준이란 기본적인 표준으로 개별적 근로관계에서 근로자의 대우에 관한 구체적이고 객관적인 준칙을 근로조건의 기준이라고 한다.

2. 채무적 효력

단체협약의 채무적 부분이란 단체협약의 내용 가운데 민법상 계약에 따른 채무이행의 의무가 발생하는 부분이다. 단체협약은 노동조합과 사용자 사이의 합의이므로 그 당사자는 협약에서 정한 사항을 이행할 계약상 채무를 부담한다. 노동조합법 제33조에서 정한 단체협약의 규범적 부분 이외의 부분이 채무적 효력을 가진다고 본다. 따라서 노동조합 및 사용자는 서로 채무를 이행하고, 상대방에게 이행을 청구할 수 있는 것은 일반 계약의 경우와 다르지 않다. 그러므로 규범적 부분과는 달리 조합원 각자는 이에 대한 의무가 없다. 그 주된 내용으로는 이행의무, 평화의무, 조합원의 범위조항, 단체교섭조항, 쟁의조항 등이 있다.

V. 부당노동행위

부당노동행위는 근로자의 자주적인 단결이나 단체행동에 대한 사용자의 압력이나 방해를 억제하기 위한 규정으로서 헌법에서 보장된 근로3권을 구체적으로 확보하기 위한 제도이다. 노동조합법은 이에 관해 사용자의 방해행위를 부당노동행위의 유형(노동조합법 제81조)으로 규정하여 금지하고, 이 금지위반에 대하여 노동위원회에 의한 신속하고 탄력적인 구제절차(노동조합법 제82조~제86조)와 구제명령인 행정처분의 위반에 대한 벌칙(노동조합법 제90조 · 제95조)을 정하고 있다. 부당노동행위에 관한 규정은 강행법규로서 이에 위반하는 법률행위는 사법상 효력이 없다(효력규정).

1. 부당노동행위의 유형

노동조합법 제81조에서는 부당노동행위의 유형으로 불이익대우(동조 제1호), 조건부계약(동조 제2호), 단체교섭거부(동조 제3호), 지배 · 개입(동조 제4호) 그리고 단체행동참가와 행정관청에의 증거제출 등을 이유로 한 불이익대우(동조 제5호) 등을 정하고 있다.

(1) 불이익대우(취급)

불이익대우란 근로자가 노동조합을 결성하여 이에 가입하거나 노동조합의 정당한 행위를 한 섯 등을 이유로 해고 기타 부당한 불이익을 주는 행위를 말한다. 이에 대하여 노동조합법 제81조 제1호에서는 "근로자가 노동조합에 가입 또는 가입하려고 하였거나 노동조합을 조직하려고 하였거나 기타 노동조합의 업무를 위한 정당한 행위를 한 것을 이유로 그 근로자를 해고하거나 그 근로자에게 불이익을 주는 행위"라고 규정하고 있다.

근로자 개인에 대한 부당한 불이익대우를 통해 노동운동을 저지하기 위한 전형적인 사용자의 부당노동행위이다. 불이익대우가 성립하기 위해서는 근로자가 노동운동에 관여하고, 사용자가 근로자에게 불이익한 대우를 하였으며, 그 불이익한 대우가 근로자의 노동운동을 이유로 행해져야 한다. 한편 판례에 의하면 불이익대우의 성립은 그에 관한 구체적인 상황, 즉 사용자측이 내세우는 해고사유와 근로자가 한 조합업무를 위한 정당한 행위의 내용, 징계해고를 한 시기, 사용자와 노동조합과의 관계, 기타 부당노동행위의사를 추정할 여러 가지 사정을 비교 · 검토하여 종합적으로 판단하고 있다.

불이익대우란 근로자를 해고하거나 기타 경제적 · 정신적으로 근로자에게 과거 또는 다른 근로자와 비교하여 불이익한 차별대우를 하는 모든 것을 말한다. 구체적인 유형으로 보면 해고, 휴직, 출근정지, 배치전환(전근), 장기출장, 단조로운 작업밖에 주지 않거나 회사행사에 참가시키지 않는다든지 조합활동을 곤란하도록 하는 전근 등이다.

(2) 조건부 계약

조건부계약은 근로자와 사용자 사이에서 근로자의 노동조합 가입 · 탈퇴를 고용조건으로 하는 합의를 말한다. 노동조합법 제81조 제2호에서는 "근로자가 어느 노동조합에 가입하지 아니할 것 또는 탈퇴할 것을 고용조건으로 하거나 특정한 노동조합의 조합원이 될 것을 고용조건으로 하는 행위"라고 정하고 있다. 이러한 고용조건을 내용으로 하는 조건부계약을 황견계약, 비열한 계약이라고도 한다.

(3) 단체교섭의 거부

단체교섭의 거부란 노동조합의 대표자 또는 노동조합으로부터 위임을 받은 자와의 단체협약의 체결 기타의 단체교섭을 정당한 이유 없이 거부하거나 해태하는 행위를 말한다(노동조합법 제81조 제3호). 헌법 제33조 제1항이 보장하는 단체교섭권을 국가가 개입하여 확실히 구현하려는 데 그 취지가 있다.

(4) 지배 · 개입

지배 · 개입이란 사용자가 노동운동을 방해하기 위하여 노동조합의 조직 · 운영에 관여하는 행위를 말한다. 이에 대하여 노동조합법 제81조 제4호에서는 "근로자가 노동조합을 조직 또는 운영하는 것을 지배하거나 이에 개입하는 행위와 노동조합의 전임자에게 급여를 지원하거나 노동조합의 운영비를 원조하는 행위"를 규정하고 있다. 다만 "근로시간 중에 사용자와 협의 또는 교섭하는 것을 사용자가 허용함은 무방하며, 근로자의 후생자금 또는 경제상의 불행 기타의 재해의 방지와 구제 등을 위한 기금의 기부와 최소한의 규모의 노동조합사무소 제공은 예외로 한다"고 하여 그 예외를 인정하고 있다.

노동조합에 대한 사용자의 지배 · 개입에서 사용자의 범위는 기업주나 지배인, 대표이사가 포함되고 하급직이라도 사용자의 이익을 대표하는 자까지 포함된다. 즉 기업에서 어떠한 직위를 갖지 않더라도 근로자의 근로관계에 영향을 미칠 수 있는 자는 모두 포함된다.

지배 · 개입의 대상은 노동조합의 조직과 운영이다. 즉 노동조합의 조직 · 유지 · 존속 · 확대 및 활동에 관한 일체의 행위를 포함한다. 예컨대 조합조직에 대한 지배 · 개입으로는 적극적으로 노동조합의 결성을 방해하는 행위와 소극적으로 특정 노동조합의 결성에 편의를 제공하거나 원조하는 행위가 있다. 조합운영에 대한 지배 · 개입으로는 조합행사에 대한 간섭과 방해, 조합원의 조합활동(파업)참가에 대한 방해, 조합활동 참가자에 대한 불이익대우, 반조합적 의견표명과 조합비난, 해고를 다투는 조합장의 대표성 부정 및 임원선거에서의 간섭 등이 있다.

(5) 근로자의 정당한 쟁의행위 참가 또는 노동위원회에 대한 부당노동행위의 신고 · 증언

근로자가 정당한 단체행위에 참가 또는 노동위원회에 사용자의 부당노동행위를 신고하거나 증언 · 증거를 제출하는 것도 사용자에 의하여 침해된 근로3권을 노동위원회나 행정관청을 통해 다시 회복하려는 행위이기 때문에 넓은 의미의 조합활동으로서 사용자가 이를 이유로 불이익을 주는 행위는 일종의 보복적 차별대우로서 불이익대우에 해당된다.

2. 부당노동행위의 구제

부당노동행위의 구제는 원칙적으로 원상회복에 있다. 즉 부당노동행위가 행하여진 경우 근로자 및 노동조합은 준사법적 기능을 가진 노동위원회에 의한 행정적인 구제방법과 사법기관인 법원에 의한 구제방법을 이용할 수 있다. 어느 쪽에 대한 구제신청도 가능하며 노동위원회에 부당노동행위의 구제를 청구하고 다른 한편 법원에 대하여는 동일사건에 대한 무효를 주장하고 그 가처분을 청구할 수도 있다. 노동위원회에 의한 구제가 일반적으로 신속하고 간편하며 탄력적인 구제를 기대할 수 있다는 점에서 노동위원회에 의한 구제가 먼저 행하여진다. 이처럼 행정기관인 노동위원회의 구제가 인정된다는 점에서 부당노동행위제도의 특징을 엿볼 수 있다.

제 7 장
민 사 소 송 법

제1절 총　　설

Ⅰ. 민사소송

사회가 형성되면 항상 그 구성원 사이에 이해가 충돌하게 되고, 이는 곧 권리의 침해 또는 의무의 불이행으로 연결된다. 권리의 실행을 위하여 손쉽게 생각할 수 있는 것이 자력구제인데, 대부분의 국가들은 그 반문명적 폐해를 이유로 긴급한 경우를 제외하고는 이를 금지하고 있는 것이 현실이다. 이러한 자력구제의 한계 때문에 이를 대체하기 위해 국가가 주체가 되어 평화적으로 법에 따라 권리를 실현시키는 제도가 마련되었는데 이것이 바로 민사소송제도이다.

민사소송은 개인적 관점에서는 사권의 존재를 확정하여 이를 보호하고, 국가적 관점에서는 사법질서를 유지하는 것을 목적으로 삼는 재판절차이다. 형사소송은 사적 복수의 금지 대신에 국가의 형벌권 발동을 전제로 한 범죄 유무의 확정을 목적으로 하는 점에서, 자력구제의 금지 대신에 국가구제를 위한 사법상 권리관계의 확정을 목적으로 하는 민사소송과 구별되며, 행정소송은 공법상의 권리관계에 관한 쟁송을 그 대상으로 하고 있는 점에서 사법상 권리관계를 대상으로 하는 민사소송과 구별된다.

한편, 민사분쟁 해결의 수단으로서는 민사소송 이외에도 화해 · 조정 및 중재 등을 들 수 있다. 소송이 국가권력에 의한 강제적 해결방식인 데 대하여, 화해 · 조정 · 중재는 당사자 쌍방의 일치된 자율적 의사에 근거한 자주적 해결방식인 데 그 특징이 있다. 근래에는 비용이나 시간의 과다한 소요 또는 복잡한 절차와 같은 소송의 비현실성을 극복하는 방안으로 대체적 분쟁해결제도(ADR)의 중요성이 강조되고 있다.

Ⅱ. 민사소송법

민사소송법은 형식적 의미로는 「민사소송법」이라는 이름을 가진 단행의 법률을 의미하며, 실질적 의미에서는 민사소송제도를 규율하는 법규의 총체를 의미한다. 민사소송법은 국가기관인 민사법원의 소송절차를 규율하는 법이므로 그 성질은 공법에 속하고, 대등한 사인간의 생활관계상 분쟁을 해결한다는 점에서는 민사법의 영역에 속하며, 사법상 권리의 확정 · 실현을 위한 민사소송제도를 규율하는 법이므로 절차법에 해당한다.

제 2 절 소송의 주체

소송의 주체에는 재판을 하는 법원과 재판을 받는 소송당사자가 있다.

Ⅰ. 법 원

1. 민사재판권

재판권은 법질서의 실현을 위한 국가의 권능을 의미하는바 민사재판권, 특히 민사본안재판권은 민사분쟁을 처리하기 위하여 판결, 강제집행, 가압류 · 가처분 등을 행하는 국가권력을 의미한다. 이에 부수하는 소송지휘권과 법정경찰권, 송달 · 공증사무, 증인 · 감정인의 출석요구 · 신문, 증거물소지자에 대한 제출명령과 검증 등을 받아들일 것의 명령 및 명령불응시의 강제 등이 포함된다.

2. 민사법원의 종류와 구성

(1) 법원의 종류와 심급제도

사법권을 행사하는 국가기관을 크게 나누면 통상재판기관과 특별재판기관으로 나눌 수 있다.

통상재판기관에는 대법원 · 고등법원 · 특허법원 · 지방법원 · 가정법원 · 행정법원 등 여섯 종류가 있는데, 대법원 · 고등법원 · 지방법원은 민사사건을 다루는 통상의 민사법원이다. 특허법원 · 행정법원 · 가정법원은 특허심결 · 행정처분 · 가사사건 등을 전속관할하는 전문법원이다.

특별재판기관에는 헌법재판소와 군사법원이 있으나, 이들은 민사사건을 관장하는 법원이 아니다. 다만 법률의 헌법 위반 여부가 민사재판의 전제가 된 경우 법원은 헌법재판소에 제청하여 그 심판결과에 따라 재판하여야 하므로, 헌법재판소가 민사재판의 쟁점판단 기능을 하게 된다.

그림 11 단독사건과 합의사건

(제1심)		(제2심→항소)		(제3심)
단독사건 : 지법 · 지원단독판사	→	지법 · 지원 항소부	}→	대법
합의사건 : 지법 · 지원 합의부	→	고법 · 고법지부		

여기에서 단독사건이란 소송목적의 가격이 1억원 이하인 사건, 어음 · 수표금청구사건, 지방법원 합의사건임을 법률로 명시하지 않은 사건을 말하며, 합의사건이란 소송목적의 가격이 1억원을 초과한 사건 및 법률의 규정에 의하여 지방합의부의 권한에 속하는 사건을 말한다.

(2) 법원의 구성

법원은 사법권을 행사하는 국가권력기관으로서, 소송법상으로는 사법권의 작용 중 가장 중요한 재판사무를 처리하기 위하여 1인 또는 수인의 법관으로 구성된 재판기관(재판부)을 말한다. 재판기관은 1인의 법관으로 구성하는 때(단독제)와 수인의 법관으로 구성하는 때(합의제)가 있다. 대법원과 고등법원은 합의제를 택하고 있으며, 지방법원은 단독제를 원칙으로 하면서 합의제를 병용하고 있다.

(3) 법 관

법관에는 대법원장 · 대법관 · 판사의 세 가지 종류가 있다. 법관은 재판을 함에 있어서 헌법과 법률 그리고 양심에 구속될 뿐 제3자의 간섭을 받지 않으며(물적 독립), 탄핵 또는 금고 이상의 형의 선고에 의하지 아니하고는 파면되지 아니하며 징계처분에 의하지 않고는 정직 · 감봉되거나 불리한 처분을 받지 아니한다(인적 독립).

3. 법관의 제척 · 기피 · 회피

재판의 공정성을 유지하기 위하여 법관이 자기가 담당하는 구체적 사건과 인적 · 물적으로 특수한 관계를 갖는 경우에 그 사건의 직무집행에서 배제되는 제도를 법관의 제척 · 기피 · 회피라고 한다.

법관의 제척이란 법관이 구체적인 사건과 법률에서 정한 특수한 관계가 있는 때는 당연히 그 사건에 관한 직무집행에서 제외되는 것을 말하며, 그 이유는 민사소송법 제41조에서 열거하고 있다. 법관의 기피란 같은 조문에서 열거하고 있는 제척이유 이외에 재판의 공정을 기대하기 어려운 사정이 있는 경우에 당사자의 신청을 기다려 재판에 의하여 법관이 직무집행에서 배제되는 것을 말한다. 법관의 회피란 법관이 스스로 제척 또는 기피이유가 있다고 인정하여 자발적으로 직무집행을 피하는 것을 말한다(민사소송법 제49조).

4. 관　　할

(1) 관할의 의의와 종류

관할이란 재판권을 행사하는 여러 법원 사이에서 어느 법원이 어느 사건을 담당하느냐 하는 재판권의 분담관계를 정해 놓은 것을 말한다. 관할은 그 기준에 따라 여러 종류로 나눌 수 있다.

① **법정관할 · 재정관할 · 당사자의 거동에 의한 관할**　관할의 결정 근거를 기준으로 한 분류이다. 법정관할은 법률에 의하여 직접 정해진 관할로서 여기에는 직분관할 · 사물관할 · 토지관할이 있다. 재정관할(지정관할)은 관할이 불명한 경우에 관계법원의 바로 위의 상급법원의 결정에 의하여 정해지는 관할을 말한다(민사소송법 제28조). 당사자의 거동에 의한 관할은 당사자의 합의나 피고의 본안변론에 의하여 발생하는 관할로서 전자를 합의관할, 후자를 변론관할이라 한다.

② **전속관할 · 임의관할**　소송법상 효과의 차이에 따른 분류이다. 전속관할이란 법정관할 가운데 오로지 특정법원만이 배타적으로 관할권을 갖게 한 것을 말하며, 임의관할이란 당사자간의 합의나 본안변론에 의하여 다른 법원에 관할을 발생시킬 수 있는 것을 말한다.

(2) 직분관할

직분관할(직무관할)이란 담당직분의 차이를 기준으로 법원 사이에 재판권의 분담관계를 정해 놓은 것이다. 어느 법원이 어떠한 재판작용을 분담하는지는 직분관할에 의하여 정해지며, 같은 사건이라도 재판작용이 다르면 담당법원이 달라지게 된다. 직분관할은 전속관할이며 직권조사사항이다.

(3) 사물관할

사물관할이란 제1심 소송사건을 다루는 지방법원 단독판사와 지방법원 합의부 사이에서 사건의 경중을 기준으로 재판권의 분담관계를 정해 놓은 것이다.

(4) 토지관할

토지관할이란 소재지를 달리하는 같은 종류의 법원 사이에 재판권(특히 제1심사건)의 분담관계를 정해 놓은 것을 말하며, 토지관할의 발생원인이 되는 인적·물적인 관련지점을 재판적이라 한다. 토지관할을 발생하게 하는 재판적에는 보통재판적과 특별재판적, 인적재판적과 물적 재판적이 있다.

(5) 지정관할

지정관할이란 구체적인 사건에 관해 상급법원이 관할법원이 어디인가를 재판으로 지정해 주어 생기는 관할이다. 이를 재정관할이라고도 한다(민사소송법 제28조). 법률에 관할에 관한 규정이 없어 재판권행사가 불가능하게 되었거나 장애가 생긴 경우를 보충하기 위한 제도이다.

(6) 합의관할

합의관할은 당사자의 합의에 의하여 생기는 관할을 뜻한다. 예컨대 A가 B와 매매계약을 체결하면서 장래에 그 계약과 관련하여 제소할 경우 Q법원을 관할법원으로 하자고 합의하여 생긴 관할을 의미한다.

(7) 변론관할

변론관할은 원고가 관할권 없는 법원에 제소하였는데 피고가 이의 없이 본안변론을 함으로써 생기는 관할을 말한다. 과거에 응소관할이라 부르던 것이다.

Ⅱ. 당 사 자

당사자란 자기의 이름으로 국가의 권리보호(특히 재판이나 강제집행)를 요구하는 사람과 그 상대방을 말한다. 당사자의 호칭은 각 절차에 따라 다른데, 제1심절차에서는 원고·피고, 항소심절차에서는 항소인·피항소인, 상고심절차에서는 상고인·피상고인, 그리고 재심에 있어서는 재심원고·재심피고라 부른다.

소송에서는 그 기본구조로서 두 당사자가 반드시 대립한 상태에 있지 않으면 안 되는데, 이를 당사자대립주의라 부른다. 이는 소송의 적정과 공평을 도모하기 위한 것으로서, 이 점이 반드시 두 당사자의 대립을 필요로 하지 않는 편면적 구조인 비송사건과 다르다.

1. 당사자의 확정

현실적으로 소송계속 중인 사건에서 원고가 누구이고 피고가 누구인지를 명확히 하는 것을 당사자의 확정이라 한다. 당사자로 확정되는 자가 절차개시 단계부터 관여할 자이고, 판결의 명의인과 소장부본의 송달명의인이 되며, 확정된 당사자를 기준으로 인적재판적, 제척이유(민사소송법 제41조), 소송절차의 수계, 송달, 소송물의 동일성(민사소송법 제259조 · 제267조), 기판력 · 집행력의 주관적 범위(민사소송법 제218조), 증인능력 등이 결정된다. 당사자의 확정은 현실적으로 계속된 소송에서 당사자의 정체를 정하는 문제이므로 당사자능력이나 당사자적격의 유무를 판정함에 있어서는 우선 당사자의 확정이 선행되어야 한다.

2. 당사자의 자격

당사자로 확정된 사람이 적법하게 소송을 수행하기 위해서는 당사자능력, 당사자적격, 소송능력 및 변론능력 등 네 가지 능력을 구비하여야 한다. 당사자능력 · 소송능력은 소송요건인 동시에 소송행위의 유효요건이고, 당사자적격은 소송요건이며, 변론능력은 소송행위의 유효요건이다.

당사자능력은 소송의 주체가 될 수 있는 일반적인 능력을 말한다. 원고 · 피고 · 참가인이 될 수 있는 능력이다. 소송상의 권리능력이라고도 부르며, 민법상의 권리능력에 대응된다. 민사소송법 제51조는 당사자능력에 관해서는 민법 그 밖의 법률에 따른다고 규정하므로 민법상 권리능력을 갖는 사람은 민사소송에 있어서 당사자능력을 갖는다.

당사자적격은 특정의 소송사건에서 정당한 당사자로서 소송을 수행하고 본안판결을 받기에 적합한 자격으로서 소송수행권이라 부르기도 하며, 당사자적격이 있는 자를 정당한 당사자라고도 부른다. 일반적으로 소송물인 권리관계의 존부 확정, 즉 소송의 승패에 대한 법률상 이해관계인이 정당한 당사자이다. 한편, 권리관계의 주체 이외의 제3자가 관리처분권을 갖기 때문에 당사자적격을 갖는 경우가 있는데 이 경우를 제3자의 소송담당이라 한다.

당사자적격은 소송요건이므로 법원의 직권조사사항이며, 조사 결과 그 흠이 발견된 때에는 판결로 소를 각하하여야 한다.

소송능력이란 당사자로서 유효하게 소송행위를 하거나 소송행위를 받기 위해 갖추어야 할 능력을 말한다. 소송행위가 유효하기 위해서는 어느 경우에나 소송능력이 필요하며, 소송절차 내의 소송행위는 물론이고 소송개시 전의 행위, 소송 외의 행위에 있어서도 필요하다.

변론능력이란 변론장소인 법정에서 법원에 대한 관계상 유효하게 소송행위를 하기 위한 능력을 말한다. 법원에 대한 소송행위를 하는 데 필요하기 때문에 당사자간의 소송행위에 있어서는 필요 없으며, 이 점에서 모든 소송행위에 필요한 소송능력과 차이가 있다.

3. 소송상의 대리인

소송상의 대리인이란 당사자의 이름으로 소송행위를 하거나 소송행위를 받는 제3자이다. 민법상의 대리와 마찬가지로 본인의 의사에 의하여 대리인이 된 임의대리인과 본인의 의사와 관계없이 법률의 규정 등에 의하여 대리인이 된 법정대리인이 있다. 또한 일체의 소송행위를 대리하는 포괄적 대리인이 원칙이지만, 개개의 특정한 소송행위에만 국한하여 대리할 수 있는 개별적 대리인도 있다. 포괄적 대리권을 가진 임의대리인을 소송대리인이라 한다.

원칙적으로 법률상 소송대리인(법률에 따라 본인을 위해 재판상의 행위를 행할 수 있는 것으로 인정된 자)을 제외하고 소송대리인은 변호사(또는 법무법인 등)가 아니면 안 된다(민사소송법 제87조). 이를 변호사대리의 원칙이라 한다.

제3절 제1심 소송절차

I. 소송의 개시

1. 소의 의의와 종류

소라 함은 법원에 대하여 일정한 내용의 판결을 해 달라는 당사자의 신청이다. 이는 원고가 피고를 상대로 하여 일정한 법원에 대하여 특정의 청구의 당부에 관해 심판을 요구하는 소송행위로서, 판결을 목적으로 하는 소송절차의 개시행위이다.

소는 판결신청의 성질 또는 내용에 따라 이행의 소, 확인의 소, 형성의 소로 나뉜다. 이행의 소는 원고의 이행청구권에 기하여 피고에 대해 의무이행명령을 할 것을 요구하는 소이다. 확인의 소란 다툼 있는 권리 · 법률관계의 존재 · 부존재의 확정을 요구하는 소이다. 소유권확인 등의 권리관계의 존재 확정을 목적으로 하는 소를 적극적 확인의 소라 하며, 채무부존재확인 등 그 부존재 확정을 목적으로 하는 소를 소극적 확인의 소라 한다. 그리고 형성의 소(창설의 소 또는 권리변동의 소)란 판결에 의한 법률관계의 변동을 요구하는 소이다. 존재하지 않았던 새로운 법률관계를 발생시키거나 기존의 법률관계를 변경 · 소멸시키는 내용의 판결을 해 달라는 것으로서, 창설적 효과를 목적으로 하며, 기존의 법률관계를 확정 · 실현시키는 선언적 효과를 목적으로 하는 확인 · 이행의 소와 구별된다.

2. 소송요건

소송요건이란 소가 소송법상 적법한 취급을 받기 위해 구비하여야 하는 사항을 말한다. 소송요건상 흠이 있으면 법원은 본안판결이나 본안심리를 해서는 안 되며, 이러한 의미에서 소송요건은 본안판결요건인 동시에 본안심리요건이다(실체법에 의한 판단요건). 소송법적인 통제장치로서 소의 적법요건이라고도 한다.

한편, 소송제도를 이용할 정당한 이익 또는 필요성을 소의 이익이라 한다. '이익 없으면 소 없다'라는 법언이 지적하듯이 소송제도에 필연적으로 내재하는 요청이며, 권리보호요건, 소권요건 또는 정당한 이익이라고도 한다. 소의 이익은 소송요건의 일종으로 직권조사사항이고 본안판결의 요건이며, 이에 흠이 있을 때는 소가 부적법하다 하여 각하판결을 하여야 한다.

3. 소 송 물

민사소송에 있어서 당사자가 정하는 소송의 객체를 소송물이라 하며, 소송상의 청구 또는 심판의 대상이라 부르기도 한다. 이행의 소의 목적은 급여(급부)의 실현이므로, 그 소송물은 청구의 취지에 표현된 급여를 구할 수 있는 법적 지위의 주장 내지는 급여명령을 해줄 것의 요구이다. 다툼이 있는 권리관계의 공권적 확정을 목적으로 하는 확인의 소의 소송물은 청구의 취지에 표시된 권리관계의 존부의 주장 내지 확인재판을 해달라는 요구이다. 그리고 형성의 소는 판결에 의한 일정한 법률관계의 형성(변동)에 목적을 두고 있으므로, 그 소송물은 청구의 취지에 표시된 법률관계의 형성을 구할 수 있는 법적 지위의 주장 내지는 판결을 통한 법률관계의 형성의 요구이다.

4. 소의 제기

소의 제기는 소장의 제출 → 소장의 심사 → 소장의 송달 및 답변서 제출의무의 고지 → 답변서 제출 → 변론 → 증거조사 → 판결로 이어지는 소송과정의 제1단계에 해당하는 것이다.

통상의 소를 제기함에는 원칙적으로 소장이라는 서면을 제1심법원에 제출할 것을 요한다(소장제출주의). 소장에는 민사소송법 제249조에 정한 필요적 기재사항(당사자·법정대리인, 청구의 취지, 청구의 원인) 이외에 원고 또는 대리인이 기명날인 또는 서명할 것을 요한다.

5. 재판장의 소장심사와 소제기 후의 조치

소장접수에 의하여 소가 제기되면 제1회 변론기일을 열기에 앞서 법원은 재판장의 소장심사 → 소장부본의 송달과 답변서 제출의무의 고지 → 답변서의 제출 → 변론기일의 지정의 조치를 취한다.

6. 소제기의 효과

소가 제기되면 소송법상 소송계속의 효과가 발생하고, 실체법상 권리의 시효중단과 소권행사의 법률상 기간준수의 효과 등이 생긴다.

소송계속이란 특정한 청구에 대하여 법원에 판결절차가 현실적으로 걸려있는 상태, 즉 법원이 판결하는 데 필요한 행위를 할 수 있는 상태를 말한다.

이미 사건이 계속되어 있을 때는 그와 동일한 사건에 대하여 당사자는 다시 소를 제기하지 못한다(민사소송법 제259조). 이를 중복된 소제기의 금지 또는 이중소송의 금지원칙이라 한다.

한편, 소제기의 실체법상의 효과로서 주된 것이 시효중단과 법률상 기간(제척기간)준수의 효과(민사소송법 제265조), 연 20%의 소송이자의 발생이나, 그 밖에 선의 점유자의 악의의 의제(민법 제197조 제2항), 어음법상의 상환청구권의 소멸시효기간의 개시(어음법 제70조) 등의 효과가 생긴다.

Ⅱ. 변론(심리)

1. 의의와 종류

변론이란 기일에 수소법원의 공개법정에서 양당사자가 말로 판결의 기초가 될 소송자료, 즉 사실과 증거를 제출하는 방법으로 소송을 심리하는 절차이다. 변론은 심리절차상의 차이에 따라 필요적 변론과 임의적 변론으로 나뉜다.

재판 특히 판결절차에서는 그 전제로서 반드시 변론을 열지 않으면 안 되며, 변론에서 행한 구술진술만이 재판의 자료로서 참작되는 경우를 필요적 변론(또는 필수적 변론)이라 한다. 판결절차를 원칙적으로 필요적 변론에 의하게 한 것을 필요적 변론의 원칙이라 한다(민사소송법 제134조 제1항).

결정으로 완결될 사건은 법원의 재량에 의하여 임의적으로 변론을 열 수 있는 이의적 변론에 의한다(민사소송법 제134조 제1항 단서). 재량으로 변론을 열지 않는 경우에 소송기록에 의한 서면심리만으로 재판할 수 있으나, 법원은 당사자 · 이해관계인, 그 밖의 참고인을 심문할 수도 있다(민사소송법 제134조 제2항). 심문(審問)이란 당사자와 이해관계인, 그 밖의 참고인에게 적당한 방법으로 서면 또는 말로 개별적으로 진술할 기회를 주는 것을 말한다.

2. 심리에 관한 제원칙

(1) 공개심리주의

재판의 심리와 판결의 선고를 일반인이 방청할 수 있는 공개상태에서 행하는 주의이다(헌법 제109조). 국민에게 재판을 감시시켜 그 공정성을 담보하고 사법의 투명성에 대한 국민의 신뢰를 유지하는 한편, 허위진술 · 허위증언을 방지하려는 데 그 목적이 있다.

(2) 쌍방심리(심문)주의

소송의 심리에 있어서 당사자 양쪽에 평등하게 진술할 기회를 주는 입장을 말한다. 일방만의 공격으로 불의의 타격에 의한 희생을 방지하기 위한 것이다. 당사자평등의 원칙 또는 무기평등의 원칙(헌법 제11조)이라고도 한다.

(3) 구술심리주의

심리에 임하여 당사자 및 법원의 소송행위, 특히 변론 및 증거조사를 말(구술)로 행하는 원칙으로서 서면심리주의에 대립한다. 현행법은 구술심리주의를 원칙으로 하면서, 서면심리주의로써 그 결점을 보완하고 있다.

(4) 직접심리주의

판결을 하는 법관이 직접 변론을 듣고 증거조사를 행하여야 하는 주의를 말한다. 다른 사람이 심리한 결과를 기초로 재판하는 간접심리주의와 대립한다. 현행법은 직접심리주의를 원칙으로 하며, 판결은 그 기본이 되는 변론에 관여한 법관에 한하여 행하게 되어 있다(민사소송법 제204조 제1항).

(5) 처분권주의

절차의 개시, 심판의 대상과 범위 그리고 절차의 종결에 대하여 당사자에게 주도권을 주어 그의 처분에 맡기는 입장으로서 현행법이 원칙적으로 채택하고 있는 입장이다. 처분권주의는 널리 변론주의를 포함하여 당사자주의(자유주의적 소송원칙)로도 쓰이며, 이를 직권주의에 대응시키고 있다.

(6) 변론주의

소송자료, 즉 사실과 증거의 수집 · 제출의 책임을 당사자에게 맡기고, 당사자가 수집하여 제출한 소송자료만을 변론에서 다루고 재판의 기초로 삼아야 하는 입장이다. 제출주의라고도 한다.

(7) 적시제출주의

당사자가 소송자료, 즉 공격방어방법을 소송의 정도에 따라 적절한 시기에 제출하여야 하는 입장을 말한다. 공격방어방법의 제출시기에 관한 기본원칙으로서 민사소송법 제146조가 채택하고 있다.

(8) 집중심리주의

소송의 초기단계에서 쟁점과 증거를 수집 정리한 다음 주로 한 사건을 중심으로 집중적인 증인신문 · 당사자신문을 실시하는 심리방식을 말한다. 민사소송법 제272조에서 채택하고 있다.

(9) 직권진행주의

소송절차의 진행과 그 정리를 법원의 주도 하에 행하는 입장을 직권진행주의라 하며(이에 반하여 당사자에게 맡기는 입장을 당사자주의라고 한다), 이를 위하여 소송절차를 원활하고 신속하게 진행시키고 또 심리를 완전하게 하여 분쟁을 신속하고 적정하게 해결하게 하기 위해 법원에 인정된 소송의 주재권능을 소송지휘권이라 한다. 소송지휘권은 원칙적으로 법원에 속하며(민사소송법 제140조~제145조), 소송절차의 진행 중에 법규에 위배되는 일이 있는 경우 이에 대해 당사자는 이의를 하고 그 효력을 다툴 수 있는 소송상의 권능을 갖는데 이를 소송절차에 관한 이의권이라 한다(민사소송법 제151조).

3. 변론의 준비

현행법은 공개법정에서 양쪽 당사자가 맞서는 변론을 열기 전에 준비된 재판을 위하여 당사자에 의한 변론예고를 뜻하는 준비서면과 법원에 의한 변론준비로서 쟁점 및 증거를 정리하는 변론준비절차를 두고 있다.

준비서면은 합의부 이상의 사건에서는 당사자가 변론 또는 변론준비기일에서 말로 하고자 하는 사실상·법률상 사항을 기일 전에 예고적으로 기재하여 법원에 내는 서면을 말한다.

변론준비절차란 변론기일에 앞서 변론이 효율적이고 집중적으로 실시될 수 있도록 당사자의 주장과 증거를 정리하는 절차를 말한다(민사소송법 제279조 제1항).

4. 변론의 내용

변론은 먼저 원고가 낸 소장의 청구취지에 따라 특정한 내용의 판결을 구하는 진술을 함으로써 시작된다. 이에 의하여 변론의 주제가 제시되는데, 이는 본안재판의 대상과 내용에 관계되는 신청이기 때문에 본안의 신청이라 한다.

당사자는 변론주의 때문에 본안의 신청을 뒷받침하거나 무너뜨리기 위해 소송자료를 제출하여야 하는데 이를 공격방어방법이라 한다. 원고가 자기의 청구를 이유 있게 하기 위해 제출하는 소송자료를 공격방법, 피고가 원고의 청구를 배척하기 위해 제출하는 소송자료를 방어방법이라 하는데, 이를 합하여 공격방어방법이라 부른다. 공격방어방법은 법률상·사실상의 주장, 부인 및 증명이 그 주된 것이나, 그 밖에 증거항변, 개개의 소송행위의 효력·방식의 당부에 관한 주장도 포함된다.

피고가 원고의 청구를 배척하기 위하여 소송상 또는 실체상의 이유를 들어 적극적인 방어를 하는 것을 항변이라 한다. 항변은 소송절차에 관한 항변인 소송상의 항변과 청구기각을 목적으로 한 실체관계에 관한 본안의 항변으로 나누어진다.

5. 변론의 실시

변론은 미리 재판장이 지정하여(민사소송법 제165조) 양쪽 당사자에게 통지한 기일에 공개법정에서 행한다. 사건과 당사자의 이름을 부름으로써 기일이 개시되며(민사소송법 제169조), 재판장의 지휘 하에 변론이 진행된다(민사소송법 제135조).

법원은 소송심리를 정리하기 위하여 변론 중에 변론의 제한·분리·병합을 명할 수 있다(민사소송법 제141조). 하나의 소송절차에 여러 개의 청구가 병합되거나 또는 여러 개의 독립한 공격방어방법이 제출되어 쟁점이 복잡다단한 경우에는 이를 정리하기 위하여 변론의 대상인 사항을 한정하는 조치를 취할 수 있는데, 이를 변론의 제한이라 한다. 청구의 병합이나 공동소송 등으로 청구가 여러 개인 경우에 법원이 그 중 어느 청구에 대하여 별개의 소송절차로 심리할 뜻을 표명하는 것을 변론의 분리라 한다. 그리고 한 법원에 별개로 계속되어 있는 복수의 소송을 법원이 직권으로 하나의 소송절차에 몰아서 심리할 뜻을 명하는 것을 변론의 병합이라 한다.

법원은 일단 변론을 종결한 후라도 심리가 덜 되어 있음이 발견되거나 기타 필요하다고 인정할 때는 자유재량으로 변론을 재개할 수 있다(민사소송법 제142조). 또한 변론을 여러 차례의 기일에 걸쳐 열었다 하여도 같은 기일에 동시에 연 것과 같아진다. 그리고 변론의 경과를 명확하게 기록 보존하기 위하여 작성하는 문서를 변론조서라 한다.

6. 변론기일과 당사자의 결석

판결은 구술변론을 거쳐서 행하여야 하는 필요변론의 원칙(민사소송법 제134조 제1항) 때문에 변론기일(민사소송법 제258조)에 일방 또는 쌍방당사자가 결석하면 소송 진행의 길이 막혀 사건의 신속한 해결이 지연될 뿐 아니라, 소송제도의 기능이 마비되게 된다. 따라서 일방당사자의 결석인 경우에는 진술간주(민사소송법 제148조)와 자백간주(민사소송법 제150조 제3항)로, 쌍방당사자의 결석인 경우에는 소의 취하간주(민사소송법 제268조)로 처리하고 있다. 이러한 변론기일출석주의에 기한 출석강제의 세 가지 간주를 기일해태의 효과 또는 기일을 게을리 함에 따른 불이익이라고 한다.

7. 기일과 기간

기일이란 법원, 당사자, 기타 소송관계인이 모여서 소송행위를 하기 위해 정해진 시간을 말한다. 그 목적에 따라 변론기일, 변론준비기일, 증거조사기일, 조정기일 및 판결선고기일 등으로 나누어진다.

기간이란 소송행위나 기일의 준비를 그 사이에 하여야 할 시적 공간을 말한다. 기간의 계산은 민법에 따르며(민법 제155조 이하), 기간의 진행은 소송절차의 중단 또는 중지 중에는 정지되며, 그 해소와 동시에 다시 전체기간이 새로이 진행된다(민사소송법 제247조 제2항).

8. 소송절차의 정지

소송이 계속된 뒤에 아직 절차가 종료되기 전에 소송절차가 법률상 진행되지 않는 상태를 소송절차의 정지라 하며, 중단과 중지 두 가지가 있다.

중단이란 당사자나 소송행위자에게 소송수행을 할 수 없는 사유가 발생하였을 경우에 새로운 소송수행자가 나타나 소송에 관여할 수 있을 때까지 법률상 당연히 절차의 진행이 정지되는 것을 말한다. 그리고 중지란 법원이나 당사자에게 소송을 진행할 수 없는 장애가 생겼거나 진행에 부적당한 사유가 발생하여 법률상 당연히 또는 법원의 결정에 의하여 절차가 정지되는 경우를 말한다.

소송절차의 정지 중에는 변론이 종결된 경우의 판결의 선고를 제외하고, 소송절차상의 일체의 소송행위를 할 수 없으며, 기간의 진행이 정지된다(민사소송법 제247조).

Ⅲ. 증 거

1. 의 의

증거라는 말은 증거방법 · 증거자료 · 증거원인 등 여러 의미로 사용된다.

증거방법이란 법관이 그 오관의 작용에 의하여 조사할 수 있는 유형물을 말한다. 증거방법 중 증인 · 감정인 · 당사자본인 세 가지는 인증(人證)이고, 문서 · 검증물 · 전자저장정보물 등 그 밖의 증거 세 가지는 물증(物證)이다.

증거자료라 함은 증거방법의 조사에 의하여 얻은 내용을 말한다. 증언, 감정결과, 문서의 기재내용, 검증결과, 당사자신문결과, 그 밖의 증거인 영상사진 · 녹음테이프 등의 조사결과 등 여섯 가지 이외에 조사촉탁결과(민사소송법 제294조)도 증거자료가 된다.

증거원인이란 법관의 심증형성의 원인이 된 자료나 상황을 말한다. 변론 전체의 취지와 증거자료가 이에 해당한다(민사소송법 제202조).

2. 증거능력과 증거력

유형물이 증거방법으로서 증거조사의 대상이 될 자격을 증거능력이라 한다. 현행법은 자유심증주의를 채택하고 있기 때문에 원칙적으로 증거능력의 제한은 없다. 한편, 증거자료가 요증사실의 인정에 기여하는 정도를 증거력, 증명력 또는 증거가치라고 한다.

3. 종 류

증거는 주요사실에 관계되는지 여부에 따라 직접증거와 간접증거로 나눈다. 주요사실의 존부를 직접 증명하는 증거를 직접증거라 하며, 간접사실이나 보조사실을 증명하기 위한 증거를 간접증거라 한다.

한편, 당사자가 자기에게 증명책임 있는 사실을 증명하기 위하여 제출하는 증거를 본증이라 하고, 상대방이 증명책임을 지는 사실을 부정하기 위하여 제출하는 증거를 반증이라 한다.

4. 증명과 소명

증명이란 법관이 요증사실의 존재에 대하여 고도의 개연성, 즉 확신을 얻은 상태 또는 법관으로 하여금 확신을 얻게 하기 위해 증거를 제출하는 당사자의 노력을 말한다. 그리고 소명이라 함은 증명에 비하여 저도의 개연성, 즉 법관이 일단 확실할 것이라는 추측을 얻은 상태 또는 그와 같은 상태에 이르도록 증거를 제출하는 당사자의 노력을 말한다.

한편, 법원은 쟁점정리를 하면서 증명의 대상인 사실, 즉 요증사실과 그 필요가 없는 사실, 즉 불요증사실을 가려, 요증사실에 맞추어 집중증거조사를 실시할 필요가 있다. 이때의 사실이란 인식할 수 있는 외계의 사실과 내심의 사실(고의 · 과실, 선의 · 악의)을 말한다.

5. 자유심증주의

자유심증주의란 사실주장이 진실인지 아닌지를 판단함에 있어서 법관이 증거법칙의 제약을 받지 않고, 변론 전체의 취지와 증거자료를 참작하여 형성된 자유로운 심증으로 행할 수 있는 원칙을 말한다(민사소송법 제202조). 그리고 심증형성(사실인정)의 자료가 되는 증거원인에는 변론 전체의 취지와 증거조사의 결과 두 가지가 있다. 변론 전체의 취지란 증거조사의 결과를 제외한 일체의 소송자료를 의미하며, 증거조사의 결과란 법원이 적법한 증거조사에 의하여 얻은 증거자료를 말한다.

제 4 절 소송의 종료

소의 제기에 의하여 개시된 소송은 법원이 종국판결을 함으로써 종료되는 것이 보통이다. 그러나 민사소송은 사적 자치의 원칙이 지배하는 사적 분쟁을 대상으로 하므로, 당사자의 행위에 의하여 소송이 종료되는 경우도 있다. 소의 취하, 재판상 화해, 조정, 청구의 포기 · 인낙이 그것이다. 그 밖에 대립당사자 구조의 소멸로 양쪽 당사자 중 한쪽만이 남게 됨으로써 소송이 종료되는 경우도 있다.

Ⅰ. 당사자의 행위에 의한 종료

1. 소의 취하

소의 취하란 원고가 제기한 소의 전부 또는 일부를 철회하는 법원에 대한 단독적 소송행위이다. 이에 의하여 소송계속은 소급적으로 소멸되고(민사소송법 제267조 제1항), 소송은 종료된다. 종국판결 후에 소를 취하하면 이미 행한 판결이라도 당연히 실효하게 되지만, 본안에 관하여 종국판결이 있은 뒤에는 이미 취하한 소와 같은 소를 제기할 수 없다(동조 제2항).

2. 청구의 포기 · 인낙

청구의 포기란 변론 또는 변론준비기일에 원고가 자기의 소송상의 청구가 이유 없음을 자인하는 법원에 대한 일방적 의사표시이며, 청구의 인낙은 피고가 원고의 소송상의 청구가 이유 있음을 자인하는 법원에 대한 일방적 의사표시이다.

소송은 포기나 인낙이 있는 한도 내에서는 판결 없이 당연히 종료되며, 포기조서나 인낙조서는 확정판결과 같은 효력이 있으므로 판결에 있어서와 같은 당연무효의 사유가 없는 한 기판력이 생긴다.

3. 재판상 화해

재판상 화해란 소송계속 중 양쪽 당사자가 소송물인 권리관계의 주장을 서로 양보하여 소송을 중지시키기로 하는 기일에 있어서의 합의이며, 이의 유효성이 인정되면 화해조서를 작성한다. 화해조서는 확정판결과 같은 효력이 있다(민사소송법 제220조).

Ⅱ. 종국판결에 의한 종료

1. 재 판

재판이란 재판기관의 판단 또는 의사표시로서 이에 의해 소송법상 일정한 효과가 발생하는 법원의 소송행위이다. 재판의 주체와 성립절차의 차이에 의하여 판결·결정·명령으로 구분한다.

판결과 결정은 법원의 재판이고, 명령은 재판장·수명법관·수탁판사 등 법관의 재판이다. 또 판결은 원칙적으로 필요적 변론, 즉 변론을 거칠 것을 요하지만, 결정·명령은 원칙적으로 임의적 변론, 즉 변론을 거칠 것인지 여부가 법원의 재량에 일임되어 있다. 그리고 판결에 대한 불복방법은 항소·상고이지만, 결정·명령에 대한 불복방법은 이의 또는 항고·재항고이다.

2. 종국판결

종국판결은 소·상소에 의하여 계속된 사건의 전부·일부를 그 심급에서 완결하는 판결을 말한다(민사소송법 제198조). 판결이 선고되면 그와 동시에 판결법원에 대한 관계에서 생기는 기속력, 판결의 확정에 의하여 당사자에 대한 관계에서 생기는 형식적 확정력, 법원 및 당사자에 대한 관계에서 생기는 실질적 확정력(기판력) 이외에, 집행력, 형성력 등의 효력이 발생한다.

(1) 기 속 력

판결이 일단 선고되어 성립되면, 판결을 한 법원 자신도 이에 구속되며, 스스로 판결을 철회하거나 변경하는 것이 허용되지 않는다. 이를 판결의 기속력 또는 자기구속력이라 한다. 확정을 기다릴 필요 없이 선고와 동시에 그 효력이 생긴다(민사소송법 제205조).

(2) 형식적 확정력

법원이 한 종국판결에 대하여 당사자의 불복상소로도 취소할 수 없게 된 상태를 판결이 형식적으로 확정되었다고 하고, 이 취소불가능성을 형식적 확정력이라 한다. 판결정본이 적법하게 송달되었을 것을 전제로 하며, 상소의 추후보완·재심의 소에 의하여 배제될 수 있다.

(3) 기 판 력

확정된 종국판결에 있어서 청구에 대한 판결내용은 당사자와 법원을 규율하는 새로운 규준으로서의 구속력을 가지며, 뒤에 동일사항이 문제되면 당사자는 그에 반하여 되풀이하여 다투는 소송이 허용되지 않으며(不可爭), 어느 법원도 다시 재심사하여 그와 모순·저촉되는 판단을 해서는 안 된다(不可反). 이러한 확정판결의 판단에 부여되는 구속력을 기판력 또는 실질적 확정력이라 한다.

(4) 기타의 효력

① 집행력이란 판결로 명한 이행의무를 강제집행절차에 의하여 실현할 수 있는 효력을 말한다.

② 형성력이란 형성의 소를 인용하는 형성판결이 확정됨으로써 판결내용대로 새로운 법률관계의 발생이나 종래의 법률관계의 변경·소멸을 낳는 효력을 말한다.

③ 민법 그 밖의 법률에서 판결의 존재를 요건사실로 하여 일정한 법률효과의 발생을 규정한 경우가 있는데 이를 법률요건적 효력이라 부른다.

④ 확정판결의 효력 자체는 당사자에게만 미치는 것이 원칙이나, 판결을 받은 당사자와 실체법상 특수한 의존관계에 있는 제3자에게 판결의 효력이 이익 또는 불이익하게 영향을 미치는 경우가 있는데 이를 판결의 반사적 효력이라 한다. 법률요건적 효력의 일종이다.

제 5 절 상소심 절차

상소란 재판의 확정 전에 당사자가 상급법원에 대하여 재판이 잘못되었다고 하여 그 취소 또는 변경을 구하는 불복신청방법을 말한다. 오판으로부터의 권리구제를 보장함과 동시에 하급심에서의 불규칙적인 법운영의 혼선방지 및 법령해석·적용의 통일을 도모하기 위해 마련된 것이 상소제도이다.

현행법은 원칙적으로 두 차례의 상소를 허용하는 3심제도를 채택하고 있다. 첫 번째 상소(항소)는 제1심법원의 재판에 대하여 사실의 인정과 법률의 적용의 양 측면에서 보충적으로 심리를 하지만, 두 번째의 상소(상고)는 제2심까지의 사실의 인정을 기초로 하여 법률의 적용의 면에서만 심리를 하게 되어 있다. 그리하여 첫 번째의 상소심은 사실심이 되고, 두 번째의 상소심은 법률심이 된다.

현행법은 상소로서 항소·상고·항고의 세 가지를 인정하고 있다. 항소와 상고는 모두 판결에 대한 상소이고, 항고는 결정·명령에 대한 상소이다.

상소인에 의하여 상소가 제기되어도 상소법원은 모든 재판에 대하여 본안심판을 해야 하는 것은 아니며, 상소를 위해 일정한 요건을 갖춘 적법한 상소에 대해서만 이유 있는지 여부를 가리는 본안심리를 한다. 적법한 상소로 취급받기 위한 요건을 상소요건이라 하며, 이의 흠이 있을 때는 상소는 각하된다.

상소가 제기되면 그에 의하여 재판의 확정을 막아 차단되게 되고 상소기간이 경과되어도 원재판은 확정되지 않는데(민사소송법 제498조), 이를 확정차단의 효력이라 한다. 또 상소가 제기되면 그 소송사건 전체가 원법원을 떠나 상소심으로 이전하여 계속되는데, 이를 이심의 효력이라 한다. 상소의 제기에 의한 확정차단의 효력과 이심의 효력은 원칙적으로 상소인의 불복신청의 범위에 관계없이 원판결의 전부에 대하여 불가분으로 발생하는데, 이를 상소불가분의 원칙이라고 한다.

Ⅰ. 항 소

항소란 지방법원의 단독판사 또는 지방법원합의부가 한 제1심의 종국판결에 대하여 다시 유리한 판결을 구하기 위하여 항소법원에 하는 불복신청이다(민사소송법 제390조). 불복신청의 이유에 대해서는 제한이 없으므로 사실인정의 부당은 물론, 법령위반도 항소이유가 된다.

항소에 대한 응답은 종국적 재판으로 하여야 하며, 이에는 항소장각하 이외에 항소각하 · 항소기각 · 항소인용이 있는데, 항소장각하는 재판장의 명령으로, 나머지는 판결로써 행함이 원칙이다.

항소장의 방식위배, 항소기간의 도과, 항소장의 송달불능 등의 경우에는 재판장의 명령으로 항소장은 각하되며, 항소요건에 흠이 있어 항소가 부적법할 때에는 항소법원은 판결로써 항소를 각하한다. 또 항소가 이유 없어 원판결을 유지하는 경우에는 항소법원은 판결로써 항소기각을 하며, 항소가 이유 있을 때에는 항소법원은 판결로써 원판결을 취소하는데, 그 이후 소 자체에 대한 응답의 형태로서는 자판, 환송 및 이송을 들 수 있다.

Ⅱ. 상 고

상고란 종국판결에 대한 법률심에의 상소로서 원판결의 당부를 전적으로 법률적인 측면에서만 심사할 것을 구하는 불복신청이다. 상고심은 원판결의 당부를 법률적인 측면에서만 심사하기 때문에 항소와 달리 사후심적이다. 상고심은 스스로 사건의 사실인정을 하지 않고 원심의 사실인정을 전제로 재판한다. 이러한 의미에서 원판결이 적법하게 확정한 사실은 상고법원을 기속한다(민사소송법 제432조). 이를 증거채택 여부 및 사실인정은 사실심의 전권사항이라 한다.

상고심도 소의 취하, 청구의 포기 · 인낙, 화해와 종국적 재판에 의해 종료된다. 종국적 재판은 판결이 원칙이나 명령에 의하는 예외도 있다.

상고심재판장의 상고장각하명령에 대해서는 즉시항고를 할 수 없으며, 상고요건의 흠이 있는 경우에는 상고법원은 판결로써 상고를 각하하고(민사소송법 제425조 · 제413조), 상고가 이유 없다고 인정할 때는(민사소송법 제425조 · 제414조) 상고기각의 본안판결을 하여야 한다. 상고법원은 상고가 이유 있다고 인정할 때는 원판결을 파기하여야 한다. 상고법원이 원판결을 파기한 경우에는 사건을 환송 또는 이송하는 것이 원칙인데, 이 점이 항소인용의 경우에 자판, 즉 스스로 본안판결을 하는 것이 원칙인 항소심과 다르다. 확정된 사실에 대한 법령의 해석 · 적용의 잘못을 이유로 원판결을 파기하는 경우에 새로운 사실의 확정을 요하지 않고 그 확정사실에 기하여 판결을 할 수 있을 때 또는 사건이 법원의 권한에 속하지 않거나 그 밖의 소송요건의 흠을 이유로 원판결을 파기할 때에는 상고법원은 사건에 대해 자판을 하여야 한다(민사소송법 제437조).

Ⅲ. 항 고

항고란 판결 이외의 재판인 결정 · 명령에 대한 독립의 간이한 상소이다. 항고는 상급법원에 원재판의 당부의 판단을 구하는 점에서 항소 · 상고와 같지만, 간이하고 신속한 결정절차에 의하는 점과 이에 의하여 원법원이 원결정을 변경할 기회를 갖게 되는 점에서 크게 차이가 있다. 항고는 모든 결정 · 명령에 대해 허용되는 것이 아니라 법률이 특히 인정한 경우에 한한다.

항고는 항고제기의 기간 제한 여부를 기준으로, 그 제한이 없어서 항고의 이익이 있는 한 언제나 제기할 수 있는 통상항고(보통항고)와, 1주일의 불변기간 내에 제기하여야 하는 즉시항고로 나뉜다. 또 심급을 기준으로 최초의 항고와 재항고로 나눌 수도 있다. 한편, 불복신청을 할 수 없는 결정 · 명령에 대하여 비상구제책으로 대법원에 직소하는 항고로서 특별항고가 있다.

제 8 장

형 사 소 송 법

제1절 서 론

Ⅰ. 형사소송법의 개념

형사소송법은 형사절차를 규율하는 국가의 법체계를 말한다. 형사절차는 범죄에 대하여 국가의 형벌권을 실현하는 절차로서 범인을 발견하고 증거를 수집하기 위한 범죄의 수사, 범인에 대해 법원에 심판을 요구하는 공소제기, 범죄의 사실을 밝히는 공판절차, 형의 선고와 형의 집행 등으로 구성된다. 엄격한 의미에서 형사소송은 법관의 면전에서 진행되는 피고인의 유·무죄를 판단하기 위한 일련의 쟁송활동(爭訟活動)을 의미한다. 이러한 점에서 볼 때 형사절차는 형사소송보다 좀 더 넓은 개념이다.

형사소송법은 형법과 함께 넓은 의미의 형사법을 구성하고, 형법은 국가형벌권의 발생요건과 그 법적 효과를 규율하는 법률이다. 이에 반해 형사소송법은 형법에 의하여 발생된 국가형벌권을 구체적으로 실현하는 절차를 규율한다는 점에서 기술적 성격을 가진다. 다만 윤리적 타당성을 갖는 국가형벌권의 행사라도 그 실현절차가 국민의 기본적 인권을 침해한다면 이는 국가형벌권의 행사라고 할 수 없다. 따라서 헌법 제13조에서 밝히고 있는 형법의 기본원칙인 죄형법정주의(罪刑法定主義)와 형사소송법의 대전제인 적법절차(適法節次)의 원리를 구체적으로 실현할 때에 그 공권력 행사는 진정한 의미에서 국민이 신뢰하는 국가권력의 행사로 인정된다.

Ⅱ. 형사소송법의 기본원리

형사소송법상 인정된 기본원리 중에는 실체적 진실주의가 중요하다. 예컨대 살인 범인을 체포하고 검사가 그 살인죄를 범한 피의자를 기소한다고 하여도 그것만으로 바로 피고인에게 유죄판결을 내릴 수 없다. 공판정에서 형사절차의 기초가 되는 사실을 신중하게 심리하여 실체적 진실을 객관적으로 규명하고 난 후에 공정한 판결을 내려야 한다.

다음으로 형사절차는 법원이 그 절차의 진행 중 피고인이나 증인을 신문하거나 직권으로 증거조사를 한다고 하는 직권주의와 실체적 진실발견의 원동력인 갈등 · 투쟁하는 대립당사자의 소송활동절차상의 원리로써 당사자주의가 있다. 우리나라에서는 직권주의를 원칙으로 하면서 당사자주의를 가미하고 있다. 직권주의적 요소로는 피고인신문(訊問)제도(형사소송법 제296조의2), 법원의 직권에 의한 증거조사(형사소송법 제291조의2), 법원의 증인신문(형사소송법 제161조의2) 등을 들 수 있다. 당사자주의적 요소로는 공소사실의 특정(형사소송법 제254조 제4항), 피고인 및 검사의 증거신청권(형사소송법 제294조), 증인신문에 있어서 교호(交互)신문제도(형사소송법 제161조의2 제2항) 등을 들 수 있다.

나아가 피고인의 지위를 보호하기 위한 것도 형사소송법의 기본원리이다. 예컨대 첫째로 피고인에게 진술거부권이 인정되고 있어, 형사상 자기에게 불리한 진술을 거부할 권리가 보장되고 있다(헌법 제12조 제2항 후단, 형사소송법 제283조의2, 제244조의3). 둘째로 변호인선임권이 인정되고 있다(헌법 제12조 제4항, 형사소송법 제30조). 즉 변호인을 독자적으로 선임하는 것이 곤란한 피의자나 피고인을 위하여 국선변호인제도를 두고 있다(형사소송법 제33조). 셋째로 변호인은 구금되어 있는 피의자나 피고인을 접견할 수 있다(형사소송법 제34조). 넷째로 피고인, 변호인, 법정대리인, 배우자 등은 구속된 피고인의 보석을 청구할 수 있다(형사소송법 제94조).

마지막으로 법원은 피고사건에 대하여 범죄의 증명이 있는 때에는 판결로써 형을 선고하여야 한다(형사소송법 제321조). 이 경우 판결이유에 범죄될 사실, 증거의 요지와 법령의 적용을 명시하여야 한다(형사소송법 제323조). 나아가 피고사건이 범죄로 되지 아니하거나 범죄사실의 증명이 없는 때에는 판결로서 무죄를 선고하여야 한다(형사소송법 제325조). 이것을 일반적으로 "의심이 없는 것은 벌하지 않는다" 또는 "의심이 없는 것은 무죄가 추정된다"는 원칙을 인정한 규정이라고 할 수 있다.

Ⅲ. 형사소송의 주체

소송은 대립하는 두 당사자가 법원의 심판을 받는 일련의 과정으로 이 소송을 이끌어 나가는 자를 소송주체라고 한다. 형사소송은 국가의 공소권을 행사하는 검사와 그에 의하여 소추된 피고인을 대립당사자로 하고, 제3자인 법원이 이를 판단하는 구조를 취하고 있으므로 형사소송의 주체는 법원·검사·피고인·변호인이다.

1. 법 원

법원은 법률상 다툼에 대한 심리·재판을 하는 권한 및 이것에 부수하는 권한을 행사하는, 즉 사법권을 행사하는 국가기관을 말한다. 이러한 법원에는 사법행정단위인 국법상 의미의 법원과 개개의 사건에 대하여 심판권을 행사하는 법원인 소송법상 법원이 있다. 형사소송법은 공정한 재판을 실현하기 위하여 법원의 조직 및 구성면(제척, 기피, 회피)과 소송의 절차 및 내용면(공판중심주의, 피고인의 방어권 보장 등)에서 각각의 제도를 규정하고 있다.

또한 일반국민 중에서 선정된 배심원이 직접 형사재판에 참여하는 국민참여재판(국민의 형사재판 참여에 관한 법률)에 있어서는 배심원도 특정한 사건에 있어서는 형사소송의 주체가 된다.

2. 검 사

검사는 공소를 제기하여 수행하고 재판을 집행하는 권한을 갖는 동시에 공소준비를 위한 수사기관으로서 특정한 사건(부패·경제·공직자·선거·방위산업범죄 등 중요범죄와 경찰공무원이 직무와 관련하여 범한 범죄)에 관하여 수사권한이 있는 국가기관이다. 또한 검사는 법무부에 소속된 행정관청으로서 검찰사무를 처리하는 단독제의 관청이나, 범죄수사, 공소제기와 유지, 형집행 등 검찰권의 행사가 사법권과 밀접한 관계에 있기 때문에 준사법기관 내지 법조기관으로서의 성격을 갖는다고 할 수 있다.

3. 피 고 인

형사절차는 피고인을 중심으로 전개된다. 수사단계에서는 피의자로 불리며 수사의 대상이 되지만 공소가 제기되면 소추의 대상이라는 의미로 피고인이라 불린다. 그러나 피의자와 피고인 사이에는 명칭 이외의 본질적인 차이가 없다. 이것은 공판단계뿐만 아니라, 수사단계에서의 피의자에게도 주체로서 충분한 방어권을 보장해야 한다고 하는 입장에 따르면 더욱 그 차이를 인정할 필요가 없다.

규문절차에서는 규문판사가 소추의 권한도 가지고 있어 피고인은 단지 심판의 객체로써 당사자지위에서 파생하는 방어를 위한 권리가 인정되지 않았다. 그 후 피고인의 소송주체성이 인정되기 시작한 것은 19세기 탄핵주의가 도입된 이래이다. 다만 탄핵주의 형사소송구조에서도 대륙법계의 직권주의와 영미의 당사자주의에 따라 피고인의 지위가 달라진다.

4. 변 호 인

변호인은 피고인 또는 피의자의 방어력보충을 임무로 하는 보조자를 말한다. 이 같은 보조자를 두는 것은 당사자주의 하에서 피고인의 정당한 이익을 보호하고 당사자로서의 지위를 실질적으로 보장하여 공정한 재판을 실현하기 위한 것이다. 따라서 헌법은 구속된 피고인 · 피의자가 변호인의 도움 받을 권리를 국민의 기본권으로 보장하고 있으며(헌법 제12조 제4항), 현행 형사소송법도 이를 구현하여 변호권의 범위를 현저히 강화 · 확대하고 있다. 변호인은 그 선임방법에 따라 사선변호인과 국선변호인이 있다.

제 2 절 수사와 공소

Ⅰ. 수 사

1. 수사의 의의

수사(搜査)는 범죄의 혐의가 있는 자를 수색하여 필요가 있으면 그 신병을 확보하고, 공소의 제기 및 유지에 필요한 증거를 수집하는 수사기관의 활동을 말한다. 따라서 수사는 주로 공소제기 전에 행해지지만, 공소를 유지하기 위해서도 보충적으로 행해진다. 다만 공소제기의 전후에 수사기관의 권한에 대한 차이가 있다.

2. 수사기관

(1) 수사기관의 의의

수사기관이란 법률상 범죄수사의 권한이 인정되는 국가기관을 말한다. 형사소송법상 수사기관에는 검사와 사법경찰관리가 있으며, 검사와 사법경찰관은 수사에 관하여 서로 협력하여야 한다(형사소송법 제195조 제1항).

(2) 수사의 조건

수사는 그 성격상 언제나 기본권침해의 위험성을 수반하고 있어 수사개시에 일정한 조건이 필요하다. 이를 수사의 조건이라고 하며 일반적으로 수사의 필요성과 상당성이 논해진다.

1) 수사의 필요성

수사는 임의수사 또는 강제수사를 불문하고 그 목적을 달성하기 위하여 필요한 경우에 한하여 인정된다(형사소송법 제199조). 수사의 필요성이 인정되기 위해서는 수사기관이 범죄혐의를 인지하고 소송조건이 존재하여야 한다.

i) 범죄혐의의 인지

수사기관은 범죄혐의가 있다고 사료되면 수사에 착수하여야 한다(형사소송법 제195조). 따라서 혐의 없음이 명백한 사건에 대해서는 수사가 허용되지 않는다. 이때 혐의는 수사기관의 주관적 혐의로서 구체적 사실에 근거를 둔 혐의일 것을 요한다.

ii) 소송조건

수사는 공소제기의 가능성이 있음을 그 요건으로 하기 때문에 소송조건이 결여되어 공소제기의 가능성이 없는 경우는 수사할 수 없다.

2) 수사의 상당성

수사의 필요성이 인정되는 경우에도 수사기관이 추구하는 목적에 상당하지 않다고 판단되면 수사는 허용되지 않는다. 이를 수사의 상당성이라고 하며, 수사의 신의칙(信義則)과 수사비례의 원칙이 그것이다.

i) 수사의 신의칙

범죄를 유발하는 함정수사는 국가가 사술(詐術)에 의하여 국민을 함정에 빠트리는 것으로써 수사의 신의칙에 반하기 때문에 허용되지 않는다.

ii) 수사비례의 원칙

수사는 그 목적을 달성하기 위한 최소한도에 그쳐야 한다는 원칙을 말한다. 형사소송법은 강제처분에 관하여 법률에 특별한 규정이 있는 경우에 한하며, 필요한 최소한도의 범위 안에서만 하여야 한다고 하여 비례성의 원칙을 규정하고 있다(형사소송법 제199조 제1항 단서).

Ⅱ. 수사의 단서와 개시

1. 수사단서의 의의

수사는 수사기관이 범죄의 발생을 인지하였을 때, 즉 범죄의 혐의가 있다고 사료하는 때 수사를 개시한다(형사소송법 제196조, 제197조). 이처럼 수사의 개시원인을 수사의 단서(端緖)라고 한다. 수사의 단서에는 수사기관이 스스로 체험한 경우와 타인의 체험을 근거로 하는 경우로 구분할 수 있다. 전자에 해당하는 것으로 현행범인의 체포 · 변사자의 검시 · 불심검문 · 자동차검문이 있고, 후자에 해당하는 것으로는 고소 · 고발 · 자수 등이 있다. 다만 현행범인의 체포는 뒤에서 기술하는 강제처분과 강제수사에서 살펴보기로 한다.

2. 수사기관의 체험에 의한 경우

(1) 변사자의 검시

변사자 또는 변사의 의심이 있는 사체의 상황을 조사하여 범죄혐의의 유무를 판단하는 처분을 말한다. 검시에 의하여 범죄에 의한 사망이라는 것이 명백해지면 수사가 개시된다. 따라서 변사자의 검시는 수사가 아니라 수사 전의 처분, 즉 수사의 단서에 불과하다.

(2) 불심검문

경찰관은 거동이 수상한 자 등을 발견한 때에는 이를 정지시켜 질문하거나 동행을 요구할 수 있다(경찰관직무집행법 제3조 제1항). 다만 이를 통하여 범죄혐의가 인정되면 수사가 개시되기 때문에 수사단서의 하나에 불과하며, 특정한 범죄혐의가 없어도 허용되는 행정경찰활동이다.

(3) 자동차검문

자동차검문은 범죄의 예방과 범인의 검거를 목적으로 통행중인 자동차를 정지하게 하여 운전자와 동승자에게 질문하는 것을 말하며, 여기에는 교통검문, 경계검문, 긴급수배검문이 있다.

3. 제3자의 체험에 의한 경우

(1) 고　소

고소는 범죄의 피해자 및 그와 일정한 자가 수사기관에 대하여 범죄사실을 신고하여 범인의 처벌을 구하는 의사표시를 말한다. 따라서 단순한 범죄사실의 신고와 구별되며, 주체가 피해자 또는 그와 일정한 관계가 있는 자로 한정된다는 점에서 고발과도 구별된다. 고소는 모든 범죄에 있어서 수사의 단서가 되지만, 친고죄에 있어서는 소송조건으로 피해자 등의 고소가 없으면 소추할 수 없다.

친고죄는 범인을 알게 된 날로부터 6월을 경과하면 고소하지 못하며(형사소송법 제230조 제1항) 고소권이 있는 자라고 하더라도 자기 또는 배우자의 직계존속은 고소하지 못한다. 다만 성폭력범죄에 대해서는 자기 또는 배우자의 직계존속도 고소할 수 있다(성폭력범죄의 처벌 등에 관한 특례법 제18조).

(2) 고 발

고소권자와 범인 이외의 사람이 수사기관에 대하여 범죄사실을 신고하여 그 소추를 구하는 의사표시를 말한다. 누구든지 범죄가 있다고 사료하는 때에는 고발할 수 있다. 고발은 그 방식과 절차 등이 고소의 경우와 같다(형사소송법 제239조). 다만 대리인에 의한 고발이 인정되지 않으며, 고발기간에도 제한이 없다. 또한 고발은 취소 후에도 다시 고발할 수 있다.

(3) 자 수

자수는 범인이 스스로 수사기관에 대하여 자기의 범죄사실을 신고하여 그 수사와 소추를 구하는 의사표시를 말한다. 따라서 피해자에게 자신의 범죄사실을 알리고 용서를 바라는 자복(自服)과 구별된다. 자수는 형법상 형의 감면사유로 되어 있지만(형법 제52조 제1항), 형사소송법상 수사의 단서에 불과하다.

Ⅲ. 임의수사

1. 임의수사의 의의

형사소송법은 수사의 방법으로 임의수사와 강제수사를 규정하고 있지만, 임의수사를 원칙으로 하고 있다. 즉 강제수사는 법률에 특별한 규정이 있는 경우에 예외적으로 허용된다(형사소송법 제199조 제1항 후단). 이 경우 임의수사는 상대방의 의사에 반하여 권리 · 법익을 침해하지 않는 방법으로 하는 수사를 말한다.

2. 임의수사의 적법성 한계

임의수사는 강제수사와 달리 그 성격상 다양하고 비유형적이기 때문에 법적 규제로부터 비교적 자유로운 영역이다. 그러나 임의수사도 형사절차인 이상 모든 형사절차를 지배하는 적정절차의 원칙에 의하여 규제가 됨은 물론, 수사의 조건, 상대방의 자유의사에 의한 승낙이 전제되어야 한다.

3. 임의수사의 종류와 방법

임의수사는 그 처분대상인 객체에 따라 대인적 임의수사와 대물적 임의수사로 구분한다. 전자에 해당하는 것으로는 피의자신문, 피의자 이외의 자의 조사, 사실조회가 있고, 후자에 해당하는 것으로는 상대방의 승낙 및 공도(公道)나 산야에서의 수색 · 검증이 있으나 수색 · 검증은 강제처분에서 살펴보기로 한다.

(1) 피의자신문

검사 또는 사법경찰관은 수사에 필요한 때에는 피의자의 출석을 요구하여 진술을 들을 수 있다(형사소송법 제200조 제1항). 이를 피의자신문이라고 하며 그 대상이 피의자라는 점에서 참고인조사와 구별된다. 다만 피의자와 참고인은 출석요구에 응할 의무가 없으므로 출석을 거부할 수 있고, 일단 출석하더라도 언제든지 퇴거할 수 있다는 점에서는 같다.

수사기관이 피의자를 신문하기 위하여 피의자의 출석을 요구하여야 하고, 진술거부권과 피의자신문참여권을 고지하여야 한다. 진술거부권을 고지하지 않고 신문한 진술을 기재한 피의자신문조서는 증거능력이 없다.

피의자신문조서는 피의자에게 열람하게 하거나 읽어주어야 하고, 진술한 대로 기재되지 아니하였거나 사실과 다른 부분의 유무를 물어 피의자가 증감 또는 변경의 청구 등 이의를 제기하거나 의견을 진술한 때에는 이를 조서에 추가로 기재하여야 한다. 그리고 피의자가 조서에 이의나 의견이 없음을 진술한 때에는 피의자가 그 취지를 자필로 기재한 후, 조서에 간인한 후에 서명 또는 기명날인하여야 한다(형사소송법 제244조).

(2) 피의자 이외의 자에 대한 조사

검사 또는 사법경찰관은 수사에 필요하면 피의자 아닌 자도 출석시켜 진술을 들을 수 있다(형사소송법 제221조 제1항). 이것을 참고인조사라고 하며, 참고인은 피의자 이외의 제3자라는 점에서 넓은 의미의 증인에 해당하지만, 참고인은 체험사실을 수사기관에 대해 진술한다는 점에서 증인과 구별된다. 참고인조사는 임의수사로써 증인과 달리 강제로 소환 · 신문 당하지 아니한다.

(3) **사실조회**

수사에 관하여 공무소 기타 공사단체에 조회하여 필요한 사항의 보고를 요구할 수 있다(형사소송법 제199조 제2항). 이 경우 조회를 받은 상대방은 보고의 의무가 있으나 임의수사의 일종이므로 이를 강제할 수는 없다.

Ⅳ. 강제처분과 강제수사

1. 강제처분의 개념

(1) **강제처분의 의의**

강제처분은 소송의 진행과 형벌의 집행을 확보하기 위하여 강제력을 사용하는 국가의 공권적 처분으로서 대인적 강제처분과 대물적 강제처분으로 구분할 수 있다. 전자에 해당하는 것으로서 체포와 구속이 있고, 후자에 해당하는 것으로서 압수, 수색, 검증 등이 있다.

(2) **강제처분의 허용범위**

강제처분은 그 성격상 개인의 자유 및 법익을 침해하기 때문에 헌법이 보장하는 기본적 인권과 끊임없이 대립한다. 따라서 강제처분은 법률에 특별한 규정이 있는 경우에 한하여 예외적으로 인정되며(강제처분법정주의), 또한 그것이 법률에 의하여 인정되는 경우라 하더라도 부득이 한 범위 내에서 필요·최소한에 그쳐야 하고(비례성의 원칙), 원칙적으로 법원이나 법관이 발부한 영장에 의하여야 한다(영장주의).

2. 체 포

(1) **체포영장에 의한 체포(통상체포)**

피의자가 죄를 범하였다고 의심할 만한 상당한 이유가 있고, 정당한 이유 없이 수사기관의 출석요구에 응하지 아니하거나 응하지 아니할 우려가 있는 때에는 검사는 관할지방법원판사에게 청구하여 체포영장을 발부받아 피의자를 체포할 수 있고, 사법경찰관은 검사에게 신청하여 검사의 청구로 관할지방법원판사의 체포영장을 발부받아 피의자를 체포할 수 있다. 다만 다액 50만원 이하의 벌금, 구류 또는 과료에 해당하는 사건에 관하여는 피의자가 일정한 주거가 없는 경우 또는 정당한 이유 없이 출석요구에 응하지 아니한 경우에 한한다(형사소송법 제202조의2 제1항).

(2) **긴급체포**

검사 또는 사법경찰관은 피의자가 사형, 무기 또는 장기 3년 이상의 징역이나 금고에 해당하는 죄를 범하였다고 의심할 만한 상당한 이유가 있고, i) 피의자가 증거를 인멸할 염려가 있는 때 또는 ii) 피의자가 도망하거나 도망할 우려가 있는 경우로서 긴급을 요하여 지방법원판사의 체포영장을 받을 수 없는 때에는 그 사유를 알리고 영장 없이 피의자를 체포할 수 있다. 그리고 긴급체포한 경우 피의자를 구속하고자 할 때에는 지체 없이 검사는 관할지방법원판사에게 구속영장을 청구하여야 하여야 한다. 이 경우 구속영장을 청구하지 아니하거나 영장을 발부받지 못하여 석방된 자는 영장 없이는 동일한 범죄사실에 관하여 다시 체포하지 못한다(형사소송법 제200조의3, 제200조의4).

(3) **현행범인의 체포**

현행범인은 범죄의 실행 중이거나 실행의 즉후인 자를 말한다. 또한 i) 범인으로 호창되어 추적되고 있는 자, ii) 장물이나 범죄에 사용되었다고 인정함에 충분한 흉기 기타의 물건을 소지하고 있는 자, iii) 신체 또는 의복류에 현저한 증적이 있는 자, iv) 누구임을 물음에 대하여 도망하려는 자 등의 준현행범을 현행범으로 간주하고 있다. 이러한 현행범인은 누구든지 체포할 수 있고 긴급체포와 함께 영장주의의 예외를 인정하고 있다. 다만 다액 50만원 이하의 벌금, 구류 또는 과료에 해당하는 사건에 대하여는 주거가 일정하지 않은 경우에만 현행범인으로 체포할 수 있다. 검사 또는 사법경찰관리가 아닌 자가 현행범인을 체포한 때에는 즉시 검사 또는 사법경찰관리에게 인도하여야 한다(형사소송법 제211조, 제212조, 제213조).

3. 구　　속

(1) **구속의 의의와 목적**

구속은 피의자 또는 피고인의 신체자유를 제한하는 대인적 강제처분이다. 피의자구속은 수사기관이 법관의 영장을 발부받아 행하는 구속이고, 피고인구속은 공소제기 후 법원이 행하는 구속으로서 비교적 장기라는 점에서 체포와 구별된다. 이러한 구속은 피의자 · 피고인의 형사소송에의 출석을 보증하고, 증거인멸에 의한 수사와 심리의 방해를 제거하며, 확정된 형법의 집행을 확보하는 것을 그 목적으로 한다.

(2) **구속의 요건**

피의자 · 피고인이 죄를 범하였다고 의심할 만한 상당한 이유가 있고, i) 일정한 주거가 없는 때, ii) 증거를 인멸할 염려가 있는 때, iii) 도망하거나 도망할 염려가 있는 때와 같은 구속사유 중의 하나에 해당하는 경우에 검사는 관할지방법원 판사에게 청구하여 구속영장을 발부 받아 피의자를 구속할 수 있다. 다만 50만원 이하의 벌금, 구류 또는 과료에 해당하는 범죄에 관하여는 피의자 · 피고인이 일정한 주거가 없는 경우에 한한다(형사소송법 제70조).

(3) 구속의 절차

1) 구속영장의 청구

구속영장은 검사가 직접 관할지방법원판사에게 청구하거나 사법경찰관이 검사에게 신청하여 검사의 청구로 발부받을 수 있다(형사소송법 제201조 제1항, 제200조의4 제1항). 다만, 검사는 사법경찰관이 신청한 영장을 정당한 이유 없이 판사에게 청구하지 아니한 경우 사법경찰관은 관할고등검찰청에 영장청구여부에 대한 심의를 신청할 수 있다(형사소송법 제221조의5).

2) 구속전 피의자심문제도

구속영장의 청구를 받은 판사가 피의자를 직접 심문하여 구속사유를 판단하는 제도로서 영장실질심사제도라고도 한다. 종래 구속 여부를 검사가 송부한 수사서류에 의하여 형식적으로 심사하던 것과 달리 판사가 피의자를 직접 심문하여 실질적으로 구속 여부를 심사하여 구속에 보다 신중을 기하고 있다고 볼 수 있다.

3) 구속영장의 발부

구속영장을 청구 받은 지방법원판사는 상당하다고 인정할 때에는 신속히 구속영장의 발부 여부를 결정하여야 하며(형사소송법 제201조 제3항), 그 청구가 기각된 때에는 피의자를 즉시 석방하여야 한다(형사소송법 제200조의4 제2항). 구속영장을 발부한 결정이나 그 발부를 기각한 결정에 대하여는 항고나 준항고가 허용되지 않지만(대결 2006.12.18. 2006모646), 구속영장을 재청구할 수 있다.

4) 구속영장의 집행

구속영장은 검사의 지휘에 의하여 사법경찰관 및 교도관이 집행한다(형사소송법 제81조 제1항).

5) 구속기간

구속기간을 피의자에 대한 구속과 피고인에 대한 구속으로 구분하여 살펴보면 다음과 같다. 우선 피의자에 대한 구속기간은, 사법경찰관이 피의자를 구속한 때에는 10일 이내에 피의자를 검사에게 인치하지 아니하면 석방하여야 한다(형사소송법 제202조). 검사가 피의자를 구속한 때 또는 사법경찰관으로부터 피의자를 인치를 받은 때에는 10일 이내에 공소를 제기하지 아니하면 석방하여야 한다(형사소송법 제203조). 다만 검사는 지방법원판사의 허가를 얻어 10일을 초과하지 않는 한도에서 1차에 한하여 구속기간을 연장할 수 있다(형사소송법 제205조 제1항).

이에 대하여 법원의 피고인에 대한 구속기간은 2월로 한다. 특히 구속을 계속할 필요가 있는 경우는 심급마다 2개월 단위로 2차에 한하여 결정으로 갱신할 수 있다. 다만 상소심은 추가 심리가 필요한 부득이한 경우에는 3차에 한하여 갱신할 수 있다(형사소송법 제92조 제1항, 제2항).

4. 체포 · 구속된 자의 권리

(1) 접견교통권

1) 접견교통권의 의의

접견교통권은 헌법상 변호인의 조력을 받을 수 있는 권리(헌법 제12조 제4항)에서 파생되는 기본권으로서, 체포된 피의자 또는 피고인이 변호인 등 타인과 접견하고 서류 또는 물건을 수수하며, 의사의 진료를 받을 수 있는 권리를 말한다(형사소송법 제34조, 제89조, 제91조, 제209조).

2) 변호인의 접견교통권

헌법 제12조 제4항은 접견교통권에 대해 "누구든지 체포 또는 구속을 당한 때에는 변호인의 조력을 받을 권리를 가진다"라고 규정하여, 구속영장에 의하여 구속된 자는 물론 통상체포 · 긴급체포 · 현행범인의 체포에 의하여 체포된 자, 그리고 감정유치에 의하여 구속된 자 및 임의동행으로 연행된 자 등이 그 주체가 되고, 변호인 또는 변호인이 되려는 자는 그 상대방이 된다(형사소송법 제34조). 또한 변호인의 이러한 접견교통권은 현행법상 아무런 제한 없이 보장되는 절대적 권리로서 변호인의 고유권이기도 하다.

3) 비변호인의 접견교통권

변호인과 달리 비변호인의 접견교통권은 법률의 범위 내에서 보장된다. 즉 법원은 피고인이 도망 또는 증거인멸의 상당한 염려가 있는 때에는 직권 또는 검사의 청구에 의하여 결정으로 접견교통권을 제한할 수 있다. 다만 의류 · 양식 또는 의료품의 수수를 금지하거나 압수하는 것은 허용되지 아니한다(형사소송법 제91조 단서).

(2) 체포 · 구속적부심사제도

1) 체포 · 구속적부심사제도의 의의

체포 또는 구속적부심사제도는 수사기관에 의하여 체포 또는 구속된 피의자에 대하여 법원이 그 적법 여부와 필요성을 심사하여 구속이 부적법한 경우에 피의자를 석방하는 제도를 말한다(형사소송법 제214조의2 제1항).

2) 청구권자 및 청구사유

체포 · 구속적부심사의 청구권자는 구속영장에 의해 체포 또는 구속된 피의자, 그 변호인, 법정대리인, 배우자, 직계친족, 형제자매, 가족 및 동거인 또는 고용주이다. 또한 그 청구사유는 수사기관에 의한 체포 또는 구속의 적부이며, 그 위법여부는 심사 시를 기준으로 판단한다.

3) 법원의 심사와 결정

체포 · 구속적부심사의 청구를 받은 법원은 심문기일에 피의자를 심문하고 수사관계서류와 증거물을 조사하여(형사소송법 제214조의2 제4항), 심문이 종료한 때로부터 24시간 이내에 기각 또는 석방결정을 하여야 한다(형사소송규칙 제106조). 법원의 결정에 대해서는 항고할 수 없다(형사소송법 제214조의2 제8항).

(3) 구속의 집행정지와 취소 및 실효

1) 구속의 집행정지

구속의 집행정지는 구속의 집행력을 정지시켜 피고인 또는 피의자를 석방하는 제도이다. 즉 i) 법원은 상당한 이유가 있는 때에는 결정으로 구속된 피고인을 친족 · 보호단체 기타 적당한 자에게 부탁하거나 피고인의 주거를 제한하여 구속의 집행을 정지할 수 있다(형사소송법 제101조 제1항). 또한 ii) 구속된 피의자에 대하여는 검사 또는 사법경찰관이 구속의 집행을 정지할 수 있다(검찰사건사무규칙 제48조, 형사소송법 제209조). 구속을 집행정지하는 경우는 구속의 집행이 정지될 뿐이고, 그 영장에는 효력을 미치지 아니한다.

2) 구속집행정지의 취소

법원은 직권 또는 검사의 청구에 의하여 결정으로 구속의 집행정지를 취소할 수 있다(형사소송법 제102조 제2항). 구속된 피의자에 대하여는 검사 또는 사법경찰관이 결정으로 구속의 집행정지를 취소할 수 있다(형사소송법 제209조). 구속집행정지의 취소사유는 보석의 취소사유와 같다.

3) 구속의 실효

구속의 실효에는 구속의 취소에 의한 실효와 구속의 당연실효가 있다. i) 구속의 취소에 의한 실효는 구속사유가 없거나 소멸된 때에 법원의 직권 또는 검사 · 피고인 또는 피의자 · 변호인과 변호인선임권자의 청구에 의하여 결정으로 취소하는 것을 말한다(형사소송법 제93조). ii) 구속의 당연실효는 구속영장의 만료, 구속영장의 실효, 사형 · 자유형의 확정에 의하여 영장의 효력이 당연히 상실되는 것을 말한다.

5. 대물적 강제처분

(1) 압수 · 수색

1) 압수 · 수색의 의의

압수는 증거물 또는 몰수가 예상되는 물건의 점유를 취득하는 강제처분으로서 압류, 영치, 제출명령 등이 있다. 이에 대하여 수색은 압수할 물건이나 피의자를 발견하기 위해 사람의 신체나 물건 또는 일정한 장소를 뒤져 찾는 강제처분을 말한다. 수색은 일반적으로 압수의 전제로 행해지거나 압수와 함께 행해지고 있어 실무상으로도 압수 · 수색이라는 단일영장이 사용되고 있다.

2) 압수 · 수색의 대상

압수의 대상은 증거물 또는 몰수할 것으로 예상되는 물건으로써 점유가 가능한 유체물이다(형사소송법 제106조). 즉 증거물과 몰수물은 원칙적으로 압수할 수 있으나, 법률에 다른 규정(우편물 및 비밀보호를 위한 제한)이 있는 경우에는 예외로 한다. 또한 수색은 피고인의 신체, 물건 또는 주거지 그 밖의 장소를 수색할 수 있다(형사소송법 제109조).

3) 압수 · 수색의 절차

검사는 지방법원판사에게 청구하여 발부받은 영장에 의하여 압수 · 수색을 할 수 있다(형사소송법 제215조 제1항). 법원이 하는 압수 · 수색도 공판정 외에서 하는 경우에는 영장을 발부받아야 한다(형사소송법 제113조). 압수 · 수색영장은 검사의 지휘에 따라 사법경찰관리가 집행하며, 이 경우 그 처분을 받은 자에게 반드시 제시하여야 한다. 다만 일출 전, 일몰 후에는 원칙적으로 집행할 수 없다.

4) 압수물의 처리

압수물은 압수한 법원 또는 수사기관의 청사로 운반하여 보관함이 원칙(자청보관의 원칙)이나, 위탁보관(운반 또는 보관에 불편한 압수물), 폐기처분(위험발생의 염려가 있는 압수물), 대가보관(멸실 · 파손 또는 부패의 염려가 있거나 보관하기 불편한 경우)을 할 수 있다.

(2) 검 증

1) 수사기관의 검증

검증은 사람, 장소, 물건의 성질 · 형상을 오관의 작용에 의하여 인식하는 강제처분을 말한다. 검증에는 법원의 검증과 수사기관이 하는 검증이 있지만, 법원의 검증은 증거조사의 일종으로 영장을 필요로 하지 않는다(형사소송법 제139조). 형사소송법은 수사기관의 검증에 관하여 법원의 검증에 관한 규정을 준용하며(형사소송법 제219조), 그 대상에 제한을 두고 있지 않다. 즉 신체의 오관에 의하여 인식이 가능하면 유체물, 무체물을 구분하지 않는다. 검사가 검증을 하기 위해서는 지방법원판사가 발부하는 영장이 있어야 하며, 검증영장의 청구와 발부 그리고 집행도 압수 · 수색영장의 경우에 준한다(형사소송규칙 제107조 제1항).

2) 신체검사

검증에 필요한 처분으로 신체검사를 할 수 있다(형사소송법 제140조). 신체검사는 신체 자체를 검사대상으로 하므로 신체외부에서 증거물을 찾는 신체수색(형사소송법 제109조)과 구별되며, 혈액채취나 X-선 촬영과 같은 전문적 지식과 경험을 요하는 감정(형사소송법 제221조의4)과도 구별된다.

V. 수사의 종결

1. 수사종결의 의의

수사는 범죄의 혐의유무를 밝혀 공소를 제기 및 유지할 것인가를 결정하기 위한 수사기관의 활동이며, 제1차 수사권 및 수사종결권은 사법경찰관에게 있다. 다만 검사는 공소제기의 유무를 결정할 수 있을 정도로 피의사건이 규명되면 수사절차는 공소제기 또는 불기소의 형태로 종결된다. 그러나 공소제기 후에도 공소유지를 위하여 수사를 할 수 있으며 또한 불기소처분을 한 때에도 언제든지 수사를 재개할 수 있다.

2. 수사종결처분의 종류

(1) 공소제기

검사는 범죄혐의가 충분하고 소송조건을 구비하여 유죄판결을 받을 수 있다고 인정되면 공소를 제기한다(형사소송법 제246조). 공소제기는 공소장을 관할법원에 제출함으로써 이루어진다(형사소송법 제254조 제1항).

(2) 불기소처분

불기소처분은 검사의 수사결과 피의자에 대한 공소를 제기하지 않기로 결정하는 처분을 말한다. 불기소처분에는 협의의 불기소처분과 기소유예가 있다. 협의의 불기소처분은 피의사건이 범죄를 구성하지 않거나(혐의 없음) 공소를 제기할 만한 충분한 혐의가 없거나(죄가 안 됨) 기타 소송조건이 구비되지 않아서(공소권 없음) 적법한 공소를 제기할 수 없는 경우를 말한다. 기소유예는 피의사실이 인정되지만 형법 제51조 각호의 사항을 참작하여 공소를 제기하지 않는 경우를 말한다(형사소송법 제247조 제1항).

(3) 불기소처분에 대한 구제제도

고소인 또는 고발인은 검사의 불기소처분에 대한 불복수단으로 검찰청법에 의한 항고 및 재항고와 재정신청이 있다. i) 항고는 검사의 불기소처분에 불복하는 고소인이나 고발인이 그 검사가 속한 지방검찰청 또는 지청을 거쳐 서면으로 관할 고등검찰청 검사장에게 할 수 있다. 또한 ii) 항고를 한 자가(재정신청을 할 수 있는 자를 제외하고) 그 항고를 기각하는 처분에 불복하거나 또는 항고를 한 날부터 항고에 대한 처분이 이루어지지 아니하고 3개월이 경과한 때에는 그 검사가 속하는 고등검찰청을 거쳐 서면으로 검찰총장에게 재항고할 수 있다(검찰청법 제10조 제3항). iii) 고소권자로서 고소를 한 자와 형법 제123조부터 제126조까지의 죄에 대하여 고발을 한 자가 공소를 제기하지 아니한다는 통지를 받은 때에는 그 검사 소속의 지방검찰청 소재지를 관할하는 고등법원에 그 당부에 관한 재정신청을 할 수 있다(형사소송법 제260조 제1항).

Ⅵ. 공소의 제기

1. 공소의 의의

공소는 검사가 법원에 대하여 특정한 형사사건의 심판을 요구하는 법률행위적 소송행위를 말한다. 즉 공소제기에 의하여 공판절차가 개시되고 본래적 의미의 소송이 진행된다.

2. 공소제기의 기본원칙

(1) 국가소추주의

형사소송법 제246조는 "공소의 제기는 검사가 제기하여 수행한다"고 규정하여 공소의 주체를 개인이 아닌 국가기관인 검사임을 명시하고 있다. 이와 같이 공소제기의 권한을 국가기관에게 전담하게 하는 것을 국가소추주의라고 한다.

(2) 기소독점주의

국가기관 중에서도 검사만이 공소를 제기하고 수행할 권한을 갖는 것을 기소독점주의라고 한다. 형사소송법 제246조는 국가소추주의와 함께 기소독점주의를 규정하고 있다.

(3) 기소편의주의

형사사법의 합목적적 운영을 기한다는 형사정책적 관점에서 형사소송법은 제247조 제1항에서 기소편의주의를 채택하고 있다. 즉 "검사는 형법 제51조(양형의 조건)의 사항을 참작하여 공소를 제기하지 아니할 수 있다"고 규정하여 검사에게 기소·불기소의 재량권을 인정하고 있다.

(4) 기소변경주의

검사가 일단 제기한 공소를 스스로 철회하는 법률행위적 소송행위를 공소의 취소라고 하며, 형사소송법 제255조 제1항에서 "공소는 제1심판결 선고 전까지 취소할 수 있다"고 규정하여 기소변경주의를 취하고 있다.

3. 공소제기의 방식

(1) 공소장의 제출

공소를 제기할 때에는 검사가 공소장을 관할법원에 제출하여야 한다(형사소송법 제254조 제1항). 현행법은 형식적 확실성의 관점에서 공소제기의 서면주의를 철저히 요구하고 있다.

(2) 공소장의 기재사항

공소장에는 필요적 기재사항과 임의적 기재사항을 기재하여야 한다. 전자로는 피고인의 성명 기타 피고인을 특정할 수 있는 사항, 죄명, 공소사실, 적용법조가 있고, 후자에는 수개의 범죄사실과 적용법조를 예비적 또는 택일적으로 기재할 수 있도록 하였다(형사소송법 제254조 제3항, 제5항).

4. 공소장일본주의

검사가 공소를 제기함에는 공소장을 관할법원에 제출하여야 하는데(형사소송법 제254조 제1항) 이 경우 공소사건에 관하여 법원에 예단이 생기게 할 수 있는 서류 기타 물건을 첨부하여서는 안 된다는 원칙을 공소장일본주의(公訴狀一本主義)라고 한다(형사소송규칙 제118조 제2항). 이러한 공소장일본주의의 이론적 근거로 당사자주의적 소송구조, 예단배제의 원칙, 공판중심주의, 위법증거의 배제원칙이 있다.

5. 공소제기의 효과

공소제기에 의하여 수사절차는 종결되고 법원의 공판절차가 개시된다. 따라서 피의자는 피고인으로 전환되어 i) 수사의 객체에서 소송의 주체가 되고, ii) 공소가 제기된 이상 수사기관은 원칙적으로 수사를 전개할 수 없으며, iii) 공소시효도 정지된다(형사소송법 제253조 제1항). 또한 iv) 법원의 심판범위는 검사의 공소제기에 의하여 공소장에 기재된 공소사실에 제한된다.

6. 공소시효

(1) 공소시효의 의의

공소시효는 검사가 일정한 기간 공소를 제기하지 않고 방치하는 경우에 국가의 공소권을 소멸시키는 제도를 말한다. 공소시효는 형의 시효와 같이 형사법상 시효의 하나이지만, 확정판결 전에 발생한 실체법상의 형벌권을 소멸하게 하는 점에서 확정판결 후의 형벌권을 소멸하게 하는 형의 시효(형법 제78조~제80조)와 구별된다.

(2) 공소시효의 기간

공소시효의 기간은 법정형을 기준으로 다음의 기간이 경과하면 완성된다. 즉 i) 사형에 해당하는 범죄에는 25년, ii) 무기징역 또는 무기금고에 해당하는 범죄에는 15년, iii) 장기 10년 이상의 징역 또는 금고에 해당하는 범죄에는 10년, iv) 장기 10년 미만의 징역 또는 금고에 해당하는 범죄에는 7년, v) 장기 5년 미만의 징역 또는 금고, 장기 10년 이상의 자격정지 또는 벌금에 해당하는 범죄에는 5년, vi) 장기 5년 이상의 자격정지에 해당하는 범죄에는 3년, vii) 장기 5년 미만의 자격정지 · 구류 · 과료 또는 몰수에 해당하는 범죄에는 1년이다.

(3) 공소시효의 기산점

공소시효는 범죄행위가 종료한 때로부터 진행한다(형사소송법 제252조 제1항). 그 계산에 있어서 초일은 시간을 계산함이 없이 1일로 산정하고, 기간의 말일이 공휴일 또는 토요일에 해당하는 날이라도 기간에 산입된다(형사소송법 제66조 제1항).

(4) 공소시효의 정지

공소시효는 i) 공소의 제기, ii) 범인의 외국도피, iii) 재정신청, iv) 소년보호사건의 심리개시결정 등의 사유가 있으면 그 진행이 정지되고, 사유가 없어지면 나머지 기간이 다시 진행된다.

(5) 공소시효완성의 효과

공소제기 없이 공소시효기간이 경과하거나 공소가 제기되었으나 판결이 확정되지 아니하고 25년이 경과한 때에는 공소시효가 완성된다(형사소송법 제249조 제2항). 공소시효의 완성은 소송조건에 해당하므로 아직 공소를 제기하지 아니한 경우에는 검사는 공소권 없음을 이유로 불기소처분을 하여야 하며, 공소가 제기된 경우에 법원은 면소판결을 하여야 한다(형사소송법 제326조 제3호).

제 3 절 공판절차

Ⅰ. 공판절차

1. 공판절차의 의의

공소제기에 의하여 사건이 법원에 계속된 이래 그 사건을 심리하여 재판이 확정될 때까지의 모든 절차를 공판절차라고 한다. 공판절차는 공판준비절차와 공판기일절차로 구분되며, 공판기일절차를 협의의 공판절차라고 한다.

2. 공판절차의 기본원칙

(1) 공개주의

공개주의는 일반국민에게 법원의 재판과정에 대한 방청을 허용하는 주의를 말한다. 우리나라 헌법 제27조 제3항은 공개재판을 받을 권리와 제109조에 공개재판의 원칙을 선언하고 있고, 법원조직법 제57조 제1항도 "재판의 심리와 판결은 공개한다"고 하여 공개주의를 명백히 규정하고 있다.

(2) 구두변론주의

구두변론주의는 법원이 소송관계인의 구두에 의한 공격·방어를 기초로 심리·재판하여야 한다는 원칙을 말하며, 특히 판결은 법률에 다른 규정이 없으면 구두변론에 의하여야 한다(형사소송법 제37조 제1항).

(3) 직접주의

직접주의는 법원이 공판기일에 공판정에서 증인을 신문하든가 또는 증거서류 및 증거물을 직접 조사하고 이것을 기초로 하여 재판을 하는 주의로서 직접심리주의라고도 한다.

(4) **집중심리주의**

공판절차의 진행에 있어서 공판심리에 2일 이상을 요하는 사건은 가능한 한 매일 계속 개정하여 심리해야 한다는 원칙을 말하며 계속심리주의라고도 한다. 집중심리주의는 소송의 촉진과 신속한 재판의 이념을 실현할 수 있다.

Ⅱ. 공판심리의 범위

1. 심판의 대상

법원이 피고사건에 대하여 심판할 수 있는 범위는 불고불리(不告不理)의 원칙에 의하여 공소가 제기된 사건, 즉 공소장에 기재된 피고인과 공소사실에 제한된다. 따라서 공소장에 범죄일시 · 장소 · 방법을 명시하여 공소사실을 특정하여야 한다(형사소송법 제254조 제4항). 이와 같이 법원의 심판대상을 공소장에 기재된 공소사실에 제한하는 것은 피고인의 방어권행사를 보장하기 위한 것이다.

2. 공소장 변경

공소장변경은 검사가 공소사실의 동일성을 침해하지 않는 범위 안에서 법원의 허가를 얻어 공소장에 기재된 공소사실 또는 적용법조를 추가 · 철회 또는 변경하는 것을 말한다. 이러한 공소장 변경은 검사의 신청으로 법원의 허가를 얻어 하는 경우와 법원의 요구에 의하여 행해지는 경우가 있다(형사소송법 제298조 제1항, 제2항).

Ⅲ. 공판준비절차

1. 공판준비절차의 의의

법원은 공판기일에 심리를 신속하고 충실하게 하기 위하여 사전에 충분한 준비가 필요하다. 공판기일의 심리를 준비하기 위해 수소법원 및 소송관계인에 의해 행하여지는 절차를 공판준비절차라고 하며, 공판기일 전의 절차와 협의의 공판준비절차로 구분된다.

2. 공판기일 전의 절차

(1) **공소장부본의 송달**

법원은 공소의 제기가 있는 때에는 지체 없이 공소장부본을 피고인 또는 변호인에게 송달하여야 한다. 단 제1회 공판기일 전 5일까지 송달되어야 한다(형사소송법 제266조).

(2) **국선변호인의 선정**

국선변호사건 또는 필요적 변호사건에 있어서 피고인에게 변호인이 없는 경우에 법원은 국선변호인을 선정하여야 한다(형사소송규칙 제17조).

(3) **공판기일의 지정 · 변경**

공소장부본이 송달되고 국선변호인의 선정절차가 완료되면, 재판장은 공판기일을 정하여야 한다(형사소송법 제267조 제1항). 재판장은 직권 또는 검사 · 피고인이나 변호인의 신청에 의하여 공판기일을 변경할 수 있다(형사소송법 제270조 제1항).

(4) **공판기일의 통지와 소환**

공판기일은 검사 · 변호인과 보조인에게 통지하여야 한다. 공판기일에는 피고인 · 대표자 또는 대리인을 소환하여야 한다(제267조 제3항, 제2항).

(5) **공판기일전 증거조사**

법원은 검사 · 피고인 또는 변호인의 신청에 의하여 공판준비에 필요하다고 인정되는 때에는 공판기일 전에 피고인 또는 증인을 신문할 수 있고 검증 · 감정 또는 번역을 명할 수 있다(형사소송법 제273조 제1항). 또한 검사 · 피고인 또는 변호인은 공판기일 전에 서류나 물건을 증거로 법원에 제출할 수 있다(형사소송법 제274조).

(6) **공무소 등에 대한 조회**

법원은 직권 또는 검사 · 피고인이나 변호인의 신청에 의하여 공무소 또는 공사단체에 조회하여 필요한 사항의 보고 또는 그 보관서류의 송부를 요구할 수 있다(형사소송법 제272조).

3. 공판준비절차

(1) **의 의**

공판준비절차는 법원의 효율적이고 집중적인 심리를 위하여 수소법원이 주도하여 검사 · 피고인 또는 변호인의 의견을 들어 제1회 공판기일 전에 사건의 쟁점과 증거를 정리하기 위한 절차를 말한다.

(2) **공판준비절차의 대상과 유형**

공판준비절차의 대상은 효율적이고 집중적인 심리가 필요한 사건, 즉 국민참여

재판은 공판준비절차가 필수적이나, 배심원이 참여하지 않는 일반사건에 있어서는 법원이 필요하다고 스스로 결정한 사건이 그 대상이 된다(형사소송법 제266조의5 제1항). 이러한 경우 공판준비절차는 크게 두 유형으로 구분할 수 있다. 즉 i) 주장 및 입증계획 등을 서면으로 준비하게 하는 경우와 ii) 공판준비기일을 열어 진행하는 경우 그것이다.

Ⅳ. 공판정의 심리

1. 공판정의 구성

공판준비절차가 끝나면 공판기일의 심리에 들어가게 되며, 공판기일의 심리는 공판정에서 한다. 공판정은 공개된 법정을 의미하고 판사와 검사 · 법원사무관 등이 출석하여 개정한다(형사소송법 제275조 제2항).

2. 당사자의 출석

(1) 피고인의 출석

피고인이 공판기일에 출석하지 않으면 특별한 규정이 없는 한 개정하지 못한다(형사소송법 제276조). 피고인의 공판정 출석은 피고인의 권리인 동시에 의무이다. 따라서 공판정에 출석한 피고인은 재판장의 허가 없이 퇴정하지 못하며, 재판장은 피고인을 새성시키기 위하여 상당한 처분을 할 수 있다(형사소송법 제281조 제1항, 제2항).

(2) 검사의 출석

검사의 출석은 공판개정의 요건으로서 검사의 출석 없이는 원칙적으로 개정할 수 없다. 다만 검사가 공판기일의 통지를 2회 이상 받고 출석하지 아니하거나 판결만을 선고하는 때에는 검사의 출석 없이 개정할 수 있다(형사소송법 제278조).

(3) 변호인 등의 출석

변호인은 당사자가 아니므로 변호인의 출석 없이 개정할 수 있다. 다만 필요적 변호사건과 국선변호사건에 대하여는 변호인 없이 개정할 수 없다(형사소송법 제282조, 제283조). 그러나 필요적 변호사건에 있어서 변호인이 임의로 퇴정하거나 퇴정명령을 받은 경우(대판 1990.6.8, 90도646)와 판결만을 선고하는 경우에는 변호인 없이 개정할 수 있다(형사소송법 제282조 단서).

V. 공판기일의 절차

공판준비절차가 종료된 후 수소법원은 지정된 공판기일에 피고사건에 대한 실체심리를 하게 되며 이를 공판기일의 절차라고 한다. 공판기일의 절차는 i) 모두절차로 개시되어 ii) 사실심리절차와 iii) 판결선고절차를 거쳐 종료된다. 이 가운데 중심이 되는 것은 제1심 절차가 사실심이라는 그 특성상 사실심리절차 중의 증거조사절차이다.

1. 모두절차

모두절차는 제1회 공판기일에 행해지는 최초의 절차로서 피고인에 대한 진술거부권의 고지로 시작하여 재판장의 쟁점정리 등까지의 절차를 말한다.

(1) 진술거부권의 고지

재판장은 피고인이 진술하지 아니하거나 개개의 질문에 대하여 진술을 거부할 수 있음을 고지하여야 한다(형사소송법 제283조의2 제2항). 개정 형사소송법은 재판장에게 진술거부권의 고지의무를 명문화함과 동시에 피고인의 방어권을 강화하기 위하여 그 규정 위치를 인정신문의 앞으로 옮겼다.

(2) 인정신문

재판장은 피고인의 성명 · 연령 · 등록기준지 · 주거와 직업을 물어서 피고인임에 틀림이 없음을 확인하여야 한다(제284조). 이와 같이 실질적인 심리에 들어가기에 앞서 피고인으로 출석한 사람이 공소장에 기재한 피고인과 동일인인가를 확인하는 절차를 인정신문(人定訊問)이라고 한다.

(3) 검사의 모두진술

모두진술(冒頭陳述)은 검사가 사실심리에 들어가기에 앞서 사건의 개요와 입증방침을 밝히는 것을 말하지만, 법원은 이를 통하여 소송지휘의 기초를 마련하고 피고인은 적절한 방어준비를 할 수 있다.

(4) 피고인의 모두진술

피고인은 검사의 모두진술이 끝난 뒤에 공소사실의 인정 여부를 진술하여야 한다(형사소송법 제286조 제1항). 이를 피고인의 모두진술이라고 한다. 즉 피고인이 진술거부권을 행사하지 않는 이상 스스로 공소사실의 인정 여부를 진술하도록 규정한 것은 사건의 쟁점을 조기에 파악하여 신속한 심리를 가능하게 하기 위한 것이다.

(5) 재판장의 쟁점정리 및 검사·변호인의 증거관계 등에 대한 진술

재판장은 피고인의 모두진술이 끝난 다음에 피고인 또는 변호인에게 쟁점정리를 위하여 필요한 질문을 할 수 있으며, 증거조사에 들어가기 이전에 검사 또는 변호인으로 하여금 공소사실 등의 증명과 관련된 주장 및 입증계획 등을 진술하게 할 수 있다(형사소송법 제287조).

2. 사실심리절차

(1) 증거조사

1) 의 의

증거조사는 법원이 피고사건의 사실인정과 형의 양정(量定)에 관한 심증을 얻기 위하여 인증·서증·물증 등 각종의 증거방법을 조사하여 그 내용을 파악하는 소송행위를 말한다.

2) 증거조사의 절차

i) 증거조사의 신청

증거신청은 법원에 대해 특정한 증거조사를 요구하는 행위로서 당사자인 검사·피고인 또는 변호인의 신청에 의한 경우와 법원이 직권으로 하는 증거조사(형사소송법 제295조 후단)가 있다. 당사자의 증거신청방법은 서면 또는 구두로 할 수 있고, 그 시기에 대해서는 제한이 없다. 또한 증거신청의 순서는 공판기일에서는 거증책임이 있는 검사가 먼저 신청한 후 다음에 피고인·변호인이 신청한다(형사소송규칙 제133조).

ii) 증거결정

법원은 증거신청에 대하여 결정을 하여야 한다(제295조). 이 경우 법원이 필요하다고 인정하는 때에는 그 증거에 대한 검사·피고인 또는 변호인의 의견을 들을 수 있다(형사소송규칙 제134조 제1항).

iii) 증거조사에 대한 이의신청

검사·피고인 또는 변호인은 증거조사에 관하여 이의신청을 할 수 있으며, 이 경우 법원은 이의신청에 대하여 결정하여야 한다(형사소송법 제296조 제1항, 제2항, 동 규칙 제138조). 이의신청은 증거조사의 절차뿐만 아니라 증거조사단계에서 행하여지는 모든 처분을 대상으로 한다.

(2) 피고인신문

피고인신문은 피고인에 대하여 공소사실과 그 정상에 관한 필요한 사항을 신문하는 절차를 말한다. 검사와 변호인은 증거조사 후에 순차로 피고인에게 공소사실과 정상에 관한 필요사항을 신문할 수 있다. 다만 재판장은 필요하다고 인정하는 때에는 증거조사가 완료되기 전이라도 이를 허가할 수 있으며, 피고인을 직접 신문할 수도 있다(형사소송법 제296조의2 제1항, 제2항).

(3) **최종변론**

피고인신문이 끝나면 그 결과에 대한 당사자의 의견진술을 할 수 있는데, 이를 최종변론이라고 한다. 이 경우 의견진술은 검사의 의견진술, 피고인과 변호인의 최후진술의 순서로 진행된다. 검사는 증거조사와 피고인신문이 종료되면 사실과 법률적용에 관하여 의견을 진술하여야 한다. 이러한 검사의 의견진술을 검사의 논고(論告)라고 하며, 특히 검사의 양형에 대한 의견을 구형이라고 한다. 재판장은 검사의 의견을 들은 후 피고인과 변호인에게 최종의 의견을 진술할 기회를 주어야 한다(형사소송법 제303조).

3. 판결의 선고절차

그림 12 공판절차

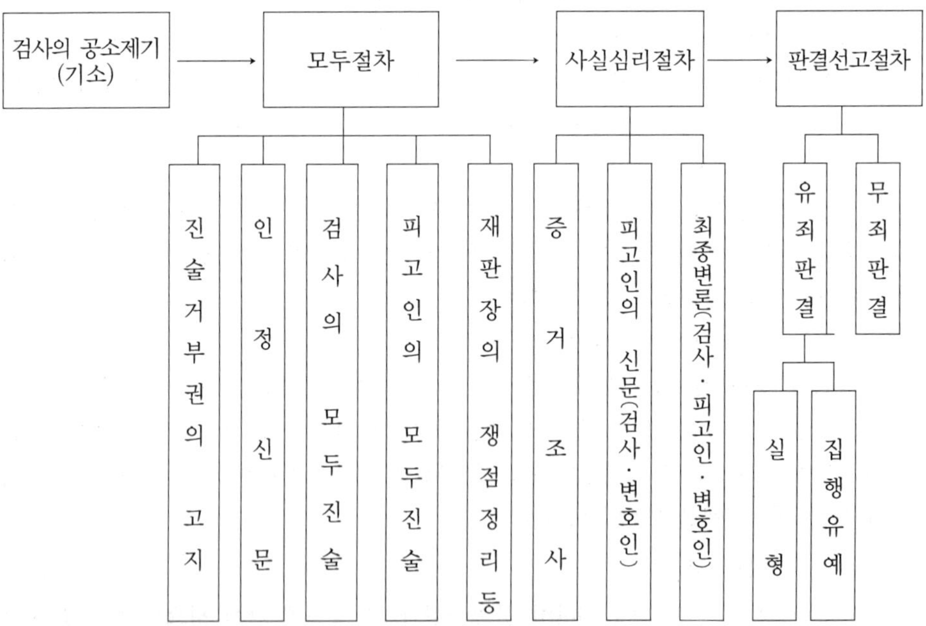

판결의 선고는 재판장이 하며, 주문을 낭독하고 이유의 요지를 설명하여야 한다(형사소송법 제43조). 이 경우 판결의 선고는 변론을 종결한 기일에 하여야 한다. 다만 특별한 사정이 있는 때에는 따로 선고기일을 정할 수 있다(형사소송법 제318조의4 제1항). 또한 유죄를 선고하는 경우에 재판장은 피고인에게 상소할 기간과 상소할 법원을 고지하여야 한다(형사소송법 제324조).

제4절 증 거

Ⅰ. 증 거

1. 증거의 의의와 종류

(1) 증거의 의의

형사소송법은 형법의 적정한 적용에 의하여 구체적 법률관계를 형성 · 확정하는 것을 목적으로 한다. 증거는 이러한 사실관계의 확정에 사용되는 자료를 말하며, 이 사실확정 또는 인정에 관한 법칙을 증거법이라고 한다.

(2) 증거의 종류

1) 직접증거와 간접증거

지접증거는 요증사실(증명대상)을 직접 증명하기 위한 증거로서, 예컨대 범행목격자의 증언, 피해자의 진술조서, 피고인의 자백 등이 있다. 이에 대하여 간접증거는 요증사실을 직접 증명할 수 없지만, 이것을 추인하게 하는 사실(간접사실)을 증명하기에 필요한 사실로서 정황증거(범행현장에서 채취한 피고인의 지문)라고도 한다.

2) 본증과 반증

요증사실에 대하여 거증책임을 부담하는 당사자가 그 사실을 증명하기 위하여 제출하는 증거를 본증(本證)이라고 하고, 상대방이 그 사실을 부정하기 위하여 제출하는 증거를 반증(反證)이라고 한다. 형사소송법상 거증책임은 원칙적으로 검사에게 있기 때문에 검사가 제출하는 증거를 본증, 피고인측이 제출하는 증거를 반증이라고 한다.

3) 실질증거와 보조증거

요증사실을 증명하기 위하여 사용하는 증거를 실질증거라고 하고, 이 실질증거의 증명력에 대해 영향을 미치는 사실(보조사실)을 증명하기 위한 증거를 보조증거라고 한다. 보조증거에는 증명력을 증강하기 위한 증거인 보강증거와 증명력을 감쇄하기 위한 탄핵증거(彈劾證據)가 있다.

4) 인적 증거와 물적 증거

증거방법의 물리적인 성질에 의한 구분으로서 그것이 사람인 경우를 인적 증거라고 하고, 그 이외의 경우를 물적 증거라고 한다. 양자는 주로 강제처분의 방법에 차이가 있다.

5) 진술증거와 비진술증거

진술증거는 사람의 진술이 증거가 되는 경우로 피고인의 진술 · 증인의 증언 등과 진술이 기재된 서면인 피의자신문조서 · 진술조서 등을 포함한다. 이에 대하여 비진술증거는 단순한 증거물이나 사람의 신체 등이 증거로 되는 경우를 말한다.

2. 증거능력과 증명력

(1) 증거능력

증거능력은 범죄사실의 인정에 사용될 수 있는 법률적 자격을 말한다. 증거능력이 없는 증거는 사실인정에 사용될 수 없는 것은 물론 증거조사도 허용되지 않는다. 즉 위법수집증거배제법칙(형사소송법 제308조의2), 자백배제법칙(형사소송법 제309조), 전문법칙(형사소송법 제310조의2)에 의하여 증거능력이 인정되지 않는 증거는 사실인정의 자료로 사용될 수 없다.

(2) 증거능력과 증명력의 구별

사실인정에 사용되는 증거는 증거능력은 물론 증명력이 있어야 한다. i) 증거능력은 증거의 형식적 자격을 말하고, ii) 증명력은 증거의 실질적인 가치를 말한다. 즉 증거자료가 요증사실의 인정에 기여하는 정도를 말한다. 따라서 증거능력의 유무는 법률에 규정되어 있어 법관의 자유로운 판단의 대상이 아니지만, 증명력은 증거가치의 정도에 관한 문제로서 자유심증주의에 따라 법관의 자유로운 판단에 맡겨져 있다(형사소송법 제308조).

Ⅱ. 증거법의 기본원칙

1. 증거재판주의

(1) 증거재판주의의 의의

증거재판주의는 공정한 재판을 위하여 증거에 의하여 사실을 인정하여야 한다는 증거법의 기본원칙이다. 즉 사실의 인정은 증거에 의하여야 하고, 범죄사실의 증명은 합리적인 의심이 없는 정도의 증명에 이르러야 한다(형사소송법 제307조).

(2) 증거재판주의의 내용

1) 사 실

사실은 공소범죄사실, 즉 범죄가 될 사실과 이와 관련된 중요한 사실을 말한다. 이것은 형벌권의 존부와 범위를 정하는 데 기초가 되는 사실로서 엄격한 증명의 대상이 된다. 그러나 사실 중에 어느 것이 엄격한 증명의 대상이 되고, 자유로운 증명의 대상이 되는가에 관하여 견해의 대립이 있다.

엄격한 증명은 어떤 사실을 증명하는 데 있어 증거능력이 있고 적법한 증거조사(형사소송법 제292조)를 거친 증거에 의하여야 하는 증명을 말하며, 여기에는 공소범죄사실, 처벌조건, 형의 가중 · 감면의 사유가 된 사실, 간접사실, 경험법칙 · 법규가 있다. 이에 대하여 자유로운 증명의 대상은 증거능력 및 증거조사의 요건을 필요로 하지 않는 증명을 말한다. 이것은 정상관계사실, 소송법적 사실, 보조사실 등이 있다.

2) 증명(증거에 의한 인정)

i) 증명의 의의와 정도

증명은 법원이 사실의 존부에 관하여 합리적인 의심이 없을 정도의 확신을 갖게 되는 심적인 상태를 말한다. 그러나 엄격한 증명과 자유로운 증명은 형사소송법상 증거능력의 유무와 증거조사의 방법에 차이가 있을 뿐, 증명의 정도에 차이가 있는 것은 아니다. 다만 소명(疎明)은 확신에 이르지 않을 정도의 심증형성 내지는 추측으로도 충분한 경우를 말한다.

ii) 불요증사실

증명의 대상인 사실의 성질에 비추어 증명이 필요 없는 사실을 말하며, 여기에는 공지의 사실, 추정된 사실, 거증금지의 사실 등이 있다. 이것은 증거재판주의의 원칙에 대한 이론상 예외이다.

2. 거증책임

거증책임은 요증사실의 존부가 증명되지 않을 경우에 불이익을 받게 되는 당사자의 법적 지위를 말한다. 형사소송에 있어서 "의심스러울 때에는 피고인의 이익으로" 또는 '무죄추정의 원칙'이 의미하는 것처럼 거증책임은 원칙적으로 검사에게 있다. 따라서 검사는 공소범죄사실, 처벌조건인 사실, 형의 가중 · 감면의 사유가 되는 사실, 소송법적 사실에 대한 거증책임이 있으며, 이러한 사실들이 존재한다는 것을 법원에 대해 합리적인 의심의 여지가 없을 정도로 증명하지 않으면 안 된다(형사소송법 제307조 제2항).

3. 자유심증주의

형사소송법 제308조는 "증거의 증명력은 법관의 자유로운 판단에 의한다"고 규정하여 증거의 평가에 대한 자유심증주의를 채용하고 있다. 즉 자유심증주의는 법정증거주의(法定證據主義)에 대립되는 개념으로서 증거의 증명력을 적극적 또는 소극적으로 법정하지 아니하고, 법관의 자유로운 판단에 맡기는 주의를 말한다. 이와 같은 자유심증주의가 갖는 기능은 법관이 증거의 증명력을 평가함에 있어서 그의 자유로운 판단에 맡겨 사실인정의 구체적 합리성을 도모하고자 함에 있다.

Ⅲ. 자백배제법칙

헌법 제12조 제7항과 형사소송법 제309조는 임의성이 의심되는 자백의 증거능력을 부정하는 자백배제법칙을 명백히 하고 있다. 즉 "피고인의 자백이 고문 · 폭행 · 협박 · 신체구속의 부당한 장기화 또는 기망 기타의 방법으로 임의로 진술한 것이 아니라고 의심할 만한 이유가 있는 때에는 이를 유죄의 증거로 할 수 없다"(형사소송법 제309조). 따라서 자백의 증거능력을 인정하기 위해서는 그 요건으로서 임의성(任意性)이 요구된다.

Ⅳ. 위법수집증거배제법칙

증거를 수집하는 과정에서 위법한 행위가 있는 경우는 그 증거에 증거능력을 인정하지 않는 원칙을 위법수집증거배제법칙(違法收集證據排除法則)이라고 한다. 위법수집증거에는 수사기관이 위법한 절차에 의해서 수집한 증거와 법원의 절차위법의 경우도 포함된다. 전자에 해당하는 것으로는 영장 없이 압수한 압수물, 진술거부권을 고지하지 아니하고 얻어낸 피의자의 진술 등이 있고, 후자에 해당하는 것으로는 선서 없이 행한 증인의 증언 등이 있다. 이처럼 위법수집증거배제법칙은 위법한 절차에 의하여 수집한 증거와 그 증거를 원인으로 얻은 부수적 증거에 대해도 증거능력을 부인하는 법칙을 말한다.

Ⅴ. 전문법칙

사실인정의 기초가 되는 경험적 사실을 경험자 자신이 직접 법원에 진술하지 아니하고 다른 간접적인 방법으로 공판정에 보고하는 경우에 그러한 매체(서면 또는 진술)를 전문증거라고 한다. 이러한 매체에 대해서는 공판정에서 당사자에 대해 반대신문(反對訊問)의 기회가 주어지지 않는 증거로서 증거능력을 인정하지 않기 때문에 증거로 사용할 수 없다. 그러나 전문증거의 경우에도 특신성과 필요성이 있는 경우 등에는 전문법칙의 예외를 인정하여 증거능력을 인정한다(형사소송법 제311조~제316조). 또한 검사 및 피고인은 증거의 전문법칙에 의하여 증거능력이 없는 증거라 하더라도 증거로 할 수 있음을 동의한 서류 또는 물건은 증거로 사용할 수 있다.

Ⅵ. 당사자의 동의와 증거능력

전문법칙에 의하여 증거능력이 없는 증거라고 할지라도 "검사와 피고인이 증거로 할 수 있음을 동의한 서류 또는 물건은 진정한 것으로 인정한 때에는 증거로 할 수 있다(형사소송법 제318조)"고 규정하여 일정한 조건 하에서 증거능력을 인정하고 있다. 이것은 전문법칙에 의하여 증거능력이 없는 증거라 할지라도 당사자가 동의한 때에는 증거로 할 수 있도록 하여, 재판의 신속과 소송경제에 부합하기 위한 규정이라고 할 수 있다. 다만 제318조의 규정에 따르면 ⅰ) 당사자의 동의만으로는 부족하고, ⅱ) 법원이 진정한 것으로 인정한 경우에만 그 증거능력이 인정된다.

Ⅶ. 탄핵증거

탄핵증거는 진술의 증명력을 다투기 위한 증거를 말한다. 즉 탄핵증거는 범죄사실을 인정하기 위한 증거가 아니므로 소송법상 엄격한 증거능력을 요하지 않기 때문에 전문법칙에 의하여 증거능력이 없는 전문증거라도 사용될 수 있다. "제312조부터 제316조까지의 규정에 따라 증거로 할 수 없는 서류나 진술이라도 공판준비 또는 공판기일에서의 피고인 또는 피고인 아닌 자의 진술의 증명력을 다투기 위하여 이를 증거로 할 수 있다(형사소송법 제318조의2)"고 하여 탄핵증거를 명문으로 규정하고 있다.

제5절 재 판

Ⅰ. 재판의 의의와 종류

1. 재판의 의의

재판은 좁은 의미로 피고사건의 실체에 대한 법원의 공권적 판단으로서 유죄와 무죄에 대한 실체적 종국재판을 말한다. 그러나 형사소송법에 있어서 재판은, 넓은 의미로 사용되고 있으며 이것은 법원 또는 법관의 의사표시적 소송행위의 총칭을 말한다.

2. 재판의 종류

(1) 재판의 형식에 의한 분류

1) 판 결

판결은 종국재판의 원칙적 형식이며, 법원의 재판 가운데 가장 중요한 의미를 갖는다. 판결에는 유죄 및 무죄판결의 실체판결과 관할위반의 판결, 면소판결, 공소기각의 판결 등 형식재판이 있다. 판결에 대한 상소방법은 항소 또는 상고이다.

2) 결 정

결정은 법원이 하는 종국전 재판의 원칙적 형식이며, 절차에 관한 재판은 원칙적으로 결정에 의한다. 보석허가결정, 증거신청에 대한 결정, 증거조사에 대한 이의신청에 대한 결정, 공소장변경허가결정이 여기에 해당한다. 결정에 대한 상소는 항고(형사소송법 제402조)에 의한다.

3) 명 령

명령은 법관이 재판장 · 수명법관 · 수탁판사로서 하는 재판을 말한다. 명령은 모두 종국전의 재판이며, 재판장 또는 법관 1인이 하는 재판은 모두 여기에 해당한다. 재판장의 공판기일지정이 여기에 해당한다. 명령에 대한 일반적인 상소방법은 없으나, 특수한 경우에 이의신청이나 준항고가 허용된다.

(2) 재판의 내용에 의한 분류

1) 실체재판

실체재판은 유 · 무죄의 판결을 말하며 본안재판이라고도 한다. 실체재판은 모두 종국재판으로서 판결의 형식에 의한다.

2) 형식재판

피고사건의 실체면을 제외한 절차적 · 형식적 법률관계를 판단하는 재판으로서 절차재판이라고도 한다. 종국전의 재판은 모두 형식재판이며, 종국재판 가운데도 관할위반 · 공소기각의 결정 · 판결 및 면소의 재판은 형식재판에 해당한다.

(3) 재판의 기능에 의한 분류

1) 종국재판

종국재판은 소송을 그 심급에서 종결시키는 재판을 말하며, 여기에는 유 · 무죄의 재판과 관할위반, 공소기각, 면소의 재판, 상소심에서 행하는 파기자판, 상소기각의 재판, 파기환송 · 파기이송 등이 해당한다. 종국재판에는 원칙적으로 상소가 허용된다.

2) 종국전의 재판

종국재판에 이르기까지 절차상의 문제를 해결하기 위해 행하는 재판을 말하며, 이를 중간재판이라고도 한다. 종국재판 이외의 결정과 명령이 여기에 해당한다.

Ⅱ. 재판의 확정과 효력

1. 재판의 확정

재판이 보통의 상소방법이나 기타 불복방법으로는 더 이상 다툴 수 없게 되어 내용을 변경할 수 없는 상태에 이른 것을 가리켜 재판의 확정이라고 한다. 그리고 이러한 상태에 있는 재판을 확정재판이라고 한다. 재판이 확정되면 본래의 효력이 발생하는 데 이를 재판의 확정력이라고 한다.

2. 재판확정의 시기

재판확정의 시기는 불복의 허용여부에 따라 그 시기가 다르다. 우선 불복이 허용되지 않는 재판은 법원의 관할 또는 판결전의 소송절차에 관한 결정과 항고법원 또는 고등법원의 결정 그리고 대법원의 결정과 판결 등이 있으며, 이와 같은 결정과 판결은 원칙적으로 선고 또는 고지와 동시에 재판이 확정된다. 이에 대하여 불복신청이 허용되는 재판에는 불복신청기간의 경과와 불복신청의 포기 또는 취하 그리고 불복신청을 기각하는 재판의 확정에 의하여 재판이 확정되기 때문에 이러한 경우에 있어서는 그 불복의 가능성이 소멸된 때에 확정된다.

Ⅲ. 상소 · 비상구제절차 · 특별절차

1. 상 소

(1) 상소의 의의

상소는 확정되지 않은 재판에 대해 상급법원에 구제를 구하는 불복신청제도를 말한다. 형사소송법이 인정하는 상소에는 항소, 상고 그리고 항고가 있다.

(2) 상소의 종류

1) 항 소

항소는 제1심 판결에 불복하여 제2심 법원에 제기하는 상소를 말한다. 따라서 제1심 판결에 대해 대법원에 상소하는, 즉 비약적 상고는 항소가 아니다. 또한 판결에 대한 불복방법이므로 결정이나 명령에 대해서는 항소할 수 없다.

2) 상 고

상고는 제2심 판결에 대해 대법원에 제기하는 상소를 말한다. 상고는 원칙적으로 제2심 판결에 대해 허용되나 예외적으로 제1심 판결에 대하여 상고가 인정되는 경우가 있다. 이를 비약상고라고 한다(형사소송법 제372조). 삼심제를 취하고 있는 현행법 하에서 상고심은 최후의 심급으로서 법률심과 사후심의 성격을 가지고 있다.

3) 항 고

항고는 법원의 결정에 대한 상소를 말한다. 결정은 판결에 이르는 과정에 있어서 절차상의 사항에 대한 종국전의 재판이다. 따라서 결정에 대한 상소인 항고는 종국재판인 판결에 대한 상소와 구별된다. 판결에 대한 항소 · 상고는 언제나 허용되지만, 항고는 법률이 특별히 인정되는 경우에만 허용되고 그 절차도 간단하다.

2. 비상구제절차

(1) 재 심

재심은 유죄의 확정판결에 중대한 사실오인이 있는 경우에 판결을 받은 자의 이익을 위하여 이를 시정하는 비상구제절차를 말한다. 확정판결에 대한 비상구제철차라는 점에서 미확정재판에 대한 구제절차인 상소와 구별된다. 그리고 재심은 사실오인을 시정하기 위한 비상구제절차인 점에서, 법령위반을 이유로 검찰총장이 청구(형사소송법 제441조)하고 판결의 효력도 원칙적으로 피고인에게 미치지 않는 비상상고와도 구별된다.

(2) **비상상고**

비상상고는 확정판결에 대하여 그 심판의 법령위반을 이유로 이를 시정하기 위하여 인정된 비상구제절차이다. 비상상고는 확정판결에 대한 구제절차라는 점에서, 미확정판결의 시정방법인 상고와 구별된다(형사소송법 제441조). 또한 비상상고는 법령위반을 이유로 하나, 재심은 사실오인을 그 이유로 한다는 점에서 구별된다. 따라서 비상상고는 재심과는 달리 신청권자가 검찰총장에 제한되고 관할법원이 대법원이며, 판결의 효력은 원칙적으로 피고인에게 미치지 않는다는 점에 특색이 있다.

3. 특별절차

(1) **약식절차**

약식절차는 지방법원의 관할사건에 대하여 검사의 청구가 있는 경우에 공판절차에 의하지 않고 검사가 제출한 자료만을 조사하여 약식명령으로 피고인에게 벌금·과료 또는 몰수의 형을 과하는 간편한 절차를 말한다. 약식절차에 의하여 형을 선고하는 재판을 약식명령이라고 한다. 약식절차는 서면심리를 원칙으로 한다는 점에서 간이공판절차(형사소송법 제286조의2)와 구별되며, 청구권자가 검사라는 점에서 경찰서장의 청구에 의하여 진행되는 즉결심판절차(즉결심판법 제3조 제1항)와도 구별된다.

(2) **즉결심판절차**

즉결심판은 20만원 이하의 벌금·구료 또는 과료에 처할 경미한 범죄에 대하여 지방법원·지원 또는 시·군 법원의 판사가 공판절차에 의하지 아니하고 즉결심판에 관한 절차법에 의해 신속하게 처리하는 심판절차를 말한다. 이와 같이 즉결심판절차는 경미한 사건에 대한 신속한 처리를 목적으로 하고 정식재판청구권이 보장되어 있다는 점에서 앞에서 서술한 약식절차와 유사하지만, 즉결심판의 경우에는 경찰서장이 청구권자이고, 지방법원·지원 또는 시·군법원의 판사가 직접 피고인을 신문하며 구류를 과할 수 있다는 점에 특징이 있다.

4. 재판의 집행과 형사보상

(1) **재판의 집행**

재판집행은 재판의 내용인 의사표시를 국가권력에 의하여 강제적으로 실현하는 것을 말한다. 재판의 집행에는 i) 형의 집행 이외에, ii) 추징·소송비용과 같은 부수처분, iii) 과태료·보증금의 몰수, 비용배상, iv) 강제처분을 위한 영장집행 등도 포함된다. 재판은 형이 확정된 후에 집행함이 원칙이며(형사소송법 제459조), 재판을 한 법원에 대응한 검찰청 검사가 지휘한다.

(2) **형사보상**

형사보상은 국가의 잘못된 형사사법권의 행사로 인하여 부당하게 미결구금이나 형집행을 받은 사람에 대하여 국가가 그 손해를 보상하여 주는 제도를 말한다. 우리 헌법 제28조는 "형사피의자 또는 형사피고인으로서 구금되었던 자가 법률이 정하는 불기소처분을 받거나 무죄판결을 받은 때에는 법률이 정하는 바에 의하여 국가에 정당한 보상을 청구할 수 있다"고 하여 형사보상청구권을 국민의 기본권으로 보장하고 있다.

제 9 장
국 제 법

제 1 절 국제법이란 무엇인가?

Ⅰ. 국제법의 법적 성격

1. 국내법과 국제법

우리가 일상적으로 접하는 법은 국가기관이 정립(定立)하고, 적용하며 또 집행하는 국내법이다. 그러나 세계는 국가의 범위를 초월한 국제관계가 존재하고 있다는 것을 누구든지 알고 있다. 예컨대 우리나라 사람이 외국의 상사와 거래를 하거나 또 우리나라의 전권대사가 상대국 대표와 외교교섭을 벌이는 것 그리고 외국과의 교전 시 상대국의 비행기에 폭격을 가한다고 하는 것도 누구나 들어서 알 수 있고 또한 체험할 수 있다. 이와 같은 관계 가운데는 예컨대 국제적 통신망의 정비와 같이 누구에게도 바람직한 것이 있는가 하면, 전쟁처럼 막대한 손해를 입히는 경우도 있을 수 있다. 아무튼 오늘날 국제관계는 어떤 국가도 회피할 수 없을 뿐만 아니라, 이와 같은 활동에 있어서도 국제사회의 일정한 규율을 따라야 할 필요가 있다. 이와 같은 규율은 국내사회를 포함한 국내법과는 별도의 국제사회에 필요한 고유의 법이 존재한다. 단지 오늘날 국제사회를 규율하는 법 –국제법(International Law)– 이 존재한다는 것을 의심할 필요는 없지만, 이것이 국내법과 다른 독자적인 사회를 기초로 하고 있다는 것으로부터, 양자를 동일한 의미의 법으로 다루는 것에 대해 당연히 의문이 제기될 것이다.

2. 국제법의 법적 성질

본래 법은 규범의 하나로서 국제법도 또한 규범이라는 점에 의문이 없다. 예컨대 국제법은 평시에 다른 나라의 영역을 침해하는 것을 금지하고 있으며, 또한 국가가 체결한 조약의 효력에 대해서는 상대국의 동의가 없는 한 그것을 부인할 수 없다고 규정하고 있다. 이것은 국내법에서 절도를 금지하거나 계약의 준수를 요구하고 있는 것과 똑같다. 단지 국내법에서는 법을 해석하고 적용할 절차를 진행하기 위한 조직이 있고, 위법한 행위가 무엇이며 그 결과 어떠한 제제가 가하여지는가에 대해서 그 절차로부터 스스로 분명하게 된다. 국제법의 법적 성질을 논할 때, 반드시 문제가 되는 것은 국내법과 같은 조직이 국제법에도 존재하는가 하는 것이다. 만약에 그것이 있다고 하면, 국제법규를 위반한 국가에 대해서 어느 기관이 국제법 위반을 확정하고, 또 더 이상 위반이 계속되지 않도록 방지하며, 더 나아가 이미 가해진 손해에 대해서도 책임을 추급하게 될 것이다.

국제사회의 현실을 살펴 볼 때, 국제법에 대한 위반을 확정하고 나아가 강제할 조직이 없다고 판정하는 것은 그렇게 곤란한 것이 아닐 것이다. 예컨대 "국제법을 실정도덕에 불과하다"고 오스틴(John Austin)이 표현한 것은 이와 같은 현실을 반영한 것이라고 볼 수 있다. 그러나 법에 의한 강제가 국제사회에 있어서도 국내와 동일한 형태로 나타날 수 없다는 것은 당연하다. 즉 국제사회는 국가와 같은 집중적 권력단체가 존재하지 않기 때문에 법의 적용 · 집행과정도 보다 개별적인 형태로 나타날 수밖에 없다. 국제사회에서 종종 호소하는 복구(復仇)나 전쟁은 때에 따라 불법행위로부터 입은 법익침해를 스스로의 힘에 의하여 구제하려고 하는 것을 목적으로 한다. 이것은 오늘날 국내법에서 금지된 자력구제(自力救濟)이지만, 이와 같은 형태를 취하지 않을 수 없기 때문에 국제법을 종종 발전단계의 도중에 중지된 이른바 「원시법(原始法)」이라고 평가한다(Hans Kelsen). 그러나 국내법에서도 공법관계를 국가와 개인의 법률관계로 파악할 때, 국가는 우월적지위로부터 그 법률관계를 스스로 실현할 수 있기 때문에 이른바 정의(正義)의 문제에 불과한 자력구제를 가지고 양자의 본질을 구분할 수 없을 것이다.

3. 국제법의 특색

그렇다고 하더라도 국제법이 국내법과 매우 다른 법이라는 것은 부정할 수 없다. 무엇보다도 국제사회는 압도적인 실력을 가지고 있는 권력단체(국내사회를 고려할 때의 국가에 해당한 것)가 존재하지 않을 뿐 아니라, 사회의 구성자(국가)도 그 통일적 권력에 대해 복종하지 않는다. 국제법의 정립, 적용, 집행이라는 기능을 보더라도 국내법에 있어서처럼 명확히 분화되어 있지 않지만, 이것을 국내법에 각각 대응시켜 보면 양자 사이에는 커다란 차이가 있다. 국제법의 정립은 조약체결이지만, 이것은 국민을 대표하는 국회의 다수에 의하여 제정된 국내법과 매우 다른 형태라는 것이 명백하고, 국제재판 및 복구, 전쟁이라고 하는 적용 및 집행의 수단에 대해서도 국내법 체제와는 매우 다른 것이다. 즉 국제사회는 통일적인 권력이 결여되어 있을 뿐만 아니라, 다른 한편 구성원인 국가들 사이에 엄격한 주권평등원칙이 적용되기 때문이다.

위에서 살펴 본 바와 같이 국제법은 이른바 세계법(국제적 통일권력 아래 조직화된 일반적인 법)과는 달리, 국제라고 하는 명칭을 공통으로 사용하고 있음에도 불구하고 국제사법이라는 다른 법도 있다. 더구나 국제법이 장래 갖추어야 할 형태에 대해서 세계법적 내용을 상정하는 것을 부당하다고는 말할 수 없을 것이다.

Ⅱ. 국제법의 생성과 발달

1. 국제법의 성립

국제법은 국제사회의 법이기 때문에 국제관계가 존재하는 한, 항상 존재하고 있다고 할 수 있다. 그러나 오늘날 우리가 이해하고 있는 국제법은 근대 유럽에서 그 기원을 찾을 수 있지만, 고대 · 중세 및 아시아 전근대사회에서 볼 수 있었던 그것과 오늘날의 국제법과는 직접적인 연관성이 없다. 즉 국제법은 중세 유럽후기에 이은 절대주의국가에 있어서 보편적 권위 나아가 아시아와 같이 이질적이며 어느 정도 수준 높은 문화를 갖고 있는 지역으로 확대하는 것에 대해서는 많은 저항을 제거하여야 할 필요가 있었다. 인도나 미얀마처럼 격렬한 저항을 억압하고 지배를 확보한 지역도 있었지만, 그 가운데는 일본처럼 유럽의 문명국가와 동등한 조약관계를 갖는 경우도 있었다. 그러나 이 경우에도 일본을 반문명국으로 간주하여 명치(明治) 초기의 '불평등조약'에서 볼 수 있었던 것처럼, 유럽국가들에게 특권이 유보되었다. 따라서 아시아, 아프리카를 포함한 세계 각국이 평등한 입장에서 국제사회를 구성하게 된 것은 두 번의 세계대전을 거쳐 민족자결의 원칙 하에서 식민지로부터 독립에 성공한 현대에 이르러서였다.

다른 한편 19세기 후반에 볼 수 있었던 다국간 조약의 증가나 국제법이 규율하는 영역의 확대(정치적 영역으로부터 우편, 통신 등 경제적 · 사회적 영역으로)로 인하여 복잡화하는 국제관계를 반영하고 있다. 1899년과 1907년의 두 번에 걸친 헤이그평화회의(Hague peace conferences)나 제1차대전 후에 성립한 국제연맹(League of Nation), 제2차대전 후의 국제연합(United Nation) 등은 이와 같은 정세 속에서 국제법을 크게 발전시켰다. 19세기 말 이후 경제 · 사회 영역에서 성공한 국제조직이 점차로 정치영역으로 확대된 것이 오늘날의 국제연맹이나 국제연합이다. 이 경험은 앞으로 국제사회가 지금까지의 최대 약점으로 여겨졌던 조직성에 대한 결여가 언젠가는 시정되리라는 기대를 가질 수 있게 하였다. 국제연합에 대한 사람들의 기대도 국제법이 법으로서 성장하고, 이것이 세계의 평화와 발전을 보장한다는 기대를 갖게 한다.

제 2 절 국제법과 국내법의 관계

국내법은 국민을 대표하는 의회에서 정립한 법규를 중심으로 성립된 것이고, 국제법은 관습과 조약이라는 형식에 의한 것이다. 즉 국제법의 법원은 국제관습 및 조약이다. 이러한 국제법과 국내법의 관계에 대해 전통적으로 일원론과 이원론의 입장이 대립되어 왔다. 즉 이원론에 의하면 국제법은 국내법의 대외적 부분에 해당한다고 생각하거나 국내법과는 전혀 별개의 체계에 속하는 것으로 취급되었다. 그러나 오늘날 국제법은 단순한 국내법의 일부분이 아닌 독자의 존재 의의를 갖고 있으며, 또한 양자 사이의 관계를 일원적으로 파악하지 않으면 안 된다고 하는 일원론이 지배적이다. 이 경우 문제가 되는 것은 구체적으로 양자가 어느 부분에 연결되어 있으며, 내용이 서로 저촉되는 경우에는 어떻게 해결해야 하는가 문제가 발생한다.

일반적으로 각 국가들은 국제법에 대한 구체적인 입장을 헌법에 규정하고 있다. 실제에 있어서 국제관습법은 대체로 국내법에 수용되며, 조약의 경우에는 그 내용이나 성질에 따라 일반변형(국제법을 일괄하여 국내법으로 전환) 또는 특별변형(국가의 특별한 행위를 통해서 국내법으로 전환)을 통해 국내법으로 전환된다고 할 수 있다.

영국의 경우, 국제법의 법원 중에, 우선 관습은 보통법(Common Law)의 일부가 되어 있기 때문에 이것에 대해서는 국내법과 동일하게 취급하고 있다. 그리고 조약에 대해서는 법률의 규정에 의해 적용되기 때문에 이것이 적용되는 이상 법률로서 취급된다. 이에 대하여 우리나라는 헌법 제6조 제2항과 제60조 제1항에 따라,

국제관습법은 헌법 제6조 제1항에 의하여 일반적으로 승인된 국제법규는 국내법으로 그대로 수용된다고 해석한다. 즉 헌법 제6조 제1항에 의하여 체결 · 공포된 조약은 일반변형에 의하여 국내법으로 전환되는 것과 동법 제60조 제1항의 규정에 의하여 주권의 제한에 관한 조약처럼 국회의 동의를 요하도록 하는, 즉 특별변형에 의하여 국내법으로도 전환된다.

제 3 절 국 가

Ⅰ. 서

오늘날 국제사회를 구성하고 있는 국가는 근대 유럽의 절대주의국가로부터 성립된 것으로서, 이러한 국가들을 전제로 국제법이 전개되어 왔다. 따라서 국가는 국제법이 적용되는 국제사회의 본질적 요소이기 때문에 국가 없이는 적어도 오늘날 사용하고 있는 의미의 국제법의 존재는 생각할 수 없다. 국제법은 원칙적으로 국가를 규율하는 법규라고 할 수 있으며, 국제법(Law of Nations)이라는 표현은 이러한 내용을 직접 나타내고 있다. 더구나 이것은 국가만이 국제법의 주체(권리 · 의무의 귀속자)가 된다는 것을 의미하지 않고, 법인을 포함한 개인 또는 오늘날은 특히 국제조직(국제연합)도 주체성이 인정되고 있다. 그럼에도 불구하고 국제법은 국가에 대한 규율이 그 양에 있어서도 가장 많다고 하는 것은 그와 같은 규율의 존재 자체가 국제법을 "국제법"답게 한다고 할 수 있다. 다만 국제사회의 발전은 이와 같은 사정에 변화를 일으키고 있으며, 개인이나 국제조직의 규율은 그 변화의 표현이라고 할 수 있다.

Ⅱ. 국제법의 주체로서 국가

1. 국 가

(1) 국가의 종류

국제법상 국가는 일정한 정도의 국민과 영토가 확립된 통치조직에 의하여 지배되고 있는 것을 말한다. 국민, 영토의 대소는 그 본질적 요소가 아니기 때문에 안도라, 산마리노, 바티칸, 모나코와 같이 영토, 국민 등이 불과 얼마 되지 않는 국가도 오래전부터 존재하고 있다. 즉 1965년 국제연맹에 가입할 당시 몰디브처럼 인구가 96,433명(현재 329,000명)이고, 총면적 또한 298㎢에 불과한 국가도 있다. 이와 같은 미니국가(mini-state, micro-state)의 존재는 국제연합에서 강대국과 동등한 표결권을 갖고 있기 때문에, 이들이 부담해야 할 의무와의 균형으로부터 문제가 발생할 수 있다. 그러나 현재에도 국가에 대한 요건 자체는 여전히 변함이 없다.

국가의 종류는 종주국과 종속국(과거의 터키와 이집트) 또는 보호국과 피보호국(프랑스와 인도차이나반도)처럼 두 개의 국가가 상하의 관계로 결합되어 있는 형태 등 다양하다. 대부분 식민지에서 독립한 오늘날 이와 같은 국가관계는 거의 찾아볼 수 없지만, 다만 아직도 존재하고 있는 방식은 국가가 횡(橫)적인 관계로 결합되어 있는 것으로서 그 가운데 중요한 것이 연방(Federation)형태이다. 이것은 동일한 군주 하에 거의 대등하게 국가가 결합된 동군연합과는 달리 중앙정부가 외교관계를 처리하며, 이들 연합국간의 무력충돌을 내란으로 취급하는 등 거의 한 개의 국가와 다르지 않다. 오늘날 주요국의 대다수(미합중국, 독일연방공화국, 스위스, 인도 등)는 이러한 형태를 취하고 있다. 더구나 영연방(Commonwealth of Nations)은 특수하여 연방이라는 명칭을 사용하고 있지만 독특한 국가결합이라고 할 수 있다. 그러나 국가의 종류는 단순화되어 가는 방향에 있어 오늘날 모든 국가를 동일한 형태의 국가로 단순히 파악하여도 국제법적으로 혼란을 초래할 만한 것은 없을 것이다.

(2) 국가의 성립(승인의 문제)

지금까지의 국가는 새로운 지역에서 신대륙을 발견하는 경우가 대부분이었다. 1836년 케이프식민지의 보어(Boer)인들이 북쪽으로 이동하여 남아프리카공화국을 건설하였고, 1847년 미국의 흑인들이 리베리아공화국을 세운 경우가 여기에 해당하지만, 대부분의 신대륙이 없어진 오늘날 이와 같은 국가 건설은 생각할 수 없다. 또한 쇄국정책을 일관하던 일본이나 중국처럼, 국제교통으로부터 고립되었던 국가가 기존의 국제사회에 진입하는 경우를 생각할 수 있지만, 이렇게 완전히 고립된 국가도 오늘날 존재하지 않는다. 따라서 새로운 국가의 성립으로서 생각할 수 있는 것은 기존의 국가가 분열되는 경우뿐일 것이다. 이것도 1905년 스웨덴 · 노르웨이의 동군연합(同君聯合)이 해체된 것처럼 명확한 협정에 근거한 것이라면, 새로운 국가의 성립도 객관적으로 명확하지만 일반적으로 국가의 분열은 본국의 반대를 무릅쓰고 행해지는 경우가 일반적이다.

국가성립에 대한 법적 의의는 단순히 한 국가가 국제관계로 진입하는 것에 그치지 않고 국제법의 규율 하에 놓인다고 하는 것을 의미한다. 국제법상의 관계로 진입하기 위해서는 이것을 요구하는 상대국의 합의가 전제조건이다. 국제사회는 국가의 주권을 전제로 하고 있기 때문에, 그 국가의 의사에 반하여 새로운 법규의 구속을 받는 것이 아니다. 이와 같이 생각하면 신국가도 다른 국가의 승인을 얻은 때, 비로소 그 범위 내에서 법적 관계가 발생하게 된다.

이와 같은 제도 하에서 신국가가 완전하게 국가로서의 요건을 충족하기에 이르렀다 하더라도 분리 · 독립에 반대하고 있는 본국이 그 입장에 동조하지 않아 승인을 얻지 못한 경우에는 법적 관계를 갖지 못하는 국가도 생기게 된다. 이것은 국가 외에 정부가 성립하는 경우에 있어서도 동일하며 정부승인의 문제로서 종종 논의의 대상이 되어 왔다. 상대국가가 승인하지 않는 이유는 국가(정부)로서의 요건(영토 · 국민을 영속성 있게 확립된 통치조직으로 지배하고 있을 것)을 충족하지 않은 경우보다도 대다수의 경우 신국가가 국제법을 준수할 의사와 능력이 결여된 것에 있다. 소비에트정권이 오랜 기간 승인을 받지 못한 이유 중의 하나는 제정(帝政)러시아 당시의 부채를 승계하려고 하지 않았기 때문이었다.

국가로서의 요건이 갖추어지지 않은 가운데 행해지는 이른바 상조승인(尙早承認)으로부터, 위법한 간섭을 할 가능성이 매우 높은 경우가 있다. 즉 1778년 프랑스에 의한 미국의 승인, 영 · 미와 전쟁 중에 일본이 만주국을 승인(1932년)한 때는, 만주는 아직 국가로서 확립되지도 않았으며, 독일과 이탈리아에 의한 스페인의 프랑코정권의 승인(1936년)도 내란이 종식되기 전이었다. 반대로 국가의 요건을 갖춘 경우에도 불구하고 승인을 얻지 못한 경우는 승인 제도에 비추어 위법이라고는 말할 수 없지만, 현재까지 이러한 불승인이 문제가 된 것은 한 건도 없다.

오늘날처럼 국제관계가 긴밀화되어 가는 상황에 있어서 국가간 승인 또는 미승인을 묻지 않고 접촉이 서로 불가피하게 되면, 승인에 의해 비로소 국제법상의 관계가 발생하는 경우는 그다지 많지 않아 국가의 존재를 법적으로 확정하는 승인은 오히려 선언적 요소가 클 뿐이다. 예전처럼 국제관계가 거의 정부관계에 그치던 시대와는 달리, 개인 간의 평화적 절충을 완전히 금지할 수는 없고, 또한 국제연합처럼 일반적인 국제조직이 성립하고 있는 이상, 미승인 국가와 전혀 국제관계를 갖지 않는다는 것도 어렵다. 이러한 경우 서로의 관계를 규율하는 것은 역시 국제법 이외는 없고, 결국 승인 전에 어느 정도는 법률관계가 생기는 것을 피할 수 없다. 이와 같은 상황을 현실적으로 받아들이는 경향이 국가관행에 있어서 현저하게 되어, 정부에 대해서는 승인행위 전체를 보류하는 정책을 취하는 국가가 다수를 점하게 되었다(미국, 영국, 독일, 프랑스 등). 이러한 경향이 지나치게 정치화되어 승인제도의 현실적 처리가 저해되고, 실효적 지배를 하는 정권과 실무적인 접촉을 계속하려는 의

도로 동기가 부여될 수 있다. 이리하여 국가는 실질적 요건이 준비됨과 동시에 국제법상 관계를 갖지만, 대사의 교환이나 통상조약 등 중요한 조약체결을 포함한 완전히 국제법상 관계에 진입하는 것은 역시 정식의 승인을 기다리지 않으면 안 된다.

2. 국가의 기본권(특히 주권에 대해서)

(1) 주권의 성격

국가는 국제법상 원칙적인 주체로서의 지위에 있기 때문에 일률적으로 국제관습법의 적용 대상이 될 뿐만 아니라, 그 국가가 체결한 조약에 의해서도 구속된다. 국가가 준수해야 할 법은 이와 같은 법규의 집적(集積)으로서 그 구체적인 내용은 어떠한 조약내용을 체결하는지에 따라 달라진다. 그럼에도 불구하고 국가인 이상 당연히 가지고 있는 공통된 법적 권리의 내용을 보면, 그것은 주권, 독립권, 평등권, 국내관할권, 자위권 등이 있다. 이러한 중심에 있는 것이 바로 주권(主權)이고, 그 이외 다른 권리들은 주권의 한 단면에 불과하다고 할 수 있다.

주권은 본래 근대 유럽의 절대주의국가가 국가의 다른 권위를 배제하여 확립하는 과정을 그 근거로 한 것으로서 보댕(Jean Bodin) 등에 의해서 주장된 이론이다. 이 이론이 국제법으로 전용된 것으로 국가가 다른 권위에 굴복하지 않고 독립된 입장을 갖는다는 것을 표현한 것이 바로 주권이다. 이와 같은 주권을 갖기 때문에 각국은 독립을 유지하고(독립권), 다시 그 입장에 서서 서로 평등한 지위에 서 있다(평등권)고 하는 상태가 근대 국제사회의 본질적인 구조이다. 장래 이와 같은 구조가 발전적으로 해소될 사회는 이른바 세계사회이며, 이곳에 적용될 법은 국제법이 아닌 바로 세계법일 것이다.

(2) 주권의 제한

주권의 절대성에 대한 의문은 19세기부터 현대에 걸쳐 국제법의 발달에 따라 점차로 제기되기에 이르렀다. 즉 보호조약을 체결하는 경우처럼 조약체결이라는 주권적 권한행사의 결과라고 하더라도 결국 주권상실을 초래하는 경우가 있다는 것을 고려하면, 자국이 합의를 하였지만 역시 주권이 제한될 경우를 생각할 수 있기 때문이다. 예컨대 국제조직(이 내용의 결정 및 참가에 대해서는 전참가국의 합의가 확보되어야 한다)의 결정을 가맹국이 실시할 의무가 있다고 할 때(예컨대, 일부가맹국으로 구성되는 안전보장이사회의 결정을 모든 국가연맹국이 실시할 의무가 부과될 때), 국가의 주권이 침해되는 것일까? 다만 국제조직에 있어서 오늘날 여전히 위와 같은 경우는 적고, 구속력이 있는 결정은 가맹국대표의 만장일치로 행해지는 것이 보통이다. 그러나 국제조직의 보다 발달된 형태에 있어서는 위와 같은 경우가 오히려 일반적인 형태가 될 것이다.

국제사회의 조직화에 역행을 하는 것일지라도 오늘날 여전히 주권이 강하게 주장되고 있는 것은 어떠한 적극적인 이유가 없고서는 할 수 없을 것이다. 종래 보댕의 주권론은 절대주의의 국가확립을 위하여, 중세적 권위를 배제하기 위해 주장된 것이다. 로크나 루소의 그것은 시민의 주권옹호를 위한 것이고, 또한 주권이론에 한 획을 그은 바텔(Emmerich Vattel)의 이론은, 부르주아의 이익을 다른 국가의 간섭으로부터 지키기 위한 것에 의의가 있다. 더구나 헤겔의 절대주권도 뒤늦게 달성한 독일의 통일을 유지·촉진하였다는 의미를 가지고 있다. 그리고 오늘날 특히 사회주의국가에서 볼 수 있는 주권의 주장은 자본주의국가로부터의 간섭을 배제한다고 하는 의미를 띠고 있다고 할 수 있고, 아시아, 아프리카 등 신흥국가에 있어서는 주권에 식민지주의 부활에 대한 억제수단으로서의 유효성을 찾아 볼 수 있을 것이다.

그럼에도 불구하고 세계의 일체성(一體性)이 진행되어가고 있는 시대에 주권이라고 하는 개념이 국제관계를 저해하는 작용을 하지 않을까 하는 의문은 아직도 해소되지 않았다. 국제조직의 발달 내지 주권의 제한은 위와 같은 과제가 해결된 권역 내에서, 특히 경제, 사회의 영역에 있어서 현저하다(예컨대, 유럽의 공동체의 초국가성). 세계가 서로 국가를 불신하는 것을 제거하여 일반적 규모로의 경제·사회정책을 실시할 수 있게 되었을 때, 현재 예외적인 현상에 불과한 주권의 제한이 일반적 현상으로 확대되는 것을 볼 수 있을 것이나.

3. 영 토

근대 국가는 각각 자국의 권한이 미치는 범위가 정해져 있고, 국제법은 이것을 상호 침해하지 않을 것(영역주권의 존중)을 요구하고 있다. 국가의 통치권이 사람의 행동영역이 미치는 지표(地表)와 해면(海面)으로 제한되어 있던 당시에는 그것만을 문제로 하면 충분하였지만 항공기의 발달로 인하여 영공의 문제로까지 확대되었다. 나아가 종래 항공기가 날수 없었던 상공, 즉 우주공간까지 인류의 개발이 확장됨과 동시에 국제법의 규제영역은 더욱 더 확대될 필요가 생겼다. 더구나 우주일반의 규제는 인류의 개발활동이 진행됨에 따라 문제가 되기 시작하였다. 이와 같은 새로운 영역의 법적 획정에 대해서는 지금까지 그 영역에 적용되어 온 다양한 원칙이 그대로 준용되지만, 국제사회의 새로운 방향에 따라서 새로운 원리의 도입이 시도되는 경우도 있다.

지상의 공간 가운데 국가영역에 속하고, 그 국가의 국내법이 적용되고 있는 부분은 원칙적으로 영토, 영해, 영공에 제한된다. 그 가운데 영토는 가장 완전하게 국가의 지배권이 미치는 부분이고, 영해와 영공은 영토에 따라서 이동한다. 즉 영토의 이동은 동시에 영해와 영공의 이동이기도 하다. 영토와 같이 국가의 지배권이 강하게 미치는 영역은 조약에 의해서 특히 외국항공기의 비행이나 공항사용을 인정(예컨대, 1947년 발효된 국제민간항공조약 – 시카고조약)하는 경우를 별도로 하면, 국가가 배타적으로 이것을 지배할 수 있다. 또한 해양(海洋) 가운데 영해는 국가영역이지만, 이것 이외는 공해로서 국가의 권한이 특수한 상황 하에서만 미친다. 그리고 해양은 인류의 공동영역으로서의 성격이 강하지만 그에 대한 권한에 대해서는 커다란 동요를 보이고 있고, 반면에 국제적 성격이 명확히 되어 가고 있는 몇 개의 영역에 대해서 살펴보자.

(1) 해양에 대한 국가의 권한

1) 영 해

바다는 국가가 영유하는 영해와 공해로 구분된다. 영해와 공해의 지위는 종래 관습에 의하여 결정되었지만, 1958년 이후 이것을 조약화하려는 시도에 의하여 해양의 법적 지위가 매우 명확하게 되었다. 여기에 규정된 모든 원칙은 제3차 해양법회의를 통해서 재검토되었다. 영해(여기서 사용하는 것은 협의로 연안해(沿岸海)만을 말하고, 광의로는 만(灣), 내해도 포함)에 대한 최대의 문제는 폭으로서, 종래 3해리, 4해리 또는 12해리가 주장되었으나, 이 문제에 관한 1930년 헤이그국제법전편찬회의와 1958년 국제연합의 해양법회의에서도 견해가 일치되지 않았다. 따라서 1982년 제3차 해양법협약에서 12해리를 넘지 않는 범위 내에서 연안국이 결정하도록 하고 있다(1982년 해양법협약 제3조).

2) 연안국의 특권

영해를 벗어난 해역을 공해라고 하며 원칙적으로 여기는 국가의 권한이 미치지 않는다. 다만 협정이 체결되면 그 범위 내에서 특별히 공해에 대해서도 권한을 행사할 수 있다(예컨대, 미국의 금주법 시대에 협정된 밀수선의 추적권). 공해는 일반적으로 인류가 자유롭게 이용할 수 있다는 공해자유의 원칙을 주장한 1609년 그로티우스(Hugo Grotius)의 자유해론(自由海論) 이래 폭넓게 법적 확신을 얻어 왔다. 항행(航行)은 물론 영해 외에서의 어업도 자유이고 연안국은 영해에 접속하고 있다는 것만으로 어업 등의 독점을 인정하지 않았다. 그러나 1958년 해양법회의에서는 연안국의 특수한 지위를 강력하게 주장하여 이것이 어느 정도 인정되었다. 어업은 오로지 자원보호의 관점으로부터 규정되고 단순한 독점을 인정하지 않지만, 보호를 위한 협정에 대해서는 연안국이 항상 참가하고 협정이 성립될 때까지는 연안국이 독자적으로 규제할 수 있도록 하였다. 어업자원보호의 협정은 연안국의 배타적어업관할을 인정하는 경우가 많고, 1960년 영국 · 노르웨이, 1961년 영국 · 아일랜드, 1965년 한 · 일협정 등은 일정한 범위 내에서 공해에 대한 연안국의 어업전관수역(漁業專管水域)을 인정하였다.

1974년 카라카스에서 개최된 해양법회의에서는 이러한 경향이 더욱 강조되어, 연안 200마일의 경제수역을 많은 국가가 요구하게 되었다. 그러나 그 내용에 대해서는 통일되지 않아, 이것을 조약으로 정리하기에는 많은 난관이 예상되었지만 연안국의 권리확장에 대한 방향 그 자체는 어떠한 형태로든 확정될 것이다. 연안국의 권한확대, 즉 공해의 축소는 특히 대륙붕에 대한 주장에서도 보인다. 본래 국제법은 해면(海面)에 대해서 규제하고 있지만 그 아래 해상(海床)에 대해서는 아무런 규정도 없다. 이것에 대한 논의의 계기는 1945년 9월에 발표한 미국의 트루먼 선언이다. 이것은 미국연안에 접속하고 있고, 공해에 미치는 대륙붕의 자원이 미국의 관리와 관할에 있다고 하는 것으로서 그 후에 이것과 유사한 선언이 속출하였다.

대륙붕도 공해자유의 원칙에 따라야 한다고 보는 일 · 독 · 불의 입장이 1958년 회의에서 배제되고, 이것에 대해서는 독자적으로 '대륙붕에 관한 조약'을 작성하여 대연안국의 '주권적' 권리를 인정하였다(제2조). 그 후 대륙붕제도가 점차 정착되어 제3차 해양회의에서 이것을 기본개념으로 하는 전세 하에 구체적인 규제검토가 행하여졌다. 1958년 조약에 규정하고 있던 연안 200미터 수심을 기준으로 하는 대륙붕의 범위를 대륙의 자연적 연장이라는 사고 하에, 이것을 심해에 접하는 곳까지 넓히려 하고 있다. 앞으로 정착해 가고 있는 200해리 수역과의 저촉이나 연안과 접하고 있는 국가와의 사이에 대륙붕경계획정에 대한 심각한 문제가 될 가능성이 있다.

3) 경제개발과 해양

공해나 대륙붕에 걸쳐있는 연안국의 권한확대는 특히 제2차 대전 후 그러한 경향이 명확하였지만, 이것을 신흥국의 입장에서 보면 해양자원에 대한 선진국의 과도한 개발을 막고, 장래 자국 스스로가 개발의 여지를 확보하여 경제발전의 기초로 하는 것이 필요하다고 할 것이다.

세계의 경제활동이 활성화됨에 따라 점차 해양자원보호에 대한 필요성이 과거로부터 강조되어 왔었지만 지금까지는 물개포획금지나 포경금지 등이 체결되었을 뿐이다. 그러나 1970년대 해양은 어장(漁場)으로서 뿐만 아니라 해저의 석유나 광물

자원으로부터도 주목되어, 이것을 난개발로부터 보호한다는 관점에 서서 주권분할의 요구도 강화되었다. 한편 심해해저에 대해서는 '인류 공동의 자산'이라는 사고가 주장되어, 개발성과를 개발도상국에도 미치게 하기 위한 제도가 검토되고 있다고 하는 것을 주목할 필요가 있다.

4. 국제영역

종래 국제연맹 하의 위임통치나 국제연합에 의한 신탁통치 등은 식민지통지의 개선인식과 동반하여, 연맹 · 연합의 감독 하의 특정한 국가에 대해서 그 지역의 통치를 위임하는 성격을 갖는 것이다. 연합에서는 이것을 위하여 특히 신탁통치이사회를 두고 각종의 보고 등을 통해 감독을 한다. 이 지역에 대한 주권을 국제연맹이 갖는가, 통치국가가 갖는가 하는 이론상의 문제는 있다고 하지만, 통치국은 자국의 이익만을 고려하여 통치하는 것이 허용되지 않는다.

국제연맹헌장은 이외에 다시 비자치지역에 관한 선언을 규정하고, 이 지역의 자유로운 정치제도를 점진적으로 발달시킬 것(위임통치지역과 같이 독립은 목표로 하지 않는다)을 통치국의 임무로 하고 있다. 이 지역은 이른바 식민지이고 헌장은 이 지역의 지배를 위에서 서술한 범위 내에서 긍정하였다. 국제연맹발족 후, 식민지는 점차로 독립되어 인권위원회에서는 소련이나 라틴 · 아메리카제국의 지지 하에 헌장에 규정된 자결(自決)원칙이 비자치지역의 시정국에도 관련이 있다는 것을 명확히 하고 있다. 여기에서는 특히 자결이라고 하는 것은 국민이 천연의 부나 자원을 스스로의 손으로 처분하는 권리도 포함한다고 하였다(1966년 채택의 국제인권규약 제1조).

이리하여 국제연맹의 관행에 의한 신탁통치에 대해서는 남양군도(미국통치국)를 제외하고 오늘날 거의 해소되었다. 영토의 국제화에 있어서는 이외에 미 · 일 · 영 · 불 · 러 등을 포함하여 1959년 체결된, 현재 25개국간의 남극조약이 조약으로 계속되는 한, 이 지역에 대한 영토권의 주장을 행사하지 않을 것을 규정하고 나아가 평화적 목적만으로 그 이용을 한정하였다는 것이 주목된다.

Ⅲ. 국제법과 개인

1. 개인의 지위

개인은 영토 등과 같이 국제법의 객체로서 생각되어 왔지만, 원칙적으로 이러한 사정은 오늘날에도 변화가 없다. 단지 최근에는 개인이 국제재판의 당사자가 되는 경우가 종종 있어 왔고, 1951년 집단살해죄의 방지 및 처벌에 관한 조약(genocide)은 개인에 대해서 집단살해를 금지하고, 또한 단순한 선언에 불과한 것으로 1948년에 국제연맹이 채택한 세계인권선언이나, 1966년에 채택되어 10년 후에 발효가 된 국제인권규약에서 개인의 인권확보를 그 목적으로 하고 있다. 이와 같은 예를 제외하고 개인은 자기가 속한 국가의 국내법의 규율에 따르기 때문에 국제적 청구가 필요한 경우는 자국정부를 통하지 않으면 할 수 없다. 이 경우 자국민의 법적 보호(외교적 보호라고 한다)는, 국가의 대인주권(對人主權)에 관한 효과로서 행해지기 때문에 개인이 국제법적 권리를 행사할 까닭이 없다. 다만 국가는 개인의 지위에 대해 조약에 특별한 규정을 두는 경우가 있다. 예컨대 상대국에서 범죄를 범한 자가 자국으로 도망한 경우에 범인을 인도하도록 한 규정이 있다(예컨대, 1998년에 체결한 한·미범죄인인도조약). 이것은 주로 두 국가 사이에 행하여지지만, 많은 조약을 통해서 매우 일반적인 원칙을 규정한 것이다. 예컨대, 도망범인 가운데 정치범은 인도하지 않는다든가 범인이 자국민이라면 인도하지 않는다는 등의 공통원칙이 그것이다.

개인이 외국인으로서 타국에서 활동하는 경우에, 출입국이나 사업활동 등으로 내국인과 거의 동등한 대우를 받으며, 또한 가장 유리한 취급을 받는 외국인과 똑같은 대우를 기대할 수 있다(최혜국대우)고 하는 것은 공통된 국제법상의 관례이다. 이것은 주요국과의 사이에 체결된 통상조약의 효과로서 대다수의 국가가 인정하고 있는 것이다.

개인이나 법인의 활동이 국제적으로 활발해지면 새로운 문제가 발생한다. 우선 회사의 국적은 무엇을 기준으로 결정하는가 하는 것이다(특히 다국적기업의 경우). 국적을 부여한 본국이 외교적 보호권에 따라 그 활동을 보호하는 것이 종래의 방식이지만, 이것과는 거꾸로 기업이 활동하고 있는 국가에 대해 보호를 위임하고, 본국은 그것에 개입하지 않는 방식이 올바르다고 하는 사고도 성립한다. 이러한 것들에 대해서 새로운 상황에 맞은 국제법을 확립해 가는 것이 필요할 것이다.

외국인 가운데는 사업 등의 목적 없이, 단순히 자국의 정치나 경제사정으로부터 탈피하기 위하여 입국하는 자도 있다. 범죄와의 관계에서도 단지 정치범이라는 이유만으로도 인도의 대상이 되지 않는다. 망명자 또는 난민 등이 여기에 해당한다. 인도주의원칙으로부터 말하면, 그들이 희망하는 대로 입국을 인정해야 하지만, 그 부담을 입국하는 국가에 대해서만 부과해서는 안 된다고 하는 문제가 있을 것이다. 형식적으로는 입국하는 국가의 주관적 판단으로 처리하면 충분하지만, 이것이 비인도적 결과를 발생하는 경우도 있어 국제연맹을 통한 국제적 지원 등으로 해결방향을 제시하여야 할 것이다.

2. 외교사절(대표)과 특권

개인 중에서도 공인(국가기관의 구성자)에 대해서는 위와는 별도로 국제법이 직접 지위를 결정하고 있다. 외교사절에 관한 국제법은 1961년에 국제연합의 주관 하에 외교관계에 관한 빈조약이 채택되었으며, 그 후 1964년에 발효되고 명문화되었다. 그 외에 영사에 관한 것이나 국제기구 및 회의의 대표지위에 대해서도 서서히 국제법규가 정비되었다.

외교사절 및 대표에 대해 특권 · 면제가 부여되는 것은 개인의 이익을 위해서가 아니고 사절이 국가를 대표하여 직무를 능률적으로 수행하기 위하여 필요하기 때문이고, 그 파견, 종류, 특권 · 면제의 내용은 그러한 필요로부터 결정된다. 외교사절은 종래로부터 인정되어 온 특권 · 면제에 대해 중요한 것으로서 공관과 그 문서 및 신체, 주거, 재산에 대한 불가침이 있고, 이것에 대해서 접수국은 압수, 수색, 과세 등을 할 수 없다. 또한 외교관은 일반적으로 외국인과 달리 접수국의 통치권에 종속되지 않고, 그 지위는 마치 접수국 외에 있는 사람과 같다(치외법권). 즉 외교관에게는 형사재판권이 미치지 않을 뿐만 아니라 민사 · 행정재판권에 대해서도 예외적인 경우를 제외하고는 똑같다. 다른 한편 접수국도 아그레망(Agrement)의 거부나 원하지 않는 사람(Persona non grata)의 소환요구의 권능이 있다. 또한 국제기구의 직원이나 그 곳의 대표, 또는 국제회의 대표자에 대해서도 동일한 특권을 인정하는 경향이 있지만, 이것은 오로지 직무의 원활한 수행을 하기 위한 범위 내에 한정된다.

제4절 국제분쟁의 해결

국제법을 위반하여 상대국에 침해를 가한 국가는 그 불법행위로 인하여 법익이 침해된 상대국가에 대해 책임 추구를 당할 수밖에 없다. 즉 피해국은 가해국에 대해서 책임을 추구하고, 진사(陳謝)나 원상회복, 손해배상을 요구할 수 있고, 가해국이 이것을 응하지 않을 경우에는 강제적 수단을 가지고 책임을 추구하여 정당한 법익을 확보할 수 있다. 단지 국제사회는 국내사회와 달리 이와 같은 구제조치를 담당할 공적인 조직이 없어, 결국 국내사회에서는 금지되어 있는 자력구제에 호소할 수밖에 없다. 복구(復仇)는 이와 같은 수단으로서 합법적인 강제조치가 되며, 전쟁이라는 수단도 또한 가장 철저한 구제조치로서 종종 행사되어 왔다.

그러나 전쟁은 문명의 파괴를 동반하는 동시에 막대한 참사를 초래하기 때문에 이것을 국제분쟁해결의 수단으로 이용하는 것을 금지하려는 경향이 있고, 20세기가 되어 국제연맹규약, 1928년 이른바 부전조약 및 국제연합헌장에 전쟁의 제한 · 금지를 규정하게 되었다. 이와 같은 조치에 동반하여 다른 한편 반드시 필요하게 된 것은 각국이 개별적으로 행사하는 무력을 대신할 공적 제재의 제도화를 위한 조직이다. 이것은 본래 국제법의 법적 성질을 확보하기 위한 것일 뿐만 아니라, 이것을 보다 고도의 법으로써 강제하기 위하여 불가피한 조치이다. 국제연맹, 국제연합은 이와 같은 조치로서 개별적 무력의 제한 · 금지와 병행하여 국제조직의 판단에 따른 조직적 무력의 확보를 시도하고 있다.

Ⅰ. 국제분쟁의 평화적 처리

1. 평화적 처리의 방법

국제적 분쟁에 대한 무력의 최종적 처리 전단계로서 평화적 수단을 다하지 않으면 안 된다고 하는 것이 오늘날 국제법의 원칙이다. 분쟁이 당사자의 외교교섭에 의하여 해결되는 경우도 종종 볼 수 있지만, 해결을 당사자에게만 위임할 수 없고 제3자가 개입하여 타협하는 것으로써 주선(周旋: 1905년 일 · 러간의 포츠머츠회의에서 미국대통령이 시도), 중개(仲介), 조정(調停: 해결조건을 제시하는 것) 등이 있다.

국제연합은 국제연맹과 같이 가맹국에 대해서 분쟁을 평화적으로 해결할 의무를 부과하고(헌장 제2조Ⅲ), 안전보장이사회와 총회가 그 조정을 중심으로 분쟁개입의 수단을 선택하여, 외교교섭, 중개, 조정 등 해결수단을 다한 후에도 해결되지 않은 것에 대해서는 안전보장이사회에 상정할 것을 요구하고 있다(헌장 제33조 Ⅰ, 제37조 Ⅰ). 더구나 국제연합도 분쟁을 반드시 평화적 처리 단계에서 해결하는 것을 보증하는 것은 아니다.

2. 국제재판

어떠한 방법에 의해서도 분쟁을 해결할 수 없는 경우에, 이것이 국제법상 다툼의 형태라고 하면 국제재판에 제소하는 것도 하나의 해결방법일 것이다. 국제사회에서 재판이 행해진 역사는 결코 짧지 않지만, 이것이 보다 광범위하게 행하여진 것은 19세기 이후로써 특히 중재재판이 발달한 그 이후였다. 국제재판은 조정과는 달리 도출된 해결안에 대해서 그 수용이 임의적이 아닌, 구속력이 있는 판결로서 분쟁해결의 수단으로서 매우 효율적일 수 있다. 그렇기 때문에 당사국은 재판이 어떤 사건에 대해서 행해지고, 또 법원을 어떠한 사람으로 구성하는가에 대해 많은 관심을 갖지 않을 수 없다. 중재재판의 당사국은 위탁한 사건에 대해 합의로 재판관할이나 법관의 임명방법을 정하고, 재판은 그 합의 내에서 진행된다. 이와 같은 한계가 있을지라도 1899년, 1907년의 헤이그조약은 그때마다 구성되는 법정을 대신하여 상설중재법원제도를 두고, 체결국이 가능한 한 이 제도를 활용하도록 희망하여 분쟁의 평화적 처리를 촉진하려고 하였다.

그러나 중재재판이 상설사법법원으로 발달할 수 없었었던 것은, 법관의 선임방법에 대한 합의가 결실을 맺지 못하였기 때문이다. 법관이 당사국과 독립하여 공평한 판단을 할 수 있도록 하는 것이 재판의 본질로부터 필요하지만, 국가의 주권적 입장은 독립된 법원의 형성과 상충된다. 이러한 문제가 비로소 타협에 달한 것은, 국제연맹 하에서의 상설국제사법법원(Permanent Court of International Justice - PCIJ)이고, 여기에는 모든 가맹국이 대표를 파견하는 총회와 강대국이 상임이사국이 되어 이사회와 이 이사회를 선거모체로 하여 강대국 · 약소국이 타협을 이룰 수 있도록 하였다. 국제연합의 국제사법법원(International Court of Justice - ICJ)은 이것을 거의 그대로 승계하고 있으며, 법원규정도 국제사법법원규정을 대부분 그대로 채용하고 있다. 국제사법법원에 대표되는 사법재판은 이리하여 일반적 조직인 국제연맹 · 국제연합과 깊은 관련을 가지게 되었고, 사법기관으로서 지금까지의 중재재판보다 우월한 기능을 하고 있다. PCIJ은 24년간 판결 31건과, 권고적 의견(판결처럼 구속력은 없으나 국제기구 - 국련총회와 같은 기관도 포함하여 - 만이 이것을 요구할 수 있다) 27건을 처리하였으며, ICJ가 성립된 후에는 1980년 말까지 40건의 판결과 17건의 의견을 냈다. 이처럼 ICJ의 예상 외의 부진원인은 법원의 관할이 그것을 합의한 당사국의 범위에 제한되어, 결국 매우 제한된 범위로 한정되었기 때문이었다.

분쟁당사국이 어느 분쟁의 제소(提訴)에 대해 합의를 할 수 없었던 경우에도 미리 강제관할권을 수락하였다면, 법원은 일방의 의사만으로도 그 위탁을 할 수 있다(국제사법법원규정 제36조Ⅱ, 1982년 당시 157개의 국가연맹국 가운데 47국이 선언). 단지 이 수락선언에 유보가 있는 경우가 보통이지만, 그 가운데 국제연맹의 판단으로 국내문제를 관할로부터 제외한 것(미국)이나 언제라도 철회할 수 있다고 한 것(포루투칼)까지를 포함하여 관할권의 유무를 법원이 판단한다는 규정(제36조Ⅵ)을 무의미하게 한 것도 포함되어 있다. 더구나 이와 같은 유보는 상호주의에 따라 상대국에도 있는 것으로 취급되기 때문에 관할은 점점 좁아지지 않을 수 없다.

이리하여 국내법원에서는 당연히 전제되어 있는 관할권이 국제법원에서는 우선

분쟁당사국에 대해 문제가 되지 않을 수 없다. 또한 선고된 판결의 집행도 문제이고, 안전보장이사회가 집행작용에 근접한 기능(헌장 제94조)을 갖는다고 하여, 이 점을 국내법원과 비교해 보면 커다란 약점이 된다. 이러한 국제재판의 현상이 오늘날 분쟁의 평화적 처리를 곤란하게 하는 커다란 이유 중의 하나가 되어 있다. 또한 전통적인 중재재판은 판례로서의 가치도 사법재판에 비하여 못하지만, 정치성을 가미한 해결이 가능하다는 것으로부터 분쟁의 평화적 해결에 있어서 사법재판과 같은 실적을 유지하고 있다. 많은 조약들이 분쟁해결조항으로서 아직도 중재재판을 지정하고 있다.

Ⅱ. 무력에 의한 국제분쟁의 해결

1. 전 쟁

국제분쟁은 평화적으로 해결하는 것이 바람직스럽고, 또한 20세기 이후 평화적 해결은 모든 국가의 의무로서, 이를 위한 제도도 연맹 · 연합 등을 통하여 한층 충실하게 되어 가고 있다. 그러나 사회는 힘의 요소를 도외시하고는 완전히 파악할 수 없고, 국제사회에 있어서도 힘이 주권에 분산되고 축적되어 있다고 하는 현실을 보면, 국제법도 이 현실을 굳이 부정하고 있지 않다. 이 실력이 발동하는 경우에는 다른 국가의 힘과 충돌하여, 이것으로 인한 장기에 걸친 가혹한 항쟁이 되기도 한다. 우리가 전쟁이라고 하는 것은 바로 이것을 말한다. 국제사회가 주권구조를 취하고 있는 이상, 그 법은 전쟁에 대한 법을 필연적으로 포함하고 있다. 평시의 법이 국제법에서 관심의 절반을 차지한다고 볼 수 있게 된 것은 겨우 20세기 이후의 일에 불과하다.

국가가 법익을 보호하기 위하여 궁극적으로 할 수 있는 행위는 전쟁이고, 이러한 작용을 행하는 전쟁은 위법으로 취급되지 않았다. 국제법학은 어떠한 경우에 정당한 전쟁이 가능한가에 대한 연구, 즉 '정전론(正戰論)'이 중심이다. 그러나 주권을 가진 국가는 모두 평등한 입장에 있기 때문에 정당성의 판단도 또한 각각의 국가에 의해서 할 수밖에 없다. 결국 전쟁법은 당사자가 전쟁의 개시나 수행에 있어서 지켜야 할 형식상의 합법성만을 규정하게 되어 전쟁 그것 자체의 정당성을 물을 수 없게 된다. 19세기 이와 같은 국제법상의 경향에 대한 정전론을 무차별전쟁관(無差別戰爭觀)이라고 불렀다.

20세기에 들어서 국제연맹규약은 전쟁을 개시하는 국가에 대하여 주권적 권리에 제한을 가함으로써 전쟁법은 새로운 시대로 진입하게 되었다. 이어서 1928년에 서명된 파리의 부전조약(不戰條約)은 "국제분쟁의 해결을 위하여 전쟁에 호소하는 것을 불법화"하고, "국가의 정책수단으로서 전쟁을 포기할 것"을 선언하였다. 여기에서는 모든 분쟁에 대해 평화적 수단으로 해결할 것을 약속하였다. 국련헌장이 이 방향을 이어 받고, 부전조약이 유보한 자위권을 긍정한 점(제51조)에서도 유사하다. 단지 국제연합은 지금까지의 모든 조약과 달리, 침략으로 인정된 국가에 대해 가맹국이 군사력을 가지고 강제조치를 취할 수 있도록 규정하였다. 이것은 국제연맹이 구상한 것처럼 규약 위반국에 대해 다른 가맹국이 전쟁관계로 돌입하여 하는 제재가 아닌 전쟁개념을 본래부터 회피한 '강제조치'이다. 즉 국제연맹의 조치에 있어서 전쟁을 전제로 하여 생각되어 온 종래의 국제법은 적용될 여지가 없어졌다고 할 수 있다.

2. 안전보장이사회의 제재

그러나 국제연합도 가맹국의 군비(軍備) 자체를 금지하는 것은 아니며(군축에 대해서 가맹국이 별도의 협의를 한다), 강제행동에 대해서 국제연합이 추천한 경우에만 가능하다고 하였다. 따라서 국제연합 자체의 고유한 군축(軍縮)은 없고, 안전보장이사회는 가맹국과 특별협정을 체결하여 평화파괴에 대처하기 위한 군비 내지는 편의를 조달하는 것에 그친다(헌장 제43조).

이와 같은 국제연합의 체제도 애초부터 다음과 같은 문제를 내포하고 있다. 우선 안전보장이사회의 결정은, 중요사항에 대해서 상임이사국의 일치를 포함한 9개국의 찬성이 필요하고, 그 가운데 한 국가라도 반대하면 성립하지 않는다(거부권-제27조 Ⅲ). 국제연합은 그 명칭이 나타내는 것처럼, 제2차 대전의 연합국간의 연대하에서 설립된 것으로서 위에 기술한 제도로 인한 국제연합의 활동마비는 그 후 미국과 러시아(소련)의 정치적 대립에 기인한 것이다. 이와 같은 정황 하에서 특별협정에 의한 군비제공이 불가능하게 된 것은 물론 제재의 전제인 침략도 인정할 수 없게 되었다.

3. 국련(國聯)체제의 변질

이와 같이 가맹국은 국가의 '고유한 권리'로 인정되는 자위권(제51조)을 발동하여, 침약에 대해 우선 필요한 무력대처를 행하는 것 외에 아무것도 할 수 없다. 국제연합은 자위권행사의 요건에 '무력공격의 발생'을 명시하고, 나아가 안전보장이사회가 필요한 조치를 취할 때까지로 그 제한을 가하여 남용을 방지하고 있다. 그러나 안정보장이사회의 의견일치가 사실상 곤란한 현실에 있어서 일단 행사된 것을 중지시킬 수 없는 것은 결정이 없는 것과 동일하다고 할 수 있다. 또한 헌장 제51조가 같은 '고유한 권리'로써 인정하는 '집단적 자위권'(자국이 직접 무력공격을 받지 않고도, 타국에 대한 공격이 자국에 위협이라고 판단되면 이것을 공격할 수 있는 권리라고 해석할 수 있다)을 행사하면, 가맹국은 우호국과의 사이에서 공동방위가 가능하며, 북대서양조약기구(North Atlantic Treaty Organization – NATO)나 바르샤바조약기구처럼 방위조약 외에 미 · 일, 미 · 필, 한 · 미 등의 2개국 사이의 안정보장조약은 모두 이 집단적 자위권에 근거하고 있다고 할 수 있다.

이와 같은 정세 하에서 국제연합은 헌장규정에 얽매지 않은 현실적 관행을 집적하여 왔다. 한국동란(1950년), 콩고동란(1960년), 키프로스사건(1962년)에서는 '국제연합군'의 이름 하에 대처하였다. 이러한 사건들은 마침 러시아가 참석하지 않아 안전보장이사회의 권고가 성립(한국)하였고, 안전보장이사회의 사무총장의 요청(콩고)으로 이루어진 것으로써 헌장이 예측하고 있던 강제조치에는 해당하지 않았다. 단지 한국동란에서는 정치상 의문이 있지만, 북측이 침략하였다고 인정하고, 미군을 국제연합군으로 간주하여 무력 대처하였고, 이 점에서 헌장에 규정된 국제연합군에 유사하다. 다른 한편 이것 이외에 국제연합군에 있어서는 오히려 강대국은 배제되고, 누가 침약자인가를 판정하지도 않고, 파견국의 동의를 얻은 후에, 이것을 파견하여 원칙적으로 전투에 종사하지 않는 것으로써, 헌장규정에 직접근거가 없는 관행상 국제연합군이 있다. 그러나 이와 같은 현실적 관행은 강대국의 대립이나 비동맹국의 증대라는 국제연합 내부의 정치세력에 순응하는 것으로, 국제연합을 세계적인 조직으로서 존속시키기 위해 필요한 변질이다. 고전적인 개념에서 이러한 국제연합군은 휴전요청, 휴전감시라는 기능만을 갖는 기관이라 하더라도, 그와 같은 국제연합군의 평화유지활동의 의의를 부정하지는 않는다.

한편, 이와 같은 전후 30여년간의 관행을 포함하여, 국제사회의 무력규제에 관한 국제법을 정당화하려는 인식에 대해 조금 더 노력을 기울여도 좋을 것이다. 전쟁을 금지하면서 폐지할 수 없는, 명시적인 무력행사의 근거로서 자위권은 커다란 존재였다. 이것을 공적으로 평가할 수 없는 체제 하에서, 자위(自衛)는 이른바 현대의 '정당한 원인'에 근거한 현대적 전쟁에 해당할 것이다.

국제연합도 이러한 현실 하에서 1960년에 헌장의 목표 중의 하나인 인권보호의 일환으로서 인도법(人道法)적인 사고 하에서 사실상 전쟁법을 부활 · 적용할 방침을 세우고 있다. 이것은 주로 1949년에 종래 적십자조약을 개정하여 성립한 제네바

4조약을 평가하고, 발전시킨 형태이다. 성립 시에 관계하지 않았던 국제연합이 적극적으로 추진한 이 조약의 개정이 그대로 실현에 이르지 않았지만, 1977년이 되어 조약의 해석원칙으로서 두 개의 의정서인 '추가의정서'가 성립되었다(1978년 발효). 이 의정서를 포함하여 제네바조약의 적용은 현대전에 있어서 평화적 국민의 보호나 정규군 이외가 참가하는 전투(게릴라전)를 규제하기 위한 것이다. 전쟁법은 가해수단(오늘날 핵병기, 생물화학병기, 미사일 등의 발달이 있다)이나 해전, 공중전, 나아가 우주전 등의 규제에 대해서, 지금까지의 법적 관행을 포함한 새로운 방향을 나타낼 필요가 있었기 때문이다. 동시에 전쟁개념을 사용하지 않는 것과 중립의 지위가 존립할 지위가 없어졌다고 하는 사고에 대해서도 재검토가 필요하게 되었다.

제10장
국제사법

제 1 절 국제사법이란?

Ⅰ. 국제사법의 개념

1. 국제사법의 의의

국제사법은 섭외적 사법관계를 규율하는 사법(私法), 즉 준거법을 지정하는 법을 말한다. 여기서 섭외적 사법(涉外的私法)이란, 사법관계의 구성요소 일부가 다른 나라와 관련된 법률관계를 말하는 것으로, 예컨대 한국인이 외국인과 결혼하는 경우나 외국의 부동산을 매수하는 경우 등이 여기에 해당한다. 이와 같이 어떠한 사법관계에 대하여 적용될 만한 국내 · 국외의 여러 법이 있을 때, 그 중에서 어느 법을 적용할 것인가를 결정하는 법이 국제사법이다. 이 경우 서로 다른 관계 당사국의 사법을 적용하지 않고 그 섭외적 사법관계를 규율하는 데 가장 적합한 사법을 지정하게 되는데, 이 법을 준거법(準據法)이라고 한다. 이리하여 국제사법은 법률관계를 직접 규율하는 법이 아닌, 이것을 직접 규율하는 민법 · 상법 등을 지정하므로 간접적으로 규율하는 법이 된다. 이리하여 국제사법을 간접법(間接法)이라고도 한다.

2. 국제사법의 법원

(1) 성 문 법

국제사법(법률 6465호)은 1898년부터 일본에서 시행되어 온 법률을 개정한 성문법으로서 전문 및 9개의 장 62개조와 부칙으로 구성되어 있다. 또한 헌법 제6조

제1항에 의하여 헌법에 의하여 체결 · 공포된 조약은 국내법과 동일한 효력을 가지기 때문에, 섭외적 사법관계에 관한 사항의 조약은 국내법의 특별한 제정 없이 국제사법의 법원으로서 인정될 수 있다.

(2) 관 습 법

영미와 같은 판례법 국가에 있어서는 대부분 국제사법의 원칙이 판례로서 이루어져 있지만, 성문법주의를 취하고 있는 국가에서도 성문국제사법이 불완전하기 때문에 관습법의 보충이 필요하다. 따라서 우리나라의 국제사법도 법 자체의 미비한 점의 보충을 위해서는 물론 판례를 통한 관습법에 의하여 보충하지 않을 수 없다.

(3) 조 리

조리가 국제사법의 법원이 될 수 있는가 문제되나, 성문법도 없고 관습법도 없는 경우에 조리는 국제사법의 법원이 된다. 국제사법으로서의 조리는 추상적으로 정의와 합목적성의 이념이지만 구체적으로는 학설이 그 내용을 이룬다.

Ⅱ. 국제사법규정의 적용

국제사법의 특수성으로 인하여 섭외적 법률관계에 관하여 국제사법을 적용하기 위하여 일정한 단계를 거쳐야 한다. 첫째, 법률관계의 성질을 결정하고, 둘째, 준거법의 선정 기준이 되는 표지요소(연결점)에 대한 결정이 이루어진 후에 당해 법률관계에 대한 준거법을 적용하게 된다. 나아가 준거법이 외국법인 경우 선결문제와 적응문제, 외국법적용의 제한이 발생한다. 즉 섭외적 법률관계를 해결하기 위해서는 법률관계의 성질결정, 연결점의 결정, 준거법의 적용이라는 절차를 따라야 한다.

1. 법률관계의 성질 결정

법률관계에 대한 각국의 개념 차이로 인하여, 예컨대 특정한 국가에서 물권이라고 규정된 것이 다른 국가에 있어서는 채권으로 규정될 수 있기 때문에, 이러한 경우에 어느 법을 적용할 것이냐에 앞서서 그 법률관계의 성질을 결정하지 않으면 안 된다. 이것을 법률관계에 관한 성질결정의 문제라고 하며 여러 가지 학설이 대립되어 있다. 법률관계의 성질은 법정지(法廷地)의 실질법에 의해서 결정되어야 한다는 법정지설과 그리고 법률관계에 적용될 법, 즉 준거법에 의해 결정되어야 한다는 준거법설, 그리고 소송지의 국제사법 자체에 의해 결정되어야 한다는 국제사법 자체설 등이 있다. 그러나 법률관계의 성질결정은 국제사법규정의 해석문제로서 그 성질결정은 국제사법 자체의 입장에 따라 결정되어야 한다는 국제사법자체설이 타당하다.

2. 연결점(連結點)의 결정

법률관계의 성질이 결정되면 실제에 적용할 법률, 즉 준거법을 국제사법의 규정에 따라서 결정하여야 한다. 이 경우 국제사법상 준거법을 결정함에 있어서 그 표지가 되는 요소를 연결점(連結點) 또는 연결소(連結素)라고 한다. 예컨대 "동산 및 부동산에 관한 물권 기타 등기하여야 할 권리는 목적물의 소재지법에 의한다(국제사법 제19조 제1항)"는 규정을 적용하는 데 있어서 일정한 목적물이 독일에 소재할 때 독일법이 소재지법이 되며, 이 경우 독일법과 당해 법률간을 연결시키는 거점이 되므로 이것을 연결점이라고 한다.

국제법상 연결점에 적합한 사실이 어느 한 국가에만 국한되는 경우에는 그 나라의 법률이 바로 준거법이 되므로 문제가 없지만, 그와 같은 사실이 여러 나라에 존재하거나 어느 나라에도 존재하지 않는 경우에는 준거법을 결정할 수 없는 문제가 발생한다. 예컨대 문제가 된 사람이 이중 국적자나 무국적자인 경우에 위와 같은 문제가 발생한다. 그러나 연결점의 결정문제 역시 국제사법의 해석문제이므로 법정지의 국제사법상 해석규정이 있는 경우에는 그 규정에 따라야 하지만, 그러한 규정이 없는 경우에는 법정지의 국제사법의 정신 · 목적에 비추어서 이를 결정하여야 할 것이다.

3. 준거법(準據法)의 적용

(1) 준거법의 의의

국제사법에 의해서 일정한 섭외적 사법관계에 적용될 내 · 외국의 실질법을 그 법률관계의 준거법이라고 한다. 우리나라의 국제사법은 여러 가지 법률관계에 관하여 각각 준거법을 지정하고 있으며 연결점에 따라서 본국법 · 주소지법 · 행위지법 · 소재지법 · 계약지법 · 이행지법 · 혼인거행지법 · 법정지법 등이 있다. 예컨대 사람의 능력은 그 본국법에 의하여 정하고(국제사법 제13조 제1항), 동산 및 부동산에 관한 물건 기타 등기하여 할 권리는 그 목적물의 소재지법에 의하며(국제사법 제19조 제1항), 채권양도의 제3자에 대한 효력은 양도되는 채권의 준거법에 의한다(제34조 제1항)라고 하는 것이 바로 이것에 해당한다.

그러나 외국법이 준거법인 경우 그 외국법은 국내 재판상 어떤 성질을 갖느냐의 문제가 외국법의 성질에 관한 문제이다. 이에 관하여 여러 학설이 있지만 우리나라의 통설은 외국법법률설이다. 즉 외국법도 법률이므로 법원은 이를 직권으로 조사하여 적용하지만, 다만 당사자에게 외국법의 내용을 증명하는 것도 허용되어야 한다는 견해이다.

(2) **선결문제와 적응문제**

선결문제(先決問題)는 본문제에 앞서서 먼저 해결해야 할 문제를 말한다. 즉 피상속인의 본국법이 양자의 상속권을 인정하는 경우에, 어떠한 사람이 양자인가에 관한 문제가 섭외적 요소를 포함하고 있을 때, 입양행위의 유효성 문제는 어느 법에 의해 결정되느냐가 문제된다. 즉 누가 상속인인가 하는 문제가 본문제이고 입양행위의 유효성 문제가 선결문제이다.

적응문제(適應問題)는 문제가 된 섭외적 사법관계에 대한 국제사법규정의 적용에 의해서 결정되는 준거법은 보통 하나이지만 준거법이 여러 개인 경우(규정의 중첩)와 없는 경우(규정의 결함)가 있다. 이런 경우 어떤 관계의 준거법과 다른 법률관계의 준거법이 다른 경우 양자의 모순과 부조화를 어떻게 해결할 것인가 문제된다. 이것은 준거법 상호간의 충돌문제로서 여러 개의 법질서에 연결되어 있는 경우에 일어나는 모순과 저촉을 어떻게 적용 또는 조정할 것인가의 문제를 말하며, 이것을 적응문제 또는 조정문제라고 한다.

Ⅲ. 준거법의 특수문제

1. 배제조항

국제사법에 의한 준거법의 지정은 보통 본국법 또는 행위지법이라고 하여 일반적·추상적으로 행해지기 때문에 국제사법 자체에 있어서 구체적으로 적용될 법률의 내용을 규정하고 있지 않다. 나아가 국제사법에 의해서 지정된 준거법인 외국법을 그 내용 여하를 묻지 않고 문제된 법률관계에 절대적으로 적용되어야 할 것인가 문제가 되는 경우가 있다. 국제결혼에 있어서는 양 당사자의 본국법을 적용하여야 하지만, 만일 당사자 일방의 국가만이 일부다체제(一夫多妻制)를 인정한다면, 본국법을 적용한 결과 법정지의 사회질서를 파괴하지 않는다고 하지 않을 수 없다. 이와 같이 외국법에 의하여야 할 경우에 그 외국법의 규정이 선량한 풍속 기타 사회질서에 위반하는 사항을 내용으로 하는 것인 때에는 이를 적용하지 않는다(국제사법 제10조). 이와 같은 것을 공서법(公序法) 또는 유보조항(留保條項)이라고 한다.

2. 법률의 회피

국제사법의 원칙에 의하여 본래 적용될 법률을 회피하기 위하여 국적 · 주소 등의 연결점을 고의로 변경하여 새로운 법률에 의하여 섭외적 법률관계의 법률요건을 실현하는 것을 말한다. 예컨대 국내에서 국내법상 일정한 행위를 금지하고 있는 경우에 이러한 국내법을 회피하기 위하여 고의로 외국으로 가서 그 법에 따라 국내법상 금지된 행위를 한 경우를 말한다. 그러나 준거법의 적용은 객관적으로 행하여야 하며 당사자의 의사는 고려할 필요가 없기 때문에 법률의 회피는 유효하다고 하는 것이 통설이다. 그러나 법률의 회피 그 자체는 유효하지만 그 결과 공서법에 위반되면 적용이 배제된다.

3. 반 정 법

반정은 어떤 법률관계에 관하여 법정지의 국제사법규정에 따라 외국법을 적용하여야 하지만, 그 외국의 국제사법규정에 의하면 동일한 법률관계에 대해 법정지법 또는 제3국법을 적용하는 것을 반정(反定) 또는 반치(反致)라고 한다. 반정의 종류에는 직접적으로 법정지법에 반정하는 경우를 직접반정 또는 협의의 반정이라고 하고, 피지정지법에 의하여 제3국법에 반정하는 경우를 전정(轉定) 또는 재정(再定)이라고 한다. 그리고 간접적으로 법정지법에 반정하는 경우를 간접반정이라고 하고, 이것은 전정과 함께 광의의 반정에 속한다.

우리나라 국제시법 제3조에서 "당사자의 본국법에 의하여야 하는 경우에 당사자가 둘 이상의 국적을 가지는 때에는 그와 밀접한 관련이 있는 국가의 법을 그 본국법으로 정한다. 다만, 그 국적 중 하나가 대한민국인 때에는 대한민국 법을 본국법으로 한다"고 규정하고 있어 직접반정만을 인정하고 있으며, 예외적으로 어음 · 수표법에 관한 행위능력에 있어서는 전정도 인정하고 있다.

부　　록

대한민국헌법

대한민국헌법

1948년 7월 12일 제정
1948년 7월 17일 공포

전　문

유구한 역사와 전통에 빛나는 우리 대한국민은 3·1운동으로 건립된 대한민국임시정부의 법통과 불의에 항거한 4·19민주이념을 계승하고, 조국의 민주개혁과 평화적 통일의 사명에 입각하여 정의·인도와 동포애로써 민족의 단결을 공고히 하고, 모든 사회적 폐습과 불의를 타파하며, 자율과 조화를 바탕으로 자유민주적 기본질서를 더욱 확고히 하여 정치·경제·사회·문화의 모든 영역에 있어서 각인의 기회를 균등히 하고, 능력을 최고도로 발휘하게 하며, 자유와 권리에 따르는 책임과 의무를 완수하게 하여, 안으로는 국민생활의 균등한 향상을 기하고 밖으로는 항구적인 세계평화와 인류공영에 이바지함으로써 우리들과 우리들의 자손의 안전과 자유와 행복을 영원히 확보할 것을 다짐하면서 1948년 7월 12일에 제정되고 8차에 걸쳐 개정된 헌법을 이제 국회의 의결을 거쳐 국민투표에 의하여 개정한다.

1987년 10월 29일

제1장 총　강

제1조 ① 대한민국은 민주공화국이다.
② 대한민국의 주권은 국민에게 있고, 모든 권력은 국민으로부터 나온다.

제2조 ① 대한민국의 국민이 되는 요건은 법률로 정한다.
② 국가는 법률이 정하는 바에 의하여 재외국민을 보호할 의무를 진다.

제3조 대한민국의 영토는 한반도와 그 부속도서로 한다.

제4조 대한민국은 통일을 지향하며, 자유민주적 기본질서에 입각한 평화적 통일 정책을 수립하고 이를 추진한다.

제5조 ① 대한민국은 국제평화의 유지에 노력하고 침략적 전쟁을 부인한다.

② 국군은 국가의 안전보장과 국토방위의 신성한 의무를 수행함을 사명으로 하며, 그 정치적 중립성은 준수된다.

제6조 ① 헌법에 의하여 체결·공포된 조약과 일반적으로 승인된 국제법규는 국내법과 같은 효력을 가진다.

② 외국인은 국제법과 조약이 정하는 바에 의하여 그 지위가 보장된다.

제7조 ① 공무원은 국민전체에 대한 봉사자이며, 국민에 대하여 책임을 진다.

② 공무원의 신분과 정치적 중립성은 법률이 정하는 바에 의하여 보장된다.

제8조 ① 정당의 설립은 자유이며, 복수정당제는 보장된다.

② 정당은 그 목적·조직과 활동이 민주적이어야 하며, 국민의 정치적 의사형성에 참여하는데 필요한 조직을 가져야 한다.

③ 정당은 법률이 정하는 바에 의하여 국가의 보호를 받으며, 국가는 법률이 정하는 바에 의하여 정당운영에 필요한 자금을 보조할 수 있다.

④ 정당의 목적이나 활동이 민주적 기본질서에 위배될 때에는 정부는 헌법재판소에 그 해산을 제소할 수 있고, 정당은 헌법재판소의 심판에 의하여 해산된다.

제9조 국가는 전통문화의 계승·발전과 민족문화의 창달에 노력하여야 한다.

제2장 국민의 권리와 의무

제10조 모든 국민은 인간으로서의 존엄과 가치를 가지며, 행복을 추구할 권리를 가진다. 국가는 개인이 가지는 불가침의 기본적 인권을 확인하고 이를 보장할 의무를 진다.

제11조 ① 모든 국민은 법 앞에 평등하다. 누구든지 성별·종교 또는 사회적 신분에 의하여 정치적·경제적·사회적·문화적 생활의 모든 영역에 있어서 차별을 받지 아니한다.

② 사회적 특수계급의 제도는 인정되지 아니하며, 어떠한 형태로도 이를 창설할 수 없다.

③ 훈장 등의 영전은 이를 받은 자에게만 효력이 있고, 어떠한 특권도 이에 따르지 아니한다.

제12조 ① 모든 국민은 신체의 자유를 가진다. 누구든지 법률에 의하지 아니하고는 체포·구속·압수·수색 또는 심문을 받지 아니하며, 법률과 적법한 절차에 의하지 아니하고는 처벌·보안처분 또는 강제노역을 받지 아니한다.

② 모든 국민은 고문을 받지 아니하며, 형사상 자기에게 불리한 진술을 강요당하지

아니한다.

③ 체포·구속·압수 또는 수색을 할 때에는 적법한 절차에 따라 검사의 신청에 의하여 법관이 발부한 영장을 제시하여야 한다. 다만, 현행범인인 경우와 장기 3년이상의 형에 해당하는 죄를 범하고 도피 또는 증거인멸의 염려가 있을 때에는 사후에 영장을 청구할 수 있다.

④ 누구든지 체포 또는 구속을 당한 때에는 즉시 변호인의 조력을 받을 권리를 가진다. 다만, 형사피고인이 스스로 변호인을 구할 수 없을 때에는 법률이 정하는 바에 의하여 국가가 변호인을 붙인다.

⑤ 누구든지 체포 또는 구속의 이유와 변호인의 조력을 받을 권리가 있음을 고지받지 아니하고는 체포 또는 구속을 당하지 아니한다. 체포 또는 구속을 당한 자의 가족 등 법률이 정하는 자에게는 그 이유와 일시·장소가 지체없이 통지되어야 한다.

⑥ 누구든지 체포 또는 구속을 당한 때에는 적부의 심사를 법원에 청구할 권리를 가진다.

⑦ 피고인의 자백이 고문·폭행·협박·구속의 부당한 장기화 또는 기망 기타의 방법에 의하여 자의로 진술된 것이 아니라고 인정될 때 또는 정식재판에 있어서 피고인의 자백이 그에게 불리한 유일한 증거일 때에는 이를 유죄의 증거로 삼거나 이를 이유로 처벌할 수 없다.

제13조 ① 모든 국민은 행위시의 법률에 의하여 범죄를 구성하지 아니하는 행위로 소추되지 아니하며, 동일한 범죄에 대하여 거듭 처벌받지 아니한다.

② 모든 국민은 소급입법에 의하여 참정권의 제한을 받거나 재산권을 박탈당하지 아니한다.

③ 모든 국민은 자기의 행위가 아닌 친족의 행위로 인하여 불이익한 처우를 받지 아니한다.

제14조 모든 국민은 거주·이전의 자유를 가진다.

제15조 모든 국민은 직업선택의 자유를 가진다.

제16조 모든 국민은 주거의 자유를 침해받지 아니한다. 주거에 대한 압수나 수색을 할 때에는 검사의 신청에 의하여 법관이 발부한 영장을 제시하여야 한다.

제17조 모든 국민은 사생활의 비밀과 자유를 침해받지 아니한다.

제18조 모든 국민은 통신의 비밀을 침해받지 아니한다.

제19조 모든 국민은 양심의 자유를 가진다.

제20조 ① 모든 국민은 종교의 자유를 가진다.

② 국교는 인정되지 아니하며, 종교와 정치는 분리된다.

제21조 ① 모든 국민은 언론 · 출판의 자유와 집회 · 결사의 자유를 가진다.

② 언론 · 출판에 대한 허가나 검열과 집회 · 결사에 대한 허가는 인정되지 아니한다.

③ 통신 · 방송의 시설기준과 신문의 기능을 보장하기 위하여 필요한 사항은 법률로 정한다.

④ 언론 · 출판은 타인의 명예나 권리 또는 공중도덕이나 사회윤리를 침해하여서는 아니된다. 언론 · 출판이 타인의 명예나 권리를 침해한 때에는 피해자는 이에 대한 피해의 배상을 청구할 수 있다.

제22조 ① 모든 국민은 학문과 예술의 자유를 가진다.

② 저작자 · 발명가 · 과학기술자와 예술가의 권리는 법률로써 보호한다.

제23조 ① 모든 국민의 재산권은 보장된다. 그 내용과 한계는 법률로 정한다.

② 재산권의 행사는 공공복리에 적합하도록 하여야 한다.

③ 공공필요에 의한 재산권의 수용 · 사용 또는 제한 및 그에 대한 보상은 법률로써 하되, 정당한 보상을 지급하여야 한다.

제24조 모든 국민은 법률이 정하는 바에 의하여 선거권을 가진다.

제25조 모든 국민은 법률이 정하는 바에 의하여 공무담임권을 가진다.

제26조 ① 모든 국민은 법률이 정하는 바에 의하여 국가기관에 문서로 청원할 권리를 가진다.

② 국가는 청원에 대하여 심사할 의무를 진다.

제27조 ① 모든 국민은 헌법과 법률이 정한 법관에 의하여 법률에 의한 재판을 받을 권리를 가진다.

② 군인 또는 군무원이 아닌 국민은 대한민국의 영역안에서는 중대한 군사상 기밀 · 초병 · 초소 · 유독음식물공급 · 포로 · 군용물에 관한 죄중 법률이 정한 경우와 비상계엄이 선포된 경우를 제외하고는 군사법원의 재판을 받지 아니한다.

③ 모든 국민은 신속한 재판을 받을 권리를 가진다. 형사피고인은 상당한 이유가 없는 한 지체없이 공개재판을 받을 권리를 가진다.

④ 형사피고인은 유죄의 판결이 확정될 때까지는 무죄로 추정된다.

⑤ 형사피해자는 법률이 정하는 바에 의하여 당해 사건의 재판절차에서 진술할 수 있다.

제28조 형사피의자 또는 형사피고인으로서 구금되었던 자가 법률이 정하는 불기소처분을 받거나 무죄판결을 받은 때에는 법률이 정하는 바에 의하여 국가에 정

당한 보상을 청구할 수 있다.

제29조 ① 공무원의 직무상 불법행위로 손해를 받은 국민은 법률이 정하는 바에 의하여 국가 또는 공공단체에 정당한 배상을 청구할 수 있다. 이 경우 공무원 자신의 책임은 면제되지 아니한다.

② 군인·군무원·경찰공무원 기타 법률이 정하는 자가 전투·훈련등 직무집행과 관련하여 받은 손해에 대하여는 법률이 정하는 보상외에 국가 또는 공공단체에 공무원의 직무상 불법행위로 인한 배상은 청구할 수 없다.

제30조 타인의 범죄행위로 인하여 생명·신체에 대한 피해를 받은 국민은 법률이 정하는 바에 의하여 국가로부터 구조를 받을 수 있다.

제31조 ① 모든 국민은 능력에 따라 균등하게 교육을 받을 권리를 가진다.

② 모든 국민은 그 보호하는 자녀에게 적어도 초등교육과 법률이 정하는 교육을 받게 할 의무를 진다.

③ 의무교육은 무상으로 한다.

④ 교육의 자주성·전문성·정치적 중립성 및 대학의 자율성은 법률이 정하는 바에 의하여 보장된다.

⑤ 국가는 평생교육을 진흥하여야 한다.

⑥ 학교교육 및 평생교육을 포함한 교육제도와 그 운영, 교육재정 및 교원의 지위에 관한 기본적인 사항은 법률로 정한다.

제32조 ① 모든 국민은 근로의 권리를 가진다. 국가는 사회적·경제적 방법으로 근로자의 고용의 증진과 적정임금의 보장에 노력하여야 하며, 법률이 정하는 바에 의하여 최저임금제를 시행하여야 한다.

② 모든 국민은 근로의 의무를 진다. 국가는 근로의 의무의 내용과 조건을 민주주의원칙에 따라 법률로 정한다.

③ 근로조건의 기준은 인간의 존엄성을 보장하도록 법률로 정한다.

④ 여자의 근로는 특별한 보호를 받으며, 고용·임금 및 근로조건에 있어서 부당한 차별을 받지 아니한다.

⑤ 연소자의 근로는 특별한 보호를 받는다.

⑥ 국가유공자·상이군경 및 전몰군경의 유가족은 법률이 정하는 바에 의하여 우선적으로 근로의 기회를 부여받는다.

제33조 ① 근로자는 근로조건의 향상을 위하여 자주적인 단결권·단체교섭권 및 단체행동권을 가진다.

② 공무원인 근로자는 법률이 정하는 자에 한하여 단결권·단체교섭권 및 단

체행동권을 가진다.

③ 법률이 정하는 주요방위산업체에 종사하는 근로자의 단체행동권은 법률이 정하는 바에 의하여 이를 제한하거나 인정하지 아니할 수 있다.

제34조 ① 모든 국민은 인간다운 생활을 할 권리를 가진다.

② 국가는 사회보장·사회복지의 증진에 노력할 의무를 진다.

③ 국가는 여자의 복지와 권익의 향상을 위하여 노력하여야 한다.

④ 국가는 노인과 청소년의 복지향상을 위한 정책을 실시할 의무를 진다.

⑤ 신체장애자 및 질병·노령 기타의 사유로 생활능력이 없는 국민은 법률이 정하는 바에 의하여 국가의 보호를 받는다.

⑥ 국가는 재해를 예방하고 그 위험으로부터 국민을 보호하기 위하여 노력하여야 한다.

제35조 ① 모든 국민은 건강하고 쾌적한 환경에서 생활할 권리를 가지며, 국가와 국민은 환경보전을 위하여 노력하여야 한다.

② 환경권의 내용과 행사에 관하여는 법률로 정한다.

③ 국가는 주택개발정책 등을 통하여 모든 국민이 쾌적한 주거생활을 할 수 있도록 노력하여야 한다.

제36조 ① 혼인과 가족생활은 개인의 존엄과 양성의 평등을 기초로 성립되고 유지되어야 하며, 국가는 이를 보장한다.

② 국가는 모성의 보호를 위하여 노력하여야 한다.

③ 모든 국민은 보건에 관하여 국가의 보호를 받는다.

제37조 ① 국민의 자유와 권리는 헌법에 열거되지 아니한 이유로 경시되지 아니한다.

② 국민의 모든 자유와 권리는 국가안전보장·질서유지 또는 공공복리를 위하여 필요한 경우에 한하여 법률로써 제한할 수 있으며, 제한하는 경우에도 자유와 권리의 본질적인 내용을 침해할 수 없다.

제38조 모든 국민은 법률이 정하는 바에 의하여 납세의 의무를 진다.

제39조 ① 모든 국민은 법률이 정하는 바에 의하여 국방의 의무를 진다.

② 누구든지 병역의무의 이행으로 인하여 불이익한 처우를 받지 아니한다.

제 3 장 국　　회

제40조 입법권은 국회에 속한다.

제41조 ① 국회는 국민의 보통·평등·직접·비밀선거에 의하여 선출된 국회의원으로 구성한다.

② 국회의원의 수는 법률로 정하되, 200인이상으로 한다.

③ 국회의원의 선거구와 비례대표제 기타 선거에 관한 사항은 법률로 정한다.

제42조 국회의원의 임기는 4년으로 한다.

제43조 국회의원은 법률이 정하는 직을 겸할 수 없다.

제44조 ① 국회의원은 현행범인인 경우를 제외하고는 회기중 국회의 동의없이 체포 또는 구금되지 아니한다.

② 국회의원이 회기전에 체포 또는 구금된 때에는 현행범인이 아닌 한 국회의 요구가 있으면 회기중 석방된다.

제45조 국회의원은 국회에서 직무상 행한 발언과 표결에 관하여 국회외에서 책임을 지지 아니한다.

제46조 ① 국회의원은 청렴의 의무가 있다.

② 국회의원은 국가이익을 우선하여 양심에 따라 직무를 행한다.

③ 국회의원은 그 지위를 남용하여 국가·공공단체 또는 기업체와의 계약이나 그 처분에 의하여 재산상의 권리·이익 또는 직위를 취득하거나 타인을 위하여 그 취득을 알선할 수 없다.

제47조 ① 국회의 정기회는 법률이 정하는 바에 의하여 매년 1회 집회되며, 국회의 임시회는 대통령 또는 국회재적의원 4분의 1이상의 요구에 의하여 집회된다.

② 정기회의 회기는 100일을, 임시회의 회기는 30일을 초과할 수 없다.

③ 대통령이 임시회의 집회를 요구할 때에는 기간과 집회요구의 이유를 명시하여야 한다.

제48조 국회는 의장 1인과 부의장 2인을 선출한다.

제49조 국회는 헌법 또는 법률에 특별한 규정이 없는 한 재적의원 과반수의 출석과 출석의원 과반수의 찬성으로 의결한다. 가부동수인 때에는 부결된 것으로 본다.

제50조 ① 국회의 회의는 공개한다. 다만, 출석의원 과반수의 찬성이 있거나 의장이 국가의 안전보장을 위하여 필요하다고 인정할 때에는 공개하지 아니할 수 있다.

② 공개하지 아니한 회의내용의 공표에 관하여는 법률이 정하는 바에 의한다.

제51조 국회에 제출된 법률안 기타의 의안은 회기중에 의결되지 못한 이유로 폐기

되지 아니한다. 다만, 국회의원의 임기가 만료된 때에는 그러하지 아니하다.

제52조 국회의원과 정부는 법률안을 제출할 수 있다.

제53조 ① 국회에서 의결된 법률안은 정부에 이송되어 15일이내에 대통령이 공포한다.

② 법률안에 이의가 있을 때에는 대통령은 제1항의 기간내에 이의서를 붙여 국회로 환부하고, 그 재의를 요구할 수 있다. 국회의 폐회 중에도 또한 같다.

③ 대통령은 법률안의 일부에 대하여 또는 법률안을 수정하여 재의를 요구할 수 없다.

④ 재의의 요구가 있을 때에는 국회는 재의에 붙이고, 재적의원과반수의 출석과 출석의원 3분의 2이상의 찬성으로 전과 같은 의결을 하면 그 법률안은 법률로서 확정된다.

⑤ 대통령이 제1항의 기간내에 공포나 재의의 요구를 하지 아니한 때에도 그 법률안은 법률로서 확정된다.

⑥ 대통령은 제4항과 제5항의 규정에 의하여 확정된 법률을 지체없이 공포하여야 한다. 제5항에 의하여 법률이 확정된 후 또는 제4항에 의한 확정법률이 정부에 이송된 후 5일이내에 대통령이 공포하지 아니할 때에는 국회의장이 이를 공포한다.

⑦ 법률은 특별한 규정이 없는 한 공포한 날로부터 20일을 경과함으로써 효력을 발생한다.

제54조 ① 국회는 국가의 예산안을 심의 · 확정한다.

② 정부는 회계연도마다 예산안을 편성하여 회계연도 개시 90일전까지 국회에 제출하고, 국회는 회계연도 개시 30일전까지 이를 의결하여야 한다.

③ 새로운 회계연도가 개시될 때까지 예산안이 의결되지 못한 때에는 정부는 국회에서 예산안이 의결될 때까지 다음의 목적을 위한 경비는 전년도 예산에 준하여 집행할 수 있다.

1. 헌법이나 법률에 의하여 설치된 기관 또는 시설의 유지 · 운영
2. 법률상 지출의무의 이행
3. 이미 예산으로 승인된 사업의 계속

제55조 ① 한 회계연도를 넘어 계속하여 지출할 필요가 있을 때에는 정부는 연한을 정하여 계속비로서 국회의 의결을 얻어야 한다.

② 예비비는 총액으로 국회의 의결을 얻어야 한다. 예비비의 지출은 차기국회의 승인을 얻어야 한다.

제56조 정부는 예산에 변경을 가할 필요가 있을 때에는 추가경정예산안을 편성

하여 국회에 제출할 수 있다.

제57조 국회는 정부의 동의없이 정부가 제출한 지출예산 각항의 금액을 증가하거나 새 비목을 설치할 수 없다.

제58조 국채를 모집하거나 예산외에 국가의 부담이 될 계약을 체결하려 할 때에는 정부는 미리 국회의 의결을 얻어야 한다.

제59조 조세의 종목과 세율은 법률로 정한다.

제60조 ① 국회는 상호원조 또는 안전보장에 관한 조약, 중요한 국제조직에 관한 조약, 우호통상항해조약, 주권의 제약에 관한 조약, 강화조약, 국가나 국민에게 중대한 재정적 부담을 지우는 조약 또는 입법사항에 관한 조약의 체결 · 비준에 대한 동의권을 가진다.

② 국회는 선전포고, 국군의 외국에의 파견 또는 외국군대의 대한민국 영역안에서의 주류에 대한 동의권을 가진다.

제61조 ① 국회는 국정을 감사하거나 특정한 국정사안에 대하여 조사할 수 있으며, 이에 필요한 서류의 제출 또는 증인의 출석과 증언이나 의견의 진술을 요구할 수 있다.

② 국정감사 및 조사에 관한 절차 기타 필요한 사항은 법률로 정한다.

제62조 ① 국무총리 · 국무위원 또는 정부위원은 국회나 그 위원회에 출석하여 국정처리상황을 보고하거나 의견을 진술하고 질문에 응답할 수 있다.

② 국회나 그 위원회의 요구가 있을 때에는 국무총리 · 국무위원 또는 정부위원은 출석 · 답변하여야 하며, 국무총리 또는 국무위원이 출석요구를 받은 때에는 국무위원 또는 정부위원으로 하여금 출석 · 답변하게 할 수 있다.

제63조 ① 국회는 국무총리 또는 국무위원의 해임을 대통령에게 건의할 수 있다.

② 제1항의 해임건의는 국회재적의원 3분의 1이상의 발의에 의하여 국회재적의원 과반수의 찬성이 있어야 한다.

제64조 ① 국회는 법률에 저촉되지 아니하는 범위안에서 의사와 내부규율에 관한 규칙을 제정할 수 있다.

② 국회는 의원의 자격을 심사하며, 의원을 징계할 수 있다.

③ 의원을 제명하려면 국회재적의원 3분의 2이상의 찬성이 있어야 한다.

④ 제2항과 제3항의 처분에 대하여는 법원에 제소할 수 없다.

제65조 ① 대통령 · 국무총리 · 국무위원 · 행정각부의 장 · 헌법재판소 재판관 · 법관 · 중앙선거관리위원회 위원 · 감사원장 · 감사위원 기타 법률이 정한 공무원이

그 직무집행에 있어서 헌법이나 법률을 위배한 때에는 국회는 탄핵의 소추를 의결할 수 있다.

② 제1항의 탄핵소추는 국회재적의원 3분의 1이상의 발의가 있어야 하며, 그 의결은 국회재적의원 과반수의 찬성이 있어야 한다. 다만, 대통령에 대한 탄핵소추는 국회재적의원 과반수의 발의와 국회재적의원 3분의 2이상의 찬성이 있어야 한다.

③ 탄핵소추의 의결을 받은 자는 탄핵심판이 있을 때까지 그 권한행사가 정지된다.

④ 탄핵결정은 공직으로부터 파면함에 그친다. 그러나, 이에 의하여 민사상이나 형사상의 책임이 면제되지는 아니한다.

제4장 정 부

제1절 대 통 령

제66조 ① 대통령은 국가의 원수이며, 외국에 대하여 국가를 대표한다.

② 대통령은 국가의 독립 · 영토의 보전 · 국가의 계속성과 헌법을 수호할 책무를 진다.

③ 대통령은 조국의 평화적 통일을 위한 성실한 의무를 진다.

④ 행정권은 대통령을 수반으로 하는 정부에 속한다.

제67조 ① 대통령은 국민의 보통 · 평등 · 직접 · 비밀선거에 의하여 선출한다.

② 제1항의 선거에 있어서 최고득표자가 2인이상인 때에는 국회의 재적의원 과반수가 출석한 공개회의에서 다수표를 얻은 자를 당선자로 한다.

③ 대통령후보자가 1인일 때에는 그 득표수가 선거권자 총수의 3분의 1이상이 아니면 대통령으로 당선될 수 없다.

④ 대통령으로 선거될 수 있는 자는 국회의원의 피선거권이 있고 선거일 현재 40세에 달하여야 한다.

⑤ 대통령의 선거에 관한 사항은 법률로 정한다.

제68조 ① 대통령의 임기가 만료되는 때에는 임기만료 70일 내지 40일전에 후임자를 선거한다.

② 대통령이 궐위된 때 또는 대통령 당선자가 사망하거나 판결 기타의 사유로 그 자격을 상실한 때에는 60일이내에 후임자를 선거한다.

제69조 대통령은 취임에 즈음하여 다음의 선서를 한다.

"나는 헌법을 준수하고 국가를 보위하며 조국의 평화적 통일과 국민의 자유와 복리의 증진 및 민족문화의 창달에 노력하여 대통령으로서의 직책을 성실히 수행할 것을 국민 앞에 엄숙히 선서합니다."

제70조 대통령의 임기는 5년으로 하며, 중임할 수 없다.

제71조 대통령이 궐위되거나 사고로 인하여 직무를 수행할 수 없을 때에는 국무총리, 법률이 정한 국무위원의 순서로 그 권한을 대행한다.

제72조 대통령은 필요하다고 인정할 때에는 외교·국방·통일 기타 국가안위에 관한 중요정책을 국민투표에 붙일 수 있다.

제73조 대통령은 조약을 체결·비준하고, 외교사절을 신임·접수 또는 파견하며, 선전포고와 강화를 한다.

제74조 ① 대통령은 헌법과 법률이 정하는 바에 의하여 국군을 통수한다.

② 국군의 조직과 편성은 법률로 정한다.

제75조 대통령은 법률에서 구체적으로 범위를 정하여 위임받은 사항과 법률을 집행하기 위하여 필요한 사항에 관하여 대통령령을 발할 수 있다.

제76조 ① 대통령은 내우·외환·천재·지변 또는 중대한 재정·경제상의 위기에 있어서 국가의 안전보장 또는 공공의 안녕질서를 유지하기 위하여 긴급한 조치가 필요하고 국회의 집회를 기다릴 여유가 없을 때에 한하여 최소한으로 필요한 재정·경제상의 처분을 하거나 이에 관하여 법률의 효력을 가지는 명령을 발할 수 있다.

② 대통령은 국가의 안위에 관계되는 중대한 교전상태에 있어서 국가를 보위하기 위하여 긴급한 조치가 필요하고 국회의 집회가 불가능한 때에 한하여 법률의 효력을 가지는 명령을 발할 수 있다.

③ 대통령은 제1항과 제2항의 처분 또는 명령을 한 때에는 지체없이 국회에 보고하여 그 승인을 얻어야 한다.

④ 제3항의 승인을 얻지 못한 때에는 그 처분 또는 명령은 그때부터 효력을 상실한다. 이 경우 그 명령에 의하여 개정 또는 폐지되었던 법률은 그 명령이 승인을 얻지 못한 때부터 당연히 효력을 회복한다.

⑤ 대통령은 제3항과 제4항의 사유를 지체없이 공포하여야 한다.

제77조 ① 대통령은 전시·사변 또는 이에 준하는 국가비상사태에 있어서 병력으로써 군사상의 필요에 응하거나 공공의 안녕질서를 유지할 필요가 있을 때에는 법률이 정하는 바에 의하여 계엄을 선포할 수 있다.

② 계엄은 비상계엄과 경비계엄으로 한다.

③ 비상계엄이 선포된 때에는 법률이 정하는 바에 의하여 영장제도, 언론 · 출판 · 집회 · 결사의 자유, 정부나 법원의 권한에 관하여 특별한 조치를 할 수 있다.

④ 계엄을 선포한 때에는 대통령은 지체없이 국회에 통고하여야 한다.

⑤ 국회가 재적의원 과반수의 찬성으로 계엄의 해제를 요구한 때에는 대통령은 이를 해제하여야 한다.

제78조 대통령은 헌법과 법률이 정하는 바에 의하여 공무원을 임면한다.

제79조 ① 대통령은 법률이 정하는 바에 의하여 사면 · 감형 또는 복권을 명할 수 있다.

② 일반사면을 명하려면 국회의 동의를 얻어야 한다.

③ 사면 · 감형 및 복권에 관한 사항은 법률로 정한다.

제80조 대통령은 법률이 정하는 바에 의하여 훈장 기타의 영전을 수여한다.

제81조 대통령은 국회에 출석하여 발언하거나 서한으로 의견을 표시할 수 있다.

제82조 대통령의 국법상 행위는 문서로써 하며, 이 문서에는 국무총리와 관계 국무위원이 부서한다. 군사에 관한 것도 또한 같다.

제83조 대통령은 국무총리 · 국무위원 · 행정각부의 장 기타 법률이 정하는 공사의 직을 겸할 수 없다.

제84조 대통령은 내란 또는 외환의 죄를 범한 경우를 제외하고는 재직 중 형사상의 소추를 받지 아니한다.

제85조 전직대통령의 신분과 예우에 관하여는 법률로 정한다.

제2절 행 정 부

제1관 국무총리와 국무위원

제86조 ① 국무총리는 국회의 동의를 얻어 대통령이 임명한다.

② 국무총리는 대통령을 보좌하며, 행정에 관하여 대통령의 명을 받아 행정각부를 통할한다.

③ 군인은 현역을 면한 후가 아니면 국무총리로 임명될 수 없다.

제87조 ① 국무위원은 국무총리의 제청으로 대통령이 임명한다.

② 국무위원은 국정에 관하여 대통령을 보좌하며, 국무회의의 구성원으로서 국정을 심의한다.

③ 국무총리는 국무위원의 해임을 대통령에게 건의할 수 있다.

④ 군인은 현역을 면한 후가 아니면 국무위원으로 임명될 수 없다.

제 2 관 국무회의

제88조 ① 국무회의는 정부의 권한에 속하는 중요한 정책을 심의한다.

② 국무회의는 대통령 · 국무총리와 15인이상 30인이하의 국무위원으로 구성한다.

③ 대통령은 국무회의의 의장이 되고, 국무총리는 부의장이 된다.

제89조 다음 사항은 국무회의의 심의를 거쳐야 한다.

1. 국정의 기본계획과 정부의 일반정책
2. 선전 · 강화 기타 중요한 대외정책
3. 헌법개정안 · 국민투표안 · 조약안 · 법률안 및 대통령령안
4. 예산안 · 결산 · 국유재산처분의 기본계획 · 국가의 부담이 될 계약 기타 재정에 관한 중요사항
5. 대통령의 긴급명령 · 긴급재정경제처분 및 명령 또는 계엄과 그 해제
6. 군사에 관한 중요사항
7. 국회의 임시회 집회의 요구
8. 영전수여
9. 사면 · 감형과 복권
10. 행정각부간의 권한의 획정
11. 정부안의 권한의 위임 또는 배정에 관한 기본계획
12. 국정처리상황의 평가 · 분석
13. 행정각부의 중요한 정책의 수립과 조정
14. 정당해산의 제소
15. 정부에 제출 또는 회부된 정부의 정책에 관계되는 청원의 심사
16. 검찰총장 · 합동참모의장 · 각군참모총장 · 국립대학교총장 · 대사 기타 법률이 정한 공무원과 국영기업체관리자의 임명
17. 기타 대통령 · 국무총리 또는 국무위원이 제출한 사항

제90조 ① 국정의 중요한 사항에 관한 대통령의 자문에 응하기 위하여 국가원로로 구성되는 국가원로자문회의를 둘 수 있다.

② 국가원로자문회의의 의장은 직전대통령이 된다. 다만, 직전대통령이 없을 때에는 대통령이 지명한다.

③ 국가원로자문회의의 조직 · 직무범위 기타 필요한 사항은 법률로 정한다.

제91조 ① 국가안전보장에 관련되는 대외정책 · 군사정책과 국내정책의 수립에 관하여 국무회의의 심의에 앞서 대통령의 자문에 응하기 위하여 국가안전보장회의를 둔다.

② 국가안전보장회의는 대통령이 주재한다.

③ 국가안전보장회의의 조직 · 직무범위 기타 필요한 사항은 법률로 정한다.

제92조 ① 평화통일정책의 수립에 관한 대통령의 자문에 응하기 위하여 민주평화통일자문회의를 둘 수 있다.

② 민주평화통일자문회의의 조직 · 직무범위 기타 필요한 사항은 법률로 정한다.

제93조 ① 국민경제의 발진을 위한 중요정책의 수립에 관하여 대통령의 자문에 응하기 위하여 국민경제자문회의를 둘 수 있다.

② 국민경제자문회의의 조직 · 직무범위 기타 필요한 사항은 법률로 정한다.

제 3 관 행정각부

제94조 행정각부의 장은 국무위원 중에서 국무총리의 제청으로 대통령이 임명한다.

제95조 국무총리 또는 행정각부의 장은 소관사무에 관하여 법률이나 대통령령의 위임 또는 직권으로 총리령 또는 부령을 발할 수 있다.

제96조 행정각부의 설치 · 조직과 직무범위는 법률로 정한다.

제 4 관 감사원

제97조 국가의 세입 · 세출의 결산, 국가 및 법률이 정한 단체의 회계검사와 행정기관 및 공무원의 직무에 관한 감찰을 하기 위하여 대통령 소속하에 감사원을 둔다.

제98조 ① 감사원은 원장을 포함한 5인이상 11인이하의 감사위원으로 구성한다.

② 원장은 국회의 동의를 얻어 대통령이 임명하고, 그 임기는 4년으로 하며, 1차에 한하여 중임할 수 있다.

③ 감사위원은 원장의 제청으로 대통령이 임명하고, 그 임기는 4년으로 하며, 1차에 한하여 중임할 수 있다.

제99조 감사원은 세입 · 세출의 결산을 매년 검사하여 대통령과 차년도국회에 그 결과를 보고하여야 한다.

제100조 감사원의 조직 · 직무범위 · 감사위원의 자격 · 감사대상공무원의 범위 기

타 필요한 사항은 법률로 정한다.

제5장 법 원

제101조 ① 사법권은 법관으로 구성된 법원에 속한다.

② 법원은 최고법원인 대법원과 각급법원으로 조직된다.

③ 법관의 자격은 법률로 정한다.

제102조 ① 대법원에 부를 둘 수 있다.

② 대법원에 대법관을 둔다. 다만, 법률이 정하는 바에 의하여 대법관이 아닌 법관을 둘 수 있다.

③ 대법원과 각급법원의 조직은 법률로 정한다.

제103조 법관은 헌법과 법률에 의하여 그 양심에 따라 독립하여 심판한다.

제104조 ① 대법원장은 국회의 동의를 얻어 대통령이 임명한다.

② 대법관은 대법원장의 제청으로 국회의 동의를 얻어 대통령이 임명한다.

③ 대법원장과 대법관이 아닌 법관은 대법관회의의 동의를 얻어 대법원장이 임명한다.

제105조 ① 대법원장의 임기는 6년으로 하며, 중임할 수 없다.

② 대법관의 임기는 6년으로 하며, 법률이 정하는 바에 의하여 연임할 수 있다.

③ 대법원장과 대법관이 아닌 법관의 임기는 10년으로 하며, 법률이 정하는 바에 의하여 연임할 수 있다.

④ 법관의 정년은 법률로 정한다.

제106조 ① 법관은 탄핵 또는 금고이상의 형의 선고에 의하지 아니하고는 파면되지 아니하며, 징계처분에 의하지 아니하고는 정직·감봉 기타 불리한 처분을 받지 아니한다.

② 법관이 중대한 심신상의 장해로 직무를 수행할 수 없을 때에는 법률이 정하는 바에 의하여 퇴직하게 할 수 있다.

제107조 ① 법률이 헌법에 위반되는 여부가 재판의 전제가 된 경우에는 법원은 헌법재판소에 제청하여 그 심판에 의하여 재판한다.

② 명령·규칙 또는 처분이 헌법이나 법률에 위반되는 여부가 재판의 전제가 된 경우에는 대법원은 이를 최종적으로 심사할 권한을 가진다.

③ 재판의 전심절차로서 행정심판을 할 수 있다. 행정심판의 절차는 법률로 정

하되, 사법절차가 준용되어야 한다.

제108조 대법원은 법률에서 저촉되지 아니하는 범위안에서 소송에 관한 절차, 법원의 내부규율과 사무처리에 관한 규칙을 제정할 수 있다.

제109조 재판의 심리와 판결은 공개한다. 다만, 심리는 국가의 안전보장 또는 안녕질서를 방해하거나 선량한 풍속을 해할 염려가 있을 때에는 법원의 결정으로 공개하지 아니할 수 있다.

제110조 ① 군사재판을 관할하기 위하여 특별법원으로서 군사법원을 둘 수 있다.

② 군사법원의 상고심은 대법원에서 관할한다.

③ 군사법원의 조직 · 권한 및 재판관의 자격은 법률로 정한다.

④ 비상계엄하의 군사재판은 군인 · 군무원의 범죄나 군사에 관한 간첩죄의 경우와 초병 · 초소 · 유독음식물공급 · 포로에 관한 죄중 법률이 정한 경우에 한하여 단심으로 할 수 있다. 다만, 사형을 선고한 경우에는 그러하지 아니하다.

제 6 장 헌법재판소

제111조 ① 헌법재판소는 다음 사항을 관장한다.

1. 법원의 제청에 의한 법률의 위헌여부 심판
2. 탄핵의 심판
3. 정당의 해산 심판
4. 국가기관 상호간, 국가기관과 지방자치단체간 및 지방자치단체 상호간의 권한쟁의에 관한 심판
5. 법률이 정하는 헌법소원에 관한 심판

② 헌법재판소는 법관의 자격을 가진 9인의 재판관으로 구성하며, 재판관은 대통령이 임명한다.

③ 제2항의 재판관중 3인은 국회에서 선출하는 자를, 3인은 대법원장이 지명하는 자를 임명한다.

④ 헌법재판소의 장은 국회의 동의를 얻어 재판관중에서 대통령이 임명한다.

제112조 ① 헌법재판소 재판관의 임기는 6년으로 하며, 법률이 정하는 바에 의하여 연임할 수 있다.

② 헌법재판소 재판관은 정당에 가입하거나 정치에 관여할 수 없다.

③ 헌법재판소 재판관은 탄핵 또는 금고이상의 형의 선고에 의하지 아니하고는 파면되지 아니한다.

제113조 ① 헌법재판소에서 법률의 위헌결정, 탄핵의 결정, 정당해산의 결정 또는 헌법소원에 관한 인용결정을 할 때에는 재판관 6인이상의 찬성이 있어야 한다.

② 헌법재판소는 법률에 저촉되지 아니하는 범위안에서 심판에 관한 절차, 내부규율과 사무처리에 관한 규칙을 제정할 수 있다.

③ 헌법재판소의 조직과 운영 기타 필요한 사항은 법률로 정한다.

제 7 장 선거관리

제114조 ① 선거와 국민투표의 공정한 관리 및 정당에 관한 사무를 처리하기 위하여 선거관리위원회를 둔다.

② 중앙선거관리위원회는 대통령이 임명하는 3인, 국회에서 선출하는 3인과 대법원장이 지명하는 3인의 위원으로 구성한다. 위원장은 위원중에서 호선한다.

③ 위원의 임기는 6년으로 한다.

④ 위원은 정당에 가입하거나 정치에 관여할 수 없다.

⑤ 위원은 탄핵 또는 금고 이상의 형의 선고에 의하지 아니하고는 파면되지 아니한다.

⑥ 중앙선거관리위원회는 법령의 범위 안에서 선거관리·국민투표관리 또는 정당사무에 관한 규칙을 제정할 수 있으며, 법률에 저촉되지 아니하는 범위안에서 내부규율에 관한 규칙을 제정할 수 있다.

⑦ 각급 선거관리위원회의 조직·직무범위 기타 필요한 사항은 법률로 정한다.

제115조 ① 각급 선거관리위원회는 선거인명부의 작성 등 선거사무와 국민투표사무에 관하여 관계 행정기관에 필요한 지시를 할 수 있다.

② 제1항의 지시를 받은 당해 행정기관은 이에 응하여야 한다.

제116조 ① 선거운동은 각급 선거관리위원회의 관리하에 법률이 정하는 범위안에서 하되, 균등한 기회가 보장되어야 한다.

② 선거에 관한 경비는 법률이 정하는 경우를 제외하고는 정당 또는 후보자에게 부담시킬 수 없다.

제 8 장 지방자치

제117조 ① 지방자치단체는 주민의 복리에 관한 사무를 처리하고 재산을 관리하

며, 법령의 범위안에서 자치에 관한 규정을 제정할 수 있다.

② 지방자치단체의 종류는 법률로 정한다.

제118조 ① 지방자치단체에 의회를 둔다.

② 지방의회의 조직 · 권한 · 의원선거와 지방자치단체의 장의 선임방법 기타 지방자치단체의 조직과 운영에 관한 사항은 법률로 정한다.

제9장 경 제

제119조 ① 대한민국의 경제질서는 개인과 기업의 경제상의 자유와 창의를 존중함을 기본으로 한다.

② 국가는 균형있는 국민경제의 성장 및 안정과 적정한 소득의 분배를 유지하고, 시장의 지배와 경제력의 남용을 방지하며, 경제주체간의 조화를 통한 경제의 민주화를 위하여 경제에 관한 규제와 조정을 할 수 있다.

제120조 ① 광물 기타 중요한 지하자원 · 수산자원 · 수력과 경제상 이용할 수 있는 자연력은 법률이 정하는 바에 의하여 일정한 기간 그 채취 · 개발 또는 이용을 특허할 수 있다.

② 국토와 자원은 국가의 보호를 받으며, 국가는 그 균형있는 개발과 이용을 위하여 필요한 계획을 수립한다.

제121조 ① 국가는 농지에 관하여 경자유전의 원칙이 달성될 수 있도록 노력하여야 하며, 농지의 소작제도는 금지된다.

② 농업생산성의 제고와 농지의 합리적인 이용을 위하거나 불가피한 사정으로 발생하는 농지의 임대차와 위탁경영은 법률이 정하는 바에 의하여 인정된다.

제122조 국가는 국민 모두의 생산 및 생활의 기반이 되는 국토의 효율적이고 균형있는 이용 · 개발과 보전을 위하여 법률이 정하는 바에 의하여 그에 관한 필요한 제한과 의무를 과할 수 있다.

제123조 ① 국가는 농업 및 어업을 보호 · 육성하기 위하여 농 · 어촌종합개발과 그 지원 등 필요한 계획을 수립 · 시행하여야 한다.

② 국가는 지역간의 균형있는 발전을 위하여 지역경제를 육성할 의무를 진다.

③ 국가는 중소기업을 보호 · 육성하여야 한다.

④ 국가는 농수산물의 수급균형과 유통구조의 개선에 노력하여 가격안정을 도모함으로써 농 · 어민의 이익을 보호한다.

⑤ 국가는 농 · 어민과 중소기업의 자조조직을 육성하여야 하며, 그 자율적 활

동과 발전을 보장한다.

제124조 국가는 건전한 소비행위를 계도하고 생산품의 품질향상을 촉구하기 위한 소비자보호운동을 법률이 정하는 바에 의하여 보장한다.

제125조 국가는 대외무역을 육성하며, 이를 규제 · 조정할 수 있다.

제126조 국방상 또는 국민경제상 긴절한 필요로 인하여 법률이 정하는 경우를 제외하고는, 사영기업을 국유 또는 공유로 이전하거나 그 경영을 통제 또는 관리할 수 없다.

제127조 ① 국가는 과학기술의 혁신과 정보 및 인력의 개발을 통하여 국민경제의 발전에 노력하여야 한다.

② 국가는 국가표준제도를 확립한다.

③ 대통령은 제1항의 목적을 달성하기 위하여 필요한 자문기구를 둘 수 있다.

제 10 장 헌법개정

제128조 ① 헌법개정은 국회재적의원 과반수 또는 대통령의 발의로 제안된다.

② 대통령의 임기연장 또는 중임변경을 위한 헌법개정은 그 헌법개정 제안 당시의 대통령에 대하여는 효력이 없다.

제129조 제안된 헌법개정안은 대통령이 20일이상의 기간 이를 공고하여야 한다.

제130조 ① 국회는 헌법개정안이 공고된 날로부터 60일이내에 의결하여야 하며, 국회의 의결은 재적의원 3분의 2 이상의 찬성을 얻어야 한다.

② 헌법개정안은 국회가 의결한 후 30일이내에 국민투표에 붙여 국회의원선거권자 과반수의 투표와 투표자 과반수의 찬성을 얻어야 한다.

③ 헌법개정안이 제2항의 찬성을 얻은 때에는 헌법개정은 확정되며, 대통령은 즉시 이를 공포하여야 한다.

부 칙

제1조 이 헌법은 1988년 2월 25일부터 시행한다. 다만, 이 헌법을 시행하기 위하여 필요한 법률의 제정 · 개정과 이 헌법에 의한 대통령 및 국회의원의 선거 기타 이 헌법시행에 관한 준비는 이 헌법시행 전에 할 수 있다.

제2조 ① 이 헌법에 의한 최초의 대통령선거는 이 헌법시행일 40일 전까지 실시한다.

② 이 헌법에 의한 최초의 대통령의 임기는 이 헌법시행일로부터 개시한다.

제3조 ① 이 헌법에 의한 최초의 국회의원선거는 이 헌법공포일로부터 6월 이내에 실시하며, 이 헌법에 의하여 선출된 최초의 국회의원의 임기는 국회의원선거후 이 헌법에 의한 국회의 최초의 집회일로부터 개시한다.

② 이 헌법공포 당시의 국회의원의 임기는 제1항에 의한 국회의 최초의 집회일 전일까지로 한다.

제4조 ① 이 헌법시행 당시의 공무원과 정부가 임명한 기업체의 임원은 이 헌법에 의하여 임명된 것으로 본다. 다만, 이 헌법에 의하여 선임방법이나 임명권자가 변경된 공무원과 대법원장 및 감사원장은 이 헌법에 의하여 후임자가 선임될 때까지 그 직무를 행하며, 이 경우 전임자인 공무원의 임기는 후임자가 선임되는 전일까지로 한다.

② 이 헌법시행 당시의 대법원장과 대법원판사가 아닌 법관은 제1항 단서의 규정에 불구하고 이 헌법에 의하여 임명된 것으로 본다.

③ 이 헌법 중 공무원의 임기 또는 중임제한에 관한 규정은 이 헌법에 의하여 그 공무원이 최초로 선출 또는 임명된 때로부터 적용한다.

제5조 이 헌법시행 당시의 법령과 조약은 이 헌법에 위배되지 아니하는 한 그 효력을 지속한다.

제6조 이 헌법시행 당시에 이 헌법에 의하여 새로 설치될 기관의 권한에 속하는 직무를 행하고 있는 기관은 이 헌법에 의하여 새로운 기관이 설치될 때까지 존속하며 그 직무를 행한다.

사항색인

[ㅊ]

[공저자약력]

김형만(金炯晩)
숭실대학교 법과대학 졸업
일본 명치(明治)대학(법학석사 · 법학박사)
경찰청 치안연구소 연구위원
국립경찰대학/경찰학교 강사
사법시험출제위원
경찰청채용시험 출제위원
광주고등검찰청 행정심판위원
(현재) 광주대학교 경찰법행정학부 교수
전남지방노동위원회 공익위원
광주지방경찰청 수사이의심사위원장

〈주요저서〉
범죄학개론(청목, 2002, 공역)
경찰학개론(법문사, 2004, 공저)
경찰행정학(법문사, 2005, 공저)
형법의 쟁점(청목, 2006, 역서)
형법총론강의[제2판](청목, 2009)
*한국도서정보선정 법학계열베스트셀러(2011)
형사소송법강의[전정판](청목, 2013)
경찰사회(박영사, 2014, 공저)
형법총론(박영사, 2015)
형사소송법(박영사, 2017)
비교경찰제도론[제5판](법문사, 2018, 공저)

이기욱(李基煜)
한양대학교 · 대학원 졸업(법학박사)
한양대학교 법학연구소 연구위원
한국조세연구소 책임연구원

〈주요저서〉
인터넷법학(공저)
인터넷과 전자상거래법(공저)
부동산세법
상법 1000제(공저)

제6판 법학개론

2006년 3월 10일 제 1 판 발행
2007년 8월 30일 제 2 판 발행
2012년 3월 10일 전정판 발행
2014년 8월 28일 제 4 판 발행
2016년 8월 20일 제 5 판 발행
2020년 2월 20일 제 6 판 발행

공저자 김형만 · 이기욱
발행인 임 권 규
발행처 弘 文 社

05855 서울시 송파구 송파대로 167 테라타워 B동 802호
등록 1993. 6. 24 제 1－1543 호
TEL : (02) 712－5311(代) FAX : (02) 716－5311
Homepage : http://www.hongmoonsa.co.kr
E-mail : hongmoonsa@hanmail.net

값 32,000원

ISBN 978-89-7770-449-7 93360